思想的光照

马寅初先生诞辰140周年纪念文集

Light of Thought
The 140th anniversary of Mr. Ma Yinchu's birth

姚洋　周谷平 ◎ 主编

图书在版编目(CIP)数据

思想的光照：马寅初先生诞辰 140 周年纪念文集 / 姚洋，周谷平主编. —— 北京：北京大学出版社，2025.1. —— ISBN 978-7-301-35396-7

Ⅰ. K825.31-53

中国国家版本馆 CIP 数据核字第 2024JR2606 号

书　　　名	思想的光照：马寅初先生诞辰 140 周年纪念文集 SIXIANG DE GUANGZHAO: MAYINCHU XIANSHENG DANCHEN 140 ZHOUNIAN JINIAN WENJI
著作责任者	姚　洋　周谷平　主编
策划编辑	徐　冰
责任编辑	高　源　周　莹
标准书号	ISBN 978-7-301-35396-7
出版发行	北京大学出版社
地　　　址	北京市海淀区成府路 205 号　100871
网　　　址	http://www.pup.cn
微信公众号	北京大学经管书苑（pupembook）
电子邮箱	编辑部 em@pup.cn　　总编室 zpup@pup.cn
电　　　话	邮购部 010-62752015　　发行部 010-62750672 编辑部 010-62752926
印　刷　者	三河市北燕印装有限公司
经　销　者	新华书店
	720 毫米×1020 毫米　16 开本　21.5 印张　383 千字 2025 年 1 月第 1 版　2025 年 1 月第 1 次印刷
定　　　价	78.00 元

未经许可，不得以任何方式复制或抄袭本书之部分或全部内容。
版权所有，侵权必究
举报电话：010-62752024　电子邮箱：fd@pup.cn
图书如有印装质量问题，请与出版部联系，电话：010-62756370

感谢中共绍兴市委宣传部对 2022 年纪念马寅初先生诞辰 140 周年学术研讨会和《思想的光照:马寅初先生诞辰 140 周年纪念文集》出版的资助。

序

经纶事业传薪火　生生不息有斯人

经济学是一门经邦济世之学,经济学家也常有经世济民之志。然而,能够经纶百代,引领群伦,虽阅尽沧桑、饱经磨难,却穷且益坚、不坠青云之志、保持知识分子的正直与良知的经济学家,并不多见。马寅初(1882—1982)就是这样一位真正的学者。他既是著名的经济学家、人口学家,也是大教育家,先后担任浙江大学校长、北京大学校长等职。他学识渊博,思辨敏锐,既有西方经济学的深厚修为,又对中国经济问题有着深刻的体认,其著作等身,畅行海内,可谓"匹夫而为百世师,一言而为天下法"。他敢想、敢做、敢说、敢笑,具有鲜明的个性和率真坦荡的人格魅力。2022年8月,在马寅初先生诞辰一百四十周年之际,中国经济学年会联合绍兴市人民政府在绍兴市举办"人口、经济和共同富裕"主题研讨会,一时群贤毕至、佳作云集,足见薪火传承、代有斯人,亦可见新一代经济学人对事关天下苍生的大问题的关切。我们将本次研讨会的优秀论文,裒成一集,汇编出版。文集兹始,照例须有序言。笔者不揣固陋,从马寅初先生的学思历程、马寅初人口理论的现代意义、人的发展与理想社会之构建三个方面,略加勾勒阐释,以收抛砖引玉之效。

一、百岁人生：马寅初的学思历程及其启示

马寅初先生在他长达百年的生命历程中,跨越了晚清、民国、新中国三个时代,在每个时代,他都敢为天下先,走在时代前列。他付出了自己的才智和努力,创造了他人难以替代的成就。

在学术上，马寅初先生深入研究经济学前沿理论，为中国播下了现代市场经济学的种子。他的《通货新论》《中华银行论》《中国关税问题》《财政学与中国财政》《中国经济改造》等一系列鸿篇巨制，是构建中国经济学体系的拓荒式的理论成就。[①] 1949年后，他转而研究人口与农业问题，《新人口论》开风气之先，旗帜鲜明地提出了"限制人口数量，提高人口质量"的主张。这些著作所体现的研究方法、求实精神、爱国情怀，直至今日，依然是我们效法的楷模。

在教育工作上，马寅初老校长在北大主政期间，主持教学改革，注意理论联系实际，推行学年论文与毕业论文制度，提出既要学习社会主义先进文化，也要吸收欧美进步文化科学，对中国传统文化遗产更要不遗余力地整理传授。他说，"学校里最重要的就是读书上课，凡是有条件的人都应该到教学第一线去给学生们上课，并力求把课讲好。在社会上的诸种罪恶中，误人子弟是最大的罪过"。他倡导学术上的自由讨论，鼓励学生学好外语，吸收最新学术成果，锻炼身体，储备好"建设国家的本钱"。他常亲自去食堂视察，细致入微地关心学生的营养状况。他活力四射，坦诚待人，焕发出无穷的人格魅力。"听马校长演讲可以年轻十岁"是北大人对马老校长的衷心赞誉。[②]

在生活上，马老心胸宽广，随遇而安，他长期坚持锻炼身体，热爱爬山，洗冷水浴，即使在逆境中，他也不灰心，不消沉，积极乐观，精神饱满，从不为不公正的处境牢骚郁闷。在他身上，一点也看不到那种"内卷""躺平"和"精神内耗"的影子。马老经常说，"光明的信仰，钢铁的意志，大海的胸怀，是一个人生命力的基因"，"真诚、爽直的人，便极少有内疚、阴郁的折磨"。据马先生长孙马思泽回忆："在我们的记忆中，每天他都在精神饱满地读书看报、运动锻炼，晚上他有时会写作到很晚，而周末，则照例带着我们这些孩子到公园或郊外去爬山活动。在他的身上一点也看不出有什么颓唐的影子，在逆境中他始终是开朗安详的样子。"[③]孔夫子说"仁者寿"，马老豁达的心胸，乐观的生活态度，让他度过了人生中艰难岁月。

---

① 关于马寅初先生主要经济思想的总结概述，可参阅以下文献：张纯元，朱正直.马寅初先生和他的经济思想——为马寅初先生百岁生辰而作[J].经济科学，1981(02)；孙大权.马寅初在民国时期的主要经济思想[J].浙江树人大学学报(人文社会科学版)，2012(02)；冯剑.马寅初与中国本土货币理论的构建[J].学术界，2023(10).

② 徐斌.天地良知：马寅初传[M].杭州：浙江人民出版社，2008.

③ 马思泽.缅怀我的祖父马寅初[J].马寅初纪念馆专刊，2007.

马寅初先生一生直道而行,坦荡为人,不畏逆境,宠辱不惊,不说假话、套话,主张实事求是的学风,以"苟利国家生死以,岂因祸福避趋之""粉身碎骨浑不怕,要留清白在人间"的精神,真正做到了"铁肩担道义,妙手著文章",为后世留下了光辉的表率。

二、 百代大计:人口理论、计划生育及其反思

在马寅初先生广博繁富的著作中,最有影响力的应当是他关于人口与经济发展的理论。马寅初对人口问题关注很早,20世纪20年代即发表过关于人口和生育问题的文章。① 1953年全国人口调查显示,中国人口突破6亿,人口每年增长2%,每年增加1200万人到1300万人,相当于一个中等国家的人口。马寅初敏锐地意识到人口增量的巨大及其带来的经济问题的严重性。由于人口过多,消费大,积累小,难以进行扩大再生产。新增人口可以安插在工业中的不足十分之一,而大规模的机械化、自动化之后,吸纳的新增人口占比会更少。如果将新增人口主要安置在农业部门,那么平均劳动生产率将会低得可怜,而要提高农业的劳动生产率,则需要进一步的机械化、电气化,但迅速的人口增长势必无法带来丰厚的积累,从而使得农业技术的更新换代遥遥无期。"资金积累如此之慢,而人口增殖如此之速,要解决'资金少,人口多'的矛盾,不亦难矣哉?"② 从保障工业原料的供给出发,从解决中国人民的"吃饭问题"出发,也必须降低生育率。中国的人均耕地面积很少,当时全国6亿人口,平均每人不到3亩地,而这一问题是无法通过垦荒等手段解决的。"在一穷二白的中国,资金少,人口多,把人民组织起来,利用它作为一种资源,不是没有好处的,但不要忘记亦有人多的坏处。人多固是一个极大的资源,但也是一个极大的负担。"③ "我国人口太多,本来有限的国民收入,被六亿多人口吃掉了一大半,以致影响积累,影响工业化。因此,中国人口如继续这样无限制发展下去,就一定要成为

---

① 马寅初的《计算人口的数学》,发表于《新青年》1920年4月号,收入马寅初.马寅初全集:第1卷[M].杭州:浙江人民出版社,1999;马寅初并在1928年的"现代之新经济政策"演讲中,倡导节制生育等主张,收入马寅初.马寅初演讲集:第4集[M].太原:山西人民出版社,2014。
② 马寅初的《新人口论》,收入马寅初.马寅初全集:第15卷[M].杭州:浙江人民出版社,1999。
③ 马寅初的《我的哲学思想和经济理论》,收入马寅初.马寅初全集:第15卷[M].杭州:浙江人民出版社,1999。

生产发展的阻碍。"①

马寅初还敏锐地注意到:要促进科技发展,必须控制人口。在当时的中国,资金积累有限,技术不发达,同时又人口过多,这就导致劳动力的密集投入,人们普遍相信"人多力量大""人多好办事"。这一形势是劳动力价格相对低廉的结果,但由此引致的政策惯性会导致体力劳动的比例长期偏高,这极大地不利于科技事业的发展。"在科学技术愈发达的条件下工人的人数要愈少,科学家、设计师、工程师要愈多。这是社会发展必然的趋势。反过来说,在科学技术愈不发达的条件下,工人的人数就愈要多,科学家、设计师、工程师就一定不会多,也不可能会很多。""手工劳动的人多,科学家、工程师、设计师少,就拖住了科学向前发展的后腿。"②如果限制人口,资金积累会更加迅速,技术水平的提升也会更快,更主要的是,新增人口中会有更多比例从事科学研究工作。当然,科学研究工作的成效,不仅在于从事科研的人口比例,与科研体制和市场化机制也密切相关,这是马寅初讨论未及的。但马老在六十多年之前,就考虑到了劳动力密集的"比较优势"和"后发劣势",不得不说具有相当的预见性——这与他对现代经济学的熟稔有着密切关系。

基于以上原因,马寅初提出了"控制人口数量,提高人口质量"的口号,并不遗余力地倡导计划生育,认为"实行计划生育是控制人口最好最有效的办法"。但他所倡导的计划生育措施不是强制性的。在《新人口论》中,马寅初着重强调了三点:第一,做好人口普查和调查工作,建立人口的动态统计,在此基础上确定人口政策。第二,依靠普遍宣传,让广大群众知道节育的重要性,并实际运用节育方法。倡导晚婚,认为"大概男子二十五岁,女子二十三岁结婚是比较适当的"。第三,普遍宣传避孕的重要性,反对人工流产。因为胎儿有其生命权,人工流产是"杀生",且对妇女健康影响甚大。男子应当负起认真避孕的责任。③在另一篇演讲中,马寅初谈到了行政控制的手段,但也不是强制性的,而是以经济杠杆加以调控。"由国家制定法律,认为生、教两个子弟最为合宜。主张生育两人有奖、三人有税,用收税做奖金,二者收支相抵,取得平衡,国家既不需要增

---

① 马寅初的《我国人口问题与发展生产力之间的关系》,原载于1957年5月9日《大公报》,收入马寅初.马寅初全集:第14卷[M].杭州:浙江人民出版社,1999.

② 马寅初的《在一九五九年全国政协会上的发言》,收入孙大权,马大成.马寅初全集补编[M].上海:上海三联书店,2007.

③ 马寅初的《新人口论》,收入马寅初.马寅初全集:第15卷[M].杭州:浙江人民出版社,1999.

加负担,又可达到节制生育的目的。"①

1957 年,马寅初的《新人口论》发表之后,由于其观点与当时的主流观点和社会氛围相冲突,因此有人说他是借此发泄对国家的不满,也有人说他谈论失学、失业问题造成了帝国主义和敌对势力攻击国家的口实。他本人遭到了多轮批判,其中全国性的大批判就有两次,其问题从学术问题上升为严重的政治问题、阶级斗争问题。② 但马寅初并不畏惧,他光明磊落,襟怀坦荡。面对周恩来、陈云和一众亲朋好友让他做几句检讨以"过关"的善意劝告,马寅初说:"我是为了国家民族利益提出控制人口问题的,如果只为我个人着想,我完全可以什么事情都不管,在家享享清福就是了。""言人之所言,那很容易,言人之所不敢言,就更难。我就言人之所欲言,言人之所不敢言。"③马老以"俯首甘为孺子牛"的精神对待"千夫所指"的批判,以有理有节的态度,站在学术的立场上对政治批判加以澄清。他说,"我虽年近八十,明知寡不敌众,自当单身匹马,出来应战,直至战死为止,决不向专以力压服不以理说服的那种批判者们投降。"④在那段善恶颠倒、斯文扫地的荒诞岁月里,马老最大限度地守护了学人的良知。

20 世纪 60 年代以来,中国的人口迅速增长。1962—1970 年,人口净增长为 1.57 亿;1971—1980 年,人口净增长为 1.35 亿。⑤ 如此庞大的人口规模和人口的爆炸式增长,给经济社会发展带来沉重压力。中共中央、国务院多次出台政策,逐渐推行计划生育。1982 年 12 月,我国颁布了第四部《中华人民共和国宪法》,明确规定:"国家推行计划生育,使人口的增长同经济和社会发展计划相适应。"马寅初也被彻底平反,恢复名誉,担任全国人大常委会委员、北京大学名誉校长、中国人口学会名誉会长等职,可谓桑榆晚景,为霞满天,百年未曾虚度,此生了无遗憾。

然而,几十年后,中国的人口形势又有了新的变化,20 世纪 90 年代中国的

---

① 《马老在全校大会上谈人口问题》,原载于 1957 年 4 月 30 日《北京大学校刊》,收入马寅初.马寅初全集:第 14 卷[M].杭州:浙江人民出版社,1999。

② 目前可查到的批判文章大部分收录于《批判马寅初"新人口论"参考资料汇编》,华东师大政教系资料室编印,1958 年 9 月。对此运动的总结回顾,见孙冶方.经济学界对马寅初同志的一场错误围攻及其教训[J].经济研究,1979,(10)。

③ 徐斌.天地良知:马寅初传[M].杭州:浙江人民出版社,2021。

④ 马寅初的《重申我的请求》,发表于《新建设》1960 年第 1 期,收入马寅初全集:第 15 卷[M].杭州:浙江人民出版社,1999。

⑤ 国家统计局.中国人口现状[EB/OL].(2005-07-26)[2024-05-01].https://www.gov.cn/test/2005-07/26/content_17363.htm.

生育率已经明显低于2.1的更替水平。进入21世纪，中国的总和生育率降至1.5—1.6，开始逼近国际上的"低生育率警戒红线"。2015年通过了全面放开二孩生育政策后，出生率仅在2016年、2017年有所上升，随后就迅速下降。2021年中国的总和生育率降至1.15左右，2022年生育率低于1.1，低于日本的1.3，这意味着未来中国将进入迅速的老龄化。① 2023年全国人口减少208万人。② 时至今日，很多学者开始反思马寅初的人口理论，认为人口存在"蓄洪"和"泄洪"的过程，如果"蓄洪"阶段人口不足，则经济发展将会面临劳动力不足的问题，而将来也会更早地进入老龄化，有学者提出，"将马寅初理论抬上神龛，意味着否定5亿多生命的生存合法性"！③

应当指出，目前我国生育率的大幅下降，其成因十分复杂。我国缺乏一个"生育友好型"的育儿环境，导致年轻夫妇视生育如畏途。在当下的环境下，这一原因更加不容忽视。无论是80年代以来的强制计划生育，还是当下的育儿压力陡增，在当年马老撰写《新人口论》时都是无法预料到的，而在80年代初为马老恢复名誉时，他已年近百岁，无法继续完善自己的理论了。将中国的低生育率问题归咎于马寅初当年的《新人口论》，无疑是不客观也是不公允的。认为马寅初的理论否定了五亿人生命合法性的说法，也是不准确的。马老认为要通过避孕和晚婚控制人口，但妇女一旦怀孕，即应优生优育，而不应进行人工流产。④ 试问一个连人工流产都反对的人，又怎能否定五亿人生命的合法性呢？

马寅初的人口思想并不主张强制节育，也不提倡"一胎化"，而是主张采用温和的手段，倡导人们自觉控制生育。如果按照他的思路来制定人口政策，我们的人口变化趋势很可能会更加和缓，不太可能有猛烈的增长和下降。同时，马寅初指出，人口政策需要审慎的调查研究，随时进行调整，并非一成不变。"搞我们这一行的经济理论研究工作的，最重要的是深入调查研究，发现问题，提出自己的意见。同时还要分析研究未来，要有远见，防患于未然。"⑤ 可见，我

---

① 穆光宗.低生育危机与生育友好型社会构建[J].人民论坛,2023,(15).
② 国家统计局.中华人民共和国2023年国民经济和社会发展统计公报[EB/OL].(2024-02-29)[2024-05-01].https://www.gov.cn/lianbo/bumen/202402/content_6934935.htm.
③ 易富贤.大国空巢：反思中国计划生育政策[M].北京：中国发展出版社,2013.
④ 马寅初说,"人工流产我是不赞成的：一则因为这是杀生；二则会伤害妇女的健康,使之一生多病；三则会冲淡避孕的意义；四则会增加医生的负担,造成很大浪费."出自马寅初的《我国人口问题与发展生产力的关系》,收入马寅初.马寅初全集：第14卷[M].杭州：浙江人民出版社,1999.
⑤ 徐斌.天地良知：马寅初传[M].杭州：浙江人民出版社,2021.

们传承马寅初先生的思想,并非拘泥于他的个别结论,而是要继承他严谨务实的学风。站在今天人口形势转变的关口,我们有必要实事求是地考察马寅初先生的人口理论及其意义。

按照现代经济学的思路,人口过多时,生育具有负外部性;而人口过少时,生育具有正外部性,但生育带来的外部性无论是正或负,均不能根据科斯定理,由私人之间的自愿协调来解决。这是因为生育外部性的受损者和受益者过于分散和不确定。在孩子长大以前,我们不可能预先知道谁会因为新生儿而受益或受损,损益的额度也难以估计,通过私人之间的讨价还价和金钱转移来影响生育决策,与人类的道德伦理也是冲突的,不切实际。于是,如果要在政策上对人口发展的趋势予以干预,只能通过庇古税或接近于庇古税的方法——对生育的奖惩机制——来影响生育行为。

人的行为有动物性的一面,也有灵性、自由的一面。不可否认,即使在艰难困苦之中,也有人性的闪光,但是,越是艰难困苦,大多数人越是缺乏选择空间,终日汲汲皇皇,为五斗米而折腰,那种个性化的、自己做主的自由意志往往发挥不出来。他们的多数选择都不是自由意志的结晶,而是出于生活的惯性,或出于对外在激励的反应,亦即约束条件下的最优化决策——其中的约束条件是外在施加的,而其中的目标函数也不是自主选择的结果。于是,在经济发展的初级阶段,通过政策激励调整人口结构,从而改善积累,加速工业化进程,是客观有效的。但限制生育的政策只能推行于一时,不能长期持续。这是因为随着经济的发展,资本积累的提升,市场的发达,消费的繁荣,对于劳动的需求自然会越来越迫切;而随着人们物质生活的丰裕,文化教育水平的提升,人们更加追求自主权利与心灵空间,希望拥有一个"自己说了算的人生"。于是,政策或法令对于生育行为的调整,具有鲜明的不对称性。通过惩罚来抑制生育可以立竿见影,但通过奖励或惩罚措施来鼓励生育,往往很难取得预期效果。

例如,韩国、日本学者都曾有"单身税"的建议,但遭到民众的强烈反对,并未执行。① 实际上,对有子女家庭的高额补贴,就相当于对单身人士征税。我们也可以推想,如果补贴的数额足够大,必然会扭转生育率下降的趋势,但在现实中巨额补贴受到约束,政府一般不能采取超发货币、放任通胀或增加财政赤字

---

① 新华社.单身这件"小事":单身也收税 自由价更高?[EB/OL].(2017-09-12)[2024-04-24].http://www.xinhuanet.com/world/2017-09/12/c_129701380.htm.

的方式鼓励生育,对多子女家庭的奖励政策必然是有限的。① 新加坡等国的实践表明,即使大幅度的补贴也无法刺激生育——本质上,在生育决策中,金钱考量只是次要因素。② 总体而言,单纯的奖惩机制可以解决人口过多、生育率过高的问题,但难以解决生育率下降、"少子化"的问题。要解决这一问题,必须另辟蹊径。

从世界人口、地球生态环境发展的综合趋势来看,对于我国的计划生育,似乎也不能完全否定。目前,世界平均总和生育率为2.3,超过更替水平,人口依然在增长之中。由于基数巨大,全球人口压力仍然不容小觑。2022年11月15日,世界人口突破80亿,被联合国命名为"80亿人口日"。即使按照降低后的人口增长速度,增加至90亿也仅需15年时间。人类的人口峰值可能在104亿左右。尽管世界人口也正在经历着如中国人口一样的先增后减的过程,然而相对于环境问题的紧迫性,这一过程就显得过于缓慢了。人类拥挤在地球这一狭小的家园之内,脆弱的生态系统已经不堪重负。巨大的人口首先威胁到粮食安全;其次,生产粮食所排放的温室气体,占全球温室气体排放量的1/4到1/3;同时,人口增长还将带来更多的环境污染,对生物多样性也构成了日益严重的威胁。在这一背景下,回看中国的计划生育,就会真切感知到这一政策对人类乃至对地球生态的贡献。万千生灵,沉默无言,但若天地有知,将铭记我们的文明为节制人口所做的艰辛付出。

三、 百年树人:人之发展、幸福人生与理想社会

目前中国的生育政策已经开始转型,2013年,国家首先放开了"单独二孩"政策;2016年,全国实施了"全面两孩"政策;2021年,又推出三孩政策及一系列配套措施,以促进人口长期均衡发展。但是,这些政策除了使得2016—2017年生育率有所上升,其他年份的效果均不显著。如前所述,采用单纯的奖惩机制来提升生育率,几乎是无效的。我们需要转变思路,而马寅初先生当年的人口思想,可以给我们以新的启示。20世纪70年代起我国开始强制推行计划生育,

---

① 彭艳秋.任泽平抛出的"印钱生娃"论忽略了什么?[EB/OL].(2022-01-10)[2024-05-02]. https://m.thepaper.cn/newsDetail_forward_16219021.
② 钱小岩.发钱大方但催生无效,新加坡生育率依然跌破了1.0[EB/OL].(2024-03-14)[2024-05-02].https://m.yicai.com/news/102025626.html.

马寅初就对此持保留态度,认为生育不宜强制。如果早做宣传,完全可以不必如此严格控制。《新人口论》中的建议,是通过宣传避孕知识、免费发放避孕药品用具、倡导晚婚晚育等方式,辅之以必要的经济和行政手段,使人们自觉节育。马寅初所倡导的这种非强制的柔性策略,当代行为经济学称之为"助推"(nudge)。① 目前我们如果要提升生育率,正需要借鉴马寅初先生当年的智慧,倡导各方合作、群策群力的"助推"思路。笔者以为,其中最为关键的,是以应对人口危机为契机,为年轻人营造一个自由成长、自由发展、心情舒畅的宽松环境。让人们觉得生活是有意思、有趣味、有意义的,是值得把一个新生命带到这个人间的,养育下一代对父母、对孩子都是"天伦之乐"而不是痛苦的负担,不是无休无止的"教育军备竞赛"。总之,只有让人们"乐生"(自己体验到生活的乐趣),人们才能"乐生"(乐于生儿育女,与之共享生命之乐趣)。我们要给下一代一个更为优越的、自由舒展的成长空间。国家的未来、民族的希望,即蕴含在此代代相传、生生不息的传承历程之中。

然而,目前我们面临的形势并非如此。从2010年到2020年,我国小学生心理健康问题的检出率呈现逐年上升之势,睡眠问题占25.2%,抑郁占14.6%,焦虑占12.3%。初中生、高中生、大学生的心理健康问题的检出率又明显高于小学生,其中焦虑、抑郁的检出率在24%—28%,中学生中还有7%左右属于重度抑郁。② 由此可见,我们虽然达到了马寅初当年期待的"控制人口数量"的目标,但要实现"提高人口质量"的目标还需要继续努力。年轻一代中的相当一部分人,处在一个忧心忡忡、竞争激烈、压力巨大的环境下,这对我们解决人口问题相当不利。马寅初的绍兴同乡鲁迅先生曾这样期许中国的家长——"自己背着因袭的重担,肩住了黑暗的闸门,放他们到宽阔光明的地方去;此后幸福的度日,合理的做人。"③鲁迅面对的是旧文化、旧礼教的压迫,而我们现在面临的则

---

① [美]理查德·H.泰勒,卡斯·R.桑斯坦.助推:事关健康、财富与快乐的最佳选择[M].刘宁,译.北京:中信出版社,2009.

② 黄潇潇,张亚利,俞国良.2010—2020中国内地小学生心理健康问题检出率的元分析[J].心理科学进展,2022,30(05);张亚利,靳娟娟,俞国良.2010—2020中国内地初中生心理健康问题检出率的元分析[J].心理科学进展,2022,30(05);于晓琪,张亚利,俞国良.2010—2020中国内地高中生心理健康问题检出率的元分析[J].心理科学进展,2022,30(05);陈雨濛,张亚利,俞国良.2010—2020中国内地大学生心理健康问题检出率的元分析[J].心理科学进展,2022,30(05)。

③ 鲁迅的《我们现在怎样做父亲》,1919年11月发表于《新青年》第6卷6号,收入鲁迅.鲁迅全集:第1卷[M].广州:花城出版社,2021。

是全新的挑战,必须帮助年轻人——包括育龄夫妇和青少年——卸下重担,轻装前行,在宽阔、光明、宽松、舒展的环境中,基于自由意志,做出自由、自觉、自主、自律的选择。

生育行为基于人的自愿,带有利他动机,同时又与生物学上所谓的基因繁衍规律相吻合,本是人的天性。近年来的研究也表明,在那些社会福利比较完善、生育支持比较到位的北欧国家,已经出现了生育率回升的现象。对于如何提高中国的生育率,人口专家们也提出了各种各样的建议,但笔者认为,如果不尊重人的自愿自主的权能,那么这些政策的效果终将是有限的,甚至适得其反。马克思强调资本和私有财产对人的异化,马克斯·韦伯则认为官僚制使社会变成了一个巨大的机器,每个人都不由自主地在激烈竞争中争相成为一个合格的、优质的零件。① 然而,人毕竟是渴求自主的,他们希望的是发挥个性和自由,拥有人格上的自尊,探索更深入的精神世界。对于不尊重人性的管理方式,人有一种发自内心的厌恶和抵触。要想消解这种厌恶和抵触,我们必须幡然变计,从尊重人性、以人为本的大观念出发,在现有的水平上,结合我国实际,为人的全面发展、可行能力的提升提供更为优越的条件,相信我国的生育率也能出现类似欧洲国家那样的回升。在此,笔者谨提出三个建议:

第一,降低各个领域的内卷化竞争。目前教育领域的内卷化竞争,推高了育儿成本;而职场上的内卷化竞争,则使很多年轻人缺乏闲暇,让恋爱、育儿乃至正常的家庭生活都受到影响。目前这种从幼儿园、小学开始层层加压的教育,不仅使家长承担了沉重压力,也剥夺了一代孩子的童年快乐,使之心理问题频发,创造力被压抑。对教培行业的整顿,虽然不能根本性地解决问题(它会导致"教育军备竞赛"隐蔽化),但也不失为救时之策,暂时的推行是必要之举。然而要彻底解决此问题,必须促进基础教育的均等化。② 此外,还要大幅度地放开高等教育的供给,让适龄的青少年享受到充足供应的高质量教育,降低"高考指挥棒"的影响力。同时,鼓励民营经济的发展,适当降低公务员待遇,使之与企业员工待遇相当。严格执行《劳动法》和与之相关联的一系列关于保障休息时

---

① 马克思.1844年经济学哲学手稿[M].北京:人民出版社,2018;马克斯·韦伯.新教伦理与资本主义精神[M].赵勇,译.西安:陕西人民出版社,2009.
② 关于教育均等化的政策后果的预测,参见张俊森,郭汝飞,易君健.中国生育率变化:挑战与对策[J].北京大学中国经济研究中心讨论稿系列,2023.No.C2023002.

间、带薪休假的权利。① 让人们有充分的闲暇去享受生活,有充分的时间和资源去创造新生命。

第二,社会对有孩子的家庭予以系统性支持。当下的低生育率源于高昂的养育成本对人们的生育本能、天伦之乐的压制。根据 2019 年的数据估算,中国平均养育一个孩子至 17 岁的成本为 48.5 万元,如孩子上大学,平均还要支出 14.2 万元,其中上海、北京的养育成本在 100 万元左右。中国家庭抚养孩子的成本相对于人均 GDP 的倍数为 6.9 倍,在世界主要国家中几乎是最高的(仅低于韩国)。② 2023 年,0—17 岁孩子的养育成本已经攀升到 53.8 万元。而这些数字只是养育孩子的直接成本,如果考虑到闲暇时间的耗费、家务劳动的增加、工作机会的减少等隐性成本,养育孩子的成本将更为巨大。③ 尽管各级政府对生育有所支持,但支持力度可谓杯水车薪。④ 社会的"支持"与"拖累"的力道不成比例。大约有一分之"支持",即有两分之"拖累"。目前,连"孩子下课要到操场上去玩""孩子放学后能成群结队到处去玩"这些正常活动都成了"奢望"。⑤ 如此要想使年轻人乐于生育,难矣哉! 当下,如要提高生育率,不但要有相对充足的教育供给,教育的质量也必须进一步提高,还需要建设一个"儿童友好型"的社会,提供一个让孩子们无忧无虑地成长的大环境。显然,这需要更高的资源投入,但这种投入是值得的。而且,我国养育成本的高昂很大部分源于家庭承担了本该由政府承担的投入,如果人们的决策是理性的,必然会选择少生或不生。时至今日,应当是由各级政府给家庭卸下重担的时候了。

---

① 有些经济学家可能会认为严格执行《劳动法》会推高劳动力成本,带来更多失业。我认为情形恰恰相反,现在是"一个人干两个人的活,剩下那个人找不到工作",此时无论是就业者还是失业者,在生育问题上都会倾向于少生或不生。保障劳动者的休息时间,将会为其他人带来更多的工作机会。参见陈运欣.全国政协委员蒋胜男:996 是导致就业难、生育率低的重大原因[EB/OL].(2023-03-03)[2024-05-02].https://www.takungpao.com/news/232108/2023/0303/824596.html。
② 梁建章,任泽平,黄文政,等.中国生育成本报告 2022 版[EB/OL].(2022-02-21)[2024-05-01].https://download.caixin.com/upload/shengyubaogao2022.pdf。
③ 梁建章,黄文政,何亚福.中国生育成本报告 2024 版[EB/OL].(2024-02-21)[2024-05-01].https://file.c-ctrip.com/files/6/yuwa/0R72u12000d9cuimnBF37.pdf。
④ 例如杭州市拟向符合条件的二孩家庭一次性发放 5 000 元,三孩家庭一次性发放 20 000 元。甘肃酒泉给予 5 万—10 万元的一次性购房补贴。长沙市规定二孩以上家庭可增加 1 套购房指标等。参见周闻韬,林碧锋.多地推出生育补贴,综合措施需配套发力[EB/OL].(2023-03-22)[2024-05-03].http://www.news.cn/2023-03/22/c_1129454817.htm。
⑤ 徐壮.新华时评:把课间十分钟还给孩子[EB/OL].(2023-11-01)[2024-05-03].http://www.news.cn/politics/2023-11/01/c_1129953352.htm。

第三,对"攀比文化"和社会达尔文主义的"丛林法则"进行反思,倡导罗尔斯式的、优先考虑社会弱势群体的公平正义观,尊重富于个性的不同选择。尽管我们在大力弘扬提倡中华文化,并号召吸收世界一切先进文明的成果,但国人现在的文化氛围,却有单调、极度实利取向的趋势。很多人平时谈话的内容集中于汽车、房子、吃喝等物质享受,追名逐利,相互攀比。如萧功秦教授所言,中国人在人生价值方面,确实相当普遍地存在着一元化、板块化、同质化现象,中国人的价值观分化程度很低。① 世俗化、同质性、重攀比的文化氛围,在传统社会有利于生育,这是因为传统社会是等级社会,信息又相对闭塞,普通人能够攀比的对象十分有限,而且孩子的数量也是传统社会攀比的重要内容之一。而在现代社会,这种氛围对于生育的作用就完全是负面的了。多子女家庭的物质生活必然比不上同等条件的少子化家庭,而在一个激烈竞争的社会里,家长的工作表现更会受养育子女的拖累。而且,现代人可攀比的对象比传统社会更多了。在单一维度的成功观之下,大多数人都是失败者。人们的挫败感越强,就越不愿意把孩子带到这个"单调""乏味""虚伪""世俗""功利"的世界上来。即使他们有了孩子,孩子们在这种教育与文化环境之下,也很难健康成长。我们需要有一个文化上的转向,在当下的中国,我们应当倡导一种更加多元、开放的价值观与成功观,这需要主流媒体率先做出表率。同时,须知人们之所以攀比物质财富,忧心忡忡,汲汲皇皇,乃是因为社会的分配机制不畅,让人稍有放松就会落入社会底层之虞。故而,我们要特别重视社会公平正义,对弱势群体加以关怀和保护。但是,这并不意味着我们要直接补贴弱势群体的生育,而是通过社会扶助项目的实施(包括在适当时机进行"全民基本收入"的尝试),令教育的供给廉价、优质、均等化,改善收入分配,促进机会均等。这不仅仅是对弱势群体的扶助,也可让其他各个阶层安心生活,使全社会看到未来的希望。

实施以上改革的确颇有难度,但如此的"助推"是否一定会提高生育率?答案仍然是不确定的。因为此时人的选择依然是多样化的、自由的。即使一个较宽松的环境也未必会带来"婴儿潮",但"超低生育率"的现状大概率会得到缓解。也许,我们的出生率仍然会维持在更低水平以下,但此时,教育体制的改革、文化氛围的变化将会带来有益的副产品——市场经济的发展、生活方式的自由与多元、创新水准的提高,这些将会极大程度地弥补劳动力减少的缺陷,减

---

① 萧功秦.为什么我们缺少特立独行的人生态度[J].求知导刊,2014(03).

轻人口老龄化带来的压力。

为此,我们必须改革教育体系,建立一个价格低廉,但却能鼓励自由思考、自由创造的教育体系。随着人口结构的变化,特别是学龄青少年的锐减(2022年出生人口为956万,约为2016年的一半),我们的人均教育资源会大为宽裕——这提供了一个彻底变革教育体系的良机。此时一定不能采取关闭学校的手段,而是让原来的大班(40—60人)变为小班(10—20人),并引入当代的新手段、新理念。或许,重温马寅初先生的教育思想,也会给我们以有益的启示。马寅初强调学生不能"营养不良",也不能"消化不良"。所谓"营养不良",指的是缺乏基础知识,不读第一手资料;所谓"消化不良",指的是囫囵吞枣,人云亦云,浅尝辄止。① 这两者恰恰点明了我国当下教育体系的弊病——学生不读书,尤其不读原著;不思考,特别是不善于创新性的思考。马寅初认为"社会是一个大实习室,学校是一个小训练所"。强调基础知识的教育必须与实践结合起来,使学生大量参与社会实践活动,他亲自指导学生在北大开办学生银行,发行股票,经营存款放款及汇兑业务,其后又促进成立"消费合作社",他亲自兼任学生银行的顾问。② 在浙江大学,他倡导教育教学与劳动实践结合,为学生安排了大量的社会实践活动。③ 这正与当代芬兰等国提倡的打破课程束缚,倡导学以致用,以问题为中心的教学理念不谋而合。

四、纪念文集之缘起与展望

以上笔者略述了马寅初先生的一生行实,特别涉及马老给人口与发展问题的启示。本书是在绍兴举行的马寅初诞辰一百四十周年学术研讨会之纪念文集。绍兴与北京大学的缘分是深厚的,北京大学的二十九任校长中,有多位来自绍兴,其中,马寅初老校长在北京大学工作的时间最长,早在1916年,马寅初就到北京大学任教,1919年又被选为北大第一任教务长,他又是新中国成立后的首任北大校长,改革开放后又担任北京大学名誉校长。在绍兴举行马寅初诞辰一百四十周年的研讨会,是一次难得的盛举,也让所有北大人感到光荣。在

---

① 刘建,马丽晨.马寅初教育思想初探及启示[J].亚太教育,2015(08).
② 杨勋,徐汤莘,朱正直.马寅初传[M].北京:北京出版社,1986.
③ 蓝蕾,金灿灿.马寅初教育思想初探[J].浙江大学学报(人文社会科学版),2010(05).

此次研讨会上,与会专家学者就马寅初先生的学术思想,马寅初人口理论的更新与发展,生育问题与老龄化问题,教育、婚姻、劳动保障与收入分配问题,新型城镇化与乡村振兴问题进行了深入的讨论。学者们继承了马寅初先生的坦诚直率、求真务实的精神,踊跃发言,激扬文字,其间既有对前贤的继承,又有思想的争鸣与交锋。马寅初先生若泉下有知,当欣喜吾道不孤,传承有人!

此次我们将纪念马寅初先生诞辰一百四十周年学术研讨会的文章加以编次,出版发行,以广流布。谨以此学术文集,馨香默祝马寅初先生之浩气长存,精神永驻。流芳百世,心心相印而不断;辉光日新,代代相承而不绝。

丁建峰(中山大学法学院)
2024 年 5 月 3 日

目 录
CONTENTS

老龄化、储蓄率与经济增长 …………………… 喻 淼 雷晓燕 赵 波 001

从党的百年奋斗历程看计划生育和"马寅初事件"
  兼谈反对历史虚无主义
  ………………………………………………………… 覃坚谨 029

"百年大变局"中的"同和不同"
  马寅初和顾维钧对比研究
  ………………………………………………………… 蒙爱群 053

深刻认识人口因素在经济社会发展中的基础性战略性作用
  学习马寅初先生人口理论的几点思考
  …………………………………………………… 李春根 王 悦 073

新时期中国农户人口及家庭特征变迁
  以 2003—2018 年浙江省农户为例
  …………………………………………………… 高晶晶 史清华 093

理解中国计划生育的历史演进
  …………………………………………………… 原 新 金 牛 117

生育保险如何影响生育意愿？
  来自中国家庭追踪调查的证据
  …………………………………………………… 薛继亮 鲍欣欣 135

性别比失衡与社会信任
.... 李新荣　黄鑫然　158

乡村振兴、劳动力市场改善与共同富裕
.... 王　熙　韩博昱　金　涛　193

经济增长、城乡收入差距与共同富裕
.... 程名望　韩佳峻　杨未然　213

互联网使用能有效防范脱贫户返贫吗？
　　基于多维相对贫困脆弱性视角
.... 裴　馨　高远东　244

农民工就业质量：互联网使用与社会资本孰重孰轻？
　　基于信息获取的视角
.... 张一凡　杨志海　辜香群　隆　兰　牛佳美　268

居民收入分布与需求引致创新
.... 孙　巍　夏海利　296

老龄化、储蓄率与经济增长*

喻 淼　雷晓燕　赵 波

一、 老龄化进程及其与人口红利、储蓄率的关系

随着世界平均预期寿命的增长和生育率的不断下降,老龄人口的占比不断提高。据世界银行公布的世界发展指数(World Development Indicators,WDI)数据,截至 2021 年,世界上超一半的国家或地区 65 岁及以上人口占比超过 7%,进入老龄化社会;超过四分之一的国家或地区 65 岁及以上人口占比超过 14%,进入深度老龄化社会。而在 2001 年,65 岁及以上人口占比超过 7% 和 14% 的国家或地区占比分别为 35% 和不到 15%(如图 1-1)。老龄人口占比在各个国家或地区逐渐升高,人口老龄化成为一个全球现象。

不同国家或地区的老龄化发展进程不同。在 21 世纪以前,全球老龄化进程较为缓慢,同时老龄化问题被认为主要存在于部分发达经济体如欧洲国家。而近些年来,老龄化问题涉及国家或地区迅速扩大,亚洲和拉丁美洲地区也开始面临老龄化问题。尤其在亚洲,老龄化水平以极快速度增长。根据 He 等(2016)的数据,从老龄化社会进入深度老龄化社会,法国和美国分别花费了 115 年和 69 年,而韩国和中国分别只花费了 18 年和 23 年。虽然亚洲目前的人口老龄化程度不如欧洲或北美洲,但其较快的老龄化速度和庞大的人口规模不容忽视。预计 2025—2050 年,全球老龄人口将增加近一倍,达到 16 亿,而同期总人口将仅增长 34%。其中老龄人口的增加将主要来自东亚经济体(He 等,2016)。不同于发达经济体,发展中经济体在进入老龄化社会时人均收入较低,社会养老体系和养老配套设施也较不完善,导致采取社会福利措施应对老龄化

＊ 通讯作者:赵波,北京大学国家发展研究院,zhaobo@ nsd.pku.edu.cn。

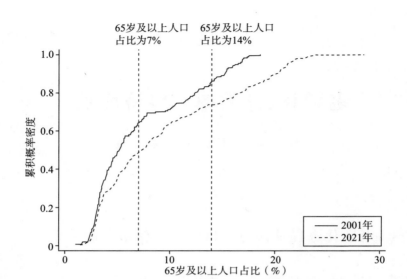

图 1-1　65 岁及以上人口占比累积概率密度

数据来源：世界银行世界发展指数数据库。

问题的难度较大，"未富先老"问题也成为这些国家或地区讨论的热点话题。

我国老龄化问题十分严峻。据中国国家统计局人口统计数据，截至 2021 年年底，我国 65 岁及以上人口已超过 2 亿，占总人口的 14.2%，这表明中国已经进入深度老龄化社会。根据 OECD 数据库的预测数据，2030 年中国 65 岁及以上人口占总人口的比重将达 16.9%，2040 年将提高到 23.7%，2050 年则将高达 26.1%。面对快于绝大部分国家的老龄化速度和世界第一的人口总数，中国经济发展将面临来自老龄化问题的更大挑战。

老龄化加深对经济最直接的影响便是劳动年龄人口减少，与之相关的便是对人口红利的讨论（Lewis，1958；Williamson，1998）。人口红利指劳动年龄人口比重的快速增长，有利于增加劳动力供给和形成高储蓄率，从而促进经济增长。但随着人口老龄化程度的不断加深，当人口抚养比由下降转为提高，劳动年龄人口由上升转为下降时，人口红利将会趋于消失（蔡昉，2010）。因此控制其他因素不变，老龄化的加深会削弱人口红利，从而抑制经济增长。

图 1-2 绘制了 1960—2020 年中国与世界主要地区劳动年龄（15—64 岁）人口占比的时间序列。北美洲和欧洲作为较早步入老龄化的地区，劳动年龄人口占比也下降较早，自 2010 年左右以较快速度持续下降。而 2010 年前，亚洲的劳动年龄人口占比一直以较快速度上升。在该时期，很多国家或地区通过提

供相对廉价的劳动力,在发展过程中享受到人口红利,而劳动年龄人口占比的上升趋势在 2015—2020 年基本消失。1980—2010 年亚洲的劳动年龄人口占比的增加更加迅猛,这也是中国改革开放后经济发展的重要有利因素,但在 2010 年后中国劳动年龄人口占比开始以较快速度下降,劳动力成本的比较优势在逐步丧失。这意味着中国想要维持在国际劳动力市场的竞争力,需要提高劳动力的人力资本水平。和其他地区相比,拉丁美洲和非洲地区年龄结构较为年轻,其劳动年龄人口占比近三十年来一直持续上升,但由于其幼龄人口占比较大,其劳动年龄人口占比仍较小。

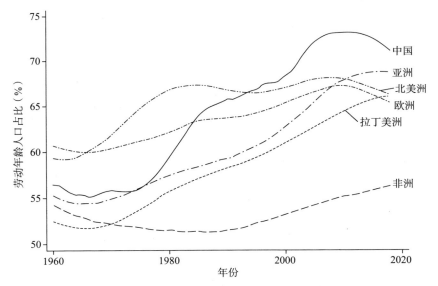

图 1-2 中国与世界主要地区劳动年龄(15—64 岁)人口占比的时间序列

数据来源:世界银行世界发展指数数据库。

随着人口老龄化相关讨论的增加,经济学家对人口结构与经济发展关系的研究逐渐由简单讨论人口红利的多寡与趋势,转向更为细致地分析人口老龄化对经济增长影响的方向和作用机理。作为与劳动力共同影响经济发展的要素,资本积累即国家总储蓄率和老龄化的关系被广泛关注。基于人口结构不断变化,刻画居民消费储蓄行为的模型和解释经济增长的模型也在不断发展。其中最广为人知的理论是生命周期假说。该假说认为,人们的消费和储蓄行为在生命周期的不同阶段并不是平滑的,在不同的年龄阶段表现出异质性:个体在中年时期的储蓄用于老年时期的消费（Ando 和 Modigliani,1963）。因而人口年龄结构变化会改变全社会储蓄率,一般认为老龄人口主要进行消费而较少进行储蓄,故老龄化加深会降低储蓄率（Modigliani 和 Cao,2004）。相关实证工作也提供了很多老龄化影响储蓄率的证据。Leff（1969）发现老年抚养比对总储蓄率有显著的负面影响。此后,基于不同国家、不同时期、不同计量方法所得到的经验证据都较为稳健地证明了老年抚养比对储蓄率有显著负向作用（王德文等,2004；Horioka,2010）。

考虑到老龄化程度的加深除了伴随着老年抚养比的上升,还伴随着预期寿命的上升和生育率的下降,因此,除了探讨老年抚养比对储蓄率的影响,一些研究也探讨了生育率和预期寿命对储蓄率的影响。其中,生育率会影响少儿抚养比,少儿抚养比的提升将会使居民在抚养子女方面的消费增加,从而减少储蓄（董丽霞和赵文哲,2011）。而预期寿命则被认为对储蓄率有正向影响。Bloom 等（2003）构建的模型表明,预期寿命的延长会使得每个年龄段的储蓄率变得更高,他们在跨国数据中也发现了相关实证证据。Li 等（2007）利用世界银行的跨国面板数据将预期寿命、老年抚养比和生育率作为三个老龄化指标对储蓄和投资进行回归,发现预期寿命对储蓄的影响为正,老年抚养比对储蓄的影响为负,而生育率对储蓄没有显著影响。总的来说,老龄化的加深对储蓄的影响是混合的,由于不同年龄人口的储蓄行为不同,老龄人口占比的增加会降低储蓄率；若家庭收入和退休年龄不变,预期寿命的增加则会让他们为退休后的生活储蓄更多。此外,生育率的下降短期会减轻家庭抚养压力而增加储蓄。

现有研究表明,老龄化、储蓄率和经济发展水平之间有着密切的联系,我们可以用图 1-3 清晰地展示世界各国或地区老龄化、国民储蓄率与人均国民收入的状况。其中图 1-3（a）展示了 2019 年世界各国或地区老龄化和人均国民收入的关系,图 1-3（b）则展示了 2019 年世界各国或地区老龄化与国民储蓄率的关系。总体来看,人均国民收入较高的国家或地区老龄化程度也较高,人均国民收入较低的国家或地区 65 岁及以上人口占比都在 7% 以下,而其他人均国民收入状态的国家或地区老龄化程度则较为分散,有一些国家或地区"未富先老"（见图 1-3（a）区域Ⅱ）,也有一些国家或地区"已富未老"（见图 1-3（a）区域Ⅰ）。

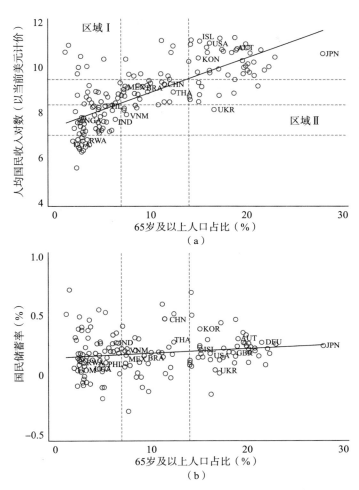

图 1-3 世界各国或地区老龄化、国民储蓄率与人均国民收入（2019）

注：图（a）展示了世界各国或地区老龄化程度与人均国民收入的关系，横轴为65岁及以上人口占比，纵轴为世界银行使用 Atlas 方法按照当前美元计价计算的人均国民总收入（Gross National Income, GNI）；图（b）展示了世界各个国家或地区老龄化程度与国民储蓄率的关系，图中横轴为65岁及以上人口占比，纵轴为国民储蓄率。世界银行根据人均 GNI 数值将各个国家或地区划分为中高低收入国家或地区。其中，2019年人均 GNI 在12 535美元及以上为高收入，4 046美元到12 534美元为中高收入，1 036美元到4 045美元为中低收入，1 035美元及以下为低收入。图（a）中水平虚线绘制了以上收入水平分界线；图（a）和图（b）的两条竖直虚线分别是65岁及以上人口占比为7%和14%的分界线。图中标出了涉及各个收入水平的代表性国家，分别为尼日利亚（NGA）、乌干达（UGA）、卢旺达（RWA）、乌克兰（UKR）、印度（IND）、菲律宾（PHL）、墨西哥（MEX）、巴西（BRA）、泰国（THA）、中国（CHN）、英国（GBR）、美国（USA）、冰岛（ISL）、德国（DEU）。

数据来源：世界银行世界发展指数数据库；佩恩表9.1（Penn World Table 9.1, PWT 9.1）。

2019年,中国作为中高收入国家达到老龄化(7%)但未达到深度老龄化(14%)。与2002年刚进入老龄化国家时相比,中国的人均国民收入增加,已不再适用"未富先老"的情形。和其他国家或地区相比,中国的一个明显特征是高储蓄率。一般而言,人均国民收入和国民储蓄率呈正相关,和美国、德国、日本等人均国民收入更高的国家相比,中国的国民储蓄率要更高。这可能和中国改革开放以来经济的高速增长(Modigliani和Cao,2004)、居民有较强的预防性储蓄动机(龙志和和周浩明,2000;杨汝岱和陈斌开,2009)、房价的快速上涨(陈斌开和杨汝岱,2013;Zhao,2015)等因素有关。

二、 基于人口结构的世代交叠模型

为了进一步分析老龄化、储蓄率和经济增长的关系,我们在Li等(2007)提出的模型基础上加入了幼年消费,构建了一个简单的世代交叠(Overlapping Generation, OLG)模型。在模型中,假设人口存活三期,分别为幼年、处于劳动年龄的中年以及老年。

在 t 期,中年人口数为 L_t,老年人口数为 $L_{t-1}\pi_t^s$,幼年人口数为 $L_t(1+n_{t+1})$,其中 π_t^s 为中年人口存活至老年的概率,n_{t+1} 为中年人口增长率。

$$\frac{L_{t+1}}{L_t} = 1 + n_{t+1} \tag{1}$$

中年时期需要为自己和处于幼年的孩子做决策时,要优化当期自己和孩子的效用以及自己老年时期的效用:

$$\max_{c_t^y, c_t^m, c_{t+1}^o} \varphi \ln c_t^y + \ln c_t^m + \beta \pi_t^s \ln c_{t+1}^o \tag{2}$$

其中,c_t^y, c_t^m, c_{t+1}^o 分别代表 t 时刻幼年、t 时刻中年和 $t+1$ 时刻老年的消费,β 为贴现因子,φ 衡量对孩子消费的偏好程度。假设家庭可以无弹性地供给劳动且只有中年人供给劳动,有完善的养老金市场且存活下来的老年人继承未存活下来人的遗产,写出家庭的预算约束:

$$c_t^y(1 + n_{t+1}) + c_t^m + k_{t+1} = w_t \tag{3}$$

$$c_{t+1}^o = \frac{(r_{t+1} + 1 - \delta)}{\pi_{t+1}^s k_{t+1}} \tag{4}$$

其中,δ 为资本折旧率,r_{t+1} 为资本回报率。

对于厂商,他们向家庭租赁资本和雇佣劳动,生产函数为:

$$Y_t = K_t^{\alpha} (A_t L_t)^{1-\alpha} \quad (5)$$

其中,A_t是劳动增进型的技术进步,满足:

$$\frac{A_{t+1}}{A_t} = 1 + g_{t+1} \quad (6)$$

求解家庭的最优化问题可得:

$$c_t^m = \frac{w_t}{1 + \varphi + \beta \pi_{t+1}^s} \quad (7)$$

$$c_t^y = \frac{\dfrac{\varphi}{1 + n_{t+1}}}{1 + \varphi + \beta \pi_{t+1}^s} w_t \quad (8)$$

$$c_{t+1}^o = \frac{(1 + r_t - \delta)\beta}{1 + \varphi + \beta \pi_{t+1}^s} w_t \quad (9)$$

由于预算约束,中年人的储蓄s_t^m为:

$$s_t^m = k_{t+1} = \frac{\beta \pi_{t+1}^s}{1 + \varphi + \beta \pi_{t+1}^s} w_t \quad (10)$$

而老年人为负储蓄,即$-\dfrac{(1-\delta)}{\pi_{t+1}^s} k_{t+1}$

由厂商的优化问题得$w_t = (1-\alpha) K_t^{\alpha} (A_t L_t)^{-\alpha} A_t$,$r_t = \alpha K_t^{\alpha-1} (A_t L_t)^{1-\alpha}$。又由市场出清可得:

$$K_{t+1} = L_t k_{t+1} = (1 - \alpha) \frac{\beta \pi_{t+1}^s}{1 + \varphi + \beta \pi_{t+1}^s} K_t^{\alpha} (A_t L_t)^{1-\alpha} \quad (11)$$

定义$\widehat{k}_{t+1} = \dfrac{K_{t+1}}{A_{t+1} L_{t+1}}$,有:

$$\widehat{k}_{t+1} (1 + g_{t+1})(1 + n_{t+1}) = (1 - \alpha) \frac{\beta \pi_{t+1}^s}{1 + \varphi + \beta \pi_{t+1}^s} \widehat{k}_t^{\alpha} \quad (12)$$

假设在长期条件下,$\lim g_{t+1} = g^*$,$\lim n_{t+1} = n^*$,$\lim \pi_{t+1}^s = \pi^s$,则长期资本存量的均衡值为:

$$\widehat{k}^* = \left[\frac{(1 - \alpha) \dfrac{\beta \pi^s}{1 + \varphi + \beta \pi^s}}{(1 + g^*)(1 + n^*)} \right]^{\frac{1}{1-\alpha}} \quad (13)$$

令 $\delta=1$,并代入家庭预算约束,得总储蓄:

$$S_t = r_t K_t + w_t L_t - L_t c_t^m - L_{t+1} c_t^y - L_{t-1} \pi_t^s c_t^o = K_{t+1} \quad (14)$$

则储蓄率为:

$$\frac{S_t}{Y_t} = \frac{K_{t+1}}{Y_t} = (1-\alpha)\frac{\beta \pi_{t+1}^s}{1+\varphi+\beta \pi_{t+1}^s} \quad (15)$$

t 期预期寿命为:

$$2\times(1-\pi_{t+1}^s) + 3\times\pi_{t+1}^s = 2 + \pi_{t+1}^s \quad (16)$$

即预期寿命的提高等价于生存概率的增加,而式(15)表明预期寿命的增加会增加储蓄率。

记 $1+n_{t+1}=\Omega_t^y$, $\frac{\pi_t^s}{1+n_t}=\Omega_t^o$ 分别为幼年人口与中年人口比(少儿抚养比)和老年人口与中年人口比(老年抚养比)。则总储蓄率可以写为:

$$\frac{S_t}{Y_t} = (1-\alpha)\frac{\beta \Omega_{t+1}^o \Omega_t^y}{1+\varphi+\beta \Omega_{t+1}^o \Omega_t^y} \quad (17)$$

而式(17)表明人口结构对储蓄率的影响,同时取决于少儿抚养比和老年抚养比。当少儿抚养比和老年抚养比乘积上升时,国民储蓄才会增加。

定义 $1+\widehat{n_t}=\frac{N_t}{N_{t-1}}=\frac{L_t(1+n_{t+1})+L_t+L_{t-1}\pi_t^s}{L_{t-1}(1+n_t)+L_{t-1}+L_{t-2}\pi_t^s}$,记 g_{t+1}^y 为人均 GDP 的增长率,其满足:

$$1+g_{t+1}^y = \frac{\frac{Y_{t+1}}{n_{t+1}}}{\frac{Y_t}{N_t}} = \frac{Y_{t+1}}{Y_t}\frac{1}{1+\widehat{n_t}} = \frac{\widehat{k}_{t+1}^\alpha}{\widehat{k}_t^\alpha}\frac{A_{t+1} L_{t+1}}{A_t L_t}\frac{1}{1+\widehat{n_t}} \quad (18)$$

对式(18)取对数有:

$$\ln(1+g_{t+1}^y) = \alpha(\ln \widehat{k}_{t+1} - \ln \widehat{k}_t) + \ln(1+n_{t+1}) + \ln(1+g_{t+1}) - \ln(1+\widehat{n_t}) \quad (19)$$

对等式 $\widehat{k}_{t+1}(1+g_{t+1})(1+n_{t+1}) = (1-\alpha)\frac{\beta \pi_{t+1}^s}{1+\varphi+\beta \pi_{t+1}^s}\widehat{k}_t^\alpha$ 两边取对数代入式(19)可算得:

$$\ln(1+g_{t+1}^y) = \alpha\ln(1-\alpha) + \alpha(\alpha-1)\ln \widehat{k}_t + \alpha\ln\frac{\beta \pi_{t+1}^s}{1+\varphi+\beta \pi_{t+1}^s}$$
$$+ (1-\alpha)\ln(1+g_{t+1}) - (1-\alpha)\ln(1+n_{t+1}) - \ln(1+\widehat{n_t}) \quad (20)$$

由

$$y_t = \frac{K_t^\alpha (A_t L_t)^{1-\alpha}}{N_t} = \widehat{k}_t^\alpha A_t \frac{L_t}{N_t} \quad (21)$$

利用上式消去 $\widehat{k}_t$，并假设 $A_t = A_0(1+g)^t$，进一步化简得：

$$\ln(1+g_{t+1}^y) = C_0 + \alpha(\alpha-1)\ln y_t + \alpha(1-\alpha)\ln A_t + \alpha(1-\alpha)\ln\frac{L_t}{N_t}$$

$$+ \alpha\ln\frac{\beta\pi_{t+1}^s}{1+\varphi+\beta\pi_{t+1}^s} - (1-\alpha)\ln(1+n_{t+1}) - \ln(1+\widehat{n}_t) \quad (22)$$

将上式写成约简式：

$$g_{t+1}^y = \beta_0 + \beta_1 \ln A_t + \beta_2 \ln y_t + \beta_3 \ln\frac{L_t}{N_t} + \beta_4 \pi_{t+1}^s + \beta_5 \ln(1+\widehat{n}_t) \quad (23)$$

其中，$\frac{L_t}{N_t}$ 为劳动年龄人口占比。

式(23)表明，经济增长与人均 GDP、劳动年龄人口占比、预期寿命和人口增长率(生育率)有关。具体而言，对于人口结构，劳动年龄人口占比的增加会促进经济增长，预期寿命的增加会促进经济增长，人口增长率上升(生育率增加)则会抑制经济增长。下一章的回归将基于此式，探究老龄化、储蓄率与经济增长的定量关系。

三、老龄化对经济增长和储蓄率的基础回归分析

(一) 数据来源与数据处理

本研究使用的数据主要来自世界银行世界发展指数数据库(WB-WDI)和由宾夕法尼亚大学提供的佩恩表 9.1(PWT 9.1)，包含超过 200 个国家或地区 1950—2019 年的数据。

表 1-1 呈现了本节使用到的变量、变量定义方式及其数据来源。在宏观经济数据方面，GDP 按照当前购买力平价衡量并以美元计价，据此计算出人均 GDP 和人均 GDP 增长率；总储蓄的计算方法是将家庭消费和政府消费从国家 GDP 中剔除；储蓄率表示为总储蓄除以 GDP；通货膨胀率由 GDP 平减指数衡量。在人口结构数据方面，参考 Li 等(2007)以及式(23)，我们将预期寿命、生

育率和老年抚养比作为三个老龄化指标,它们也是本节的解释变量。沿用以往文献的定义标准,我们把65岁及以上人口数与15—64岁人口数的比值定义为老年抚养比。人力资本指数和资本回报率均来自佩恩表,其中人力资本指数根据受教育年限和教育回报率综合计算得到;资本回报率为实际内部资本回报率,其具体构建方式可参考Inklaar等(2019)。

表1-1 主要变量及定义方式

变量类型	变量名称	定义方式(单位)	数据来源
被解释变量	人均GDP增长率	年度人均GDP增长率(%)	PWT9.1
	储蓄率	总储蓄/GDP(%)	PWT9.1
解释变量	老年抚养比	65岁及以上人口数/15—64岁人口数(%)	WB-WDI
	生育率	妇女育龄期内出生孩子数量(个)	WB-WDI
	预期寿命	该年新生儿预计存活的岁数(岁)	WB-WDI
控制变量	人均GDP	人均GDP(百万对数)	PWT9.1
	人口规模	总人口数(百万对数)	PWT9.1
	通货膨胀率	GDP平减指数(%)	PWT9.1
除储蓄率外其他渠道变量	全要素生产率	全要素生产率(美国=1)	PWT9.1
	劳动力数量	劳动人口(百万对数)	PWT9.1
	人力资本指数	根据受教育年限和教育回报率综合计算	PWT9.1
	资本回报率	实际内部资本回报率(%)	PWT9.1

我们对上述数据进行了以下整理:(1)综合考量数据的可得性,我们将研究时间区间设定为1960—2019年;(2)删去了1978年前中国的数据,以统一衡量宏观经济变量;(3)删去了年度通货膨胀率低于-50%或高于200%的国家或地区;(4)删去了一个或多个关键变量缺失值超过50年的国家或地区,其中关键变量为老年抚养比、人均GDP和储蓄率。最终样本数据覆盖了171个国家或地区。

考虑到经济波动对数据造成的影响,本文将时间单位设定为5年。因此,整个样本被分为包括从1960—1964年至2015—2019年的12个子区间。所有变量的值为每个子区间内的平均值,对数变量先取对数再求平均值。

表1-2展示了主要变量的描述性统计。在本文研究样本区间中,人均GDP增长率的均值为11.46%,而储蓄率的均值为18.82%,两者标准差的差异都较

大,分别为 21.62% 和 16.04%。平均老年抚养比的标准差为 6.39%,其最小值为 0.92%,最大值为 44.48%。生育率平均值为 3.95 个,最小值为 0.89 个,最大值为 8.81 个。预期寿命均值为 64.28 岁,最小值为 21.06 岁,最大值为 84.40 岁。样本观测值发生变化的主要原因是数据来源差异和国家信息披露程度差异。

表 1-2 描述性统计

变量名称	样本观测值	均值	标准差	最小值	最大值
人均 GDP 增长率	1 740	11.46	21.62	-121.00	187.40
储蓄率	1 838	18.82	16.04	-69.77	81.83
老年抚养比	2 037	10.57	6.39	0.92	44.48
生育率	2 037	3.95	2.02	0.89	8.81
预期寿命	2 033	64.28	11.42	21.06	84.40
人均 GDP	1 838	8.66	1.21	5.85	12.31
人口规模	1 838	1.78	1.88	-3.15	7.25
通货膨胀率	1 691	11.43	18.30	-6.63	178.00
全要素生产率	1 202	0.71	0.31	0.10	3.61
劳动力数量	1 363	0.12	0.09	0.01	0.62
人力资本指数	1 684	0.99	1.84	-3.60	6.67
资本回报率	1 576	2.11	0.73	1.01	3.81

注:变量定义及单位参考表 1-1。

(二)老龄化对经济增长的基础回归分析

为了进一步定量分析老龄化对经济增长的影响,本文设定基准回归方程如下:

$$人均 GDP 增长率_{it} = \beta_0 + \beta_1 X_{it-1} + \beta_2 Z_{it} + \varphi_i + \delta_t + \varepsilon_{it} \quad (24)$$

方程中的变量均为 5 年的平均值,滞后一期则代表 5 年前的水平。因变量为人均 GDP 增长率$_{it}$。回归方程中加入两个固定效应(φ_i 和 δ_t),分别处理国家和时间子样本之间未观察到的其他影响经济增长的因素。X_{it} 为解释变量,包括老年抚养比、生育率和预期寿命,其中老年抚养比被认为是衡量老龄化程度的主要指标;Z_{it} 表示额外的控制变量,主要包括一些国家特征,如滞后人均 GDP

对数值、滞后人口规模对数值和通货膨胀率;ε_{it}为误差项。为了缓解内生性问题,回归使用的解释变量均滞后一期。

使用式(24)分析老龄化对经济增长的影响,标准误聚类在国家或地区层面,回归结果见表1-3。第(1)列是对老年抚养比进行基准回归,并加入了控制变量、时间和国家双重固定效应。第(2)列在第(1)列的基础上加入生育率进行回归,第(3)列在第(1)列的基础上加入预期寿命进行回归,第(4)列在第(1)列的基础上同时加入生育率和预期寿命进行回归。回归结果表明,老龄化(老年抚养比)对经济增长具有显著负向影响,即老龄化程度加深抑制了经济增长。具体而言,第(4)列的结果显示,控制其他变量不变,老年抚养比每增加1个百分点,经济增长率降低1.29个百分点。此外,生育率的下降和预期寿命的提升是老龄化程度加深的主要推动因素,其对经济增长的影响也各不相同。生育率的增加将抑制经济增长,而预期寿命的提升将促进经济增长。回顾第二节的结论:劳动年龄人口占比的增加会促进经济增长,预期寿命的提升会促进经济增长,人口增长率上升或生育率增加则会抑制经济增长。由此可见我们的回归结果和模型分析的结果是吻合的。

表1-3 老龄化对经济增长的影响:基准回归

变量	基准回归 (1)	加入生育率 (2)	加入预期寿命 (3)	同时加入两者 (4)
老年抚养比$_{it-1}$	-1.21***	-1.12***	-1.44***	-1.29***
	(0.41)	(0.38)	(0.41)	(0.39)
生育率$_{it-1}$		-5.53***		-4.85***
		(1.24)		(1.28)
预期寿命$_{it-1}$			0.97***	0.80***
			(0.23)	(0.28)
人均GDP对数值$_{it-1}$	-23.32***	-25.76***	-24.57***	-26.53***
	(2.34)	(2.50)	(2.54)	(2.63)
人口规模对数值$_{it-1}$	-18.71***	-27.30***	-25.35***	-31.41***
	(4.78)	(5.42)	(5.12)	(5.56)
通货膨胀率$_{it}$	-0.22***	-0.22***	-0.21***	-0.21***
	(0.04)	(0.04)	(0.04)	(0.04)

(续表)

变量	基准回归 (1)	加入生育率 (2)	加入预期寿命 (3)	同时加入两者 (4)
常数项	238.14***	298.60***	205.96***	264.41***
	(24.06)	(30.47)	(25.20)	(33.61)
观测值	1 556	1 553	1 552	1 552
R^2	0.28	0.30	0.30	0.31
聚类数	171	171	171	171

注：本表进行了基准回归，以考察老龄化对经济增长的影响。回归结果中小括号内数值为国家或地区层面的聚类稳健标准误。***、**和*分别代表统计量在1%、5%和10%的水平上显著。

（三）老龄化对储蓄率的基础回归分析

如前文所述，众多理论分析及实证研究表明，人口结构的变化会影响储蓄率。而储蓄率的提升会促进资本积累，从而促进经济增长。为了定量研究老龄化与储蓄率之间的关系，理解影响经济增长的渠道，本小节将式(24)中的被解释变量替换为储蓄率，设定基准回归方程如下：

$$储蓄率_{it} = \beta_0 + \beta_1 X_{it-1} + \beta_2 Z_{it} + \varphi_i + \delta_t + \varepsilon_{it} \qquad (25)$$

方程中的变量含义均与式(24)中相同，标准误聚类在国家或地区层面，回归结果呈现在表1-4中。表1-4第(1)列是对老年扶养比进行基准回归，并加入控制变量以及时间和国家双重固定效应。第(2)列在第(1)列的基础上加入生育率进行回归，第(3)列在第(1)列的基础上加入预期寿命进行回归，第(4)列在第(1)列的基础上同时加入生育率和预期寿命进行回归。回归结果表明，老龄化（老年抚养比）对储蓄率具有显著负向影响。具体而言，第(1)列的结果显示，控制其他变量不变，老年抚养比每增加1个百分点，储蓄率降低0.59个百分点。回归结果符合生命周期理论，即老年人因工作收入减少而消耗储蓄，年轻人则增加储蓄，因此老龄化加深会降低储蓄率。此外，生育率下降和预期寿命提升是老龄化加深的主要推动因素，其对储蓄率的影响也各不相同。生育率对储蓄率并未发现显著影响，而预期寿命的提升将会提高储蓄率。这也与我们第二节的模型分析结果一致。当人们有更长的预期寿命时，会储蓄更多以供老年时期消费。当控制生育率和预期寿命对储蓄率的影响后,老年抚养比对储蓄率的负向影响进一步增加,第(4)列的结果显示,控制其他变量不变,老年抚养比每增加 1 个百分点,储蓄率降低 0.71 个百分点;预期寿命每提高 1 岁,储蓄率会增加 0.31 个百分点。控制变量的回归结果表明,人均 GDP 对数值对储蓄率有显著正向影响,这和 Hu 等(2021)的结论一致。

表 1-4 老龄化对储蓄率的影响:基准回归

变量	基准回归 (1)	加入生育率 (2)	加入预期寿命 (3)	同时加入两者 (4)
老年抚养比$_{it-1}$	-0.59**	-0.64***	-0.70***	-0.71***
	(0.23)	(0.22)	(0.21)	(0.21)
生育率$_{it-1}$		0.13		0.39
		(0.65)		(0.63)
预期寿命$_{it-1}$			0.30*	0.31**
			(0.15)	(0.15)
人均 GDP 对数值$_{it-1}$	6.76***	6.93***	6.46***	6.62***
	(1.18)	(1.28)	(1.26)	(1.34)
人口规模对数值$_{it-1}$	1.45	1.24	-0.88	-0.39
	(2.97)	(3.25)	(2.98)	(3.22)
通货膨胀率$_{it}$	-0.02	-0.02	-0.02	-0.02
	(0.02)	(0.02)	(0.02)	(0.02)
常数项	-33.21***	-34.76**	-43.37***	-48.11***
	(11.79)	(15.15)	(13.35)	(16.85)
观测值	1 556	1 553	1 552	1 552
R^2	0.11	0.11	0.12	0.12
聚类数	171	171	171	171

注:本表进行了基准回归,以考察老龄化对储蓄率的影响。回归结果中小括号内数值为国家或地区层面的聚类稳健标准误。***、**和*分别代表统计量在 1%、5% 和 10% 的水平上显著。

四、老龄化对储蓄率及经济增长影响的异质性分析

基准回归表明了老龄化对经济增长有负向影响,且老龄化对储蓄率的负向影响可能是前者的主要作用渠道。本节探究老龄化对经济增长的影响以及老

龄化通过储蓄率渠道变量来检验对经济增长的影响是否具有异质性。基于以上想法,本节使用基础回归方程并在式(24)上通过控制储蓄率分别按照地区、收入和老龄化程度分组进行样本回归。

(一) 分地区异质性分析

在分地区回归中,本文考虑了两种分类方式:按地区分类和按是否为 OECD (Organization for Economic Cooperation and Development,经济合作与发展组织) 创始成员国分类。按地区分类的分组回归仅考虑欧洲、亚洲、非洲和拉丁美洲,因为其他地区包含国家数量过少难以进行统计上的检验;对 OECD 创始成员国分组回归是因为这些国家大部分较早时期就已经进入发达国家和老龄化国家行列,老龄化水平也较高。该分组具体包括美国、英国、法国、德国、意大利、加拿大、爱尔兰、荷兰、比利时、卢森堡、奥地利、瑞士、挪威、冰岛、丹麦、瑞典、西班牙、葡萄牙、希腊和土耳其等共计 20 个国家。

表 1-5 展示了分地区回归的结果,其中标准误聚类在国家或地区层面。第一组(前两列)为全部样本的回归结果,后面五组分别为 OECD、欧洲、亚洲、非洲和拉丁美洲样本回归结果。偶数列在左侧相邻奇数列的基础上增加了储蓄率这一变量。回归结果显示,总体上老龄化加深会显著抑制经济增长,加入储蓄率后这一抑制效果减弱且显著性降低,表明储蓄率是老龄化影响经济增长的主要渠道变量。具体而言,在全部样本的回归结果表明,未加入储蓄率前控制其他变量不变,老年抚养比每增加 1 个百分点,经济增长率减少 1.29 个百分点;生育率每增加 1 个百分点,经济增长率减少 4.85 个百分点;预期寿命每增加 1 岁,经济增长率增加 0.8 个百分点。加入储蓄率后控制其他变量不变,老年抚养比每增加 1 个百分点,经济增长率减少 0.71 个百分点,与未加入储蓄率相比系数绝对值大幅减小;生育率每增加 1 个百分点,经济增长率减少 5.17 个百分点,与未加入储蓄率相比系数绝对值小幅增加;预期寿命每增加 1 岁,经济增长率增加 0.54 个百分点,与未加入储蓄率相比系数绝对值大幅减小。第(3)(5)(7)(9)(11)列的回归结果表明,只有在 OECD 样本、欧洲样本和亚洲样本,老龄化对经济增长才有显著负向影响,该影响在加入储蓄率后大部分被储蓄率渠道变量吸收。而在非洲样本和拉丁美洲样本,老龄化对经济增长没有显著

影响,这可能因为老龄化通过储蓄率影响经济增长的渠道在这些地区还未形成,比如本国的国民储蓄率并不高,而经济增长更多借助外债来融资。回归结果说明,在 OECD 样本、欧洲样本和亚洲样本中,本国国民储蓄率可以在很大程度上解释老龄化对经济增长的影响。

表 1-5 老龄化对经济增长的影响:按地区分组

变量	全部样本		OECD 样本		欧洲样本	
	无储蓄率 (1)	加入储蓄率 (2)	无储蓄率 (3)	加入储蓄率 (4)	无储蓄率 (5)	加入储蓄率 (6)
储蓄率$_{it}$		0.82***		1.29***		0.85***
		(0.12)		(0.18)		(0.29)
老年抚养比$_{it-1}$	-1.29***	-0.71*	-1.49***	-0.16	-2.55***	-1.95**
	(0.39)	(0.39)	(0.43)	(0.31)	(0.72)	(0.75)
生育率$_{it-1}$	-4.85***	-5.17***	-6.01	-4.93**	-6.34**	-7.02**
	(1.28)	(1.13)	(3.91)	(1.89)	(2.64)	(2.74)
预期寿命$_{it-1}$	0.80***	0.54**	0.35	0.60	-0.12	-0.27
	(0.28)	(0.26)	(0.72)	(0.40)	(0.84)	(0.81)
观测值	1 552	1 552	215	215	446	446
R^2	0.31	0.41	0.49	0.67	0.51	0.58
聚类数	171	171	20	20	56	56

变量	亚洲样本		非洲样本		拉丁美洲样本	
	无储蓄率 (7)	加入储蓄率 (8)	无储蓄率 (9)	加入储蓄率 (10)	无储蓄率 (11)	加入储蓄率 (12)
储蓄率$_{it}$		0.92***		0.72***		0.59***
		(0.25)		(0.21)		(0.15)
老年抚养比$_{it-1}$	-1.68***	-0.93	0.20	0.77	1.69	1.65
	(0.57)	(0.64)	(1.39)	(1.24)	(1.00)	(1.11)
生育率$_{it-1}$	-7.86***	-6.85***	-3.10	-4.69**	-3.04	-2.56
	(2.23)	(1.84)	(2.64)	(2.30)	(2.87)	(2.96)
预期寿命$_{it-1}$	-0.37	-0.84	1.01***	0.91**	0.56	0.42
	(0.47)	(0.54)	(0.37)	(0.36)	(0.59)	(0.61)

（续表）

变量	亚洲样本		非洲样本		拉丁美洲样本	
	无储蓄率	加入储蓄率	无储蓄率	加入储蓄率	无储蓄率	加入储蓄率
	（7）	（8）	（9）	（10）	（11）	（12）
观测值	336	336	431	431	306	306
R^2	0.48	0.58	0.26	0.35	0.25	0.31
聚类数	37	37	45	45	30	30

注：本表将储蓄率作为渠道变量，按照所在地区分组进行样本回归。回归结果的小括号内数值为国家或地区层面聚类稳健标准误。回归均控制了时间和国家双重固定效应以及人均 GDP（滞后一期）、人口规模（滞后一期）、通货膨胀率等三个控制变量。***、**和*分别代表统计量在 1%、5% 和 10% 的水平上显著。

（二）分收入异质性分析

表 1-5 的回归结果表明，老龄化对储蓄率的影响在地区间具有很强的异质性。相比于非洲样本和拉丁美洲样本，OECD 样本、欧洲样本和亚洲样本的经济水平平均而言更高，本小节将进行分收入的分样本回归，以探究老龄化对经济增长的异质性影响是否和国家或地区的经济水平相关。

我们计算每个国家或地区 1960—2020 年人均 GDP 的年度均值，记为平均人均 GDP，将平均人均 GDP 小于等于 10 000 美元的样本记为低收入样本，大于 10 000 美元小于等于 30 000 美元的样本记为中等收入样本，大于 30 000 美元的样本记为高收入样本。中国属于中等收入样本。

表 1-6 表明了收入样本回归的结果，其中标准误聚类在国家或地区层面。第（1）（2）列为低收入样本关于老龄化对经济增长的影响，第（3）（4）列为中等收入样本关于老龄化对经济增长的影响，第（5）（6）列为高收入样本关于老龄化对经济增长的影响。第（1）（3）（5）列的回归结果表明，只有在高收入样本，老龄化对经济增长才有较为显著负向影响，该影响在加入储蓄率后全部被储蓄率渠道变量吸收。而在低收入和中等收入样本，老龄化对经济增长没有显著影响。这验证了前文猜想：在高收入国家或地区，老龄化通过降低储蓄率抑制经济增长。有关"未富先老"的研究通常认为"未富先老"的国家或地区将会面临经济发展的更大挑战。而我们关于老龄化对经济增长按收入分组的样本回归

结果表明,"未富先老"可能"因祸得福",在较低收入国家或地区并未发现老龄化对经济增长的显著负向影响。

表 1-6 老龄化对经济增长的影响:按收入分组

	低收入样本		中等收入样本		高收入样本	
	无储蓄率	加入储蓄率	无储蓄率	加入储蓄率	无储蓄率	加入储蓄率
	(1)	(2)	(3)	(4)	(5)	(6)
储蓄率$_{it}$		0.59***		0.96***		1.32***
		(0.15)		(0.21)		(0.26)
老年抚养比$_{it-1}$	-1.72	-1.31	-0.77	-0.12	-0.69*	0.25
	(1.67)	(1.71)	(1.15)	(1.10)	(0.40)	(0.28)
生育率$_{it-1}$	-2.00	-2.65	-2.00	-1.40	-9.57***	-6.79***
	(1.78)	(1.60)	(3.78)	(2.71)	(2.35)	(1.82)
预期寿命$_{it-1}$	1.04***	0.86**	0.14	-0.30	0.62	1.71**
	(0.35)	(0.34)	(0.48)	(0.45)	(0.92)	(0.82)
观测值	611	611	535	535	406	406
R^2	0.33	0.38	0.35	0.47	0.45	0.68
聚类数	65	65	63	63	43	43

注:本表将储蓄率作为渠道变量,按照收入分组进行样本回归。回归结果的小括号内数值为国家或地区层面聚类稳健标准误。回归均控制了时间和国家双重固定效应以及人均GDP(滞后一期)、人口规模(滞后一期)、通货膨胀率等三个控制变量。***、**和*分别代表统计量在1%、5%和10%的水平上显著。

(三)分老龄化程度异质性分析

前文表明,老龄化会抑制经济增长,且主要通过储蓄率这一渠道变量。分样本回归发现老龄化对储蓄率的负向影响只在较为发达的高收入国家或地区存在,而这些样本的老龄化程度往往较高。为了探究不同地区、不同收入组老龄化程度的具体差异性,我们计算每个国家或地区 1960—2020 年 65 岁及以上人口占比的年度均值,记为平均老龄化程度,按照收入、地区和 OECD 分组分别对该变量做描述性统计。如表 1-7 所示,高收入国家或地区、欧洲和 OECD 创始成员国样本普遍有着较高的老龄化程度,分别为 10.48%、10.67% 和 13.54%。因此,本节按照老龄化程度分组进行回归,以探究在不同老龄化程度样本中老龄化对经济增长的影响是否存在异质性。

表 1-7 老龄人口占比的分组统计

分组依据	组别	样本观测值(个)	均值(%)	标准差
人均收入	低收入样本	65	3.53	1.05
	中收入样本	63	6.94	3.28
	高收入样本	43	10.48	4.59
	全部	171	6.53	4.13
所在地区	非洲	45	3.33	0.90
	亚洲	37	4.70	2.68
	欧洲	56	10.67	3.95
	拉丁美洲	30	5.64	1.96
	北美洲	2	11.58	0.38
	大洋洲	1	3.26	0.00
	全部	171	6.53	4.13
是否 OECD 创始国	是	20	13.54	2.50
	非	151	5.60	3.34
	全部	171	6.53	4.13

我们根据 1960—2020 年 65 岁及以上人口占比的年度均值,即平均老龄化程度,将样本分为不同老龄化程度样本:其值在 25% 分位数及以下的样本记为低度老龄化组,在 26%—50% 分位数的样本记为中低度老龄化组,在 51%—75% 分位数的样本记为中高度老龄化组,在 76% 分位数及以上的样本记为高度老龄化组。25%、50%、75% 分位数对应值分别为 3.32%、4.74% 和 9.98%。表 1-8 展示了按照老龄化程度分组的样本回归结果,标准误聚类在国家或地区层面。第(1)(2)列为低度老龄化样本回归结果,第(3)(4)列为中低度老龄化样本回归结果,第(5)(6)列为中高度老龄化样本回归结果,第(7)(8)列为高度老龄化样本回归结果,偶数列在左侧相邻奇数列的基础上增加了储蓄率这一变量。第(1)(3)(5)(7)列的回归结果表明,只有在高度老龄化样本中,老龄化对

经济增长才有显著负向影响,该影响在加入储蓄率后完全被吸收了,甚至系数变为正值。这说明在高度老龄化样本中,储蓄率可以在很大程度上解释老龄化对经济增长的影响。

表1-8 老龄化对经济增长的影响:按老龄化程度分组

	低度老龄化样本		中低度老龄化样本		中高度老龄化样本		高度老龄化样本	
	无储蓄率	加入储蓄率	无储蓄率	加入储蓄率	无储蓄率	加入储蓄率	无储蓄率	加入储蓄率
	(1)	(2)	(3)	(4)	(5)	(6)	(7)	(8)
储蓄率$_{it}$		0.69***		0.83***		0.87***		1.27***
		(0.17)		(0.25)		(0.28)		(0.24)
老年抚养比$_{it-1}$	-1.97	-1.70	-0.47	0.50	-0.72	-0.44	-0.86*	0.21
	(1.97)	(1.90)	(1.60)	(1.98)	(1.19)	(1.21)	(0.43)	(0.35)
生育率$_{it-1}$	-3.67	-5.71**	-2.08	-1.22	-2.86	-2.00	-9.05**	-7.48***
	(2.20)	(2.27)	(2.38)	(1.97)	(2.95)	(2.96)	(3.72)	(2.12)
预期寿命$_{it-1}$	1.26***	1.01**	0.76**	0.53	0.65	0.92	-0.82	-1.16
	(0.45)	(0.38)	(0.35)	(0.49)	(0.64)	(0.60)	(1.22)	(1.04)
观测值	380	380	425	425	375	375	372	372
R^2	0.40	0.47	0.28	0.40	0.35	0.44	0.45	0.58
聚类数	42	42	43	43	43	43	43	43

注:本表将储蓄率作为渠道变量,按照平均老龄化程度进行样本回归。分组回归结果的小括号内数值为国家或地区层面的聚类稳健标准误。回归均控制了时间和国家双重固定效应以及人均GDP(滞后一期)、人口规模(滞后一期)、通货膨胀率等三个控制变量。***、**和*分别代表统计量在1%、5%和10%的水平上显著。

五、老龄化影响经济增长的其他渠道变量和各国传导渠道异质性

(一)老龄化影响经济增长的其他渠道变量

前文主要分析了老龄化通过储蓄率这一渠道变量对经济增长的影响,事实上老龄化还可以通过其他渠道影响经济增长,如技术进步、资本收益率、人力资

本、劳动力数量等。本节将探究其他可能的渠道,旨在丰富对老龄化影响经济增长机制的理解。

本节回归方程设定如下:

$$\text{channel}_{it} = \beta_0 + \beta_1 X_{it-1} + \beta_2 Z_{it} + \varphi_i + \delta_t + \varepsilon_{it} \quad (26)$$

$$\text{人均 GDP 增长率}_{it} = \beta_0 + \beta_1 X_{it-1} + \beta_2 Z_{it} + \beta_3 \text{channel}_{it} + \eta_i + \zeta_t + \mu_{it} \quad (27)$$

其中,X_{it}、Z_{it}、φ_i、δ_t 和 ε_{it} 代表的含义与式(24)相同,η_i 和 ζ_t 分别是处理国家和时间的双重固定效应,μ_{it} 为随机扰动项。channel$_{it}$ 代表老龄化影响经济增长的渠道变量,即老龄化通过影响这些变量而影响经济增长。我们考虑了技术水平渠道、资本渠道和劳动力渠道。技术水平渠道的代理变量为全要素生产率,资本渠道的代理变量包括储蓄率和资本回报率,劳动力渠道的代理变量包括劳动力数量和人力资本指数。

将标准误聚类在国家或地区层面按照式(26)进行回归,回归结果如表 1-9 所示。第(1)列到第(5)列的被解释变量分别为全要素生产率、储蓄率、资本回报率、劳动力数量(对数)和人力资本指数。老龄化的加深即老年抚养比的增长显著降低了全要素生产率、储蓄率和劳动力数量。老龄化的加深对劳动力数量的负向影响是显著的,对储蓄率的影响前文已经进行了详细分析。老龄化对技术进步的影响机制更加复杂,可能因为身体机能、推理能力、反应速度和工作主动性等随着年龄的增长而下降,而这影响了以这些能力为核心的创新活动的强度(Bosek 等,2005;Levin 和 Stephan,1991)。此外,生育率的增加显著提高了全要素生产率并降低了劳动力数量和人力资本指数;生育率的增加意味着幼年抚养比的提升,可能会让一些父母为了抚育子女而退出劳动力市场,同时更大的抚育压力或许促使有更多收益的创新性活动出现,从而促进技术进步;生育率对人力资本指数的负向影响则可以用 Becker 和 Lewis(1973)构建的质量—数量权衡生育模型解释,更高的生育率意味着有更多的孩子,可能会造成家庭对每个孩子教育投入的减少,从而对人力资本指数产生负向影响。最后,和前文分析一致,预期寿命的增长会增加储蓄率。

表 1-9 老龄化对渠道变量的影响

变量	全要素生产率 （1）	储蓄率 （2）	资本回报率 （3）	劳动力数量（对数） （4）	人力资本指数 （5）
老年抚养比$_{it-1}$	-0.01**	-0.71***	-0.00	-0.01***	0.01
	(0.01)	(0.21)	(0.00)	(0.00)	(0.01)
生育率$_{it-1}$	0.05***	0.39	0.00	-0.04***	-0.07***
	(0.02)	(0.63)	(0.01)	(0.01)	(0.02)
预期寿命$_{it-1}$	0.00	0.31**	-0.00	0.00	-0.00
	(0.00)	(0.15)	(0.00)	(0.00)	(0.00)
人均 GDP 对数值$_{it-1}$	0.20***	6.62***	0.01	0.07***	0.14***
	(0.02)	(1.34)	(0.01)	(0.02)	(0.03)
人口规模对数值$_{it-1}$	-0.19**	-0.39	-0.02	0.86***	0.09
	(0.09)	(3.22)	(0.02)	(0.07)	(0.08)
通货膨胀率$_{it}$	-0.00	-0.02	-0.00*	0.00	-0.00
	(0.00)	(0.00)	(0.00)	(0.00)	(0.00)
常数项	-0.95**	-48.11***	0.15	-1.21***	0.95**
	(0.38)	(16.85)	(0.14)	(0.24)	(0.40)
观测值	1 065	1 552	1 190	1 482	1 358
R^2	0.35	0.12	0.14	0.94	0.88
聚类数	116	171	133	171	143

注：本表对渠道变量进行回归，以考察老龄化对各个渠道变量的影响。回归结果中小括号内数值为国家或地区层面的聚类稳健标准误。回归均控制了时间和国家双重固定效应。***、**和*分别代表统计量在1%、5%和10%的水平上显著。

为了进一步探究这些渠道变量对老龄化和经济增长的定量影响，我们分别在式(24)基础上加入渠道变量，即使用式(27)进行回归，并将标准误聚类在国家或地区层面，回归结果如表 1-10 所示。在这些渠道变量中全要素生产率和储蓄率可能是老龄化抑制经济增长的主要渠道变量。控制全要素生产率或储蓄率后，老龄化对经济增长影响的显著性降低，影响幅度也降低近一半。

表 1-10 老龄化对经济增长的影响:加入渠道变量

变量	基准回归 (1)	加入全要素生产率 (2)	加入储蓄率 (3)	加入资本回报率 (4)	加入劳动力数量(对数) (5)	加入人力资本指数 (6)
老年抚养比$_{it-1}$	-1.29***	-0.68	-0.71*	-1.52***	-1.40***	-1.35***
	(0.39)	(0.41)	(0.39)	(0.46)	(0.41)	(0.41)
生育率$_{it-1}$	-4.85***	-8.34***	-5.17***	-6.02***	-4.18***	-4.93***
	(1.28)	(1.35)	(1.13)	(1.33)	(1.48)	(1.35)
预期寿命$_{it-1}$	0.80***	0.85***	0.54**	0.97***	0.92***	0.80***
	(0.28)	(0.27)	(0.26)	(0.28)	(0.30)	(0.29)
全要素生产率$_{it}$		64.15***				
		(9.54)				
储蓄率$_{it}$			0.82***			
			(0.12)			
资本回报率$_{it}$				0.83***		
				(0.23)		
劳动力数量$_{it}$					3.17	
					(7.41)	
人力资本指数$_{it}$						7.75
						(5.83)
人均 GDP 对数值$_{it-1}$	-26.53***	-40.94***	-31.98***	-30.58***	-28.32***	-26.18***
	(2.63)	(3.72)	(2.32)	(3.04)	(2.65)	(2.40)
人口规模对数值$_{it-1}$	-31.41***	-20.71***	-31.09***	-33.30***	-34.82***	-32.66***
	(5.56)	(7.42)	(4.78)	(6.95)	(8.09)	(5.32)
通货膨胀率$_{it}$	-0.21***	-0.16***	-0.20***	-0.18***	-0.20***	-0.20***
	(0.04)	(0.04)	(0.04)	(0.05)	(0.04)	(0.04)
常数项	264.41***	342.49***	303.96***	292.83***	274.10***	261.79***
	(33.61)	(38.38)	(28.69)	(36.05)	(37.19)	(31.54)
观测值	1 552	1 065	1 552	1 190	1 482	1 358

（续表）

变量	基准回归 (1)	加入全要素生产率 (2)	加入储蓄率 (3)	加入资本回报率 (4)	加入劳动力数量(对数) (5)	加入人力资本指数 (6)
R^2	0.31	0.54	0.41	0.38	0.32	0.33
聚类数	171	116	171	133	171	143

注：本表在基础回归的基础上，分别加入渠道变量进行回归，以考察老龄化对经济增长的影响。回归结果的小括号内数值为国家或地区层面的聚类稳健标准误。第(1)列为基准回归，控制了时间和国家双重固定效应；第(2)列到第(6)列分别在第(1)列的基础上加入全要素生产率、储蓄率、资本回报率、劳动力数量(对数)和人力资本指数进行回归。***、**和*分别代表统计量在1%、5%和10%的水平上显著。

（二）各国老龄化影响经济增长渠道的异质性

前文分析了老龄化影响经济增长的渠道，并通过回归得到老龄化和其他控制变量以及各个渠道变量的定量关系。我们利用式(26)计算出各个国家或地区、各个时段的各个渠道变量拟合值。一个国家或地区的拟合值可以描述其在本国人口结构及经济状况下，按照世界平均规律应有的渠道变量值。将拟合值与实际值做比较，可以分析每个国家在不同渠道变量的异质性。

图1-4(a)到(e)分别展示了2015—2019年各个国家全要素生产率、储蓄率、资本回报率、劳动力数量和人力资本指数的拟合值与实际值，其中中国用CHN标出。图1-4(a)显示高人均收入国家的全要素生产率较高。中国全要素生产率的实际值比拟合值高，实际值在世界处于中等水平。图1-4(b)显示高人均收入国家的储蓄率拟合值较大，这可能是因为人均收入对储蓄率的回归系数为正值。中国的储蓄率实际值比拟合值高，且实际值在世界处于较高水平。图1-4(c)显示国家人均收入与资本回报率没有明显关系，中国的资本回报率实际值比拟合值高。图1-4(d)显示劳动力数量的拟合优度很大，中国的实际劳动力数量比拟合值更高。图1-4(e)显示高人均收入国家的人力资本指数较高，而中国的实际人力资本指数比拟合值低。这意味着中国的人力资本水平和人口结构与经济状况不匹配，和世界平均规律相比偏低。这也说明我国还需加强人力资本投资以抵御老龄化对经济增长造成的负向冲击。

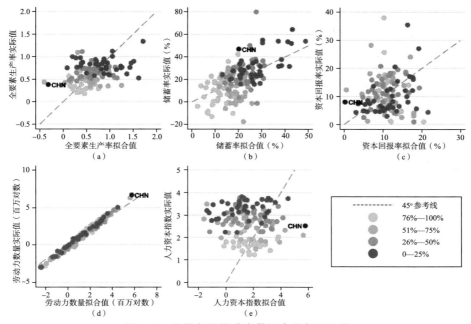

图 1-4 世界各国渠道变量拟合值与实际值

注:图中虚线为 45°参考线,线上的点满足拟合值和实际值相等。按照 2015—2019 年平均人均 GDP 所处分位数将样本分为四组,分别用逐渐加深的点标出,中国样本单独用 CHN 标出。

六、结论与讨论

自 2002 年进入老龄化社会以来,中国老龄化进程不断加快。至 2021 年,我国已进入深度老龄化社会,并将在未来二十年面临持续快速老龄化进程的冲击。庞大的人口总数和快速的老龄化进程都意味着我国将面临前所未有的巨大挑战。就世界范围而言,老龄化的进程和波及的国家或地区也在迅速增大。在全球老龄化趋势日益明显、老龄化问题日益严峻的背景下,理解老龄化和经济发展的关系具有广泛的现实意义。

本文通过构建世代交叠(OLG)模型,以及基于跨国面板数据的回归分析,研究了老龄化对经济增长的影响和其具体影响渠道尤其是储蓄率渠道。理论分析和实证结果表明,老年抚养比的增长会降低储蓄率,抑制经济增长;生育率的上升对储蓄率没有显著影响,而会抑制经济增长;而预期寿命的提升将提高储蓄率,促进经济增长。在此基础上,本文进行了分地区、分收入和分老龄化程度的样本回归。结果表明,老龄化对经济增长的负向影响只存在于较发达地区如 OECD 创始成员国、欧洲样本和亚洲样本,在高收入样本以及在高度老龄化样本中老龄化对经济增长有较为显著负面影响。且将储蓄率作为渠道变量的回归表明,储蓄率是老龄化影响经济增长的主要渠道变量。本文进一步探究了老龄化对经济增长影响的其他可能渠道变量。结果表明,老龄化的加深即老年抚养比的增长显著降低了全要素生产率、储蓄率和劳动力数量;生育率的增加显著提高了全要素生产率并降低了劳动力数量和人力资本指数;预期寿命的增长增加了储蓄率。除了储蓄率和劳动力数量,全要素生产率可能是老龄化影响经济增长的另一主要渠道变量。最后,对中国老龄化的传导渠道分析表明,同按世界平均规律计算的拟合值相比,中国具有更高的全要素生产率、储蓄率、资本回报率和劳动力数量,更低的人力资本指数。

面临老龄化带来的巨大养老压力,我们需要进一步完善养老服务体系和健康支撑体系,发挥家庭养老作用的同时发挥市场机构养老作用,将家庭养老和机构养老相结合。同时应注重养老普惠性,完善社会保障体系,确保满足基本养老需求。

尽管未来三十年内的人口老龄化进程几乎确定,人口政策由于迟滞性,对老龄化的缓解效果也很难显现,但理解老龄化对经济增长的影响及其作用途径,可以帮助我们缓解老龄化对经济增长的负向影响。我们的研究发现除了劳动力数量这一直接渠道变量,全要素生产率和储蓄率可能是老龄化影响经济增长的主要渠道变量。从全要素生产率的角度,应加强对知识产权的保护,鼓励创新活动,便于新技术的应用与推广。同时可以扩大老年教育资源供给,将老年教育纳入终身教育体系,鼓励终身学习、老有所为。从储蓄率的角度,应进一步完善医疗保障体系,在提升健康水平、提高对预期寿命的预期之外,还能减小对不确定性的冲击,从而维持国民储蓄率水平。从劳动力数量的角度,一方面需要继续增加教育投入,提高居民人力资本水平;另一方面应鼓励低龄老年人加入劳动力市场,完善针对老年人的就业政策和就业保障,以缓解老龄化对劳动力数量的冲击。

参考文献

蔡昉.人口转变、人口红利与刘易斯转折点[J].经济研究,2010,45(04):4—13.

陈斌开,杨汝岱.土地供给、住房价格与中国城镇居民储蓄[J].经济研究,2013,48(01):110—122.

董丽霞,赵文哲.人口结构与储蓄率:基于内生人口结构的研究[J].金融研究,2011(03):1—14.

龙志和,周浩明.中国城镇居民预防性储蓄实证研究[J].经济研究,2000(11):33—38+79.

王德文,蔡昉,张学辉.人口转变的储蓄效应和增长效应——论中国增长可持续性的人口因素[J].人口研究,2004,28(05):2—11.

杨汝岱,陈斌开.高等教育改革、预防性储蓄与居民消费行为[J].经济研究,2009,44(08):113—124.

Ando A, Modigliani F. The "Life Cycle" Hypothesis of Saving: Aggregate Implications and Tests"[J]. American Economic Review, 1963, 53(1): 55-84.

Becker G S, Lewis H G. On the Interaction between the Quantity and Quality of Children[J]. Journal of Political Economy, 1973, 81(02): S279-S288.

Bloom D E, Canning D, Graham B. Longevity and Life-cycle Savings[J]. Scandinavian Journal of Economics, 2003, 105(3): 319-338.

Bosek M, Grzegorzewski B, Kowalczyk A, et al. Degradation of Postural Control System as a Consequence of Parkinson's Disease and Ageing[J]. Neuroscience Letters, 2005, 376(3): 215-220.

Feenstra R C, Inklaar R, Timmer M P. The Next Generation of the Penn World Table[J]. American Economic Review, 2015, 105(10): 3150-3182.

He W, Goodkind D, Kowal P R. An Aging World: 2015[M]. Washington: Government Publishing Office, 2016.

Horioka C Y. Aging and Saving in Asia[J]. Pacific Economic Review, 2010, 15(01): 46-55.

Hu Q, Lei X, Zhao B. Demographic Changes and Economic Growth: Impact and Mechanisms[J]. China Economic Journal, 2021, 14(3): 223-242.

Inklaar R, Woltjer P. What is new in PWT 9.1 2019[R]. 2019.

Leff N H. Dependency Rates and Savings Rates[J]. American Economic Review, 1969, 59(5): 886-896.

Levin S G, Stephan P E. Research Productivity over the Life Cycle: Evidence for Academic Scientists[J]. American Economic Review, 1991, 81(01): 114-132.

Lewis W A. Unlimited Labour: Further Notes[J]. The Manchester School of Economic and Social Studies, 1958, 26(1): 1-32.

Li H, Zhang J, Zhang J. Effects of Longevity and Dependency Rates on Saving and Growth: Evidence from a Panel of Cross Countries[J]. Journal of Development Economics, 2007, 84(01): 138-154.

Modigliani F, Cao S L. The Chinese Saving Puzzle and the Life-cycle Hypothesis[J]. Journal of Economic Literature, 2004, 42(01): 145-170.

Williamson J G. Growth, Distribution, and Demography: Some Lessons from History[J]. Explorations in Economic History, 1998, 35(03): 241-271.

Zhao B. Rational Housing Bubble[J]. Economic Theory, 2015, 60(01): 141-201.

从党的百年奋斗历程看计划生育和"马寅初事件"

兼谈反对历史虚无主义

覃坚谨[*]

从1980年党中央提出"一孩"的倡议到2013年提出"单独二孩"(一方是独生子女的夫妇可生育两个孩子)政策和2016年全面实施两孩政策,计划生育"一孩"政策实施了三十年多年。在这期间,随着出生率的下降,人口老龄化问题凸显,"一孩"政策遭到质疑,废除计划生育的声音不时出现,计划生育"亡国论""灭种论""阴谋论""原罪论"等言论在互联网更是屡见不鲜,其观点和论据主要源自易富贤的《大国空巢:反思中国计划生育政策》。马寅初是计划生育首倡者之一,否定计划生育必然要否定马寅初,而否定马寅初的言论主要源自梁中堂的《马寅初事件始末》《马寅初考》。梁中堂认为,党和国家没有批判过马寅初人口论,批判马寅初是由民主党派自发而起的,与康生、陈伯达无关,"马寅初事件"是虚构出来的"神话",要把马寅初拉下"神台"。蹊跷的是,同样否定马寅初,"左派"和"右派"立场是不同的:"左派"认为,计划生育首倡者是毛泽东,不是马寅初,《新人口论》是马寅初得到毛泽东讲话的启发而作;"右派"认为,《新人口论》是马寅初"迎合毛泽东"之作,是中国知识分子被"奴化"、失去"民主""自由"的"悲剧"。这些言论似是而非,在坊间流传甚广。

当前,学界对计划生育和马寅初的评价多从人口学、统计学、经济学、社会学等角度阐述,从党史角度研究的较少。计划生育从提出到实施和调整历经多年,而"马寅初事件"是涉及党史的重大事件,从党史研究的角度看待两者有助于廓清迷雾,正本清源。为此,本文立足于党的百年奋斗历程,将计划生育从提

---

[*] 覃坚谨,中共广西区委党史研究室副编审,邮政编码:530022(邮箱:81895834@qq.com,联系电话15577117172)。

出到实施、从"一孩"到"二孩""三孩"政策的调整,以及对马寅初的批判和平反,置于社会主义革命和建设时期、改革开放和社会主义现代化建设时期、中国特色社会主义新时代的历史中考察,认为计划生育是社会主义建设、改革开放的重要内容,也是中国共产党探索适合国情的治国理政的重要组成部分。计划生育由马寅初、邵力子等学者提出,由以毛泽东、邓小平为核心的第一、第二代领导集体确立为国家政策并全面实施。计划生育是党中央从历史、现实和未来综合考量的抉择,不是由某个领导或学者可以左右的。计划生育在缓解人口与资源压力、提高人口素质、优生优育、妇女解放等方面功不可没,为中华民族伟大复兴奠定了基础。对马寅初的批判和平反体现了中国共产党有错必纠的勇气,彰显了马寅初爱国忧民、追求真理、无私无畏的精神。作为公共政策,计划生育无疑存在诸多不足,"百家争鸣"的理性争论有助于政策的调整和纠偏,全盘否定计划生育无助于人口与经济社会的协调发展,反而陷于历史虚无主义错误思潮的泥潭中。历史证明,马寅初的人口理论并没有过时,马寅初的精神历久弥新,是凝心聚力推进中华民族伟大复兴的精神财富。

一、计划生育和"马寅初事件"

为了更好地阐述这个观点,有必要先简要说明本文所指的计划生育的含义、人口政策的一些特性,以及马寅初人口理论和"马寅初事件"的概况。

(一)计划生育

1. 计划生育政策

人口政策,简而言之就是政府调控人口的工具和手段,广义的人口政策包括人口生育、人口分布、人口迁移、人口教育、人口就业、人口管理等方面,狭义的人口政策指生育政策。相对市场而言,政策本身就是计划,生育政策之前加上"计划"两个字,与计划生育政策实施之初的计划经济相辅相成。

提及计划生育,人们想到的首先是限制生育。实际上,计划生育既有限制生育的政策,也有鼓励生育的政策,还包括优生优育、提高人口素质等内容。当生育率过高时,政府就会采取限制生育的政策,如印度、日本曾推行过限制生育的政策;当生育率过低时,政府就会推行鼓励生育的政策,如俄罗斯、瑞典、法国、德国、韩国等鼓励生育。从公共政策角度看,生育政策是政府职能所在。

2. 计划生育政策在不断调整,基本国策的地位没有改变

计划生育是国策,这是由我国人口众多的国情所决定的。自1982年,计划生育写进《中华人民共和国宪法》以来,尽管经过数次修订,但《中华人民共和国宪法》第二十五条规定"国家推行计划生育,使人口的增长同经济和社会发展计划相适应"都没有变化,其基本国策的地位没有改变。

新时代赋予计划生育新内涵。2021年6月26日《中共中央 国务院关于优化生育政策促进人口长期均衡发展的决定》指出:"今后一个时期,我国人口众多的基本国情不会改变,人口与资源环境承载力仍然处于紧平衡状态,脱贫地区以及一些生态脆弱、资源匮乏地区人口与发展矛盾仍然比较突出。"随后,国家卫健委明确表示:实施"三孩"政策不是取消计划生育,"三孩"政策仍然是计划生育范畴;中央赋予了计划生育新内涵,以推动实现适度生育水平,促进人口长期均衡发展。

3. 计划生育政策不是影响生育意愿的决定因素,经济才是决定因素

"越穷越生,越富越不想生",这是人口发展的规律。联合国人口基金发布的《2021年世界人口状况》(*State of World Population 2021*)表明,世界人口增长分布呈现极度不平衡现象,经济最不发达地区的人口增长速度最快;而经济发达地区的人口增长速度相对较慢,甚至出现了负增长现象。

21世纪之前,用"越穷越生"描述中国人口情况并不为过。进入21世纪,中国经济突飞猛进,工业化和城镇化使中国发生翻天覆地的改变,人民生活水平不断提高,生育意愿却不断降低。进入新时代,尽管"二孩""三孩"政策接连出台,但很多育龄夫妻还是不愿生,毕竟生养容易教育难,优质教育的成本太高,不仅要付出金钱,还要付出时间和精力。人口老龄化、低生育率不是单单由计划生育政策导致的结果。

(二)"马寅初事件"

马寅初是著名的经济学家,但公众显然对他人口学家的身份更加熟知。有人将马寅初提出的人口思想视为"一孩"政策的肇始,并将计划生育政策等同于

"一孩"政策。这是对马寅初提出的人口思想的误解。马寅初认为政府要为人口问题负责,倡导一对夫妇只生育两个孩子,将人口和经济结合起来,这是马寅初对人口学的重大贡献。

党史国史研究中,并没有"马寅初事件"这样的专用名词,它指的可能是1940年12月马寅初被蒋介石批捕入狱的"马寅初被捕事件"和1958年前后马寅初被批判的"马寅初被批判事件"。后者大概过程是1957年7月5日《人民日报》整版刊发马寅初《新人口论》,随即而来的反右派斗争对《新人口论》展开批判;1959年年末至1960年,由于"大跃进"、人民公社化运动,"反右倾"斗争对马寅初的批判从《新人口论》转到重点批判经济平衡的"团团转"理论。1979年9月,中共中央正式批准中共北京大学党委《关于为马寅初先生平反的决定》。

梁中堂的《马寅初事件始末》《马寅初考》提出所谓的"马寅初事件",认为历史上并未发生过党和政府批判马寅初人口论的事件,"马寅初事件"是虚构的。梁中堂的"马寅初事件"特指马寅初因《新人口论》被批判的事件。"马寅初事件"是否真实,结合党史,在本文后面将展开论述。

二、 从党史百年历程看计划生育

对历史人物和事件客观、全面的评价,必须将历史人物和事件放在其所处时代和社会的历史条件下去分析,不能用今天的时代条件、发展水平、认识水平去衡量。计划生育从理论的提出到形成决策再到深化调整历经百年,在不同时期有着不同的政策和特点,对计划生育的客观、全面评价必须结合各个历史时期的背景和条件。社会主义革命和建设时期计划生育提出、形成决策、曲折发展,改革开放和社会主义现代化建设时期"一孩"政策形成和实施,中国特色社会主义新时代提出"二孩""三孩"政策,赋予计划生育新含义。

表2-1 计划生育的百年历程

历史时期	时代背景	主要内容
民国初期:计划生育理论提出	西方女权运动和节育运动的兴起;中国人多地瘠,国弱民穷	为富国强民,陈长蘅、张竞生、马寅初等欧美留学归国后提出计划生育相关的理论

（续表）

历史时期	时代背景	主要内容
社会主义革命和建设时期：计划生育提出、形成决策、曲折发展	1956年前后，党的八大探索社会主义建设道路，新中国成立后第一次出现人口生育高峰，总人口超过6亿	邵力子倡导计划生育，马寅初酝酿发表《新人口论》 毛泽东、周恩来、邓小平指出人口要有计划地增长
	出现反右派斗争、"大跃进"、人民公社化运动、"反右倾"斗争	马寅初被批判事件
	1962年后，克服三年经济困难后国民经济恢复，新中国成立后第二次出现人口生育高峰	提出在城市和人口稠密的农村提倡节制生育
	1966—1976年，"文化大革命"，备战备荒，从1964年到1974年，全国人口由7亿增加到9亿	计划生育工作停滞，人口急剧增长
改革开放和社会主义现代化建设新时期："一孩"政策形成和实施	1978年党的十一届三中全会召开，拨乱反正、改革开放启动，社会主义现代化建设加快；1980年总人口约为10亿	为马寅初平反 提倡一对夫妇生育子女数最好一个，最多两个
	1992年邓小平南方谈话后，计划经济向市场经济转变；1994年中央和地方实行"分税制"改革，地方财政压力大	以控制人口增长和降低生育率为主要目标
	2000—2012年，随着中国加入WTO，经济迅速崛起，工业化和城镇化使中国经济社会发生翻天覆地的变化，生育观念发生根本性变化，人口增长发生变化	一方面，延续稳定低生育水平政策；另一方面，经济社会发生根本性变化，出现调整"一孩"政策呼声，全盘否定计划生育和马寅初的杂音出现
中国特色社会主义新时代：提出"二孩""三孩"政策，赋予计划生育新含义	2012年党的十八大以来，新时代新变化，人口增长缓慢，老龄化程度高	"二孩""三孩"政策及时调整，赋予计划生育新含义

（一）计划生育相关理论的提出始于民国初期，是中国先进知识分子探求富国强民的方案

清朝道光年间统计，全国人数超过"四万万"。甲午战败，清廷被迫签订《马关条约》，谭嗣同写下："四万万人齐下泪，天涯何处是神州。"1901年，清朝政府公布全国人口总数为"四万万七百万"。八国联军侵华后要求赔偿4.5亿两白银，就是每个中国人赔偿一两白银。1931年，国民政府公布全国人口为"四万万七千五百万人"。这就是时人常说的"四万万同胞"或"四万万五千万同胞"，但这只是个大概的数字，由于没有逐户逐人进行人口普查，中国当时没有准确的人口数据。

按道光年间4亿人口计算，中国是当时世界第一人口大国，而英国、法国的人口大概为二三千万，但两次鸦片战争，英法打败了中国，中国沦为半殖民地半封建社会。人口众多、国家羸弱、人民赤贫是近代中国的写照。爱因斯坦于1922年和1923年间途经中国，他在日记中将中国人形容为"勤劳、肮脏、迟钝"的人，"我注意到这里男女的差别微乎其微，我不明白中国女性具有何种魅力吸引男性到这个程度，让他们生下这么多后代"。很显然，爱因斯坦并不了解中国多子多福的传统。

20世纪20年代，西方女权运动和节育运动兴起，妇女解放和节制生育对改变中国人多地瘠、国弱民穷的现状具有重大意义，陈长蘅、张竞生、马寅初等欧美留学生回国后提出计划生育相关的理论。如1918年，从哈佛大学毕业、在北京大学经济系任教的陈长蘅出版《中国人口论》，宣传节育优生、国家干预节育；1920年，从欧洲留学归来的张竞生向广东军阀陈炯明提出"提倡避孕节育，主张每对夫妇只生两个孩子，多者受罚"的主张；马寅初在1920年发表《计算人口的数学》，1928年提出节制生育以减少人口的主张。计划生育与"多子多福""不孝有三，无后为大"的传统观念格格不入，是冒天下之大不韪的事，如张竞生回国后因在家乡宣扬避孕节育而被人斥为"神经病"。由此可见这些留学归国的青年的勇气和报国之心。但在内忧外患的旧中国，北洋政府、国民党政府根本没有能力顾及计划生育。

计划生育的提出是近代中国先进知识分子探寻富国强民的方略，计划生育"原罪论"毫无根据，计划生育是西方对华"亡国灭种"的阴谋这一说法更是无稽之谈。

（二）社会主义革命和建设时期：计划生育提出、形成决策、曲折发展

社会主义革命和建设时期出现两次人口生育高峰，人口对经济发展的压力巨大，计划生育势在必行。由于反右派斗争、"大跃进"、人民公社化运动、"反右倾"斗争和"文化大革命"的影响，计划生育几经波折后，在城市逐步推行，但未能在农村全面实施，中国人口从6亿增长到近10亿。

1. 计划生育由马寅初、邵力子等学者提出，由毛泽东、周恩来等领导集体决策

新中国成立之初，面临着剿匪清霸、抗美援朝、土地改革、经济恢复和政权巩固等一系列艰巨任务，没有进行人口普查，人口数据沿用民国时期的"四万万七千五百万"。1953年，土地革命完成，抗美援朝战争取得胜利，"一五"计划开始实施，社会主义"三大改造"的过渡时期总路线提出，建设中国的蓝图开始描绘。在这样的背景下，中国开展第一次全国人口普查。这次人口普查采用逐户逐人调查，第一次摸清了人口底数，全国人口数量超过6亿，远远超过"四万万"。大规模的经济建设，6亿人口的底数，加上1956年前后新中国出现第一次人口生育高峰，中国人口压力日益增长，计划生育呼之欲出。

新中国成立后，马寅初、邵力子等学者一直在关注中国人口问题。在学习苏联奖励"英雄母亲"的时候，邵力子向卫生部长李德全等提出节育的建议，得到李德全的赞同。1953年冬，邵力子在政务院会议上提出计划生育观点。1954年，马寅初在《浙江温州区视察报告》中表明对农村人口快速增长十分担忧，认为人口盲目增长将影响经济社会发展。1955年春天，邵力子同李德全拜会马寅初，谈论计划生育的事。邵力子建议马寅初将回乡的人口调研写成报告，以马寅初的影响力引起高层的重视。这也就是《新人口论》写作的渊源。

6亿人口基数以及人口生育高峰给"一穷二白"的中国带来巨大压力。由于"一五"计划基本建设迅猛发展，全国城镇人口从1950年的6000多万猛增到1953年的7800多万，全国吃商品粮的人口激增到2亿，造成国家粮食供应极度紧张。周恩来果断指示压缩基本建设，调整国民经济。1953年9月，周恩来在《第一个五年建设计划的基本任务》中说：中国老百姓对生儿育女的事情是很高兴的，喜欢多生几个孩子。但是，这样一个增长率的供应问题，却是我们一个

大负担。

1954年5月,邓颖超写信给政务院(1954年9月第一届全国人民代表大会召开后改为国务院)副总理邓小平,提到关于已婚女同志生孩子太多的困难以及避孕问题,确是带有普遍性的。邓小平在信上批示:避孕是完全必要和有意义的,应采取一些有效的措施。卫生部根据邓小平的批示,放宽对避孕节育和人工流产的限制。为此,周恩来在1956年11月10日举行的中共第八届中央委员会第二次会议上提出提倡节育。这个提议的"发明权"本来是邓小平同志的。

1954年12月27日,刘少奇在国务院第二办公室等部门召开的节育问题座谈会上指出:现在我们要肯定一点,党是赞成节育的。

1956年年初,发表的《1956年到1967年全国农业发展纲要(草案)》规定除了少数民族地区以外,在一切人口稠密的地方,宣传和推广节制生育,提倡有计划地生育子女,使家庭避免过重的生活负担,使子女受到较好的教育,并且得到充分就业的机会,提出"计划""生育",这是最早出现计划生育一词的文献之一。

2. 毛泽东对计划生育的决策起到"一言九鼎"的作用

计划生育成为国家政策无疑是集体决策的结果,但毛泽东作为领袖在当时具有崇高的威望,他对计划生育的认识直接影响着决策的方向。毛泽东对计划生育的认识几度发生变化,计划生育的决策也几经周折。

(1)新中国建立前后,毛泽东认为人口众多是中国革命和建设的优势。

毛泽东在1949年9月发表的《唯心历史观的破产》中指出:"世间一切事物中,人是第一个可宝贵的。在共产党领导下,只要有了人,什么人间奇迹也可以创造出来。"由于外交上"一边倒",加上解放全中国的战斗仍在进行,新中国人口政策上也学习苏联经验,对生育5个、10个孩子的妇女给予"光荣妈妈""英雄母亲"的称号和奖励。

(2)党的八大前后,在探索中国的社会主义建设道路上,毛泽东支持计划生育。

1956年2月,赫鲁晓夫在苏共二十大报告中全盘否定斯大林,引发社会主义阵营的思想混乱。毛泽东开始思考如何走自己的道路。4月,毛泽东发表《论十大关系》,并提出"百花齐放,百家争鸣"的方针。《论十大关系》指出"我们的国家这样大,人口这样多,情况这样复杂"的基本国情。9月,党的八大胜利召开,开启社会主义建设道路的探索。10月,毛泽东会见南斯拉夫妇女代表团时说,过去有些人批评我们提倡节育,但是现在赞成的人多起来了。夫妇之间应该定出一个家庭计划,规定一辈子生多少孩子。这种计划应该同国家的五年计划配合起来。我们有一位民主人士叫邵力子,他提倡节育。

在"双百"方针指引下,越来越多的学者加入计划生育的讨论中。1957年2月,在最高国务会议第十一次(扩大)会议上,马寅初发言呼吁"控制人口":如果不把人口列入计划之内,不能控制人口,不能实行计划生育,那就不能称其为计划经济。马寅初的发言得到毛泽东的赞赏。毛泽东说:"从前他(马寅初)的意见,百花齐放没有放出来,准备放就是人家反对,就是不要他讲,今天算是畅所欲言了。""政府可能要设一个部门,或者设一个节育委员会,作为政府的机关。人民团体也可以组织一个。"毛泽东的几次谈话,都提到邵力子、李德全、马寅初等人的名字,说明毛泽东对中国人口和计划生育的情况是熟悉的、重视的。6月,马寅初将《新人口论》作为一项提案,提交一届人大四次会议,此文发表于7月5日《人民日报》。

《马寅初考》提出:计划生育是毛泽东在苏联第一批援建工业项目和第一个五年计划顺利完成的背景下提出的与政府生产计划相联系的一个新概念,马寅初在中南海聆听了毛泽东关于政府要建立一个部门和实行计划生育的讲演后,发言表态支持计划生育并写出《新人口论》,而不是毛泽东接受马寅初的建议实行计划生育。这种说法是片面的、不准确的。从1920年发表《计算人口的数学》到1954年发表《浙江温州区视察报告》,马寅初一直在关注中国人口和计划生育问题。1955年,邵力子建议马寅初将回乡的人口调研写成报告,这就是《新人口论》的源头,就连毛泽东都知道"从前他(马寅初)的意见,百花齐放没有放出来,准备放就是人家反对"。可见,《马寅初考》认为马寅初聆听毛泽东讲话后才写出《新人口论》是不准确的。

学者提出理论,领导人集体决策,各司其职,并不矛盾。作为学者,马寅初一直为计划生育而呼吁和坚守,《新人口论》为计划生育提供理论依据,从这个角度说马寅初是计划生育倡导者并不为过。毛泽东是共和国的奠基人,也是计划生育事业的奠基者,从领导者决策来说,也是名副其实的。纠结于谁是计划生育首创者并无实际意义,更何况计划生育原本就是由很多学者提出的,是领导集体决策的成果。

(3)"大跃进"、人民公社化运动前后,毛泽东不支持计划生育。

1957年,马寅初《新人口论》发表,计划生育在全国的推行似乎已经没有悬念。但是,随即而来的反右派斗争、"大跃进"、人民公社化运动和"反右倾"斗争,使马寅初遭到批判,刚进入决策议程的计划生育就此中断。不过,迄今为止,尚未发现毛泽东直接授意陈伯达、康生批评马寅初的史料。

因为"大跃进"和人民公社化运动,毛泽东不支持计划生育。1958年4月,毛泽东在《介绍一个合作社》中说:"除了党的领导之外,六亿人口是一个决定的因素。人多议论多,热气高,干劲大。"同时,由于大放"卫星",造成粮食大丰收的虚假现象,人口对粮食的压力不复存在。各地争先恐后放粮食高产"卫星",毛泽东认为"把全地球上的人通通集中到中国来,(粮食)也够用"。毛泽东在听完徐水县年收12亿斤粮食的汇报后说:粮食多了,以后就少种一些,一天做半天活儿,另外半天搞文化,学科学,闹文化娱乐,办大学中学。

(4)"大跃进"和人民公社化运动后,毛泽东支持计划生育。

"大跃进"和人民公社化运动带来的恶果是随之而来的三年经济困难时期,很多地方甚至出现饿死人的现象。党中央和毛泽东纠正错误,调整政策,国民经济逐渐恢复。1960年,在全国人大二届二次会议上通过的、毛泽东主持制定的《全国农业发展纲要》中,列出宣传和推广节制生育条款,规定:"除了少数民族地区以外,在一切人口稠密的地方,宣传和推广节制生育,提倡有计划地生育子女,使家庭避免过重的生活负担,使子女受到较好的教育,并且得到充分就业的机会。"

随着经济好转,1962年后出现新中国第二次人口生育高峰。据1964年第二次全国人口普查,全国总人口超过7亿。这一时期,我国每年大约只能解决200万人的新增就业需求,城市就业压力大,这也是知青下乡的重要原因。同时,我国每年人均粮食占有量始终徘徊在300千克左右,吃饱饭的问题始终没能解决。在毛泽东的支持下,计划生育逐步实施。此后,毛泽东多次批示做好计划生育工作。特别是1969年全国总人口超过8亿后,毛泽东对计划生育更加重视,如1975年1月,毛泽东在国家计委《关于1975年国民经济计划的报告》上批示:"人口非控制不行。"

3. 社会主义革命和建设时期计划生育工作的主要特点

(1)建立和健全机构。

1962年12月18日,中共中央和国务院向全国发出了《关于认真提倡计划生育的指示》,这是计划生育正式实行的标志。同时,国务院设立计划生育办公室,负责在城乡推行计划生育;卫生部妇幼卫生司设立计划生育处。1964年,国务院成立计划生育委员会,负责全国的计划生育工作。1963—1964年,全国有25个省、自治区、直辖市成立了计划生育行政领导机构。

(2) 纳入国家计划。

1963年9—10月,中共中央和国务院在召开的第二次城市工作会议上提出了城市人口增长指标。1971年,国务院批转了《关于做好计划生育工作的报告》,把控制人口增长的指标首次纳入国民经济发展计划。

(3) "二孩"政策。

20世纪50年代讨论计划生育时,邵力子主张"一孩"政策,马寅初主张"二孩"政策,周恩来支持"二孩"政策。1971年,计划生育提倡"一个不少,两个正好,三个多了"。1973年12月,第一次全国计划生育汇报会提出实行"晚、稀、少"的政策和1978年,中央下发《关于国务院计划生育领导小组第一次会议的报告》,明确提出"提倡一对夫妇生育子女数最好一个,最多两个"的生育政策,即实际上是"二孩"政策。

(4) 在曲折中发展。

"文化大革命"时期,党和国家各项事业处于混乱状态,计划生育工作也遭到冲击。1968年11月,国务院计划生育委员会被取消,在职干部分批下放到"五七"干校参加劳动,各地计划生育机构也处于涣散状态。1971年林彪反革命集团覆灭后,毛泽东开始纠正和调整政策。下放的干部陆续重返工作岗位,计划生育工作恢复。

(5) 城乡发展不平衡,全国人口过快增长的势头没有得到有效控制。

计划生育主要在城市地区推行,在人口稠密的农村地区试点。1965年1月,毛泽东会见美国记者斯诺时,毛泽东表示,农村地区还没有推广计划生育,对计划生育进程不满意;8月,毛泽东指示卫生部长,在农村地区开展节制生育的工作;为了贯彻毛泽东的指示,1965年9—10月间召开的中共中央工作会议提出,计划生育的重点应当转向农村地区。人口稠密的农村地区随即开展试点工作,但由于"文化大革命"的爆发,计划生育并没能在农村实施。1970年12月,毛泽东和斯诺会谈时再次表达对农村地区计划生育工作的不满意,毛泽东说:"农村里的女人,头一个生了是个女孩,就想要个男孩子。第二个生了又是女孩……一共生了九个,都是女孩子。""重男轻女,这个风俗要改。"

4. 计划生育工作未能全面推行,根本原因是恶劣的外部环境和国内落后的生产力

计划生育工作未能全面推行有着复杂的国际国内的社会历史原因。

首先,战争压力和备战需求。在美苏两个超级大国主导的冷战格局中,中国面临的侵略威胁、战争挑衅和军事压力从未停止。从抗法援越、抗美援朝、抗美援越到珍宝岛战役,中国面临着战争的威胁,不得不耗费大量人力物力财力投入"三线建设"。当人们预感战争随时爆发时,人口肯定是越多越好。这也是很长时期,人们不赞成计划生育政策的主要原因。

其次,受"人多力量大"成功经验和"多子多福"传统观念的影响。我们党通过宣传发动人民群众,通过群众政治运动、人民战争取得了革命的胜利,大规模的群众性政治运动是革命的法宝。正如毛泽东所说的:"在共产党领导下,只要有了人,什么人间奇迹也可以创造出来。""人多力量大"是人们的直观感受,也是直接的经验。加上"不孝有三,无后为大""多子多福""养儿防老"的传统生育观念根深蒂固,控制人口这一观念显然不为大众所接受。

最后,落后的工业生产力无法为计划生育提供足够的节育产品、医疗设施,计划生育工作是"巧妇难为无米之炊"。实际上,很多生育多子女的家庭不是不想计划生育,而是缺少节育产品而不得不生。1919年,工业化生产的天然乳胶避孕套出现,但价格昂贵,非普通人可以使用。1955年以前,中国乳胶避孕套全部依赖进口。邵力子之所以极力呼吁节育,是自己母亲和妻子的悲剧让他刻骨铭心。他的母亲接连生育几个孩子后,为了避免生育和丈夫分居十多年,直到绝经为止。邵力子的妻子怀上第六胎时,要求流产。邵力子走访各大医院,没有一个医生敢做流产手术。缺医少药,也是计划生育难以推行的客观因素。

新中国成立后,工业建设侧重于国防重工业,轻工业产品供不应求。1955年,广州从日本引进了第一套避孕套生产设备,开始了国内避孕套的自动化生产。"大跃进"期间,国产避孕套作为"大跃进"成就在各地展出。但是,国产避孕套年产量较少,中国每对育龄夫妇人均一个左右,远远不能满足需求,当时避孕套的说明书推荐洗净后重复使用。如1964年,河南省共计分配得到安全套约1 300万只。若全部平均分配下去,平均每对育龄夫妻分不到1只。1975年,湖北省共计分配得到安全套约1 800万只,平均每对育龄夫妻分不到2只。1982年后,联合国人口基金先后援助天津乳胶厂、广州第十一橡胶厂、青岛乳胶厂,使我国的安全套年产量显著提升,缓解育龄群众安全套需求。

从全世界范围看,"越穷越生"不是中国独有的现象,而是全世界的人口规律。为此,我们不必苛求这一时期的计划生育工作。

(三) 改革开放和社会主义现代化建设新时期:"一孩"政策的形成和全面推行

1978年12月,中共十一届三中全会开启了改革开放和社会主义现代化建设新时期。随着拨乱反正任务的开展,社会主义现代化建设各项事业逐步恢复和发展,计划生育政策也得到全面的实施。这一时期,人口再生产类型实现了从"高出生、低死亡、高增长"向"低出生、低死亡、低增长"的转变,为改革开放和社会主义现代化事业,为改善人民群众的生存和发展状况,为打赢脱贫攻坚战和全面建成小康社会奠定了坚实基础。当然,作为公共政策,计划生育在执行过程中难免会出现各种问题,如一些地方将工作简单化、粗暴化,损害了群众权益,导致干群矛盾激化;又如,进入21世纪,中国经济迅速崛起,工业化、城镇化改变中国原有的生产生活方式,人们的生育意愿发生根本性变化,人口老龄化态势形成,"一孩"政策的调整滞后于经济社会的发展。这是公共政策的"通病",并非计划生育政策独有。实事求是地看待计划生育政策存在的不足,并非全盘否定计划生育工作,而是要与时俱进,为新时代计划生育工作的调整做准备。

1. 改革开放和社会主义现代化建设时期的计划生育工作的特点

一是计划生育被写入宪法,确定为基本国策。1978年,经第五届全国人大第一次会议修改的《中华人民共和国宪法》规定"国家提倡和推行计划生育","计划生育"被写入宪法。此后,宪法虽有修改,但计划生育的条款几乎没有变动。1982年,党的十二大把计划生育确定为基本国策。

二是实行城镇"一孩"、农村"二孩"政策。1980年,第五届全国人大第三次会议提出"除了在人口稀少的少数民族地区以外,要普遍提倡一对夫妇只生育一个孩子"。同年,党中央发出《关于控制我国人口增长问题致全体共产党员、共青团员的公开信》,为了争取在20世纪末把我国人口总数控制在12亿以内,提倡一对夫妇只生育一个孩子。"一孩"政策由此实行。

严格来说,"一孩"政策的说法是不全面的,按规定国家干部和职工、城镇居民除特殊情况经过批准外,一对夫妇只生育一个孩子;农村某些群众确有实际困难,包括独生子女,要求生二胎的,经过批准可以间隔几年以后生育第二胎。实际上,农村和人口稀少的少数民族地区大部分实行"二孩"政策。

三是实行"一把手抓""一票否决"的工作机制。1991 年,中央召开计划生育工作座谈会,强调党政两个"一把手"对计划生育工作负总责、亲自抓,实行人口与计划生育"一票否决"目标管理责任制。至 2006 年,中央连续 15 年召开计划生育工作座谈会,每次都是总书记、总理,以及各省市自治区的党政"一把手"参加。各省市自治区、各市地区也按此规格层层抓落实,计划生育工作得到前所未有的重视。同时,为了完成人口指标任务,一些地方把计划生育工作简单化、粗暴化,出现了损害育龄妇女身心健康、公民切身利益的现象,导致干群矛盾激化等诸多问题。

四是以控制人口增长和降低生育率为主要目标。无论是 2000 年前的严格控制人口增长阶段,还是 2000 年后稳定低生育水平阶段,计划生育政策的主要目标都是以控制人口增长和降低生育率为主。2000 年,《中共中央 国务院关于加强人口与计划生育工作稳定低生育水平的决定》指出:"人口过多仍是我国首要的问题。""实行计划生育仍有相当难度。任何政策的偏差、工作的失误以及外部环境的不利影响,都可能导致生育率的回升。"强调"坚持党政一把手亲自抓、负总责""坚持和完善人口与计划生育目标管理责任制""落实'一票否决'制度""确保未来人口与计划生育目标的实现"。

五是广大育龄夫妇,特别是党员、共青团员以身作则、率先垂范。1980 年,党中央发出《关于控制我国人口增长问题致全体共产党员、共青团员的公开信》,就是要求广大共产党员、共青团员以身作则、率先垂范,为控制人口数量作出贡献。"一孩"政策主要在城镇居民中实施,特别是机关、事业单位、国企工作人员,而对个体户、自由职业者、私营企业等约束力相对微弱,而广大农村"超生""偷生""抢生"成为普遍的现象。为什么广大机关、事业单位、国企工作人员能做到?这是"体制内"人员舍小家为大家的体现,是一种大局观念,也是中国制度的优势。在脱贫攻坚、新冠疫情防控中,广大共产党员、共青团员同样冲锋在最前线,作出了牺牲和贡献。

2. 从拨乱反正、改革开放的起步看"一孩"政策出台

从 1980 年"一孩"政策的确立到 2016 年全面两孩政策实施,"一孩"政策实施了 36 年,涉及"50 后""60 后""70 后"三代人的生育大计。实行严格的人口政策是为了子孙后代可持续发展,抑制一代人生育权利是为了下一代人生存权利更好实现。"一孩"政策是基于对过去、现实和未来权衡之下的合适的抉择。1982 年《中共中央、国务院关于进一步做好计划生育工作的指示》指出:"建国后相当一段时间内,由于我们对人口问题在认识上有片面性,强调人多好,致使我国人口增长过快,与生产的发展不相适应,人民在吃饭、穿衣、住房、交通、教育、就业、卫生等方面都遇到越来越大的困难,也是国家在短时间内难以改变贫穷落后面貌的一个重要原因。""摆在我们面前有两种可能:或者是严格地有效地控制人口的增长,使全体人民的生活水平逐步提高,国家建设逐年扩大;或者是控制不严,措施不力,听任人口继续大量增长,从而既不能改善人民生活,也不能很好地进行经济、文化、国防的建设。二者必居其一。"以经济建设为中心,尽快把经济增长搞上去,把人口增长降下来,成为全党的共识。

一是人口增长压力巨大。1953 年第一次全国人口普查,全国总人口为 5.82 亿;1964 年第二次全国人口普查,全国总人口超过 7 亿;1969 年全国总人口超过 8 亿;1974 年全国总人口超过 9 亿,1981 年全国总人口超过 10 亿。全国总人口从 7 亿到 8 亿用了 5 年,从 8 亿到 9 亿用了 5 年,从 9 亿到 10 亿用了 7 年。全球超过 1 亿人口的国家仅有 13 个,而中国 5—6 年就增加 1 亿人口,这是多么沉重的人口负担!1980 年提出"一孩"政策是为了争取在 20 世纪末把我国人口总数控制在 12 亿以内。即便是实行偏严的"一孩"政策,中国总人口在 1981 年仍突破 10 亿,在 1988 年突破 11 亿,在 1995 年突破 12 亿,这突破了 1980 年制定的在 20 世纪末把我国人口总数控制在 12 亿以内的目标。

二是人口对粮食、就业的压力巨大。人要吃饭,人口增长的首要问题就是粮食。1978 年,邓小平在全国科学大会开幕式上的讲话中说:"几亿人口搞饭吃,粮食问题还没有真正过关。"1980 年,我国人均粮食产量约为 300 千克,包括玉米、红薯、木薯,很多地方温饱没有解决,"分田到户"的"大包干"在全国范围仍属于"禁区"。解决农民吃饭问题的家庭联产承包责任制到 1982 年才在全国全面推行。1981 年 6 月,邓小平会见尼日利亚民族党代表团时指出,中国有近十亿人口。娃娃们长大了要就业,一年就有七八百万就业人口。如果每年人口

增长2%,不仅会新增加二千万人口的就业压力,而且建设成果都会因此抵消。

三是切合加快现代化建设和对外开放步伐的时代特点。"文化大革命"结束后,人们普遍感到十年的光阴被耽搁了,特别是获得平反后的广大知识分子,痛惜被荒废的时光,急切加快现代化建设和对外开放的步伐,以改变落后现状。"错批一人,多生几亿"在当时广泛流传,说明人们为计划生育工作被耽搁、人口大量增长而感到痛惜,以及计划生育势在必行的急切心理。

(四)中国特色社会主义新时代赋予计划生育新含义、新任务

党的十八大以来,中国特色社会主义进入新时代。为实现两个"百年奋斗目标"和中华民族伟大复兴的宏伟目标,中国特色社会主义事业总体布局全面展开。进入新时代,人口和计划生育发生了新的变化:人口基数虽然巨大,但人口增长速度明显放缓,未来将出现零增长、负增长的情况;人口老龄化程度高,未来将成为老龄化程度最高的国家;人口空间分布不均衡,流动人口规模大。为此,党中央调整计划生育政策:2013年"单独二孩"政策实施,2016年全面两孩政策实施,2021年"三孩"政策实施。新时代人口工作的思路和方法实现历史性转变,体现了以习近平同志为核心的党中央统筹把握中华民族伟大复兴战略全局和世界百年未有之大变局,对中国特色社会主义建设规律的认识深化和理论创新。

1. 新时代计划生育工作的特点

一是计划生育以控制人口增长和降低生育率为指标的政策调整为完善积极生育支持政策,换而言之,就是从限制生育变成鼓励生育。

二是计划生育被赋予了新内涵:着力提升适度生育水平、提高人口素质、改善人口结构、优化人口分布,促进人口长期均衡发展。

三是人口治理从主要依靠政府力量转变为政府和社会协调治理,从以管理为主转变为综合服务。综合服务将婚嫁、生育、养育、教育一体考虑,提高优生优育服务水平,发展普惠托育服务体系,推进教育公平与增加优质教育资源供给,降低家庭教育开支,以推动实现适度生育水平。

2. 新时代计划生育政策调整的深远意义

人们从"越穷越生"到"越富越不生",从"超生""偷生""抢生"变成了"不

想生""不愿生",这些变化不是计划生育政策单一的作用,而是改革开放和社会主义现代化建设的结果。改革开放四十多年,中国走过西方国家一二百年才走完的工业化、城镇化进程,中国经济社会发生翻天覆地的变化,中国政治、经济、文化、教育、卫生等领域的变化可以用奇迹来形容。

计划生育从提出到实施,从"一孩"到"二孩""三孩"政策的调整,经历着艰辛探索和曲折发展,在有效控制人口过快增长,提高人口素质,促进经济快速发展和社会进步中作出巨大贡献。计划生育作为中国特色社会主义现代化建设的重要内容,随着经济社会发展而不断调整,体现了党的治国理政理念不断创新,统筹发展能力不断增强。

可见,计划生育的全面实施是慎重的,是领导集体的决策,得到广大知识分子、党员和共青团员的拥护和支持,是历史和现实的抉择,绝不是某个领导或者某一个学者可以左右的。富国强民的目标贯穿着计划生育的进程,计划生育在曲折中不断发展,被新时代赋予新的含义,绝非《大国空巢:反思中国计划生育政策》所言的"计划生育是始于草率,行于暴力,终于搪塞和掩饰"。《大国空巢:反思中国计划生育政策》触发了人们对人口老龄化、老有所养的担忧,对反思"一孩"政策具有一定的启发的意义,但我认为此书不属于严谨的学术著作,书中内容既脱离中国人口众多、发展不平衡的基本国情,又无视计划生育出台的历史背景,脱离了历史和现实就失去了正确评价历史事件和历史人物的坐标体系。另外,此书缺乏权威、全面的档案和文献为支撑,许多事例是道听途说、残缺不全的。

三、从党的百年历程看"马寅初事件":马寅初人口思想没有过时,马寅初的精神历久弥新

1956年至1966年是中国共产党探索中国社会主义建设的十年,这十年既有党的八大召开的良好开端,也有"大跃进"、人民公社化运动、"反右倾"斗争以及三年经济困难时期的挫折和教训。在这期间,马寅初遭到两次大规模的批判,第一次是1957年下半年反右派斗争中,第二次是1959年年末至1960年,庐山会议后全国再次掀起批右高潮中。被批判的除了《新人口论》,还有经济平衡的"团团转"理论等。此后,马寅初几乎消失在公众视野中,直到1979年报纸刊

发马寅初平反的消息,人们才得知这位近百岁的经济学家还在世间。1979 年 9 月 11 日,党中央正式批准北京大学党委《关于为马寅初先生平反的决定》。随后,北京大学邀请马寅初担任名誉校长。马寅初平反是党中央对知识分子平反冤假错案的标志性的事件,是我党拨乱反正进程中的大事,这体现了中国共产党有错必纠的勇气。马寅初的平反,计划生育的全面实施,证明马寅初的理论是正确的,经得起历史的考验。

(一)马寅初被批判和平反体现了中国共产党有错必纠的勇气

1. 批判马寅初是反右派斗争、"反右倾"斗争扩大化造成的恶果,是中共探索社会主义建设道路上的曲折和教训

马寅初《新人口论》发表不久,反右派斗争开始。马寅初《新人口论》被批判为马尔萨斯人口论,否定社会主义优越性,蔑视人民大众。同期,费孝通、陈达、吴景超等主张控制人口的学者都遭到点名批判。第二次批判是在"大跃进"、人民公社化运动发动期间,批判的重点从《新人口论》转到"团团转"理论。为什么要批判"团团转"理论呢?1958 年 1 月和 3 月的南宁会议、成都会议上,毛泽东严厉批评反冒进,要发动"大跃进"。而"团团转"理论是周恩来、陈云等反冒进、平衡发展的理论依据之一,成为毛泽东发动"大跃进"的理论障碍。

反右派斗争共划右派分子 55 万多人,被批判的马寅初在周恩来保护下没被打成右派,属于"内控右派"。即便马寅初没有发表《新人口论》,作为从旧中国走过来的知识分子,马寅初也难逃被批判的命运。这是一代知识分子在反右扩大化、"文化大革命"中的普遍遭遇,马寅初不是个例。这才有"文化大革命"结束后大规模的拨乱反正。

2.《马寅初考》关于"马寅初事件"是虚构的论断与史实不符

《马寅初考》认为:历史上并未发生过党和政府批判马寅初人口论的事件。这种说法明显违背历史事实。对马寅初的批判和平反从来都不是马寅初的私事,也不是北大的、民主党派的内务,这是涉及党的知识分子政策的重大事件。对马寅初的两次批判是在"文化大革命"之前,不存在"造反派"揪斗的现象,马寅初作为北大校长,是"中管"干部,如果上面没有指示,北大党委显然没

有批判马寅初的权力。1957年5月,毛泽东指示,从党内整风转入疾风暴雨式的反击右派斗争。虽然毛泽东没有授意康生、陈伯达批判马寅初,但反右派斗争的确是毛泽东亲自部署的。从党报党刊对马寅初及其《新人口论》和"团团转"理论的点名和不点名的批判可以看出,这不是北大、民主党派能自发形成的批判。如1957年10月,《人民日报》发表《不许右派利用人口问题进行政治阴谋》,不点名地批判马寅初。1958年4月,《光明日报》刊发批判马寅初经济均衡发展的"团团转"理论和批判《新人口论》的大字报,点名批判马寅初。同年5月5日,党的八大二次会议工作报告不点名地批判马寅初:只看到人是消费者,人多消费要多,而不首先看到人是生产者,人多就有可能生产得更多,积累得更多。显然,这是一种违反马克思列宁主义的观点。1958年下半年,仅《人民日报》《红旗》《解放军报》《光明日报》《文汇报》《中国青年报》等全国重要报刊批判马寅初的文章共计200多篇。

3. 为马寅初平反是党中央拨乱反正、平反冤假错案的大事,落实党的知识分子政策的标志性事件

马寅初的平反工作在邓小平、陈云、胡耀邦等中央领导的亲自过问下进行。1977年7月,邓小平复出后,在分管的科教和文化领域开展拨乱反正工作。邓小平复出后,为清华大学原党委副书记刘冰、北京大学原校长马寅初平反,并推荐马寅初担任全国人大常委会委员和北大名誉校长。1979年6月,陈云在新华社简报刊登的调查报告《马寅初的家属希望尽快为马寅初落实政策》上批示:"马寅初的问题,应该平反,如何请酌。"胡耀邦指示中央组织部同中央统战部解决此事。同年7月,时任统战部副部长李贵受党中央委托,登门拜访98岁的马寅初。李贵说他受党的委托通知马老:一九五八年以前和一九五九年以后这两次对您的批判是错误的。实践证明,您的节制生育的新人口论是正确的,组织上要为您彻底平反,恢复名誉。1979年8月5日,《光明日报》刊发《我为马寅初先生的新人口论翻案》《错批一人,误增三亿》两篇文章。《光明日报》是发起批判马寅初的主要报纸,刊发这两篇文章表明《光明日报》在拨乱反正中的态度。1979年9月11日,党中央正式批准北京大学党委《关于为马寅初先生平反的决定》。9月中旬,北京大学邀请马寅初担任名誉校长。

马寅初平反是党中央对知识分子平反冤假错案的标志性的事件,是我党拨乱反正进程中的大事。党和国家领导人为马寅初平反,体现了中国共产党有错必纠的勇气。这也说明了《马寅初考》关于"历史上并未发生过党和政府批判马寅初人口论的事件"的说法根本站不住脚。

4. 马寅初被批判的历史不会再次重演

当前,低生育率、老龄化加速成为人口常态,人口负增长的态势十分明显。如何应对低生育率带来的经济社会问题?任何人都不能准确预知未来。在无法预知的情况下,作为决策部门,应该做到学术上"百花齐放,百家争鸣",实践上小范围试验,而不是简单地肯定或否定。这是马寅初被批判的事件给我们带来的反思。计划生育从"一孩"政策调整为"二孩"政策的过程中,对"一孩"政策负面影响的讨论氛围是宽松的,特别是中国特色社会主义进入新时代,马寅初被批判的历史不会再发生,也不能再次重演。

(二)否定马寅初的人居心叵测

如果出于对计划生育"一孩"政策的误解和不满,否定马寅初的初衷可能只是宣泄情绪,但将马寅初的计划生育、计划经济的思想归咎于对西方"民主""自由"的背叛的言论则是居心不良。比如,有人说:

> 从专业角度来看,作为经济学家的马寅初,将来在历史上也很难站住脚。作为经济学家,他的经济学多论证金融管制的必要性与计划经济的优越性。他的新人口论则主张人口节制与计划生育。金融管制的背后,是国家控制的阴影。至于呼吁国家控制人口,将生育权收归国家,背后未免隐含着对生命的漠视。马寅初的悲剧,有点像是当下真诚的迷恋朝鲜模式的学者,这些人有时候也遭遇压制,他们之中也有人很有骨气。但是,他们的学术主张一旦被付诸实践,后果很难预料。所以,即使他们骨头再硬,其学术地位也不高。学术,归根结底还是为了人类的自由与幸福。

从这里可以看出,这些人抹黑马寅初是因为马寅初支持国家对经济、人口、社会的"管制",违背了所谓西方的价值观。

在国家治理手段的选择上没有姓"社"姓"资"之分,世界上没有哪个国家不对本国的经济、社会、文化进行调控的,如经济上,西方经济学派的"自由主义"和凯恩斯主义之争,中国改革开放初期"市场"和"计划"之争,所争的不过是主位和辅位之分。马寅初青年时期在上海教会学校接受西学启蒙,在美国耶鲁大学、哥伦比亚大学留学,是一位深受西学熏陶的高级知识分子,但他学以致用,没有照搬照抄西学,而是根据中国实际,寻找解决中国问题的方案,如"团团转"理论、《新人口论》既不同于欧美模式,也不同于苏联模式。当前,中国有一批知识分子迷恋西方的政治、经济、社会制度,认为只要是西方的就是"民主""自由"的。从资本主义殖民扩张的历史看,西方是近代世界战争以及不平等的根源,是近代中国人民被奴役和压迫的根源,西方最没有资格充当"人类的自由与幸福"精神领袖。

(三) 马寅初人口思想没有过时,马寅初的精神历久弥新

1959年庐山会议后,全国再次掀起批右高潮。周恩来和马寅初谈了一次话,劝马寅初从时局出发,写个检讨,过此风口浪尖。马寅初经过深思熟虑,认为自己没有错,不仅没有做违心检讨,而且要求公开辩论。他向《新建设》杂志编辑部投稿《重申我的请求》中说:"有几位朋友,劝我退却,认一个错了事。要不然的话,不免影响我的政治地位,甚至人身安危。他们的劝告出于真挚的友谊,使我感激不尽,但我不能实行。这里,我还要对另一位好友表示谢忱,并道歉意。我在重庆受难的时候,他千方百计来营救,我1949年从香港北上参政,也是应他的电召而来。这些都使我感激不尽,如今还牢记在心。但是这次遇到学术问题,我没有接受他真心实意的劝告,因为我对我的理论有相当的把握,不能不坚持,学术的尊严不能不维护,只得拒绝检讨。"

马寅初1979年7月接受《光明日报》记者的采访时说:"一件东西平反过来是很不容易的事情,无论学术问题还是政治问题,都是这样,这需要宽阔的胸怀和巨大的力量。只有共产党才有这样伟大的气魄,这样大的力量。"

马寅初在遭到批判的困境中,仍坚持《新人口论》是正确的,体现了他学术思想的高瞻远瞩,无私无畏、坚持真理的高贵精神。在历经不公平的遭遇后,马寅初没有意气和恩怨之争,而是坚信中国共产党能承担中华民族伟大复兴的历史重任,体现出马寅初海纳百川的广阔胸襟和大公无私的高尚品格,是民主党派和中国共产党"肝胆相照、荣辱与共"的光辉典范。马寅初的高尚情操让人崇敬和钦佩,马寅初的精神将鼓励一代又一代的爱国知识分子为实现中华民族伟

大复兴而负力前行。

面临人口负增长的态势,很多人忧心如焚,认为人口少了,经济失去人口红利,人气不旺,消费带动不起来,老年人也缺少子女赡养,加上各地出台鼓励生育举措,"计划生育糟""人口越多越好"的声音似乎占据了优势。从世界历史、中国历史和党的百年奋进历程看,中国不存在人口数量少的危机,要以平常的心态看待中国人口负增长的态势。

从世界史看,中国从农业大国转变为工业大国、从低收入国家向高收入国家迈进,生育率持续降低是不可避免的,这是人口发展的规律。单一鼓励生育的手段难以触发生育积极性。人口少,丧失人口红利优势的担心也不足多虑。人口众多并不等于人口红利。没有实行计划生育的印度人口已经逼近14亿,未来印度将超越中国成为世界上人口最多的国家。但是,农业、工业生产力水平、教育普及程度相对较低的印度,人口至今没有变成人口红利。没有哪个国家靠人口众多成为世界强国的,大国崛起靠的是军事、科技、经济的强大。随着人工智能的广泛使用,密集型劳动力将被淘汰,经济发展越来越依赖人才和资本,人口红利的作用不能被夸大。

从中国近代史看,从鸦片战争到抗日战争,无论是英国,还是日本,人口远远少于中国,即便整个西方列强的人口加起来也不如中国人口多,人口众多并不能直接给中国带来富强和民主。只有先进的政党和治国体系以及先进的科学技术才能打败西方的殖民主义、霸权主义。

从中国现代史看,中国从未出现人口数量不足的情况。1958年,当时的中国"一穷二白",工业化刚刚起步,不能制造汽车、轮船、拖拉机,靠的是强大的政治动员、组织体系,在没有大型机械的落后的条件下,通过群众运动,以锄头、铲子、铁锤,用肩挑背扛、以人海战术建成一大批水利、交通建设工程,一些工程至今仍发挥着作用。当时的人们通过凝心聚力已经能做出惊人的业绩,何况今天的中国已经基本实现工业化,正在向实现社会主义现代化和新型工业化的道路上迈进。未来一段时期,中国人口总量将保持在14亿人以上。按较低生育率算,到2100年,中国总人口约为7亿,七八亿人口放在全世界也仍然是人口超级大国。

从人口分布来看,东西部发展不平衡、城乡发展不平衡归根结底还是农业、农村和农民问题。中国要强,农业必须强;中国要富,农民必须富。2021年脱贫攻坚战取得全面胜利,全面建成了小康社会,解决了农村发展的问题。全面推进乡村振兴,加快农业农村现代化,是完成第二个"百年目标"的重大任务。未来,中国想要成为高收入国家,如果5亿多农村人口不能富起来,那么中国的贫富差距势必会悬殊。而要想让5亿多农村人口富起来,这将是开创世界奇迹的艰巨任务。

人口老龄化最令人担忧的是谁来养老的问题。人口老龄化是新中国两次人口生育高峰带来的必然结果,特别是1962—1972年,每年出生人口超过2 500万,四五年就累计1亿人口。未来十年,每年会有超过2 500万人口到了退休年龄,有相当大一部分人没有养老金。谁来养老?养儿防老的传统办法难以为继,由国家负担养老金体系有待健全完善。

片面强调人口增长缓慢的"危机"、在物质激励生育上下功夫,不如花大力气解决人民群众教育、医疗、居住、养老等迫切需要解决的难题,特别是改善农村生产生活条件。完善国家养老体系,让人民过上好日子,为人民创造美好生活,这是一切政策的出发点和落脚点。

综上所述,计划生育从提出到全面实施和调整已经走过百年的历程,计划生育的提出是马寅初等中国先进知识分子改变中国贫穷落后面貌、实现富国强民梦想的方案,计划生育的实施是毛泽东、邓小平等两代领导集体为实现社会主义现代化而作出的历史抉择。中国人口缓慢增长是经济快速增长、人民生活水平日益提高的结果,是改革开放和中国特色社会主义的伟大成就和成功经验。计划生育政策实施,在计划生育百年历程中,在我党百年奋斗历史中,在中华民族伟大复兴进程中,只是一个很短的时期,不是决定中国发展态势的根本因素。在新时代下,人口工作的思路和方法会出现历史性转变,这体现了中共对中国特色社会主义建设规律的认识深化和理论创新。如何应对新时代人口发展新变化,马寅初人口思想仍发挥着启迪作用,我们要把握马寅初人口思想的精髓,把人口发展放到国家、民族发展的大局上,正确看待人口增长缓慢的态势,不应简单地以鼓励生育来维持人口高速增长,而应把人口发展的重点放在优生优育、优化教育资源、提高人口素质上,为中华民族伟大复兴积蓄绵延不绝的、朝气蓬勃的力量。我们要防范历史虚无主义错误思潮涣散人心,继承和发扬马寅初爱国忧民、无私无畏、不屈不挠、追求真理的精神,凝心聚力,奋发图强,为中华民族伟大复兴而不懈奋斗。

参考文献

纪晓华.毛泽东与计划生育[J].党的文献,2001(01):58—65.

梁中堂.马寅初考[M].北京:中国发展出版社,2015.

梁中堂.马寅初事件始末[J].中共山西省委党校学报,2011,34(05):48—77.

易富贤.大国空巢:反思中国计划生育政策[M].北京:中国发展出版社,2013.

中共中央文献研究室.建国以来重要文献选编:第11册[M].北京:中央文献出版社,2011.

"百年大变局"中的"同和不同"

马寅初和顾维钧对比研究

蒙爱群[*]

马寅初(1882—1982,享年100岁)和顾维钧(1888—1985,享年97岁)是中国近现代史中的风云人物,他们经历清朝、中华民国、中华人民共和国三个时期,处于"百年未有之大变局"中。他们传奇的一生,有相似,也有不同。目前,关于马寅初和顾维钧研究成果都不少,但二者的对比研究不多。本文通过两人在清朝到中华民国、北洋政府到南京国民政府、中华民国到中华人民共和国三次政权更迭中的经历、性格、际遇等方面的比较、对照,凸显马寅初爱国忧民、刚正不阿、追求真理的精神,以进一步深化理解马寅初的研究。

马寅初和顾维钧虽然出生于乱世,却是时代幸运儿。他们较早接受西学启蒙,并留学美国。清朝到中华民国,他们拥护共和。但回国后,两人有着不同的人生际遇:马寅初在北洋政府"财政报国"无门,转为"教育救国";北伐战争后,入仕国民党政府,并成为国民党经济大员,抗战时期给蒋介石讲过抗战经济,声名显赫一时;抗战后期,因抨击"四大家族"而被捕入狱。顾维钧担任袁世凯的英文秘书以及驻美公使等职务,在巴黎和会上力争国权而一举成名,后任外交总长、财政总长、代理内阁总理,登上权力顶峰;先后与国务总理唐绍仪之女、亚洲"糖王"之女结婚,富可敌国,成为大官僚、大富豪;北伐战争后,顾维钧一度被国民党政府通缉,直到抗战时期才为蒋介石倚重,任驻法、驻英大使等职务。解放战争后期,在两种道路、两种前途、两个命运的决战中,马寅初和顾维钧一个向"左",一个向"右",一个成为中国共产党亲密的战友、第二条战线上的先驱;

---

[*] 蒙爱群,南宁师范大学马克思主义学院副教授,(530001)广西南宁市明秀东路175号南宁师范大学马克思主义学院。

一个争取美援、拥蒋反共,被列为战犯。两人在不同的历史时期书写着不同的人生命运,究其原因,一个是始终保持着知识分子的底色,代表中下阶层的利益;一个是大官僚、大富豪的身份,代表着上层阶层的利益。一个不屈不挠、宁折不弯;一个通权达变、弯而不折。这是不同的出身、经历、性格等使然,但根本原因在于本人是否顺应时势,如孙中山所言"天下大势,浩浩汤汤,顺之者昌,逆之者亡",马寅初和顾维钧一个顺流而下,一个逆流而上,最终走上不同道路。

马寅初从信奉西方自由主义经济到反思"财政救国"道路的失败,从国民党老党员转变成中国共产党的亲密战友,这是一个长期的过程,是他解放思想、求真务实、不断追求科学真理的历程,是他不屈不挠、舍身求仁、不断探索救国救民真理的结果。当前,我国处于近代以来最好的发展时期,世界处于百年未有之大变局。面对风云变幻、扑朔迷离的世界,面对两种意识形态、两种社会制度的较量,马寅初在上一个百年之变中的人生抉择可以为我们认识当前"百年未有之大变局"提供借鉴。

表 3-1　马寅初和顾维钧的人生历程

历史时期	马寅初	顾维钧
清末民初大变局	传统蒙学:嵊州私塾、绍兴公立学堂 西学启蒙:上海中西书院、天津北洋大学 公费留学:耶鲁大学、哥伦比亚大学,辛亥革命后加入国民党 北洋政府财政部任职 北大法科教授,北大第一任教务长,担任中国经济学社副社长,成为中国经济学的领军人物 创办上海商科大学,担任浙江兴业银行顾问、中国银行总司券等	西学启蒙:上海英华书院、圣约翰书院 自费留学:库克学院、哥伦比亚大学,孙中山会见,但未加入革命党 总统袁世凯英文秘书兼总理唐绍仪秘书,驻美公使,巴黎和会中国代表,七届内阁外交总长,两届财政总长,两次代理内阁总理,1927年上半年实任国务总理,兼摄大总统职,登临人生顶峰
北洋政府到国民党政府大变局	国民党浙江省政府任职 国民政府立法院立法委员、立法院经济委员会委员 七七事变,给蒋介石讲战时经济 抗战后期,因公开抨击蒋家王朝被捕入狱,出狱后心向中共,成为中共亲密战友	北伐战争后,被南京国民政府通缉,旅居国外 担任短暂的外交部长,任驻法大使 驻英大使 1942年加入国民党,国民党六大中央执行委员

（续表）

历史时期	马寅初	顾维钧
解放战争时期两种道路、两种前途、两个命运的决战中	人民民主运动先驱 1949年,参加新政治协商会议第一次筹备会议、中国人民政治协商会议第一届全体会议,担任浙江大学校长,中央人民政府委员、政务院财政经济委员会副主任、华东军政委员会副主席,北京大学校长,全国人大常委会委员等	1946年,任国民政府驻美大使,争取美国援助,鼓吹共产主义威胁论。新中国成立后游说各国不承认中华人民共和国,鼓动美台"共同防御条约"缔结,支持国民党蒋介石"反攻复国"

一、 在清末民初的大变局中,马寅初和顾维钧都接受西学启蒙、留学美国、拥护共和,但北洋政府时期两人成长、身份、地位差异巨大

(一)同在教会学校接受西学启蒙

1. 从绍兴到上海再到天津,马寅初的求学曲折而艰辛

1898年,马寅初在父亲朋友的资助下进入上海最好的西式学堂之一——中西书院(英华书院)读书。此前,马寅初在嵊州私塾接受中式蒙学,在绍兴公立学堂接受两年新式教育。英华书院是由基督教创办的一所著名的教会学校,学费昂贵。能入读英华书院的主要是富家子弟。上学和放学时校门口车水马龙,都是接送孩子的黄包车,甚至还有汽车,是旧中国旧上海的奇观。英华书院走出了一批名人,除了马寅初、顾维钧,还有外交家王正廷等。教会学校采用完全西化的教学方式,开设宗教、英文、数学、历史、地理等课程,不背四书五经,但要背《圣经》、做祷告。英华书院主要采用英文授课,而且注重口语,这对马寅初来说,是十分困难的,特别是他的发音带着浓重的家乡口音,一时难以改正。马寅初十分珍惜来之不易的读书机会,他刻苦勤奋,不耻下问,不仅英文成绩奋起直追,而且其他学科成绩也名列前茅。

1904年,马寅初考上北洋大学,读矿冶专业。北洋大学是中国第一所国立大学,是清政府仿照美国大学模式创办的工程技术专业高校。马寅初报考北洋

大学，除了"科技救国"的理想，还因为北洋大学不仅免收学费，而且发放一定的生活津贴，马寅初得以安心读书。

2. 从英华书院到圣约翰书院再到留学美国，顾维钧从始至终接受西式教育

1899年，顾维钧入读英华书院。英华书院是马寅初和顾维钧人生的第一次交集。但顾维钧读的是预科，加上患病，不久就转入一家私塾就读。由此推断，马寅初和顾维钧虽都曾入读英华书院，但并不相识相知。

1901年，顾维钧进入圣约翰书院学习。圣约翰书院是由美国圣公会创办的教会学校。圣约翰书院的学费比英华书院还要高。圣约翰书院的学生非富即贵，民国政要施肇基、宋子文、严家淦，"红色资本家"荣毅仁，建筑设计师贝聿铭，作家张爱玲、林语堂，报人邹韬奋等名人曾就读圣约翰书院。

圣约翰书院男女同校，男女生之间的关系也是西化的。据说有一天，顾维钧爬上围墙，趴在女生宿舍的窗台上和女生聊天，校长刚好路过，用手拍了拍顾维钧的脚，提醒他注意安全，不料，顾维钧以为是同学在作弄他，一脚踹过去，踢了校长的手。校长勒令顾维钧作检讨，否则就要开除他，顾维钧死不认错，不愿检讨，就离校而去。

1904年8月，顾维钧自费留学美国。此时，圣约翰书院升格为大学，但顾维钧没有在圣约翰书院毕业，亦未获得学位。顾维钧回忆录说，他父亲与两江总督关系很好，可以弄个官费留学生，但父亲选择自费，将名额让给家境贫寒的学生了。顾维钧可以凭关系取得官费留学的资格，若是采用公开选拔考试，顾维钧大概也难以获取该资格。

（二）八年留美生活的同与不同

马寅初和顾维钧都是留美学生，并获得博士学位。大致算来，1910—1912年是马寅初和顾维钧在哥伦比亚大学存在交集的时间。

1907年，马寅初以优秀生官费保送美国耶鲁大学。马寅初到耶鲁大学直接就读二年级。除了马寅初，从耶鲁大学走出一批中国名人，如近代教育家容闳、晏阳初，铁路专家詹天佑，医学教育家颜福庆，外交家王宠惠、王正廷，科学家夏元瑮、陈能宽，复旦大学原校长李登辉，也有孔祥熙之流。

1910年，马寅初考入哥伦比亚大学。与早他五年入读哥伦比亚大学的顾维钧相遇。由于顾维钧在圣约翰书院没有毕业,到美国后先在库克学院就读一年,1905年进入哥伦比亚大学法学院学习,主修政治与国际外交。美籍华人、历史学家唐德刚说,美国的哥伦比亚大学是专门替落后地区制造官僚学阀的大学。从哥伦比亚大学走出许多中国名人,除了顾维钧、马寅初、胡适,还有中华民国首任内阁总理唐绍仪,外交家蒋廷黻,北大原校长蒋梦麟,清华大学首任校长罗家伦,哲学家金岳霖、冯友兰,社会学家吴文藻,"中国量子化学之父"唐敖庆,诗人徐志摩、闻一多,散文家梁实秋,"侯氏制碱法"发明人侯德榜,也有宋子文、陈公博之流,等等。

1. 留美生涯相近之处

一是都成为留学生中的活跃分子、学生领袖。马寅初在耶鲁大学时,就担任耶鲁大学中国学生俱乐部财务会计,担任哥伦比亚大学中国学生俱乐部主席,为《中国留美学生月刊》多次撰文,组织海军基金募捐会。顾维钧虽然比马寅初小6岁,但到美国留学比马寅初早3年,加上家境优越,社交活动比马寅初更广泛。当时,留美学生按美国地区组织了美西、美中、美东等多个留学生会,1911年成立了留美中国学生总会。顾维钧担任美东中国留学生会会长,担任《中国留学生通讯(月报)》主编。

二是都擅长演讲。马寅初的学术演讲深入浅出、生动活泼,政论演讲气势磅礴、有理有据,有极强的说服力和感召力。抗战后期和解放战争时期,马寅初的演讲让国民党当局如临大敌。顾维钧的英文演讲尤为精彩,在哥伦比亚大学和耶鲁大学的学生辩论赛中成为最佳辩手。巴黎和会上,顾维钧将山东之于中国与耶路撒冷之于基督教类比,打动了很多西方政客,为中国获得更多的国际同情和支持。

三是都是体育爱好者,后来都成为长寿者。马寅初喜欢游泳、登山、跑步。马寅初洗冷热水澡是在耶鲁大学和一位老校医学的,不管严寒酷暑,先用冷水擦身,再用热水冲洗,这一习惯保持到老年,是他长寿的主要秘诀。胡适刚到北大,对师兄马寅初的冷水澡和强健体魄赞叹不已,并在日记中记录下来。在哥伦比亚大学,顾维钧热衷各种体育运动,加入划船队、田径队,喜欢打网球、踢足球。对顾维钧来说,很多体育项目也是社交活动。

四是都立志专业报国。马寅初在耶鲁大学三年级时,发现美国工商业发达,是美国繁荣强盛的基石。他认为,中国要富强,必须学习西方的经济学,于是,他"不再想选择矿科……遂选经济为主课,选自然科学为副课"。在哥伦比亚大学求学的顾维钧认为,除了国力虚弱的根本原因,不熟悉国际法律也是中国外交失败的原因之一。他说他一向对中国的外交政策和外交关系感兴趣,夙愿是实现修订中国的不平等条约。

2. 政治立场的异同

清末海外留学生的主流是赞同民主共和,反对清廷专制,支持孙中山革命。武昌起义爆发,各省独立的消息传到美国,留美学生普遍支持民主共和。中华民国宣告成立后,马寅初在留美学生会为新的共和国政府宣传。1913年,中华民国成立第二年,马寅初在纽约加入国民党。他在抗战时期曾以国民党老党员的身份批评国民党当局。

1909年,顾维钧见到流亡美国的孙中山。同年,光绪、慈禧之死讯传来,海外留学生人心动荡。顾维钧说,中国学生的任务是要"弃腐朽欲坠之中国,建新兴强盛之民族"。顾维钧虽然支持民主共和,但没有像马寅初等激进分子加入孙中山的革命阵营。这是因为顾维钧的家庭与旧体制有千丝万缕的利益关系,他的父亲在国内已经为他捐得一官,顾维钧一回国就可以入仕了。

(三)北洋政府时期不同的人生际遇和政治立场

留学归国后,两人不同的专业、不同的人生际遇令他们走上了不同的人生道路,马寅初成为中国经济学领军人物,顾维钧成为权倾朝野、富可敌国的风云人物。

1. 不同的人生际遇

(1)马寅初因"财政救国"无门而转入"教育救国"

马寅初1915年回国,满怀着建设财政新体系的梦想到北洋政府财政部任职,但他很快发现,北洋政府的财政"乱七八糟""莫名其妙""无可救药",各路军阀随意征收赋税、滥发纸币和公债,搜刮来的民脂民膏变成军阀私人财产任意挥霍,用作打仗抢地盘的军费,兵匪作乱,交通断绝,百业凋零,通货膨胀,民不聊生。马寅初不得不感慨:"以前学的是财政,做的论文是《纽约市的财政》。自己以为对财政是很有研究的,回国后一定是很有用处的。但是不然。""所著之书询之国人,皆茫然不知,盖本国情形大异,此书不适用也。"

1916 年冬,蔡元培赴任北大校长后,马寅初先后任北大法科教授、经济门研究所主任、北大第一任教务长。新文化运动中,马寅初为《新青年》杂志撰稿,他最早的人口论文章发表在《新青年》第 7 卷第 4 期上。杨昌济病故时,北大成立治丧筹备会,蔡元培、马寅初、胡适、毛泽东等署名发表讣告,筹集葬礼经费。五四运动中,马寅初参与营救被捕的爱国学生。1919 年年底至 1920 年年初,马寅初和李大钊、马叙伦等组织北京教员罢课索薪运动。1920—1922 年,马寅初在上海创办上海商科大学,担任浙江兴业银行顾问、中国银行总司券等职务。1924 年,马寅初加入中国经济学社,之后担任副社长,成为中国经济学的领军人物。

(2)顾维钧不仅成为著名外交家,还是位高权重的大官僚、富可敌国的大富翁

大部分人对顾维钧的认识仅仅停留在外交家的身份上,其实,顾维钧还是个大官僚、大富豪,是名副其实的权贵,这才是他真实的身份。

1912 年,顾维钧尚未博士毕业,就被北洋政府电召回国。24 岁的顾维钧担任总统英文秘书兼总理秘书,后来还成为唐绍仪的乘龙快婿。这不是寻常人可有的人生际遇。此后,顾维钧顺风顺水,27 岁担任中国驻美公使,成为当时中国最年轻的驻外使节;31 岁作为巴黎和会中国代表争取国权;34 岁担任外交总长。1922—1928 年,顾维钧担任七届内阁外交总长,两届财政总长,两次代理内阁总理。1927 年上半年,张作霖控制北京政府时期,顾维钧实任国务总理,兼摄大总统职,成为北洋政府名义上的"一把手"。

马寅初、顾维钧都有一段父母包办的婚姻。马寅初和发妻有一子三女,但长子不幸夭折,为了给马家传宗接代,妻子给马寅初物色了一妾,并生育两个儿子、两个女儿。顾维钧一生共有四次婚姻,除第一次的包办婚姻外,后三次婚姻均改变了他的人生际遇,特别是与唐宝玥、黄蕙兰的联姻使顾维钧变成了大富大贵的人。唐宝玥是内阁总理唐绍仪的女儿,顾维钧由此成为"皇亲国戚",开辟北洋政坛上升通途。而黄蕙兰是民国时期印尼华侨首富之女,是顾维钧登上政坛顶峰的最大推力。如顾维钧出任法国大使时,黄蕙兰嫌使馆破旧,居然耗费私人巨资修葺一新。与唐宝玥、黄蕙兰的婚姻使顾维钧从买办之家成长的知识分子变成大官僚、大富豪。

2. 不同的政治立场

马寅初以财政学出名,而 1922—1928 年,顾维钧担任两届财政总长、两次

代理内阁总理,两位哥伦比亚大学校友合作顺理成章,但两人并没有交集,原因是两人的身份地位和政治立场大相径庭。此时,帝国主义和北洋军阀被视为中国最大的敌人,北伐战争任务是"打倒列强除军阀"。北大之所以成为新文化运动的中心,是因为倡导民主和科学,实际上就是反对北洋政府的专制和腐朽。北大先进知识分子几乎都是批评北洋政府的,如陈独秀说,中国若不除军阀、官僚、政客这"三害",国内政治便永无澄清之日。马寅初感慨,学非所用,"财政"之学不适用于军阀当政的中国经济。胡适也对顾维钧的外交政策提出批评。担任七届内阁外交总长,两届财政总长,两次代理内阁总理的顾维钧无疑就是北洋政府的代表。与陈独秀激进的"革命派"相比,马寅初和胡适一样属于温和的"改良派",但无论是"革命派"或是"改良派",顾维钧无疑都是斗争的对象。

二、 北洋政府、国民政府政权迭代的大变局中,马寅初加入国民党阵营,成为民国时期最负盛誉、最为活跃的经济学家之一;而顾维钧从北洋政府的顶峰失落,一度成为国民党政府"通缉犯"

(一)北伐战争胜利前夕,马寅初加入南京政府阵营

1927年,45岁的马寅初离开北京,到国民党浙江省政府任职。1928年后,马寅初担任国民政府立法院立法委员,任立法院经济委员会委员。1927—1937年,尽管国民党内部派别林立、政令不畅、贪污腐败,马寅初"财政救国"的抱负并没有得到充分施展,但这十年算是中华民国经济平稳发展的"黄金十年",马寅初经济家的地位达到了人生的高处。马寅初主持草拟颁布了《工厂法》《票据法》《交易所法》《商标法》《银行法》《储蓄银行法》《营业税法》《商会法》《工商同业公会法》等,成为国民党经济决策"元老"级人物。七七事变后,蒋介石邀请马寅初到庐山,给党政军要员讲授战时经济课程,成为声名显赫的经济学家。随着国民党军队在战场上节节败退,而"四大家族"在后方大发国难财,马寅初在公开集会上抨击蒋家王朝,蒋介石批捕马寅初,马寅初和蒋介石国民党走向决裂。

（二）北洋政府倾覆，顾维钧遭遇宦海浮沉，从不为蒋介石所用到为蒋卖命

1928年6月，北伐军逼近北京，顾维钧跟随张作霖乘坐专列退回东北。专列到天津时，顾维钧下车。专列继续北上至沈阳附近的皇姑屯被日本炸毁，张作霖重伤身亡，顾维钧幸免于难。7月，国民政府下令通缉顾维钧。顾维钧被迫旅居欧洲。顾维钧在北洋政府里不是一般的幕僚，而是权倾朝野的重臣，甚至以国务总理身份摄政。幸好，北伐战争不是彻底的革命，否则顾维钧的身家性命也难保。1929年，顾维钧在张学良的庇护下，重返国内。经过张学良的疏通，蒋介石取消对顾维钧的通缉令。此时，顾维钧和蒋介石并不认识。

1931年"九一八"事变爆发后，蒋介石同张学良商量，要顾维钧任南京政府外交部长。11月，顾维钧担任外交部长。12月，顾维钧辞去外交部长职务。1932年起，顾维钧任驻法、英大使。为什么顾维钧能为北洋政府重用，而在国民政府初期不被倚重呢？北洋军阀除袁世凯熟悉外交，并亲自处理外交事务外，黎元洪、段祺瑞、吴佩孚、曹锟、张作霖、张学良等自知外交知识匮乏，他们常把外交事务交给专业外交家去完成，而且不直接插手外交事务。顾维钧可以自主履行外交职权。而蒋介石就不一样了，他直接插手外交事务，派出心腹担任外交特使，特使的权力实际上大于大使、公使，导致外交人员无所适从。直到抗战时期，国民党政府越来越依赖英美的外援，蒋介石才重用顾维钧。

顾维钧先后为北洋政府、国民政府所用，这不难理解。北洋政府过渡到国民政府，是封建官僚买办过渡到官僚资本买办，还是资本买办的天下，对顾维钧来说，服务张作霖和服务蒋介石没有多大区别。

三、在中华民国、中华人民共和国政权交替的大变局中，在两种道路、两种前途、两个命运的决战中，马寅初和顾维钧一个成为中国共产党的亲密战友，一个成为人民公敌

（一）马寅初选择中国共产党和劳动人民

抗战胜利后，国民党坚持一党专政，对解放区发起进攻。解放战争的第一条战线是在解放区军民进行的革命战争；第二条战线是在国民党统治区，以学

生运动为先导的人民民主运动。刚获得自由的马寅初在第二条战线中发挥着先驱的作用。

一是公开抨击国民党蒋介石经济政策。为了筹措内战经费,国民党增收捐税,滥发纸币,导致国统区爆发恶性通货膨胀,官方的美元汇率从2030∶1升至12 000∶1,物价飙升至抗战前的725倍,工商业难以为继,人民生活陷于绝境,社会矛盾被激化加剧。马寅初在报刊、集会上公开抨击国民党蒋介石发动内战,"四大家族"大发国难财,激发社会各界同仇敌忾,影响民心走向。

二是呼吁废除《中美友好通商航海条约》(简称中美商约)。为了得到美国援助,1946年11月,国民政府外交部长王世杰和美国驻华大使司徒雷登签订了中美商约。12月,国民党政府驻美大使顾维钧在纽约美国全国对外贸易会议上声明:按照中美商约,"全中国领土均向美国人开放"。对此,马寅初公开抨击:中国对美国人完全开放,美国限制华人入境的条约取消了吗?美国进口中国的钨、锑、桐油,出口工业品到中国,中国还能有工业化吗?美帝国主义已经打进门了,什么东西都是美国货,连大便用的草纸也从美国运进来,中国快沦为美国殖民地了。一个为了外援,不留余力促成中美商约的签订;一个坚决反对美国新殖民主义,要求废除中美商约。顾维钧和马寅初已经站在政治冲突的对立面。

三是呼吁驱逐美军出境。中美商约签署不久,12月24日,北平发生驻华美国士兵强奸北大女生沈崇事件。消息传开后,北京、天津、上海、成都等50万学生开展游行活动。之后,马寅初、田汉、许广平等在上海集会上发表演讲,谴责美军暴行、国民党卖国,要求惩治罪犯、废除中美商约、驱逐美军出境。

四是声援学生运动。1947年5月20日,南京、上海、苏州、杭州学校的学生以"反饥饿、反内战,反迫害"为口号,在南京举行联合请愿大游行,遭到国民党军警镇压,酿成"五二〇惨案"。为了声援学生运动,马寅初应邀到南京演讲,面对特务的刺杀,马寅初写好了遗书,从上海赶赴南京。沿途有数百名学生掩护,会场有8 000名听众,国民党特务不敢下手。

1948年年底,中共地下党掩护马寅初、叶圣陶、郑振铎、曹禺等一批民主党派人士离开上海。地下党给马寅初准备好一张香港轮船厨师的身份证,马寅初身形较胖,化装成厨师,倒也有几分神似,顺利登船秘密前往香港。1949年2月,马寅初等民主党派人士从香港乘船到解放区,从此逃脱藩篱,走向自由。3月,马寅初和黄炎培、沈钧儒、郭沫若、马叙伦等各界代表在机场迎接毛泽东、朱德等中央领导。6月,马寅初参加新政治协商会议第一次筹备会议。8月,马寅初赴任浙江大学校长。9月,毛泽东、周恩来电邀马寅初北上参加中国人民政治协商会议第一届全体会议,共定建国大计。随后,马寅初被选为中央人民政府委员,担任政务院财政经济委员会副主任、华东军政委员会副主席。1951年,马寅初任北京大学校长。1954年当选为全国人大常委会委员。在参加建国大业的同时,马寅初坚持学术研究,提出"团团转"等经济学新理论,提出"新人口论",成为人口和计划生育学的奠基人,老骥伏枥,再创辉煌。

(二)顾维钧成为人民公敌

1946年,顾维钧成为国民政府驻美大使,他的首要任务是争取美国援助,因为内战已经造成国统区经济危机。顾维钧向美国国务卿马歇尔提出紧急贷款的请求,游说参议员范登堡等反共势力加大援华。为了争取得到美国人支持,顾维钧曾言不必担心美国干涉或侵犯我国主权的问题,应该担心的是美国不愿卷入我们的反共斗争。国民党蒋介石逃亡台湾后,顾维钧继续以驻美大使的身份为国民党蒋介石服务,他鼓吹共产主义威胁论,游说世界各国不承认中华人民共和国,向美国提出缔结美台"共同防御条约"的要求,争取美国支持国民党蒋介石"反攻复国"。可见,1948年12月25日,新华社发布包括蒋介石、顾维钧在内的43名国民党战犯名单,顾维钧被列为战犯一点都不冤。1956年,顾维钧被蒋介石弃用,后任海牙国际法院法官,退休后作口述回忆录,终老美国。

四、 马寅初和顾维钧不同人生抉择的根本原因

马寅初和顾维钧青年时期在接受西方教育、立志报国等方面有很多相同之处,但由于出身、经历、性格作用下两人的成长、成才过程各异,政治、经济、文化地位随之产生差异,分化成不同阶层的利益代表,导致不同的人生抉择。

(一)不同出身、地位和身份会影响着不同价值取向

家庭出身是一个人成长的外部因素,但会影响着不同价值取向。

马寅初的父亲是绍兴酒的小作坊主,在当地小有名气,但非大富大贵之家,从马寅初求学的艰辛可以看出,马家只是在乡下能过上小康日子的平民之家。

马寅初青年时,遇到改变人生命运的"贵人"——张绛声。张绛声是上海瑞纶丝厂的经理,是马寅初父亲的朋友。张绛声收马寅初为义子,带马寅初到上海读书,并提供所有费用。从绍兴到上海读书,这是马寅初的人生转折点。如果没得到张绛声的资助,没有到上海接受西式教育,大概也就没有考取北洋大学、公费留美的机会。由于具有平民的家庭背景,马寅初中学时期过着俭朴的生活,大学时期靠着半工半读完成学业,即便后来身居高位,仍笔耕不辍、著作等身,过着朴实无华的生活,始终保持知识分子的觉悟,对劳动人民的疾苦感同身受,能为人民群众呐喊。

顾维钧出生于买办之家,父亲先后在上海工商业领袖朱葆三、上海知县袁树勋手下担任财务主管,与洋人做金融交易,与洋行跑腿的投机分子不同。由此,顾家跻身上海的上层社会。顾维钧在圣约翰书院与清末民初外交家施肇基的侄子成为同学,并同赴美国留学。由于施肇基的关系,他在美国与清廷驻美使馆保持联系,这让顾维钧有机会遇上改变人生命运的"贵人"——唐绍仪。1908年,赴美留学幼童、哥伦比亚大学毕业的唐绍仪作为清政府特使访美。访美期间,唐绍仪率留学生代表参观白宫,会见美国政要。会见名单由使馆提供,顾维钧成为留学生代表一员,并作为中国留学生代表致辞,得到唐绍仪的赏识。民国初建,袁世凯当总统,唐绍仪任总理,唐绍仪推荐博士未毕业的顾维钧担任袁世凯的英文秘书,后来唐绍仪还将女儿嫁给顾维钧。这些因家庭关系产生的人生际遇,看似无关,实际上是一环扣一环,一步步改变了他的人生命运。顾维钧出生于富裕家庭,回国后与权贵、富豪联姻,从知识分子转变成大官僚、大富豪,长期生活在上流社会,加上大部分时间生活在国外,对中国底层百姓生活没有直接感触,缺乏与劳苦群众的情感关联,当然,这不能否认青年时期的顾维钧是个爱国者。

(二)不同性格特点影响着不同的人生际遇

常言道,性格决定命运。马寅初性格刚正不阿、不屈不挠、黑白分明、敢作敢当,是一个"宁折不弯"的"理想主义者";顾维钧擅长通权达变、随机应变、"八面玲珑",是一个"弯而不折"的"现实主义者"。马寅初和顾维钧一"刚"一"柔",不同的个性和他们跌宕起伏的人生交相辉映。

马寅初从小就颇具反抗精神。马寅初在嵊州读几年私塾后,父亲就想叫马寅初回家主管酒坊。马寅初坚决不从,所幸,舅舅出面接马寅初到绍兴的家中,马寅初得以报考、就读绍兴学堂。1898年,马寅初在绍兴学堂读了两年书后,父亲又以此要求马寅初子承父业,马寅初宣称要继续读书,否则投河自杀。父子两人僵持不下,所幸父亲友人出面接马寅初到上海读书。如果马寅初从小没有这种叛逆、反抗精神,也就没有之后解放思想、无私无畏的精神。

马寅初不屈不挠的精神表现在坚持求学时的不畏艰辛,在坚持真理时的不畏权贵。马寅初到哥伦比亚大学后,新旧政府交替,马寅初的留学官费断断续续,到后来就中断了。马寅初只好半工半读,下课后到餐馆洗盘子、在码头当搬运工人、做家教、当翻译,什么活都干过。马寅初在耶鲁大学时的舍友王正廷回国后先后在南京政府和北京政府担任要职,力邀马寅初回国任职。马寅初则说:先了解美国的财政经济管理,将来可以治理中国混乱的财政经济,这总比现在回去做官好。又如,当时很多留学生为了顺利通过毕业论文,大多选择与中国相关的论题,既讨西方人喜欢,也容易获取研究资料。但马寅初却说:要做真学问,不当假博士。他选择纽约市财政为博士论文的研究方向,为中国财政经济提供借鉴。这是一个研究的空白,即便对美国学生来说也是难度极大,更何况是一个中国学生。马寅初论文《纽约市的财政》通过后,经哥伦比亚大学政治学院出版,引发了美国财政经济界的关注。哥伦比亚大学把该论文作为一年级新生的教材,一直沿用到1968年。从学术价值和写作难度来说,马寅初的《纽约市的财政》比顾维钧的《外国对中国政府的权利要求》明显要高出一等,后者显然采用了中国学生以最快速度通过论文答辩的套路。马寅初在抗战时期在公开场合抨击"四大家族",体现出他光明磊落、无私无畏的精神。新中国成立后,面对康生对《新人口论》的批判,马寅初拒绝检讨并写文声明:"我虽年近八十,明知寡不敌众,自单身匹马,出来应战,直至战死为止,决不向专以力压服不以理说服的那种批判者们投降。"这种刚正和倔强的精神是一脉相承的,这是知识分子的骨气。

从袁世凯到皖系、直系、奉系各路军阀,在复杂的派系纠葛中,顾维钧处事"十分稳重、圆滑",成为官场"不倒翁",官职越做越大;北洋军阀垮台后,顾维钧和蒋介石虽然在外交政策上有不同意见,但始终不像马寅初那样公开批评。论人生际遇,马寅初其实并不差,袁世凯接见并给他这批官费留学生署名留学证书。他与王正廷、蒋梦麟、胡适、孔祥熙、宋子文等留美学生相识,与张静江、蔡元培等国民党"元老"关系密切,还给蒋介石上过课。在北大,马寅初与陈独秀、李大钊、毛泽东等中共早期领导人结识。杨昌济在北大病故,马寅初与蔡元培、毛泽东等联名发出讣告,并筹备奠仪。后来,与周恩来、董必武、陈云、邓小平等建立良好关系。凭着这些千丝万缕的关系,如果马寅初是个趋炎附势、见风使舵的人何尝不能成为一个位高权重的"不倒翁"呢?

(三)对国共两党的不同立场是人生不同抉择的根本原因

一个人的人生观、世界观、价值观的形成是长期的、复杂的,除了家庭出身、成长历程,经济地位和政治立场等因素也至关重要。抗战时期,马寅初和蒋介石"师生"关系破裂,在周恩来和中共统一战线的感召下心向中共。顾维钧却心甘情愿为国民党政权卖命,对中共抱有误解和偏见。

1937年1月,马寅初就发表《中日问题》一文,预见中日必有一战,他对中国的战时财政进行了科学的分析和预测,认为时下的财政制度不利于战争,未雨绸缪提出了战时经济政策。七七事变后,蒋介石邀请马寅初到庐山,畅谈战时经济政策。这一年,马寅初55岁,比蒋介石大5岁。马寅初还给蒋介石在庐山所办的暑期战时训练团授课,为抗战培养军政干部,马寅初在国民党内的声望达到顶峰。

1937年年末,马寅初离开庐山,经武汉转赴重庆,一路目睹"国破山河碎"的惨状。1938年年初,马寅初任中央大学教授兼经济系主任,1939年5月调任重庆大学商学院院长。马寅初看到前方将士流血,后方百姓流汗,而"四大家族"操纵金融市场、大发国难财,于是在公开发表的文章和演讲中,批评孔祥熙、宋子文大发国难财,指责蒋介石包庇"皇亲国戚"。马寅初拒绝与蒋介石见面,拒绝蒋介石不要批评时局的规劝。同样以炮轰孔祥熙而闻名的傅斯年为什么没有遭到逮捕?因为傅斯年历来是拥蒋反共的,而蒋介石认定马寅初是拥共反蒋。1940年11月21日,蒋介石在日记中写道:"对马寅初之诽谤,应有制裁。"据12月6日的日记记录,"被共党包围,造谣惑众,破坏财政信用"的马寅初被押至宪兵司令部。

被蒋介石批捕时,马寅初没去过延安,与中共并无接触,唯一接触就是接受《新华日报》记者专访,采访在《新华日报》上发表。此时,马寅初虽然对国民党的批评十分激烈,但初衷还是提醒蒋介石克服流弊,富国强兵,还没有站在国民党的对立面。蒋介石批捕马寅初,意味着蒋介石国民党已经无法接受批评,正走向法西斯专制统治,这引发大批原本中立的知识分子的不满,民心所向发生动摇。

周恩来等中共领导人的援救和支持拉近了马寅初和中共的关系。马寅初入狱后,周恩来组织各界民主人士营救马寅初,马寅初视周恩来为救命恩人,对周恩来十分敬重。马寅初于1942年获得释放,但仍处于被限制自由的状态,国民党媒体封锁所有关于马寅初的消息。只有延安的《解放日报》、重庆的《新华日报》刊登了马寅初的文章和消息。1944年11月,马寅初获得自由。此后,随着周恩来、郭沫若等和马寅初的交往,马寅初开始与中共发生直接联系。

作为"政治犯",马寅初虽然因入狱而失去人身自由、言论自由的权利,但在居住等生活条件上还是得到一定的"关照";抗战胜利前夕,蒋介石主动释放马寅初,希望发挥马寅初在战后经济重建的作用。应该说,马寅初和国民党的关系在当时还有补救的余地。抗战胜利后,蒋介石坚持一党专政、发动内战,遭到爱国学生和民主人士的反对。1945年12月1日爆发"一二·一"惨案,云南大学和西南联大学生遭到国民党特务的毒打。1946年2月,重庆爆发较场口惨案,李公朴、郭沫若等人被特务毒打住进医院,马寅初也被打伤。马寅初说:"对这个政府,原来我主张改革,现在我主张推翻。""蒋介石一心想消灭共产党,但共产党是消灭不了的。中国的真正希望在中国共产党。"至此,马寅初已经完全转向中国共产党。

如前所述,抗战爆发后,国际格局发生重大变化,有着欧美外交丰富经验的顾维钧得到蒋介石的拉拢和重用。1942年年底,顾维钧从英国回国,应蒋介石之约,同赴黄山住了一夜。蒋介石陪顾维钧到房中检查床褥;出门时,蒋介石吩咐随从帮顾维钧穿大衣、备汽车;和顾维钧会谈,蒋介石还特意用笔和纸来记下。顾维钧于1943年加入了国民党,在抗战胜利前夕召开的国民党六大上被选为中央执行委员。

顾维钧在北洋政府时期,已经从知识分子转变成大权贵、大富豪,到解放战争后期,他代表大资本大官僚阶层的利益,本质上是反共的。1949年1月,国共较量的态势已经逐渐明朗,顾维钧了解到美国人对蒋介石开始失望,故提出以胡适、蒋廷黻、晏阳初、吴国桢、孙立人、俞大维等美国人熟悉的留美派人士组成新内阁,以换取美国的支持。但蒋介石不肯放权,顾维钧因组阁不成,只能竭力帮助蒋介石争取美国援助。可见,顾维钧不见得是真心拥护蒋介石,但顾维钧一定是真心实意地维护国民党政权的,因为他不愿意共产党的人民政权替代国民党政权。

顾维钧与中共缺乏往来,对中共成见颇深。顾维钧几乎没有与中共发生过真正意义上的政治交往。根据顾维钧回忆录记载,他与中国共产党人的接触有五次,分别是董必武两次,李大钊、邓发、叶剑英各一次。其中一次,顾维钧还力主中国共产党派代表出席联合国大会,这是顾维钧与中共友好交往的一次。但顾维钧对中国共产党的认识存在偏见。他曾言过去从未想过整个大陆会丢给共产党,也想不到共产党人所作所为竟"完全违背"了中国人的传统观念,对于共产党人来说,为了达到目的,可以"不择手段"。顾维钧对共产党没收其在天津、北京和上海等地的动产和不动产表示不满。但北伐胜利后,国民政府没收顾维钧在北京的住宅,并将其改为孙中山纪念馆,顾维钧却没有任何怨言,没有同国民党决裂。可见,反共拥蒋是他作为大买办、大资产阶级的天然抉择。

五、 马寅初人生抉择的启示

马寅初从信奉西方自由主义经济到反思"财政救国"道路的失败,从国民党老党员转变成中国共产党的亲密战友,这是一个长期的过程,是他解放思想、求真务实、不断追求科学真理的历程,是他不屈不挠、不断探索救国救民真理的结果。

(一)学习马寅初解放思想、求真务实、不断追求科学真理的精神

马寅初和顾维钧一样,在教会学校接受西学启蒙,学英文、说英语、信奉基督教,都是美国哥伦比亚大学的博士。顾维钧是"西化"的一生,而马寅初是"洋为中用"的一生。

顾维钧从接受西学启蒙,到赴美留学,再到担任驻法、英、美大(公)使,一生大部分时间在国外度过,是"熟解洋语、善着洋服、惯食洋餐"的典型,甚至写日记、写文章都要用英文,中文反而不够熟练,经常靠秘书修改润色。在学术理念上,顾维钧不仅信奉西方所谓的外交"中立"信念,而且是个"亲美派",他认为美国是中国可靠的盟友,巴黎和会上对美国总统威尔逊的托付、抗战时期"联美

抗日"、解放战争"联美反共"等外交策略深受美国外交政策的影响,在外交上追随美国对华政策。这也是他在解放战争后期甘愿为蒋介石卖命的主要原因之一。

与顾维钧的"西化"不同,马寅初16岁才接受西学启蒙,彼时中国传统文化已经在他心里生根发芽。马寅初吃中餐,穿长褂,过着传统的中国家庭生活。在学术上,马寅初坚持学以致用,"洋为中用"。马寅初在哥伦比亚大学的导师赛利格曼教授,是美国著名的财政专家、经济学家,是美国经济学会创始人之一,纽约市政研究署创建人。赛利格曼是应用型经济学家,推崇学以致用,对马寅初的影响很大。

马寅初从信奉西学转为"洋为中用"不是天然形成的,而是在"财政救国"道路上处处碰壁、不断反思之后形成的。马寅初学成归国后在北洋政府财政部任职,看到的是西方列强把持海关,军阀割据,大小军阀任意搜刮民脂民膏,根本不存在现代意义上的国家财政。1927年,马寅初担任浙江省政府委员,推行禁烟、税制改革和廉洁吏治等,但屡遭失败。如马寅初推行禁烟,很多人就跑到浙江省和外省交界处开烟馆、吸鸦片,马寅初老家的亲戚也改不了抽鸦片的恶习,马寅初对此无可奈何。马寅初在《在今日的中国,何以学非所用,用非所学》中说:"中国没有独立国的经济政策;有之,唯次殖民地的或是附庸国的经济政策。至于苛捐杂税,叠床架屋,老百姓以负担过重,向政府请愿……与今日当道者来谈经济政策,无异于对牛弹琴,格格不入。"

马寅初坚持理论和实践相结合。马寅初认为在美国所学的与中国的实际情况不相一致,"不能不就中国的实际情形,重新来考察与研究,使理论与实际结合起来"。马寅初在北大讲授银行学、保险学和财政学,他指导学生在北大开办学生银行,成立经济学会,创办经济学杂志,培养学生实践能力。马寅初认为,经济学理论界只有与实业、商业、交通、金融等经济实体紧密联合,才能了解中国经济的实际。如马寅初担任浙江兴业银行顾问、中国银行总司券等职务。

马寅初认为,不能照搬国外的学说,要根据中国实际提出中国的方案。马寅初教授经济学课程时,参考书可以中西书籍互用,但教材则必须要用国文原本。1929年美国交易所风潮引发世界经济危机,而实施两个"五年计划"之后的苏联经济却蒸蒸日上,与资本主义国家的经济衰退形成鲜明对比。中国经济学界也开始探讨苏联计划经济。马寅初认为我们不应完全采用英美资本主义自由竞争的制度,亦不应完全采用苏联社会主义一切国营的制度,乃提出一种混合经济的制度,国营企业和民营企业同时并进。如今看来,这无疑是中国经济发展的良方,但对于国民党政府以及建国初期的共产党政府都难以实施。1957年,马寅初在《凯恩斯从"营救资本主义"观点出发写出一般理论》中,反对将西方理论"囫囵吞枣地搬到中国来应用"。

当前,中美在贸易、科技、金融、军事和文化等领域的较量不断深入,新孤立主义、贸易保护主义、民粹主义在西方暗流涌动。面对世界百年未有之大变局,我们要学习马寅初解放思想、求真务实、不断追求科学真理的精神,立足中国、放眼世界,以开放包容的心态拥抱世界,坚持学以致用、洋为中用,学习借鉴世界一切优秀文明成果,促进中外交流沟通,让世界认识新时代的中国,让中国同世界共创发展机遇、共享发展成果。

(二)学习马寅初不屈不挠、不断探索救国救民真理的精神

中国共产党"打土豪分田地"的主张容易被无地少地的贫下中农以及基层知识分子接受和赞同,但未必能得到上层知识分子的认同,特别是受到西方自由主义思想熏陶下的高级知识分子。他们骨子里并不接受苏联和社会主义制度,很多人连凯恩斯主义都不能接受,更不用说接受计划经济、公有制了。他们的政治和学术理念与中国共产党并不契合,但为什么大部分上层知识分子最终倾向中国共产党呢?

鸦片战争之后,不管是洋务派、维新派、革命党,还是国共两党以及各民主党派,虽然政见不同,但富国强兵、国富民强、民族复兴仍然是依附在不同党派之下的中国知识分子的主流思想。

抗战时期,国难当头,中国如何凝聚民心、汇集财力、卧薪尝胆、练兵强军,抵御日本侵略,避免亡国灭种的危机?这是马寅初等广大爱国知识分子的急切所盼。所以,抗战初期,马寅初在庐山给蒋介石和国民党高层教授战时经济的课程,推进国民党政府积极抗战,对蒋介石抗战抱有信心和希望。而国民党蒋介石,不能顺应这种民心民意,在战场上节节败退,在战场后方贪污腐败,官僚大发国难财,无视人民流离失所、饥寒交迫,致使中华民族危在旦夕。

从消极抗战到积极内战,以马寅初为代表的爱国知识分子逐渐认识到:腐朽的国民党和蒋介石不能救中国。马寅初说:"如何建设战后经济?我的答案就是,必须去除官僚势力和外国资本的联合。"孙中山提出革命任务是打倒帝国

主义,反对买办。国民党不可能打倒帝国主义,更不可能打倒自己,那么中国的希望何在呢?

　　毛泽东和中国共产党以中华民族利益为重,提出全民族抗战,坚持持久战,顺民意赢民心,特别是延安边区的清廉与国民党的腐败形成了鲜明对比,共产党的军队内一切平等,官兵和士兵穿一样的衣服,吃一样的伙食,没有军饷可领,更不可能贪污腐败、娶小老婆,这些是历朝历代闻所未闻的新鲜事。到解放战争时期,蒋介石发动内战,国民党彻底失去民心。1946年6月,蒋介石全面发动内战。蒋介石声称依仗国民党的优势,一定能"速战速决",陈诚扬言"三个月至多五个月便能解决"中共军队。但毛泽东认为,蒋介石虽然有美国的援助,但是人心不顺,士气不高,经济困难;共产党虽无外援,但人心归向,士气高涨,一定能战胜蒋介石。如毛泽东所预见,解放战争取得了胜利,这是人民的战争、人民的胜利。

　　以马寅初为代表的爱国知识分子逐渐认识到:"新生"的中国共产党才是国富民强、民族复兴的希望,这种出自内心的认同感超越了学术思想上的差异。这就是解放战争后期,大批高层知识分子接受中国共产党的主要原因。

　　当前,我国正处于近代以来最好的发展时期。中国共产党已经走过百年奋斗历程,实现中华民族从站起来到富起来的伟大飞跃,正朝着实现中华民族伟大复兴的目标奋进。同时,世界处于百年未有之大变局,中美贸易摩擦、新冠疫情、俄乌战争等重大事件接踵而至,一步步地改变着世界格局。历史和实践证明,中国共产党是中华民族伟大复兴的中流砥柱,社会主义是救中国、发展中国、使中国强大的"法宝"。面对风云变幻、扑朔迷离的世界,我们要学习马寅初不屈不挠、不断探索救国救民真理的精神,与中国共产党同心,与新时代同行,坚定道路自信、理论自信、制度自信、文化自信,凝心聚力,奋力谱写中华民族伟大复兴的新篇章。

参考文献

金光耀.以公理争强权:顾维钧传[M].北京:社会科学文献出版社,2022.

孙大权.马寅初生平几个重要史实的考证[J].四川师范大学学报(社会科学版),2007(04):110—114.

吴敏超.马寅初被捕前后:一个经济学家的政治选择[J].近代史研究,2014(05):22—38+160.

杨大利.马寅初八年留美学行辩证[J].浙江大学学报(社会科学版),1993(01):60—69.

杨红林.民国外交官:顾维钧传[M].北京:团结出版社,2020.

杨建业.马寅初传[M].北京:中国青年出版社,1986.

岳谦厚.民国两次国家政权更替中的顾维钧[J].山西师大学报(社会科学版),1999(04):80—85.

张祖䴾.1931年前后蒋介石、顾维钧关系述论[J].四川师范大学学报(社会科学版),2003(05):117—122.

深刻认识人口因素在经济社会发展中的基础性战略性作用

学习马寅初先生人口理论的几点思考*

李春根　王　悦

一、引　言

学习马寅初先生的人口理论,从中汲取智慧与力量,对我们正确处理人口与经济社会发展之间的关系仍有指导意义。马寅初先生的人口理论展现的是马克思主义的人口观,对我国的人口问题和形势做出了精准判断,提出了解决人口问题的根本途径和具体方法,有些方法对解决当下的人口问题仍有适用性。他提出控制好人口问题是实现现代化的重要前提,这与我国目前在迈向中国式现代化历程中,注重发挥人口因素在助力高质量发展和实现共同富裕中的基础性战略性作用的基本思路是一致的。

习近平总书记多次强调,人口问题始终是我国面临的全局性、长期性、战略性问题,并对我国的人口基础国情做出了"三个不会根本改变"①精准判断。2021 年发布的第七次全国人口普查结果显示,我国正从人口大国向人力资源强国转变。2022 年,习近平总书记多次就扎实推进共同富裕发表重要讲话,并且

---

* 李春根,江西财经大学副校长,教授、博士生导师,邮政编码:330013,电子信箱:lcg1975@ 163.com;王悦(通讯作者),江西财经大学财税与公共管理学院博士研究生,邮政编码:330013,电子信箱:wangyue180624@ 163.com。本文系研究阐释党的十九大精神国家社会科学基金重大专项招标项目《全面建成小康社会的进度监测与政策优化研究》(18VSJ016)、研究阐释党的十九届六中全会精神江西省社科基金专项课题《全面建设社会主义现代化国家江西篇章的时代意蕴与实现路径研究》的阶段性成果。

①　"三个不会根本改变"即在未来相当长时期内,我国人口众多的基本国情不会根本改变,人口对经济社会发展的压力不会根本改变,人口与资源环境的紧张关系不会根本改变。

把人口问题摆在一个全局性、战略性地位上,将其作为治国理政的最重要国情基础,给予高度重视。

"十四五"时期,我国人口发展进入深度转型阶段。面对人口国情的重大变化和重要转折,要始终具备坚定的信心和科学的态度,以人口发展为主线,不断引导人口与经济、社会、资源、环境相协调。发挥人力资源的潜力与优势是促进我国经济高质量发展的重要支撑。在党中央的引领下,我国重视人口问题,并且取得了一系列的理论成果和实践经验。实践证明了,在当前的历史时期,在向第二个百年奋斗目标奋力前进的重要时期,我们要继续在党的带领下,重视人口因素的基础性战略性作用,推进和实现中国式现代化、共同富裕和高质量发展。

二、 人口问题是经济社会发展中永恒的重要议题

(一) 理论逻辑

马克思主义人口观充分论述了人口问题是贯穿经济社会发展过程中的基础性、全局性和战略性问题,是经济社会发展中永恒的重要议题。人口问题不是孤立存在的,研究人口问题,必须在具体的经济社会制度框架内进行探讨,始终将人口与经济、社会和政治紧密相连。人口问题不是一成不变的,必须与时俱进,在具体的经济社会发展的动态过程中,考虑人口研究与当下的生产力、生产关系和社会制度之间的适应性,脱离了具体的经济社会制度研究人口问题是没有任何意义的(何爱平和刘冠男,2012)。人口问题不只是眼前的问题,必须登高望远,站在全局和战略的高度看待,不能为了暂时利益损害根本利益和长远利益。

马克思主义人口观的核心论点是"两种生产"论,即"物质生活资料的生产"和"人类自身的生产"之间的关系问题。马克思主义人口观认为人口因素在社会经济发展中起着重要作用,必须把人与物质资料两种生产联系起来。事实上,马寅初先生的《新人口论》以"两种生产"论作为支撑,结合我国人口的具体国情,对人口和经济社会发展之间的矛盾关系做了深入分析,从理论上驳斥了马尔萨斯人口论。马寅初对人口现象的剖析十分精准且全面。他提出需定期进行人口动态统计,积极发展生产,注重提高人口质量,通过做好宣传工作、使

用行政手段、经济手段控制人口等观点,至今对我国解决人口问题仍有启迪。马寅初先生特别重视人口发展,肯定了人口因素在经济社会发展中的基础性作用。值得注意的是,深刻认识人口因素在经济社会发展中的基础性作用,并不意味着人口因素在经济社会发展中起决定性作用,我们不赞成人口决定论,更反对轻视人口因素的重要作用。

回顾党的人口思想和人口事业的发展历程和取得的伟大历史成就可以看到,有关中国人口问题的论述以及党中央关于人口的相关重大决定,都从理论上阐明了人口因素在经济社会发展中的基础性作用,并肯定了人口发展工作的重要性,体现了马克思主义人口观。李大钊、陈独秀等革命先驱批判了马尔萨斯"战争抑制人口说"的观点,坚持马克思主义人口观,认为发展生产才是解决人口问题的根本途径,人口问题的本质不是自然问题而是社会问题(杨成钢和杨紫帆,2021)。基于特定的人口背景、经济社会背景乃至政治背景,毛泽东认为我们办事、想问题,都要从我国的人口情况出发,充分考虑人口发展与经济社会发展适应性。邓小平同志把人口与经济、社会、资源、环境等联系起来,确立了人口问题在社会主义现代化建设中的战略性地位(席小平和罗迈,2004)。江泽民同志进一步把人口问题提高到可持续发展战略的首要位置,提出在现代化建设中必须正确处理经济建设与人口资源环境的关系。党的十六大以后,胡锦涛同志基于树立和落实科学发展观的思路和视角,统筹解决人口问题,促进人的全面发展。习近平总书记对我国人口转折性变化、人口与经济社会资源环境关系的规律做出重要判断,重视挖掘人口在经济社会发展中的能动作用。他提出增强生育政策包容性,促进人口长期均衡发展,推动实现适度生育水平,加强人口发展战略研究。

中国共产党人在人口问题研究上,与时俱进,结合实践不断更新理论研究。研究重心从最初的关注人口数量和质量,到追求人口与经济、社会、资源、环境的协调可持续发展,再到促进人的全面均衡发展、重视人口研究的前瞻性,都是依据不同阶段人民发展与社会生产的需要来进行的(王培安,2021)。纵观一代代中国共产党人的人口观与我国的人口政策,无一不是将马克思主义理论同中国具体实际相结合,创造出马克思主义人口理论中国化、现代化的成果,揭示了当前中国的人口思想和实践特征,充分论证了:人口问题是经济社会发展中永恒的重要议题。

(二)历史逻辑

自人类迈入有文字可考的历史,人口问题就是经济社会发展中的重要议题。中国有史以来的人口思想对人口的数量、质量、结构、分布、迁移等人口因素及其与经济、社会、环境等要素之间关系探讨颇多。中国的人口思想源远流长,我们从其对人口数量、人口统计、人口迁移等主要议题的研究可见一斑。从我国对人口研究的历史经验可以发现,人口问题始终是人类社会发展面临的重要议题,人口因素在经济社会发展中发挥着基础性、战略性作用。

首先,人口增长的议题是人口问题中的重要议题。从对人口数量增长的观点来看,主要有三种主张:主张鼓励人口增长;主张适度人口增长;主张控制人口增长。其一,主张鼓励人口增长。古代有"多福、多寿、多男子"的祝福,反映出我国自古以来就有传宗接代的传统思想和强烈的生育意愿。《易》的卦辞主张人口增加,《诗经·国风》许多篇章直接以恋爱、婚姻、家庭为主题,肯定了人口的重要地位。明朝邱濬也极力主张增加人口,认为人口的增长与财富积累高度相关,是一个国家成立的基础。其二,主张适度人口增长。中国古代思想家提出人口数量要与生产资料相适应,《商君书》提出人口的数量不是最重要的,关键是人口数量要与土地的数量相适应,国家富强的关键在于最大程度地激发生产力,提高生产率。韩非将人口与生产力联系起来,认为人口的增长要适应物质资料的生产,主张积极发展农业。其三,主张控制人口增长。宋末元初的马端临认为人口质量高比人口数量多更重要,人口质量低就应当控制人口增长。清朝洪亮吉提出了系统地控制人口增长的主张,他认为要通过自然和人为的手段控制人口增长,与马尔萨斯的观念有共通之处。

其次,中国古代很重视人口统计,有丰富的人口统计实践经验。早在公元前789年,周宣王就曾进行人口统计:"料民于太原。"《商君书》提出统治者要了解人口基数,统计劳动人口数量。管仲主张对国情国力的基本情况进行调查,其中包括对人口情况的记录与分析[1],他认为这是治理国家、制定政策的重要前提。其中的许多统计思想,比欧洲16世纪中叶开始出现的"国势论"著作要早2 300多年。自秦汉以来,户籍登记成为一项重要国策。东汉徐干认为"周知

---

[1] 《管子·问》记载,有关基本国情国力的调查项目所列问题共69项,其中属于人口方面的有37项。

民数"是治国之本,是制定政治经济政策的出发点。

最后,人口流动也是古代人口问题的研究重点。中国古代多次发生的人口大规模迁移影响了人口的空间分布状况。许多思想家都考察了人口迁移问题。《商君书》提出"徕民"政策,主张将三晋的百姓部分迁移到秦国垦荒。到汉代,移民垦边、驻军屯田的人口政策已较为成熟。宋代苏轼提出"均民"的人口思想,认为人口分布不均会引发社会问题,因此主张将人口从稠密地区迁移到稀疏地区。

从我国自古至今几千年的历史来看,自人类文明诞生以来,人口因素就作为一个基础性要素存在于人民生活、社会生产、经济发展和国家治理之中。在历史进程的不断推动中,随着生产力的不断提高,人口思想不断丰富,围绕人口自身的发展及其与自然、经济、社会、环境之间协调发展的研究更加全面,其中蕴含的科学的人口统计方法、可持续发展理念的雏形及关心人民发展的民本思想,都显示出我国人口研究的超前性,折射出人类文明的光辉。我国古代人口研究显示人民早已关注到人口发展的重要性,人口因素始终在国家经济社会发展中发挥着基础性作用。从有关人口问题研究的历史硕果可以看出,我国人口理论的诸多观点蕴藏着人口与生产力的发展必须相适应的内涵,这与马克思主义的"两种生产"理论和现代的许多人口思想观点有一定的共同之处。我国古人的智慧是无穷的,以史为鉴,我们可以吸纳丰富的历史经验,为当代人口研究提供宝贵的精神财富,对于我们的人口政策具有一定的启发意义。历史证明了人口问题是经济社会发展中长期的重要议题,在当下及未来也仍将对经济社会发展产生持久的影响。

(三)实践逻辑

人口问题是一个深刻的全球议题。不论是我国自新中国成立以来实行的人口政策,还是其他国家为了应对人口形势变化出台的相关政策,都显示了各国把人口政策摆在十分重要的位置,人口政策是一个国家经济、社会政策体系中的重要组成部分。

表4-1梳理了新中国七十多年来的人口政策历程,新中国成立初期鼓励生育,人民的生育意愿较高,人口迅速增长,为经济社会发展提供了充足的劳动

力。1953年第一次全国人口普查数据显示我国实际人口数量远超预期，超过6亿，过快增长的人口与落后的生产力之间的矛盾凸显。马寅初先生提出"实行计划生育是控制人口最好最有效的办法"，在极力主张控制人口的呼声下，我们认识到需要控制人口数量，开始逐步实行计划生育，20世纪70年代末确立了独生子女政策。此后我国的计划生育取得显著成效，在短时间内完成了人口转变，人口再生产类型由低死亡率、高出生率和高人口增长率阶段转变为低死亡率、低出生率和低人口增长率阶段。这也带来一系列问题，我国人口红利逐步消失，人口老龄化不断加深，人口性别比失调等。自21世纪初，生育政策逐步放开，2002年较为保守地调整为"双独二孩"政策，到2013年实行"单独二孩"政策，再到2016年实施全面两孩政策，独生子女政策宣告终结。如今我国实行包容性的生育政策，从2021年开始实施一对夫妻可以生育三个子女政策及配套支持措施。

欧洲国家近百年来生育率缓慢下降，随着低生育水平不断加深，政府也采取多样化的措施间接或直接鼓励生育。主要的政策分为三类：第一类是提供与生育相关的补贴，如加拿大提供儿童福利金，德国提供生育福利津贴、购房补贴和税收减免等，法国提供生育补贴和税收优惠等；第二类是提供较长时间的带薪产假和育儿假，如法国提供最长为40周的带薪产假，英国提供52周的产假等；第三类是提供较为全面的育儿服务，瑞典提供托育服务，法国提供儿童看护服务等。而东亚一些国家在面对生育率急剧下降并维持低生育率水平数年后，才开始实施一些鼓励生育的政策，如日本大力推进保育建设，韩国提供90天的带薪产假等。这些举措或多或少地有益于提升生育意愿，人口政策的具体实践体现了必须将人口要素放在首位的特点。

中外的人口政策实践充分说明，为了克服人口政策的滞后性，就要系统地分析人口与经济社会发展的关系，战略性地预判人口发展的趋势，努力探索建立一个更加科学、有效、完备的人口政策体系。在不同的历史时期，人口政策不仅对人口数量、人口结构等进行优化调整，还间接地对经济社会发展产生作用。面向未来，应当依据我国的人口国情和经济社会发展需要，不断调整、完善人口政策，从以控制人口数量的生育政策为重点转向更加重视人口质量，从"单一的人口政策"拓展到"全面的社会政策"（风笑天，2021），从人口研究的停滞、低潮期迈向人口研究的重要战略时期。我们在人口政策的设计与执行过程中，更加深刻地认识到要遵循人口发展的规律,并根据人口政策实践的发展,实现理论与实践的良性互动。人口政策在实践中不断验证着人口因素在经济社会发展中起基础性、战略性作用。

表 4-1 新中国成立以来中国人口政策演变时间线

时间	政策关键词	政策主要内容
1949 年	鼓励生育	采取宽松的生育政策,效法苏联鼓励和支持生育
1955 年	适当节育	《关于节制生育问题的报告》指出:我们党是赞成适当地节制生育的
1956 年	节制生育	《1956 年到 1967 年全国农业发展纲要(草案)》明确除少数民族地区外,要推广节制生育,把节制生育的政策扩展到农村
1962 年 12 月 18 日	计划生育	《关于认真提倡计划生育的指示》,首次将计划生育确定为国家政策
1971 年	计划生育、"一二三"	《关于做好计划生育工作的报告》,强调"要有计划生育"。在"四五"计划中,提出"一个不少,两个正好,三个多了"
1973 年 12 月	"晚、稀、少"	第一次全国计划生育汇报会提出"晚、稀、少"的政策。"晚"指男 25 周岁、女 23 周岁以后结婚,女 24 周岁以后生育;"稀"指生育间隔为 3 年以上;"少"指一对夫妇生育不超过两个孩子
1978 年	提倡一个、最多两个	计划生育第一次以法律形式载入我国宪法。《关于国务院计划生育领导小组第一次会议的报告》,明确提出"提倡一对夫妇生育子女数最好一个,最多两个"
1979 年 1 月	最好一个	全国计划生育工作会议召开,贯彻 69 号文件,把"最多两个"去掉,变成"最好一个"
1980 年 9 月 25 日	党团员只生一个	《关于控制我国人口增长问题致全体共产党员、共青团员的公开信》,提倡"一对夫妇只生育一个孩子"
1982 年	农村独女户二胎	《中共中央、国务院关于进一步做好计划生育工作的指示》,提出照顾农村独女户生育二胎
1984 年	(农村)"开小口、堵大口"	《关于计划生育工作情况的汇报》,提出"对农村继续有控制地把口子开得稍大一些,按照规定的条件,经过批准,可以生二胎;坚决制止大口子,即严禁生育超计划的二胎和多胎"

(续表)

时间	政策关键词	政策主要内容
2002年9月	"双独二孩"	《中华人民共和国人口与计划生育法》鼓励公民晚婚晚育,提倡一对夫妻生育一个子女;符合法律、法规规定条件的,可以要求安排生育第二个子女。"双独二孩"政策由此在全国推开
2006	人的全面发展	《中共中央、国务院关于全面加强人口和计划生育工作统筹解决人口问题的决定》指出,在稳定低生育水平的同时,进入统筹解决人口问题、促进人的全面发展的新阶段
2013年	"单独二孩"	11月,《中共中央关于全面深化改革若干重大问题的决定》提出启动实施一方是独生子女的夫妇可生育两个孩子的政策
2016年1月1日	全面两孩	全面实施一对夫妇可生育两个孩子政策,积极开展应对人口老龄化行动
2020年10月29日	包容性生育政策	《中共中央关于制定国民经济和社会发展第十四个五年规划和二〇三五年远景目标的建议》,指出当前应该制定人口长期发展战略,优化生育政策,增强生育政策的包容性
2021年6月	"三孩"	《中共中央、国务院关于优化生育政策促进人口长期均衡发展的决定》提出实施一对夫妻可以生育三个子女政策及配套支持措施

三、人口因素在我国经济社会发展中的基础性、战略性作用

人口是经济社会发展的基础要素,人口的数量、质量、结构等问题构成了经济社会发展的重要背景,直接影响经济社会的发展方式和质量。经济社会发展的最终目标是实现人的全面发展、满足人民日益增长的美好生活需要。中国式现代化不同于西方的现代化,是中国特色社会主义现代化。为了实现经济社会的良性发展,必须重视人口因素在推进中国式现代化、实现共同富裕和助力高质量发展过程中的基础性、战略性作用。

(一)推进中国式现代化

中国式现代化是中国特色社会主义现代化,是以人民为中心的现代化。现

代化本质是人的现代化。中国式现代化就是社会主义现代化,中国式现代化新道路,就是人口规模巨大的现代化,是全体人民共同富裕的现代化,是物质文明和精神文明相协调的现代化,是人与自然和谐共生的现代化,是走和平发展道路的现代化。这些都是建立在人口因素基础上的目标和路径,体现了现代化的社会主义价值取向。

要实现14亿人整体迈入现代化,就要更加注重人口因素的重要性、注重人口与共同富裕的内在联系、注重人类物质文明和精神文明的协调发展、注重人与自然的和谐共生,走和平发展的道路。中国式现代化的本质是实现人的现代化,习近平同志提出"以人民为中心"发展思想就是要实现人的自由平等全面的发展,就是要充分体现人民的主体地位,让经济社会的发展服务于人的发展,激发人民群众参与现代化建设的积极性、主动性与创造性,最终让全体人民共同享有现代化的发展成果。这是实现中国特色社会主义现代化的理论依据与思想之魂(胡鞍钢等,2017)。

所谓人口现代化,是指人口的数量、质量和结构与现代经济社会发展更加适应、协调发展。因此,要实现中国式现代化,就要实现人口的现代化,包括人口数量、人口质量、人口结构的现代化等。在人口现代化的过程中,人口数量的现代化体现为人口数量的增长应当适应人口规律,与经济、社会、生态环境协调发展相适应。人口数量的增长还应当适应经济发展需求,同时也要在适应的范围内满足人民的生育需求。人的生产和再生产对经济发展的影响是毋庸置疑的,巨大的人口规模蕴含着巨大的经济发展潜力,为现代化的推进注入不竭的动力源泉。

在当前中国努力迈向第二个百年奋斗目标的背景下,人口质量的现代化作为人口现代化的核心和重要内容,是全面建设社会主义现代化国家的重要方面。中国式社会主义现代化建设需要高质量的人才,不断提升素质,自由而全面地发展。高质量的人才在科技革命和产业变革中具备核心竞争力,是推进现代化建设的重要力量。全面提升人口质量,既是遵循人口发展规律的必然要求,也是实现中国式现代化的现实要求。

推进人口结构的现代化是人口现代化的重要内容。其一,人口年龄结构的现代化要求在生育、养老、医疗等社会保障领域持续发力,尤其是要推动人口适度生育、充分有效应对老龄化问题,这是实现中国式现代化的基本要求之一。

其二，人口性别结构现代化是经济社会可持续发展的关键所在。性别结构失衡会直接影响人口再生产。实现人口性别现代化，重要的是实现两性在数量、素质和结构上的均衡（贾淑品，2020）。

（二）实现共同富裕

人口因素是实现共同富裕的基础性、战略性要素，人既是推进共同富裕的基本要素和动力，也是实现共同富裕的价值目的所在（冯明，2021）。人的自由全面发展是实现共同富裕的根本路径。共同富裕是社会主义国家的一个初衷，也是中国共产党建党和社会主义建设的一个初衷。中国共产党的使命是带领全国人民实现中华民族伟大复兴，建设平等、繁荣、富强的新中国。要实现共同富裕，就要实现人的全面发展，每个人的生活水平的提升是全体人民实现共同富裕的先决条件。人的全面发展的第一要义就是个人素质的全面提高，包括身体素质的提升、劳动技能的提升、道德水平的提高。

共同富裕是一个重大的理论和实践问题，面临理论和实践的双重挑战。基于人的全面发展的语境去谈共同富裕的实现问题，也就是从人力资本积累视角来看，个人能力的提升能提高劳动效率、促进资本积累。所有人技能、知识、能力的提高，不仅意味着为自己收入的提高打下基础，同时也为社会创造更多价值，显然也有利于缩小收入分配差距。全体人民的能力的普遍提高是实现共同富裕的前提。

共同富裕是全体人民的美好期盼和共同愿景。一方面要解放与发展社会生产力，把蛋糕做大；另一方面要缩小收入分配差距，把蛋糕分好。我国坚持以人为本的发展观，将人的全面发展同社会生产力的发展结合起来，立足于满足人民的美好生活需要，不断提高人民的生活水平。共同富裕不是同步富裕，也不是同等富裕，而是要让十四多亿人最终都能平等地享有政治、经济、文化、社会、生态各方面的权利与保障，实现物质和精神的共同富裕。只有中国、只有社会主义，才有这样的能力与魄力，去完成巨大规模人口共同富裕的宏伟目标。

人的全面发展与全体人民共同富裕是一体两面、相得益彰、辩证统一的关系。我国现在正处于扎实推进共同富裕的历史阶段，在新一轮科技革命和产业变革的推动下，需要着力于人的全面发展，提升劳动者素质，优化人口结构，进而推动全要素生产率的提高，打牢高质量发展的动力基础。全面、客观、准确地把握当前我国人口形势及其未来趋势,是制定经济发展规划的重要基础。优化人口空间结构、引导人口有序流动是促进区域经济平衡协调发展的重要条件;提升人口质量、培育高素质人才是扩大中等收入群体规模的重要方法;进一步加强民生保障是使基本公共服务惠及全体人民的重要举措;做好人口前瞻性研究是预判人口形势、促进产业平稳转型的智力支持。重视人口因素、推动人的全面发展对于扎实推进共同富裕具有重要的基础性、战略性意义。因此在当前时期,促进人自由全面平等发展,才能更好地解放和发展生产力,从而实现共同富裕。

(三)助力高质量发展

在新发展阶段的背景下,人口要素具体信息对经济高质量发展有重要影响,为制定国民经济和社会发展规划,促进经济社会发展和人民生活水平提高发挥了重要作用。《中共中央关于制定国民经济和社会发展第十四个五年规划和二〇三五年远景目标的建议》对人口相关问题做了部署,如人的全面发展问题、人口老龄化战略、发挥人才在创新驱动中的重要作用等,显示出人口要素在高质量发展中的战略性作用。

在迈向中国式现代化的重要阶段,促进高质量发展是实现共同富裕的基础。以人民为中心,满足人民日益增长的美好生活需要是全体人民共同的价值取向和奋斗目标。人既是推动实现高质量发展的主体,又是高质量发展的服务对象。高质量发展是以人民为中心的发展,经济的高质量发展与人的高质量发展在本质上是统一的(刘鹤,2021)。人口因素在助力经济高质量发展中发挥着基础性、战略性作用。人口的数量影响着经济高质量发展的劳动力供给量、消费者需求量等;人口质量的提升则是"人口红利"转向"人口质量红利"的必由之路,人力资本素质的提升、人才的创新与活力是创新驱动产业升级的坚实基础;人口结构带来的老龄化问题、区域经济发展不平衡等问题是实现高质量发展的现实挑战(翟振武,2021)。

人是高质量发展的基础要素和创新源泉。我国巨大的人口规模和不断提升的人口质量是实现高质量发展的基础条件:充足的劳动力为高质量发展提供动力,高质量的人才为高质量发展注入活力。我国超多的人口规模意味着巨大的消费需求和市场潜力。高质量发展就是要服务于全体人民,在满足其美好生活需要的过程中,往往能创造我国经济的新增长点,激发高质量发展新动力。如为了更好应对人口老龄化问题,我国银发经济正在蓬勃发展。

在新发展格局的构建中,人口质量的提升为经济高质量发展提供了动力,大力促进人力资本质量的提高是高质量发展的核心需要。加大人力资本投入,提升教育质量,通过加强职业教育和技能培训提高劳动者素质,促进全要素生产率的提升,能够更好地满足高质量发展的人才需要。因此,将人口发展融入经济社会发展的各个方面,以全局性、战略性、系统性的思维谋划人口发展,促进人口长期均衡发展及其与经济、社会、资源、环境协调发展是助力经济高质量发展的重要力量。

四、促进人口与经济社会协调发展的政策要点

促进人口与经济社会协调发展是融入我国战略体系的宏大命题,需要久久为功、综合施策,以系统、全面、战略性的思维在我国政策体系内积极回应人口问题。关键的政策要点就是从均衡人口数量、提升人口质量、优化人口结构、加强人口研究等方面发挥人口因素在我国经济社会发展中的基础性、战略性作用。

(一)均衡人口数量

人口问题是一个国家和社会的根本问题,是当代人类社会的核心问题,人口数量的变化是人口问题的基础。马寅初先生提出质量一定要通过相当的数量才能表达出来,所有的经济发展、社会生产都要建立在人的基础上,必须具备一定数量的人口。然而如今,几乎所有经济体都出现了人口增长迟缓甚至负增长的问题,那些通常被认为"能生"的地区,现在也大不如前,比如印度、中东,甚至是非洲。对于我国而言,我国人口至少占据全球人口五分之一的比例,巨大的人口总量既是我们长期的人口特征,又是我们在制定经济社会发展规划时不得不长远考虑的人口要素。

首先,我们应清晰掌握我国的人口数量现状,要正视我国人口规模的变化。近十年来,我国人口总量缓慢增长,人口出生率逐步降低,人口死亡率较为稳定,人口自然增长率呈下降趋势(见图4-1)。截至2021年年末,全国人口为

141 260万人,全年出生人口为 1 062 万人,死亡人口为 1 014 万人,人口出生率为 7.52‰,人口死亡率为 7.18‰,2021 年人口自然增长率为 0.34‰。基于对人口形势的准确掌握和人口规模变化的判断,我们必须坚持用全面、系统、战略的眼光认识我国人口问题,积极主动综合施策。

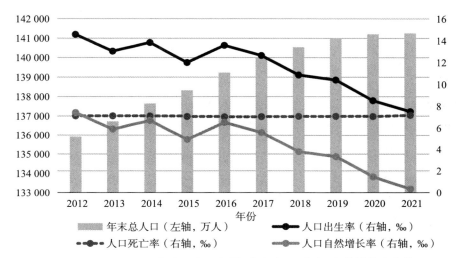

图 4-1　2012—2021 年我国人口总量、出生率、死亡率、自然增长率变化

数据来源:国家统计局。

其次,我们要明确低生育水平是我国经济社会发展的必然结果。国际经验表明,随着经济的发展,低生育率已成为全球普遍现象。医疗卫生水平的提高使得死亡率具有相对稳定性,人口增长的关键在于生育率。近年来,随着育龄妇女人数的减少和生育水平的下降,我国人口增长放缓成为必然结果。

最后,人口规模变化对经济社会发展具有长期性、渐进性的影响。人口规模的影响不仅即时显现于当前,还长期作用于经济社会发展的各个方面。因此要应对十四多亿人口规模带来的影响,就要利用好巨大人口规模的独特优势,着眼于制度设计和政策调整,切实解决"不想生""不敢生"问题,努力降低生育、养育、教育成本,营造生育友好型的社会氛围,促使生育水平在一定程度内提升。

马寅初先生主张综合运用行政、经济、宣传等手段控制人口规模的思想,对当下人口数量的均衡仍有指导意义。基于此,我们应当积极促进人口均衡发展,按照十九大报告和《国家人口发展规划(2016—2030 年)》的要求,综合施策,合理引导生育水平提升到适度区间,促进人口总量平稳变动,避免人口达到峰值后快速下降。适度生育水平是维持人口良性再生产的重要前提。要密切关注人口变动态势,提前做好人口战略研究和政策储备,大力促进生育政策和相关经济社会政策配套衔接,发挥政策最大效应,保持和发挥人口总量势能优势。

第一,加强对人口数量变化态势的长期监测。运用"互联网+"和大数据平台等科技支撑手段,动态把握人口数量的发展趋势,对出生人数、死亡人数、人口流动、人口性别比等信息及时做好数据统计与分析工作,保持对人口问题的敏感性,为我国人口问题的政策研究提供更加及时准确的数据支持。第二,努力建设生育友好型社会。一方面,要在政策上为生育友好型社会做好制度设计。在财政、税收、保险、教育、住房、就业等方面为三孩生育政策做好配套支持措施,减轻家庭生育、养育、教育负担。另一方面,考虑建立生育基金或进行现金补贴等形式鼓励生育。要营造良好的社会环境,在育儿假、婴幼儿照护、单身生育等方面继续探索可行路径。第三,做好适龄生育、适度生育的宣传教育工作。通过开设课程、科普讲座、心理咨询等方式,组织开展人口与计划生育宣传教育,引导适龄人群培养正确的婚恋观、家庭观;通过微博、公众号等现代网络平台宣传积极正面的婚恋观、生育观;通过影视、文学、舞蹈等形式的文艺创作唤起适龄群体对婚姻、亲情、家庭的向往,引导群众有计划、按政策生育。

(二)提升人口质量

马寅初先生认为一定要从数量中去求质量,质和量要统一起来。必须大力提高人口质量,提升劳动生产率。提升人口质量仍是当前人口工作的重点。在低生育水平下,中国要实现高质量发展,就要培育高质量人才,不断提高劳动者的素质和技能,建设人力资本强国。全面提升人口质量,主要从提升人口健康水平、人口知识技能、人口思想道德素质三个方面展开。

全面提升人口质量,首先要提升人口健康水平。习近平总书记指出,健康是幸福生活最重要的指标,健康是1,其他是后面的0,没有1,再多的0也没有意义。提升人口健康水平,一方面要继续深化医疗卫生体制改革,为人民提供更好的医疗资源和服务。如增加医疗资源,满足不同社会群体对医药卫生服务的多层次需求,为人民健康提供可靠保障;支持社会办医,鼓励社会力量提供多层次多样化医疗服务;大力扶持中医药产业高质量发展。另一方面要大力发展人民体育运动,通过开展丰富多样的体育活动提高国民身体素质。习近平总书记提出,体育是提高人民健康水平的重要途径,是满足人民群众对美好生活向往、促进人的全面发展的重要手段,是促进经济社会发展的重要动力。要遵循《全民健身计划》的要求,鼓励全民通过多种形式的体育锻炼增强身体素质,提升健康水平;灵活运用网络社交平台,如微博、抖音、快手等视频平台,普及正确的健身知识和体育知识,进一步激发全民健身热情,营造全民运动的社会氛围;完善全民健身公共服务体系,在健身设施供给和健身活动组织方面持续发力,特别是做好社区健身设施建设和维护工作;动员社会组织参与,促进体育健身资源下沉,鼓励专业运动员退役后提供技术支持和专业指导。

提升人口知识技能,主要是要加强教育和培训。全面提高人口素质,重在教育。教育对提高人民综合素质、促进人的全面发展、增强中华民族创新创造活力具有决定性意义。推动高质量教育,一是要优化教育资源的布局,特别是要促进优质教育资源在城乡和区域之间实现均等化。二是要加强师资队伍建设,培育教师教育教学能力、建设师风师德,尤其要鼓励乡村教师和特岗教师提升能力、坚守岗位,提升其待遇水平。三是加快职业教育改革,支持校企合作、联合办学,培育高质量的技能人才,使其更加适应高质量发展的人才需求。四是加强职业技能培训,提高培训的针对性和实效性,增强就业者的劳动技能。

提高人口思想道德素质,是全面提高人口素质的重要环节。习近平指出,要提高人民思想觉悟、道德水准、文明素养,提高全社会文明程度。加强人口思想道德素质,包括理想建设和道德建设,增强爱党爱国的理想信念,引导人们树立正确的世界观、人生观、价值观,为实现中华民族伟大复兴不懈奋斗。增强自身道德修养,遵守社会公序良俗,树立社会主义荣辱观。当前可以从两个方面着力:一方面,加强爱国主义教育、社会主义教育,丰富宣传教育方式方法,增强宣传质量;另一方面,深入实施公民道德建设工程,形成向上向善、孝老爱亲的社会风尚,培育诚实守信、遵纪守法、节约资源、保护环境的良好品德。

(三)优化人口结构

人口结构是指人口年龄、性别、素质、空间分布等方面的比例关系。人口结构变化有其自身发展规律,并且掌握该规律后能够对经济社会发展产生重大影响。要尊重人口结构变化规律,准确掌握影响人口结构变化的因素,判断人口结构变化对经济和社会可能产生的影响。积极改善人口结构、促进经济社会可持续发展,就要从优化人口年龄结构、性别结构、素质结构、空间分布结构入手。

第一,优化人口年龄结构。第七次全国人口普查(以下简称七普)数据显示(见图4-2),我国当前0—14岁人口为2.5338亿人,15—59岁人口为8.9438亿人,60岁及以上人口为2.6402亿人,分别占比为17.95%、63.35%、18.70%(其中,65岁及以上人口为1.9064亿人,占13.50%)。与2010年第六次全国人口普查(简称六普)相比,0—14岁、15—59岁、60岁及以上人口的比重分别上升1.35个百分点、下降6.79个百分点、上升5.44个百分点,人口结构老化问题加重。

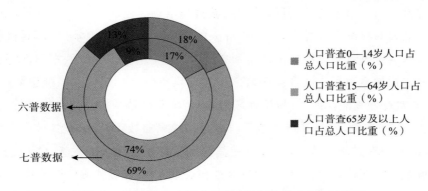

图4-2 第六、七次全国人口普查数据中的人口年龄结构

数据来源:国家统计局。

当前,我国人口年龄结构呈现少子化、长寿化、老龄化并存的基本特点。因此人口年龄结构的优化关键是抓"一老一小"问题,一方面要继续完善生育政策的调整、完善配套政策和设施的建设,在教育、医疗、住房、社保等领域通力合作,解决"不想生""不敢生"问题;另一方面要积极有效应对老龄化问题带来的机遇和挑战,健全多层次的养老保障体系和多样化的养老服务体系。充分开发银发经济的发展潜力,同时鼓励低龄老年人口多形式就业,补充劳动力资源。

第二,优化人口性别结构。人口性别结构的失衡会引发一系列社会问题,影响经济社会的健康发展。第七次全国人口普查结果显示,我国男性人口约为7.2亿人,女性人口约为6.9亿,占比分别为51.24%和48.76%。出生人口性别比为111.3,较2010年下降6.8,总人口性别比为105.07,与2010年基本持平,略有降低。我国近年来人口性别比略有下降,但性别失衡状况依然严峻(见图4-3)。改善人口性别比例,关键在于降低出生人口性别比。一方面要加强舆论宣传,倡导男女平等的观念,树立正确的生育观,严厉打击非法胎儿性别鉴别。另一方面要消除性别歧视,通过政策手段保障女性在家庭、职场等方面的合法权益,如加大力度惩治家暴问题,尽力消除女性就业显性和隐性歧视等。

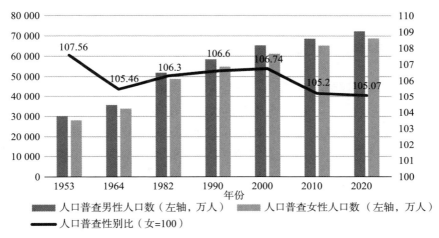

图4-3 历次人口普查人口性别构成

资料来源:国家统计局。

第三,优化人口素质结构。第七次全国人口普查结果显示,具有大学文化程度的人口为21 836万人。与2010年相比,每10万人中具有大学文化程度的由8 930人上升为15 467人,15岁及以上人口的平均受教育年限由9.08年提高至9.91年,文盲率由4.08%下降为2.67%。受教育状况的改善反映十年来我国人口素质不断提高。当前信息技术革命及科技创新的不断发展,对人口素质的要求不断提升,劳动力市场出现总量充足、结构性短缺的现象,因此还要继续提升人口素质,优化人口素质结构,着力提质强技,促进人的全面发展。一方面继续加强基础教育建设和职业技能培训,培育多元化人才;另一方面,政府要加大财政投入,完善奖助学政策和培训资金补贴,尤其是对于相对贫困人口,要继续增强其自身"造血"能力,提供多种技能培训,提升其就业能力。

第四,优化人口空间分布结构。第七次全国人口普查结果显示,东部地区人口占39.93%,中部地区占25.83%,西部地区占27.12%,东北地区占6.98%。

与2010年相比,东部地区人口所占比重上升2.15个百分点,中部地区下降0.79个百分点,西部地区上升0.22个百分点,东北地区下降1.20个百分点。人口向经济发达区域、城市群进一步集聚。要优化人口空间分布结构,就要合理引导人口流动,坚持均衡发展。一方面需要推进城镇化建设,推进公共服务均等化,改善农村地区基础设施和环境建设;另一方面可以借助东部地区产业转移契机,对优质产能给予政策支持,因地制宜发展产业,创造就业机会、拓宽增收渠道,吸引人才流入。

(四)加强人口研究

人口问题隐藏在经济社会发展的各种问题之下。事实上,许多经济社会问题只是人口问题的次生问题,本质上仍是人口问题。因此,在某些经济社会问题爆发后,全球才会高度关注人口问题,换言之,在经济社会平稳发展时,往往人口问题没有得到应有的关注和研究(秦勇,2022)。作为人口大国,我国尤其应该高度重视人口发展战略研究,适应时代和形势变化,科学把握人口发展规律,推动人口与经济社会协调发展。

党的十九大强调要加强人口发展战略。党的十九届五中全会提出,制定人口长期发展战略。政府的相关部门、研究机构应当高度重视加强人口发展战略研究,以前瞻性、全局性的战略高度系统分析人口与社会经济发展的深层次关系,要在科技强国、健康中国、科教兴国、人才强国、可持续发展、文化强国等国家战略体系中积极回应人口问题(韦艳等,2021),持续深化国家人口中长期发展战略和区域人口发展规划研究,做好政策预研储备。

首先是要加强人口理论的构建。当前我国有关人口研究主要包括人口理论、人口统计学、人口应用学,尤其是在人口应用学领域研究颇多,通常是探讨人口因素与其他经济社会发展要素之间的相互联系和相互影响,尤其是在老龄化、城镇化方面比较聚焦。相较之下,人口的专门研究较少,特别是人口理论研究,还没有形成完整的本土化的理论体系。我们应当吸纳我国历史人口发展经验和当前社会主义人口实践经验,努力构建一个中国化的人口研究范式,为我国人口发展研究提供理论支持。

其次是要持续认识和把握新时代的中国人口国情。马寅初先生认为要建立人口动态统计,做好人口普查工作,做到心中有数。在新时期,我们运用大数据手段可以更加科学、准确、有效地把握人口国情,及时对人口出生、死亡、流动的数据加以监测分析,据此为统筹解决城乡、区域人口发展不平衡问题的研究提供准确的数据,提出促进人口长期均衡发展的具体路径。

再次要加强新的经济社会环境下生育问题和老龄化问题研究。要精准把握我国生育现状特点及相关影响因素研究,找出其关键影响,尤其是在"三孩"政策实施后,密切关注其对生育意愿和生育行为的影响,以便更有针对性地调整生育相关政策措施,推动适度生育水平的实现。加强积极应对人口老龄化国家战略研究。我国的老龄化问题可以在借鉴他国经验的基础上,对老年人口的养老研究、老年产业研究、老龄健康服务研究等深入探讨,寻求最适应我国人口老龄化现状的解决路径。

最后要继续加强人口的数量、质量、结构等要素的跨学科研究。人口各要素与经济社会发展中的方方面面都有着千丝万缕的关系,相互影响、相互作用。特别是人口迁移流动和社会融合研究、人口质量与经济高质量发展研究、人口要素促进共同富裕研究、人口在中国式现代化中作用的研究,这些都是在当代人口形势下,人口与经济社会发展的重要研究领域。

参考文献

风笑天.中国人口政策调整的影响分析与社会学意义——以人民为中心促进人口与社会可持续发展[J].人民论坛,2021(32):70—73.

冯明.促进共同富裕视域下中国人口问题及其治理研究[J].中央社会主义学院学报,2021(06):72—81.

何爱平,刘冠男.马克思经济学与西方经济学人口经济思想的比较[J].经济纵横,2012(03):7—11.

胡鞍钢,鄢一龙,唐啸,等.2050中国:以人民为中心的社会主义全面现代化[J].国家行政学院学报,2017(05):15—20+144.

贾淑品.建设现代化国家需要人口现代化[N].解放日报,2020-12-30.

刘鹤.必须实现高质量发展[N].人民日报,2021-11-24.

秦勇.人口大逆转的经济学[J].读书,2022(03):138—141.

王培安.中国共产党对人口发展的探索与实践[J].人口研究,2021,45(05):3—9.

韦艳,段重利,梅丽,等.从第七次人口普查数据看新时代中国人口发展[J].西安财经大学学报,2021,34(05):107—121.

席小平,罗迈.深入学习领会邓小平人口思想 把人口计生事业不断推向前进——纪念邓小平同志诞辰一百周年[J].市场与人口分析,2004(05):1—4.

杨成钢,杨紫帆.中国共产党百年人口思想与马克思主义人口理论的现代化和中国化[J].人口研究,2021,45(06):3—13.

翟振武.新时代高质量发展的人口机遇和挑战——第七次全国人口普查主要数据公报解读[N].经济日报,2021-05-13.

新时期中国农户人口及家庭特征变迁

以 2003—2018 年浙江省农户为例*

高晶晶　史清华

21世纪以来,中国经济发展不断加快,城乡社会面貌均发生了令人瞩目的巨变,中国乡村经历着千年未有之变局。一方面,农村剩余劳动力不断转移,城镇化率从2000年的36.22%增至2021年的64.72%①,城乡格局逐步扭转,从二元结构走向不断融合(刘守英,2021);另一方面,从社会主义新农村建设到乡村振兴战略的提出和实施,传统农村本身也有了飞跃性的发展和改变。在这样的千年之变下,中国农户也有了诸多与之前显著不同的新特征。不少学者从宏观视角出发对农村人口的基础条件变化进行了分析(李澜、李阳,2009;陈锡文等,2011;钟甫宁等,2015;蔡昉,2017;赵周华,2018;刘厚莲、张刚,2021),阐述了农村地区人口变少、剩余劳动力转移、老龄化程度日益加深等现实情况,但进一步聚焦到农村内部,对农户人口及家庭特征变化的分析还相对较少。而农户家庭是农村社会生产生活的基本组成单位和重要观察窗口,为了更好地实行乡村振兴战略、实现共同富裕目标,从微观视角入手对农户人口及家庭特征的变迁进行基础的了解和认识是十分必要的,具有重要的现实意义。

而浙江省作为全国高质量发展建设共同富裕示范区,一直是城镇化发展和乡村建设探索中的排头兵,始终走在全国前列(吴敬琏,2002)。1999年,浙江省便率先提出国内第一个区域性城市化发展规划文件——《浙江省城市化发展

---

* 高晶晶,上海交通大学安泰经济与管理学院助理研究员;史清华,上海交通大学特聘教授,上海交通大学安泰经济与管理学院教授。本文研究得到国家社会科学基金项目(21&ZD077)和国家自然科学基金项目(72173085、71973094)的资助与支持。感谢全国农村固定观察点办公室和浙江省农业农村厅发展规划处及基层县(市、区)观察点提供的数据支持。本文通讯作者:史清华。

① 数据来源:国家统计局。

纲要》。2003年,时任浙江省委书记习近平同志在全省启动开展了"千村示范、万村整治"工程和农村综合改革。2004年,习近平还提出了统筹城乡发展、推进城乡一体化的发展思路。同年,浙江省委、省政府发布《浙江省统筹城乡发展推进城乡一体化纲要》,拉开了新一阶段浙江省城镇化发展建设的序幕。经过十几年的综合探索实践,一方面,2021年浙江省常住人口城镇化率已突破70%[①];另一方面,以万千美丽乡村发展为样板,整个浙江省的农村都发生了翻天覆地的变化。以浙江省农村固定观察点的十个样本村为例,嘉兴余北村、绍兴西蜀阜村和鄞州庙堰村等早已实现完全城镇化,其余村庄的风貌也有很大改善,在全省乃至全国显现出一种示范效应(史清华等,2022)。因此,浙江省是考察新时期中国农户人口及家庭特征变化最适宜的样本和平台。

综上所述,本文基于全国农村固定观察点的数据,对2003—2018年浙江省十个观察村农户的人口和家庭特征变迁进行系统的梳理和分析,以对社会现实有一个必要的基础性认识,从而能够及时地把握经济社会发展过程中农户家庭的新特征和变化方向,为其他地区农村将来发展策略的制定和实施提供参考和借鉴。需要特别说明的是,由于本文分析的重点在数据的演进变化和对事实特征的描述,故学者们的文献未做过多参考。

一、家庭人口规模

人是组成一个家庭最基本的要素,也是一个小家庭保持活力、大家族生生不息的动力源泉。如图5-1所示,2003—2018年,浙江十村农户的家庭人口[②]规模平均为3.35人/户,整体上呈持续下降的趋势。到2018年已降到最低点3.12人/户,与观察期初2003年的3.44人/户相比,减少了9.33%;与观察期内的最高值即2008年的3.50人/户相比则减少了10.91%[③]。相应地,16年间家庭人口中劳动力数量年均为2.24人/户,其变化趋势也与前者相同,但下降幅度相对更大。从2003年的2.34人/户下降到2018年的1.95人/户,浙江十村农户家

---

① 数据来源:浙江省新型城镇化发展"十四五"规划。

② 指的是家庭常住人口,即全年经常在家居住或在家居住六个月以上,而且经济生活和本户连成一体的人口。在外劳动虽然超过六个月,但其收入主要带回家中消费的在外从业人员也同样包括在内。

③ 比例变化的计算使用的是未四舍五入的原始数据,若直接用文中相关的保留2位数后的数值计算,会有些许误差,特此说明,下同。

庭劳动力数量在16年间减少了16.58%。若与观察期内峰值即2008年的2.45人/户相比,减少幅度则达到了20.53%。

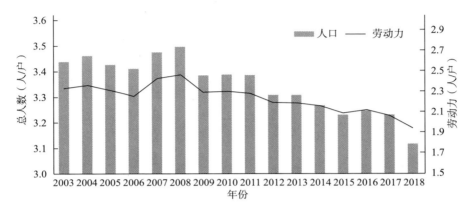

图5-1 观察户家庭总人口数及劳动力规模变动

从人口规模的分布来看(如表5-1所示),2003年浙江十村农户家庭人口规模最多的是3人户,占比为31.80%;其次为2人户,占比24.80%;第三、第四分别为4人户(19.40%)和5人户(13.40%)。而随着时间的推移,各人口规模户的占比表现出不同的变化趋势,主要是3人户、4人户持续减少,2人户、单人户占比大幅增加。最终,16年间,浙江十村农户家庭人口规模的分布在纵向上发生了明显的结构转变,表现为钟形分布左偏程度加大(如图5-2所示)。具体地,从2003—2018年,3人户在总体中的份额从31.80%降至18.22%。而与此同时,2人户的份额则经过2003—2008年的小幅下降后持续回升,到2018年增至40.28%,若与最低点2008年相比,则几乎翻了一倍。因此,在这二者完全相反的变化趋势的作用下,从2009年开始,浙江十村农户家庭人口规模的众数便变为2人户,并一直持续至2018年。在其他分组中值得注意的是,4人户的总体占比从2003年的19.40%小幅增至2007年的24.49%后,同样大幅下降,2018年已仅剩8.50%。而单人户的份额在观察期内却大幅增加,从2003年的2.40%增加到2018年的8.91%,增加了2.71倍。不过16年间,浙江十村农户中最大家庭人口规模基本为9人。最终,2018年,除了主要的2人户分布量处于第一位,分布量处于第二、第三、第四位的已相应变为3人户、5人户和单人户。可见,浙江十村农户的家庭人口总体上表现为明显的缩小趋势,单人户和2人户的比例大幅增加。

表 5-1　浙江十村农户家庭人口规模及其分布

年份	家庭人口规模分布(%)							最大户(人)
	单人户	2人户	3人户	4人户	5人户	6人户	7+人户	
2003	2.40	24.80	31.80	19.40	13.40	6.80	1.40	9
2004	2.60	23.20	32.40	19.40	15.00	5.60	1.80	9
2005	2.00	23.55	33.73	20.56	13.57	4.79	1.80	9
2006	3.00	22.80	32.80	22.00	12.80	4.80	1.80	8
2007	2.63	21.05	31.98	24.49	13.36	4.66	1.82	9
2008	2.84	20.28	31.85	23.94	15.62	3.45	2.02	11
2009	3.00	28.20	27.80	18.60	15.20	5.80	1.40	8
2010	3.21	28.46	27.25	18.24	15.03	6.41	1.40	8
2011	3.82	28.51	26.51	17.27	16.06	6.63	1.20	8
2012	3.44	31.78	27.33	14.78	15.59	5.47	1.62	8
2013	3.63	33.87	25.20	13.71	15.32	6.25	2.01	8
2014	4.83	35.81	22.74	13.08	14.89	6.24	2.41	8
2015	5.66	36.16	22.22	12.32	15.35	6.46	1.81	9
2016	5.49	35.37	22.76	12.80	15.04	6.71	1.82	9
2017	6.91	37.20	19.51	11.99	14.02	8.33	2.03	9
2018	8.91	40.28	18.22	8.50	13.97	8.10	2.02	9
2003—2018	4.02	29.44	27.15	16.95	14.64	6.03	1.77	11

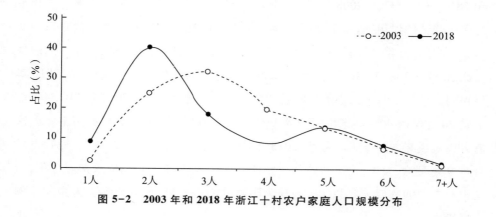

图 5-2　2003 年和 2018 年浙江十村农户家庭人口规模分布

进一步从家庭劳动力规模的分布来看(如表5-2和图5-3所示),在16年的观察期内,浙江十村农户家庭劳动力规模的分布变化与其家庭人口规模相似,同样呈现出缩小的趋势特征,主要表现为无劳户和单劳户份额明显增加,以及3人以上多劳户占比减少。具体地,2003—2018年,农户家庭劳动力规模分布中的众数始终为有2个劳动力的农户,且其占比在时间序列上的变化相对较小,基本保持在40%左右,2018年为39.34%。其次,分布量排第二位的也始终为有3个劳动力的农户,但其份额在纵向上则呈波动下降趋势,从2003年的28%下降到2018年的19.47%。与此同时,单劳户农户的占比则基本保持持续增加,到2018年达到了16.60%,是2003年的2.24倍,在总体分布中的排名也从第五位上升至第三位。无劳户的占比在整个观察期内同样也有较大幅度增加。虽然其在2003—2008年曾有小幅减少,但之后便一直以较稳定的速度持续增长。到2018年,无劳户在总体中的份额达到14.55%,增长阶段的年平均增速为8.75%。此外,有4个及5个以上劳动力的农户占比总体上均呈减少趋势,从2003年的13.40%和1.60%下降至2018年的9.22%和0.61%。劳动力规模的最大值也从7个波动减少至6个。综上可见,16年间,伴随着家庭规模的缩减,浙江十村农户的家庭劳动力规模整体上也呈现出一定的减少趋势。而无劳户占比的增加从某种程度上还可反映出农户家庭人口老龄化趋势的增强,后文我们将对此进行针对性分析。

表5-2 浙江十村农户家庭劳动力规模及其分布

年份	家庭劳动力规模分布(%)						最大户(个)
	无劳户	单劳户	2劳户	3劳户	4劳户	5+劳户	
2003	10.60	7.40	38.40	28.00	13.40	1.60	7
2004	8.60	7.60	41.80	25.60	13.80	2.20	7
2005	8.18	9.78	42.51	23.75	13.57	1.60	7
2006	7.62	12.63	43.09	21.84	13.03	1.20	6
2007	6.48	7.69	43.52	23.68	15.99	2.02	6
2008	6.29	7.51	43.81	22.31	18.05	1.62	8
2009	6.68	10.93	41.50	29.15	10.73	0.81	7
2010	7.09	10.93	40.89	28.14	11.54	1.21	7
2011	7.94	9.98	41.14	28.11	11.81	1.02	5

（续表）

年份	家庭劳动力规模分布（%）						最大户（个）
	无劳户	单劳户	2劳户	3劳户	4劳户	5+劳户	
2012	8.35	12.83	41.75	25.66	10.39	1.02	5
2013	8.94	14.02	39.63	25.61	9.76	1.83	6
2014	10.22	14.11	37.01	27.40	9.82	1.23	6
2015	11.63	14.90	37.14	25.51	10.20	0.61	5
2016	11.39	14.91	36.23	26.09	10.14	1.24	5
2017	13.02	15.08	36.98	23.14	10.54	1.03	6
2018	14.55	16.60	39.34	19.47	9.22	0.61	6
2003—2018	9.21	11.66	40.31	25.22	12.01	1.31	8

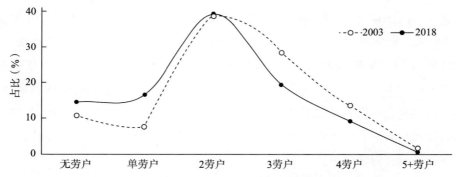

图 5-3　2003 年和 2018 年浙江十村农户家庭劳动力规模分布

二、人口结构

以 2018 年的调查数据来看，该年样本全部成员共计 1 580 人，其中男性 791 人，女性 789 人，在调查总数中分别占比 50.06% 和 49.94%，男女性别比例为 100∶99.75。分年龄段来看，60 岁及以上样本成员中的男女性别比例为 100∶91.70，25 岁以下样本成员中的男女性别比例则为 100∶101.46。参考 2000 年的调查情况，当时观察点 25 岁以下样本中的男女性别比例为 100∶78.16，60 岁及以上成员中的男女性别比例为 100∶95.45（史清华，2005）。综合对照可见，似乎浙江省新生代人口中性别比例失调问题出现了扭转，没有很明显重男轻女的倾向。

从浙江十村农户家庭成员平均年龄来看(图 5-4 所示),随着时间的推移,浙江十村农户家庭成员的平均年龄呈逐年增大的趋势,已由 2003 年的 37.96 岁增至 2018 年的 47.09 岁,16 年间平均年龄增加了 9.13 岁。其中,男性增加 9.57 岁,女性增加 8.68 岁。家庭成员中男性的平均年龄在 2015 年出现重大结构变化,首次超越女性,到 2018 年男性的平均年龄为 47.44 岁,女性为 46.73 岁。进一步从家庭劳动力平均年龄来看(图 5-5 所示),2003—2018 年,浙江十村农户家庭劳动力的平均年龄为 47.98 岁,且在时间序列上同样呈持续稳步增加的趋势。从 2003 年的 43.28 岁增加至 2018 年的 53.02 岁,16 年间提高了近 10 岁,增幅达 22.50%。具体分性别来看,2003—2018 年,浙江十村农户女性劳动力的平均年龄为 47.63 岁,而男性为 48.31 岁,说明相对而言目前男性劳动力的老龄化程度更严重。但从纵向来看,两性劳动力间的年龄差距在逐步缩小。在观察期初的 2003 年,女性劳动力的平均年龄比男性小 1.47 岁。到 2018 年,两者差距已缩小到 0.49 岁。16 年间,女性劳动力的平均年龄由 42.54 岁增至 52.77 岁,增长幅度为 24.05%,比男性劳动力的增幅高 3.01 个百分点,说明女性劳动力老龄化的速度快于男性。

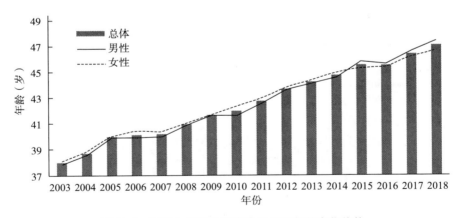

图 5-4　浙江十村农户家庭成员平均年龄变化趋势

而从浙江十村农户家庭成员年龄分布(图 5-6)可以看出,在 2003—2018 年整个观察期内,以 5 年为一段,浙江十村农户家庭成员的最主要年龄分布段为 50—54 岁,分布量超过 10%,其次为 45—64 岁的另外三个年龄分布段,分布量均在 8%—10%。作为未来的三个年龄段(14 岁及以下),分布量均在 4% 以内,合计

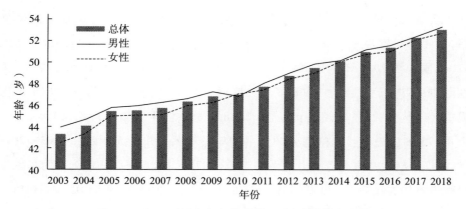

图 5-5　浙江十村农户家庭劳动力平均年龄变化趋势

只有 10.45%；而作为重点关注的夕阳段（65 岁及以上），其分布量高达 12.71%。显然，赡养（65 岁及以上）的问题要远高于抚养（14 岁及以下）的问题。结合时间变化，可以看出，让农村由抚养负担向赡养负担进行结构转换的发生时间大体在 2010 年前后。2003 年浙江十村农户抚养负担群体的占比为 11.69%，2010 年降至 10.04%，随着生育政策的调整，2018 年重新回升至 11.30%。但这一数值与老龄化时代下的赡养负担变化形成鲜明对照。在 2003 年，浙江十村农户赡养负担群体的占比为 6.79%，2010 年升至 9.91%，而到 2018 年已大幅升至 23.36%，表明老龄化的程度在不断加快。

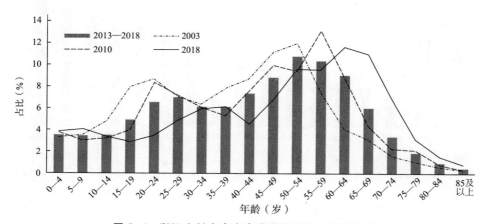

图 5-6　浙江十村农户家庭成员年龄分布及其演变

再进一步结合 65 岁及以上老龄人口的分布来看（表 5-3），单人户和 2 人户中有 65 岁及以上老龄人口的农户比例随时间趋势显著增加，到 2018 年达

51.91%,即已有超过半数的两口及以下家庭中有 65 岁及以上老龄人口,与 2003 年的水平相比增加了 22.09 个百分点。这表明当前浙江十村农户中的单人户和 2 人户已并不是以未婚或成婚的中青年家庭为主,而多为老年家庭。4 人户和 5 人户及以上家庭中有 65 岁及以上老龄人口的农户比重同样在纵向上显著提升,到 2018 年,4 人户中已有 64.71% 的家庭中有 65 岁及以上老龄人口,5 人户及以上家庭中的这一比例则有 64.52%,分别是 2003 年的水平的 3.40 倍和 2.07 倍。而只有 3 人户多为中青年家庭,成员年龄结构相对偏小,2018 年 3 人户家中有 65 岁及以上老龄人口的农户比例为 37.93%,不过与 2003 年的水平相比,也增加了 28.5 个百分点。

综上可见,当前浙江农村尽管经济有了不错的发展,但不管是从村际层面还是户级层面,人口及劳动力的老龄化问题依然越来越严重,特别还是在家庭规模不断缩小的情况下。其给农村和农户家庭经济发展带来的压力需要尽早加以重视,农村养老体系建设的进一步加强与完善刻不容缓。

表 5-3　65 岁及以上老龄人口的分布　　　　　　　　　单位:%

年份	65 岁及以上人口占比	各家庭规模中有 65 岁及以上老龄人口的农户比例			
		2 人户及以下	3 人户	4 人户	5 人户及以上
2003	6.79	29.82	9.43	19.01	31.13
2004	7.31	34.19	9.32	20.33	29.29
2005	7.96	21.82	10.27	27.08	30.85
2006	8.06	28.91	11.90	23.30	33.66
2007	8.01	28.91	9.38	25.26	34.23
2008	8.93	33.09	10.90	32.98	36.45
2009	9.76	33.78	15.28	34.78	36.52
2010	9.91	35.51	15.20	37.65	34.65
2011	11.81	42.11	16.54	40.00	43.75
2012	13.04	39.29	19.08	39.74	50.41
2013	14.51	41.44	20.34	51.43	51.56
2014	16.29	44.15	23.08	58.57	54.10
2015	17.8	46.53	26.17	63.77	54.62

单位：%（续表）

年份	65 岁及以上人口占比	各家庭规模中有 65 岁及以上老龄人口的农户比例			
		2 人户及以下	3 人户	4 人户	5 人户及以上
2016	19.65	50.25	28.57	61.76	57.26
2017	21.67	50.46	34.41	64.41	61.24
2018	23.36	51.91	37.93	64.71	64.52

三、家庭成员健康状况

对农户家庭成员健康状况的考察采用的是受访者自己的主观评价，分为优、良、中、差和丧失劳动能力五个等级，从好到差依次赋分 5 至 1 分，最终统计结果如图 5-7 所示。2003—2018 年，浙江十村农户家庭成员健康水平的平均分值为 4.47 分，其中男性和女性分别为 4.55 分和 4.45 分，说明大部分调查成员的健康状况为优良水平，且整体上男性的健康状况要好于女性。时间序列上，不管是总体还是分性别，浙江十村农户家庭成员的健康状况均呈现一种向好发展的趋势。具体地，主要是 2003—2010 年家庭健康状况分值有较明显的增长。从 2003 年的 4.35 至 2010 年的 4.53，十村农户家庭成员总体的健康状况分值增加了 4.18%，之后便基本保持平稳状态，到 2018 年为 4.49 分。

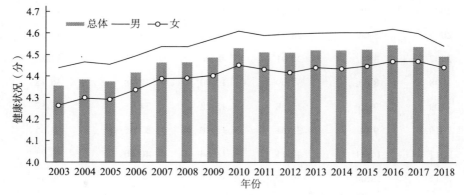

图 5-7　浙江十村农户家庭成员健康状况及性别差异

从浙江十村各农户健康状况分布情况可以更清晰地看出（如表 5-4 所示），16 年间大约有 88.98% 的农户成员的健康状况为优良水平。在纵向上，健康状况为"优"的成员在总体中的份额从 2003 年的 53.98% 持续增至 2010 年的 67.62%,之后保持相对平稳,到 2018 年为 64.43%,与 2003 年相比增加了 10.45 个百分点。健康状况为"良"的成员份额在 2003—2014 年呈持续减少趋势,从 32.81% 降至了 20.54%,之后开始小幅回升,2018 年增至 25.47%,但与 2003 年相比仍减少了 7.34 个百分点。健康状况为"中"和"差"的成员份额则在 16 年间一直波动下降,分别从 2003 年的 8.54% 和 3.63% 减至 2018 年的 6.18% 和 2.33%。丧失劳动能力的农户占比虽然在时间序列上有小幅增加,不过到 2018 年,也仅占总体的 1.60%。综合可见,随着城镇化的发展推进,浙江十村农户家庭成员的健康状况整体上保持在不错的水平,且总体健康得分的提升主要是由于 2003—2010 年健康状况为"优"的农户占比的显著增加。

表 5-4　浙江十村各农户健康状况的总体分布　　　　　单位:%

年份	丧失劳动能力	差	中	良	优
2003	1.04	3.63	8.54	32.81	53.98
2004	0.88	3.45	8.01	31.74	55.93
2005	1.08	2.98	8.17	32.89	54.88
2006	1.13	3.10	7.57	29.46	58.74
2007	1.13	2.87	6.75	27.04	62.21
2008	0.91	2.97	6.72	27.74	61.66
2009	1.13	2.39	7.75	24.09	64.64
2010	1.40	2.19	6.18	22.61	67.62
2011	1.30	2.72	6.50	22.68	66.80
2012	1.41	2.63	7.15	21.69	67.14
2013	1.40	2.19	7.37	21.15	67.89
2014	1.36	2.29	7.67	20.54	68.13
2015	1.32	2.07	6.97	22.16	67.48
2016	1.18	2.11	6.39	21.96	68.36
2017	1.32	1.89	6.60	22.56	67.63
2018	1.60	2.33	6.18	25.47	64.43
2003—2018	1.22	2.63	7.17	25.47	63.51

进一步从老年群体的健康状况来看(如表5-5所示),2003—2018年浙江十村中60岁及以上成员的健康得分平均为3.77分,其中男性成员的健康得分为3.91分,显著高于女性(3.61分),与总体中的情况保持一致。按65岁及以上老年群体的健康状况结果与此相同,2003—2018年浙江十村男性的健康得分平均为3.68分,而女性为3.31分。不过值得注意的是,与总体中健康状况"先增长后平稳"的时间变化趋势不同,老年群体的健康评分在整个观察期内基本呈持续增长态势。以60岁及以上成员来看,从2003年的3.33分增至2018年的3.95分,其平均健康状况增加了18.51%。其中,女性的健康得分虽然始终低于男性,但增长幅度更大,从3.05分增长到3.89分,16年间增长了27.85%。而同时期男性则从3.56分增至3.99分,增幅为12.10%。若以65岁划分为老年群体,结果同样如此,虽然其整体健康状况低于前者,但其纵向上的增幅更显著。2018年,65岁及以上老年群体的健康评分平均为3.71分,与2003年的3.08分相比增加了20.70%。其中,65岁及以上女性的评分则从2003年的2.82波动增至2018年的3.62分,增幅达28.41%;同时期男性的健康状况则增加了14.89%,2018年的评分为3.79分。综合上述分析结果可以得出,2003—2018年,浙江十村农户中老年群体健康状况的提升程度大于其他年龄群体,特别是老年女性提升明显。虽然整体上老年女性的平均健康评分仍低于老年男性,但二者间的差距在快速缩小。

表5-5 浙江十村农户中老年群体的健康状况　　　　　　　　　单位:分

年份	60岁及以上			65岁及以上		
	合计	男	女	合计	男	女
2003	3.33	3.56	3.05	3.08	3.30	2.82
2004	3.40	3.63	3.11	3.15	3.35	2.92
2005	3.46	3.66	3.20	3.27	3.51	3.00
2006	3.51	3.68	3.31	3.28	3.50	3.05
2007	3.58	3.74	3.38	3.34	3.51	3.11
2008	3.63	3.77	3.43	3.46	3.57	3.31
2009	3.65	3.87	3.36	3.41	3.60	3.17
2010	3.72	3.88	3.52	3.33	3.51	3.12

单位:分(续表)

年份	60岁及以上			65岁及以上		
	合计	男	女	合计	男	女
2011	3.74	3.92	3.54	3.42	3.62	3.16
2012	3.76	3.91	3.58	3.42	3.61	3.18
2013	3.81	3.97	3.62	3.51	3.72	3.19
2014	3.86	4.00	3.69	3.59	3.77	3.32
2015	3.95	4.05	3.83	3.70	3.84	3.53
2016	3.97	4.06	3.86	3.73	3.86	3.57
2017	3.98	4.06	3.89	3.73	3.85	3.59
2018	3.95	3.99	3.89	3.71	3.79	3.62
2003—2018	3.77	3.91	3.61	3.52	3.68	3.31

表5-6为老年群体的健康状况分布,相较于总体,60岁及以上老年人中占比最多的是健康状况为"良"的成员,16年间平均占比为41.60%。其次为"优",占比25.19%。"中"和"差"的占比排名依次为第三、第四位,分别为21.93%和8.04%。丧失劳动能力的样本占比最少,仅为3.25%。65岁及以上老年人中占比最多的同样为健康水平为"良"的成员,16年间的平均占比为40.35%。不过排名第二位的是健康水平为"中"的成员,平均占比为28.35%。排名第三、第四位的依次是健康状况为"优"和"差"的成员,分别为15.75%和10.96%。丧失劳动能力的样本份额相较60岁及以上群体有所增加,为4.59%。不过从时间趋势的变化来看,不管是60岁,还是65岁及以上老年人的整体健康状况都朝着明显向好的方向结构转变。2003年,60岁及以上老年群体中分别有14.66%、31.94%的群体健康状况为"优"和"良",到2018年则变为28.33%、48.70%,二者增幅均在10个百分点以上。同时期健康状况为"差"和"失能"成员的份额则分别从14.66%、6.81%减至5.93%、2.41%。65岁及以上老年群体中的结构变化同样如此,其健康状况为"优"和"良"的成员占比分别从2003年的8.40%、27.73%增至2018年的17.60%、51.68%,后者增幅达到了23.95个百分点。健康状况为"差"和"失能"的成员份额则分别从15.13%、10.92%降至8.38%、3.63%。

表 5-6 浙江十村老年群体的健康状况分布   单位:%

年份	60岁及以上						65岁及以上					
	总体占比	失能	差	中	良	优	总体占比	失能	差	中	良	优
2003	10.90	6.81	14.66	31.94	31.94	14.66	6.79	10.92	15.13	37.82	27.73	8.40
2004	11.80	4.88	14.63	31.22	34.15	15.12	7.31	7.87	15.75	37.01	32.28	7.09
2005	13.11	6.16	11.37	28.44	38.39	15.64	7.96	8.59	13.28	31.25	35.94	10.94
2006	14.08	5.39	10.79	26.97	41.08	15.77	8.06	7.97	13.77	31.16	36.23	10.87
2007	14.56	4.82	11.24	22.49	44.18	17.27	8.01	7.30	13.14	31.39	35.04	13.14
2008	16.09	2.57	11.03	22.06	49.63	14.71	8.93	4.64	11.92	29.14	41.72	12.58
2009	17.93	3.62	8.88	27.63	38.49	21.38	9.76	4.85	10.91	36.97	32.73	14.55
2010	18.77	4.55	7.69	23.78	39.51	24.48	9.91	8.61	11.26	32.45	33.77	13.91
2011	21.64	2.99	9.24	22.28	41.30	24.18	11.81	4.50	13.00	30.50	40.00	12.00
2012	23.82	3.27	8.06	24.18	38.79	25.69	13.04	5.07	13.36	31.34	34.56	15.67
2013	25.98	2.76	6.91	23.27	40.55	26.50	14.51	3.29	11.52	31.28	38.68	15.23
2014	29.27	2.49	7.05	22.20	38.59	29.67	16.29	2.23	11.15	30.48	37.92	18.22
2015	31.74	2.14	5.65	19.10	41.13	31.97	17.80	2.09	8.71	25.44	44.25	19.51
2016	32.12	2.09	5.89	16.92	43.35	31.75	19.65	2.49	9.03	22.74	44.86	20.87
2017	33.58	2.22	4.81	17.19	44.36	31.42	21.67	2.88	7.49	23.05	46.69	19.88
2018	34.97	2.41	5.93	14.63	48.70	28.33	23.36	3.63	8.38	18.72	51.68	17.60
2003—2018	21.75	3.25	8.04	21.93	41.60	25.19	12.71	4.59	10.96	28.35	40.35	15.75

注:"失能"指丧失劳动能力。

而如前文中所述,浙江十村农户家庭成员的平均年龄呈逐年增加趋势,老龄化趋势在不断加重,浙江十村老年群体的健康状况分布60岁及以上、65岁及以上老年人的总体占比分别从2003年的10.90%、6.79%大幅增至2018年的34.97%、23.36%。在这样的情况下,浙江十村老年群体的健康评分及分布的变化进一步充分证实了其老年群体整体健康水平的显著提高,在一定程度上或许还可反映出浙江十村老年人生活水平的提升,以及新农合等政策作用下农村老年人医疗保障程度的加强。

四、经营主业

与城镇居民相比,农村居民的生产经营活动往往是多种经营方式并存的,因而收入来源也是多元的。从表5-7中可以看出,整体上,16年间浙江十村农户中以家庭经营收入为主要收入来源的农户最多,占比为39.44%。其次为以受雇劳动者为主要收入来源的,占比为35.94%。但从纵向上来看,2003年以来,在城镇化不断推进的进程中,以家庭经营收入为主要收入来源的农户在总体中的占比呈逐年递减趋势,到2018年已仅有27.88%,与2003年相比减少了近20个百分点。而与此同时,以受雇劳动者为主要收入来源的农户份额则在稳步增加,从2013年起,其总体占比便超过以家庭经营收入为主的农户,到2018年已增至40.20%,与2003年的29.46%相比增加了10.74个百分点。这一减一增的过程反映出在城镇化背景下,2003—2018年浙江十村农户家庭主要收入来源的渠道已发生了结构性转变,表明农户经济的自给性在降低,而与社会外部经济的连接性和对其的依赖性在增强。这也意味着,当外部经济发生较大波动时,农户家庭收入的稳定性相较之前也会受到更大的冲击和影响。

表5-7 浙江十村农户家庭主要收入来源分布及变化① 单位:%

年份	家庭经营	私营企业经营	受雇劳动者	受雇经营者	国家干部职工、乡村干部工资	其他
2003	47.49	8.62	29.46	2.40	1.60	10.42
2004	46.29	8.82	30.66	2.61	1.80	9.82
2005	45.60	8.40	32.00	2.40	2.00	9.60
2006	46.29	8.42	31.66	2.81	2.00	8.82
2007	44.74	8.30	32.79	3.04	2.02	9.11
2008	44.40	7.94	34.01	2.24	1.63	9.78

---

① 家庭经营指以家庭为基本经营单位,完全或主要依靠家庭成员自己劳动,凭借自有或与他人合有以及承包集体的生产资料,直接组织生产和经营(包括在外经营),实行独立核算,自负盈亏,但其经营规模尚未达到私营企业的标准。受雇劳动者是指家庭劳动力受雇他人并靠体力劳动为主,包括受雇于国有企事业单位,他乡、他村、他组集体企业,以及其他家庭,合伙企业,股份制、股份合作制企业,私营企业和"三资企业",国外的企业等。受雇经营者则是指劳动力受雇于社会各类企事业单位,并在其中担任厂长、经理或主要负责人等,直接从事企业的生产经营活动。

单位：%（续表）

年份	家庭经营	私营企业经营	受雇劳动者	受雇经营者	国家干部职工、乡村干部工资	其他
2009	40.40	8.60	36.40	1.80	2.40	10.40
2010	41.08	8.22	35.87	2.00	2.20	10.62
2011	40.96	7.63	35.54	2.81	2.21	10.84
2012	38.18	7.47	36.97	3.43	1.82	12.12
2013	36.09	7.66	39.11	2.82	1.81	12.50
2014	35.41	7.65	39.44	2.41	1.61	13.48
2015	34.07	8.27	38.91	2.22	1.21	15.32
2016	31.64	8.32	40.77	2.64	1.22	15.42
2017	30.14	8.15	41.34	2.85	1.83	15.68
2018	27.88	7.07	40.20	3.23	1.82	19.80
2003—2018	39.44	8.10	35.94	2.61	1.83	12.10

进一步聚焦到家庭经营情况（如表 5-8 所示），2003—2018 年，浙江十村中平均有 27.97% 的农户完全没有家庭经营活动。且随着时间的推移，这类农户的总体占比在持续递增。2018 年已达到 40.52%，与 2003 年的水平相比整整翻了一番。这一结果进一步证实了农户经济自给程度的下降和对外部经济依赖性的加强。除此之外，16 年间家庭经营主业为农业的农户在总体中的占比平均为 32.57%，其中家庭经营主业为种植业的为 14.82%，林业的为 6.30%，畜牧业的为 4.26%，渔业的为 7.19%。剩余 39.46% 的农户家庭经营主业均为非农业，其中占比最多的为商业、饮食、服务业。而从时间趋势上的变化来看，更能明显看出浙江十村农户家庭经营主业呈现非农化趋势。2003—2018 年，农户家庭经营主业为种植业、林业、畜牧业、渔业的农户份额均有明显下降，依次减少了 6.50 个百分点、1.17 个百分点、3.18 个百分点和 5.57 个百分点。不过值得注意的是，家庭经营主业为非农业的农户总体占比虽然整体上变化相对较小，但以工业为家庭经营主业的农户份额也有较大幅度的下降，2018 年已仅剩 9.07%，与 2003 年相比减少了 5.13 个百分点。可见，2003 年以来，浙江十村有家庭经营主业的农户中，其农业经营主业比重在进一步减弱的同时，非农业经营主业结构中也发生了较明显的以工业为代表的第二产业减弱。

综上所述，浙江十村农户对自给程度的家庭经营依赖程度在不断降低，到 2018 年这一收入来源的占比已不足三分之一。与此同时，家庭经营中的非农化程度在显著提升，并已表现出由第二产业向第三产业转变的结构性变化趋势。这一结果进一步印证了中国小农经济特征的演变方向（刘守英、王宝锦，2020）。

表 5-8　浙江十村农户家庭经营主业分布及变化[①]　　　　单位：%

年份	0	1	2	3	4	5	6	7	8	9
2003	20.00	19.00	5.40	5.60	9.20	14.20	1.00	4.40	14.60	6.60
2004	20.20	19.20	5.00	6.00	8.60	14.40	1.00	4.20	15.80	5.60
2005	21.56	17.56	4.99	5.59	9.38	12.18	1.00	5.19	16.17	6.39
2006	22.60	16.60	6.00	5.60	8.20	12.60	1.00	4.60	16.60	6.20
2007	24.09	15.79	6.68	4.66	8.10	12.75	1.21	4.05	15.79	6.88
2008	25.56	15.82	7.10	5.07	7.91	11.56	1.01	4.26	14.81	6.90
2009	25.80	14.40	8.00	4.00	6.20	12.80	1.20	3.80	15.60	8.20
2010	26.45	14.43	6.21	4.61	6.21	14.43	1.20	3.81	14.63	8.02
2011	26.91	14.26	7.03	4.42	6.63	14.26	1.41	4.22	13.86	7.03
2012	29.32	12.85	7.83	3.61	7.83	13.45	1.41	3.82	12.85	7.03
2013	30.58	12.07	7.65	4.02	8.45	11.47	1.21	3.42	13.88	7.24
2014	30.72	13.05	8.03	3.82	7.43	11.65	1.00	2.81	14.06	7.43
2015	33.60	13.28	6.44	3.02	6.24	11.27	1.01	2.62	14.08	8.45
2016	33.87	12.98	5.07	2.84	5.68	11.36	1.42	3.45	13.59	9.74
2017	36.03	13.16	5.06	2.83	5.26	10.32	1.01	3.85	13.97	8.50
2018	40.52	12.50	4.23	2.42	3.63	9.07	1.01	4.44	12.90	9.27
2003—2018	27.97	14.82	6.30	4.26	7.19	12.36	1.13	3.93	14.58	7.46

注：家庭经营主业编号中"0"代表无家庭经营，"1"代表种植业，"2"代表林业，"3"代表畜牧业，"4"代表渔业，"5"代表工业，"6"代表建筑业，"7"代表运输业，"8"代表商业、饮食、服务业，"9"代表其他。

[①] 主业为经营收入占农户家庭经营收入比例最大或投工量占家庭经营投工量比例最大的行业。

五、家庭特征及演变

（一）家庭类型

家庭类型是指家庭成员的构成方式，本文将家庭类型划分为核心家庭、直系家庭、扩展家庭、不完全家庭和其他五类。其中，核心家庭指由一对夫妇或一对夫妇与未婚子女组成的家庭；直系家庭为由一对夫妻（可包括其子女）和夫妻一方的父母、祖父母等多对夫妻组成的家庭；扩展家庭是指由两对以上夫妻组成，但其中至少两对夫妻之间不存在任何亲子关系的家庭，即父母和多对已婚子女或两个及以上已婚兄弟姐妹等多个核心家庭组成的家庭模式；不完全家庭即不存在完整夫妻关系的家庭。

从表5-9的调查结果来看，核心家庭始终是浙江十村农户家庭类型的主体，16年间的平均占比为65.47%；其次为直系家庭，平均占比为26.25%；最后依次为不完全家庭和扩展家庭，平均占比分别为5.77%和1.72%。而从时间趋势上来看，核心家庭的占比呈波动减少趋势，从2003年的69.94%降至2018年的62.90%。而直系家庭的份额则相应有小幅增加的趋势，2018年为27.02%，与2003年相比增加了3.57个百分点。这一变化趋势在某种程度上可能与老龄化程度不断加重的现实有关，而图5-8的结果可进一步证实这一点。可以看出，2003—2018年，浙江十村农户直系家庭中有60岁及以上老年人的占比从55.56%增至83.58%，增幅达28.02个百分点。直系家庭的份额有小幅增加可能是由于父母年迈，基于照顾老年人的考虑；当前由于年轻父母工作繁忙，由父母长辈照料孙辈幼儿进而合住也是比较普遍的现状。不完全家庭的份额同样有一定幅度的增加，从2003年的4.61%到2018年的8.67%，增加了4.06个百分点。扩展家庭在总体中的占比本身就很小，不是常见的家庭类型，在整个观察期内从2003年的1.80%进一步波动减少至2018年的0.81%。

表5-9 浙江十村农户家庭类型结构及变化 单位：%

年份	核心家庭	直系家庭	扩展家庭	不完全家庭	其他
2003	69.94	23.45	1.80	4.61	0.20
2004	69.54	23.45	1.60	5.21	0.20

单位:%(续表)

年份	核心家庭	直系家庭	扩展家庭	不完全家庭	其他
2005	69.00	23.60	2.80	3.40	1.20
2006	67.13	25.65	1.80	4.21	1.20
2007	66.40	25.71	2.23	4.45	1.21
2008	67.55	24.75	2.64	4.26	0.81
2009	63.80	28.20	2.20	5.20	0.60
2010	63.53	28.26	1.60	5.61	1.00
2011	61.65	29.32	2.01	6.43	0.60
2012	64.39	26.16	2.62	6.04	0.80
2013	64.99	26.16	2.01	5.84	1.01
2014	64.59	26.56	1.21	6.64	1.01
2015	64.92	26.61	0.81	6.85	0.81
2016	64.30	27.18	0.61	7.30	0.61
2017	62.88	27.99	0.81	7.71	0.61
2018	62.90	27.02	0.81	8.67	0.60
2003—2018	65.47	26.25	1.72	5.77	0.78

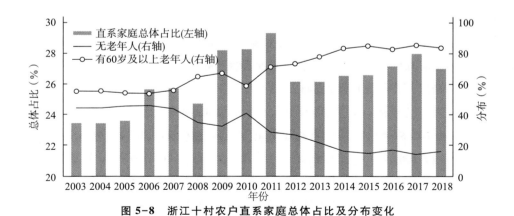

图 5-8 浙江十村农户直系家庭总体占比及分布变化

（二）党政身份

农户的社会身份或者说地位,有多种体现方式。我们主要从农户是否是党员户、是否是乡村干部户、是否是国家干部职工户①这三个党政方面的角度来考察。党员是居民重要的政治身份,农村党员队伍是助力乡村振兴、增强发展活力的重要保障。从表5-10来看,观察期的16年间,浙江十村农户中有党员成员的家庭比例平均为17.31%。而在时间序列上,浙江十村中党员户在总体中的占比呈现出一定的小幅增加趋势,从2003年的15.63%增至2018年的18.15%。同时,在农村党员户中同时还是乡村干部户的比例总体上在缩减。2003年,28.21%的党员户中其主要家庭成员在担任乡或村的主要干部,而到2018年,这一比例降至18.89%,减少了近十个百分点。党员户中担任国家干部职工的占比在2014年以前相对平稳,基本保持在8%左右,但2014年之后逐步锐减,2018年已仅剩2.22%,与2003年相比减少了5.47个百分点。

2003—2018年,浙江十村中乡村干部户在总体中的平均占比为5.33%,且随着时间的推移,呈现一定的下降趋势。2018年,其在总体中的份额为4.03%,与2003年相比减少了1.38个百分点。乡村干部户中有党员的比例则总体上保持在80%左右,并在时间序列上呈一定的增加趋势,2018年为85%。可见,浙江十村的乡村干部中大部分都是党员同志,这是带动当地可持续发展的重要基础力量。而乡村干部户中还是国家干部职工户的占比则呈下降趋势。2003年,有7.41%的乡村干部户中其主要家庭成员为国家干部职工,而从2017年起这一比例减为零。而从国家干部职工户的变化来看,其本身的总体占比相对就小,16年间平均仅有1.97%的农户为此类型。其中,同时为党员户的比例平均为69.87%,同时为乡村干部户的比例平均为14.74%,且这一比例同样从2017年起减为零。

综上可见,整体上浙江十村中的党员户在不断增加,在一定程度上体现出基层党员队伍的不断壮大。乡村干部户中同时为党员户的比例较高,表明党员在村集体领导上发挥着重要作用。但与此同时,党员户中同时有成员担任乡村干部的比例并不高且在不断缩减,表明浙江十村中并没有明显的政治身份和社会地位高度集中的现象,党员分散在不同社会阶层中,发挥着模范带头作用。

---

① 国家干部职工户是指家庭主要成员(其户口不在农村)在国家机关(包括在编的乡干部)、国有企事业单位、大集体的企事业单位当干部或工人的农户。

表 5-10 浙江十村农户各党政身份特征分布及变化　　　　单位：%

年份	党员户			乡村干部户			国家干部职工户		
	总体	乡村干部	国家干部职工	总体	党员	国家干部职工	总体	党员	乡村干部
2003	15.63	28.21	7.69	5.41	81.48	7.41	1.80	66.67	22.22
2004	15.20	27.63	7.89	5.20	80.77	3.85	1.60	75.00	12.50
2005	14.80	33.78	8.11	5.80	86.21	6.90	1.80	66.67	22.22
2006	14.63	34.25	6.85	5.81	86.21	6.90	1.80	55.56	22.22
2007	15.79	30.77	8.97	5.67	85.71	10.71	2.02	70.00	30.00
2008	16.46	30.86	7.41	6.10	83.33	6.67	2.04	60.00	20.00
2009	17.07	29.41	8.24	6.02	83.33	6.67	2.01	70.00	20.00
2010	17.84	26.97	10.11	6.01	80.00	3.33	2.20	81.82	9.09
2011	18.47	27.17	9.78	6.02	83.33	3.33	2.41	75.00	8.33
2012	18.51	22.83	9.78	5.43	77.78	7.41	2.62	69.23	15.38
2013	18.29	22.22	8.89	5.30	76.92	3.85	2.04	80.00	10.00
2014	18.70	21.74	9.78	5.27	76.92	3.85	2.24	81.82	9.09
2015	18.18	23.33	8.89	5.05	84.00	8.00	2.22	72.73	18.18
2016	19.47	19.79	7.29	4.46	86.36	4.55	2.03	70.00	10.00
2017	19.88	15.31	5.10	3.65	83.33	0.00	1.62	62.50	0.00
2018	18.15	18.89	2.22	4.03	85.00	0.00	1.01	40.00	0.00
2003—2018	17.31	25.40	7.93	5.33	82.51	5.44	1.97	69.87	14.74

（三）宗教信仰

宗教[①]信仰自由是中国公民依法享有且受到尊重和保障的自由。从浙江十村农户中信教户来看，整体上信教的农户数很少，且在时间序列上有明显的下降趋势（如表5-11所示）。2018年，十村中的信教户仅有29户，与2003年的56户相比减少了近一半。进一步从其村级分布来看，在2003年，信教户主要集中在西蜀阜村，有33户，占当年十村信教户总数的58.93%。随着时间的推移，从2015年起，该村信教户的数量骤减，2018年已仅剩7户，在当年十村信教户

---

① 宗教是指国家承认的宗教。

中的占比已不到 1/4。此外,基本仅有金后、新民和庙堰村还有少量信教农户分布,2018 年分别为 10 户、6 户和 5 户。

表 5-11　浙江十村农户中信教户数量及分布　　　　　　　　　单位:户

年份	总计	龙上	永丰	余北	西蜀阜	庙堰	新民	金后	鹁鸪门	河边	石板堰
2003	56	2	0	0	33	3	6	7	1	3	1
2004	57	2	0	0	33	3	8	8	0	3	0
2005	57	2	0	0	33	2	8	10	0	2	0
2006	55	1	0	0	33	3	8	8	0	2	0
2007	56	1	0	0	35	3	7	8	0	2	0
2008	63	1	0	1	38	3	8	11	0	1	0
2009	55	0	0	0	32	3	7	11	0	2	0
2010	56	0	0	0	32	3	7	11	1	2	0
2011	55	0	0	0	33	1	8	11	0	2	0
2012	58	0	2	0	32	4	8	11	0	1	0
2013	61	0	1	0	31	5	9	12	0	3	0
2014	58	0	0	0	31	5	8	12	0	2	0
2015	38	0	0	0	10	5	8	13	0	2	0
2016	35	0	0	0	11	5	7	11	0	0	1
2017	35	0	1	0	10	5	7	10	0	1	1
2018	29	0	0	0	7	5	6	10	0	0	1
合计	824	9	4	1	434	58	120	164	2	28	4

六、 结论与总结

综上可见,2003—2018 年,家庭规模缩小已成为浙江十村农户家庭人口规模变化的重要特征和趋势。性别比例上,新生代人口中性别比例失衡的问题已出现了一定扭转。但与此同时,农户家庭成员的平均年龄呈逐年增加的趋势,结构上人口和劳动力的老龄化趋势均在不断加重,给农村经济发展带来的压力日益加大,需要引起重视,农村养老体系建设的进一步加强与完善刻不容缓。不过可喜的是,在城镇化发展的进程中,农户整体的健康水平在稳步提升,且老年群体健康状况水平的提高程度更大,特别是老年女性。虽然当前其平均健康状况水平仍低于老年男性,但二者差距在快速缩小。

从家庭经营情况来看,当前浙江十村农户家庭经济的自给性和自主性在降低,已由家庭经营为主转变为以受雇劳动者为主,家庭收入对外部经济的依赖已超过三分之二。而家庭经营中传统农业经营的比重也在不断减弱,非农业经营占比在不断增强。可以预见,随着城镇化的不断发展,农户对外部经济的依赖程度将不断增强。因此,在推进城镇化发展和建设的历程中,要充分重视和考虑这一点,加强农户社会保障体系的同步完善。

家庭特征中,核心家庭始终是浙江十村农户家庭类型的主体,但在时间序列上呈减少趋势,而直系家庭比例在小幅增加。党员户比例在不断增加,体现出基层党员队伍的壮大。乡村干部户中同时为党员户的比例较高,而党员户中同时有成员担任乡村干部的比例较低且在不断缩减,表明浙江十村中并没有明显的党政身份高度重叠的现象,党员在不同社会阶层中发挥着示范带头作用。

总之,从对浙江十村农户的梳理分析中可以肯定的是,新时期中国农户的诸多人口及家庭特征已不同于传统小农经济时代。家庭小型化、年龄结构老龄化程度日趋加重、家庭经济自给性程度的降低等均在一定程度上增强了农户发展的脆弱性,给其未来持续发展带来巨大的挑战。不过随着城镇化发展,农户整体健康水平的提升、农村地区基层党员队伍的壮大等则将是助力推进乡村振兴的有利基础。乡村振兴的关键在人,因此要努力挖掘农村人口发展的有利条件,有效化解人口不利风险因素(刘厚莲、张刚,2021)。政府在制定相关政策时应客观把握不同发展阶段农户真实的基本特征,对此有充分认识和了解,在尊重和坚持以农民为主体的前提下真正做到因地制宜、有的放矢,着力促进农业农村的现代化发展,从而更好地实现乡村振兴和共同富裕的战略目标。

参考文献

蔡昉.改革时期农业劳动力转移与重新配置[J].中国农村经济,2017(10):2—12.

陈锡文,陈昱阳,张建军.中国农村人口老龄化对农业产出影响的量化研究[J].中国人口科学,2011(02):39—46+111.

李澜,李阳.我国农业劳动力老龄化问题研究——基于全国第二次农业普查数据的分析[J].农业经济问题,2009,30(06):61—66+111.

刘厚莲,张刚.乡村振兴战略目标下的农村人口基础条件研究[J].人口与发展,2021,27(05):130—139.

刘守英.从城乡二分到城乡融合[J].中国乡村发现,2021(03):11—14.

刘守英,王宝锦.中国小农的特征与演变[J].社会科学战线,2020(01):63—78.

史清华.农户经济可持续发展研究:浙江十村千户变迁(1986—2002)[M].北京:中国农业出版社,2005.

史清华,韦伟,魏霄云.共同富裕:浙江农家的努力与行动——来自浙江观察点的报告[J].农业经济问题,2022(03):29—43.

吴敬琏.农村剩余劳动力转移与"三农"问题[J].宏观经济研究,2002(06):6—9.

赵周华.中国农村人口变化与乡村振兴:事实特征、理论阐释与政策建议[J].农业经济与管理,2018(04):18—27.

钟甫宁,王亚楠,刘亚洲.中国农村人口生育水平估计方法及其影响因素——基于队列视角的分析[J].南京农业大学学报(社会科学版),2015,15(03):51—59+123.

理解中国计划生育的历史演进*

原 新 金 牛

一、引 言

1957年,在全国人大一届四次会议上,马寅初先生做了题为《新人口论》的书面发言,从工业、农业和科学发展等多个方面指出我国控制人口的必要性,并就此提出实行计划生育的建议。马寅初先生从马克思主义立场出发,认为在社会主义制度下有计划地安排生育,是人口和生产力相互适应的过程,不仅有利于控制人口数量、提高劳动生产率,而且有利于提高人口素质、维护妇幼健康。此后在特殊历史时期,马寅初先生遭受错误批判,而后又在十一届三中全会后得到平反。马寅初先生提出的人口与生产力相适论历久弥新,成为推动中国计划生育历史演变的逻辑主线和理论创新的源泉。

中国自20世纪70年代初期在全国范围内开展计划生育,最初提出"晚、稀、少"的生育政策,之后陆续经历了"城镇一孩、农村一孩半、部分二孩、少数民族自治"的多元化紧缩性政策演变,以及新时期"单独二孩""全面两孩""三孩生育政策及配套支持措施"的适度宽松性政策演变。时至今日,中国的计划生育已经走过近半个世纪的演变历程,从根本上改变了人口的发展方式和轨迹。计划生育政策是一项基本国策,作为促进人口长期均衡发展,进而实现人口与经济社会、资源环境可持续发展而制定的国家方略,对于修正人口总体失衡、保持人口总体长期均衡发展意义重大。在宏观上,通过生育政策调节国家人口发

---

* 基金项目:研究阐释党的十九届六中全会精神国家社会科学基金重大项目"人口负增长时代的国家人口发展战略研究"(22ZDA098)。作者简介:原新,南开大学经济学院教授、博士生导师,中国人口学会副会长,yuanxin@ nankai.edu.cn;金牛,本文通讯作者,天津财经大学财税与公共管理学院讲师、硕士生导师,nankaijinniu@ 163.com。

展的速度、数量、素质、结构、分布、流动迁移等,促进人口发展与经济社会和资源环境相互适应;在微观上,通过调节家庭生育孩子的数量,改变延续几千年的生育观念和行为,以实现宏观人口总体均衡发展的目标。全面、客观、公正地认识计划生育政策及其效应,应把握人口与生产力相适论,着眼全局,着眼长远,着眼未来。

看待计划生育政策效果必须遵循如下原则。第一,整体性。从人口与经济社会可持续发展的整体性评估计划生育政策的实施效果,不能仅仅从人口发展阶段产生的人口问题入手,这样割裂了整体性。第二,客观性。尊重人口自身发展的规律性,生育水平和模式以及死亡水平和模式一旦确定了,人口便会依照自身的发展规律运行,不同发展阶段呈现不同的人口特征,而生育政策是影响过去我国生育率的重要因素。第三,公正性。任何一项社会公共政策都是利弊兼收,应该坚持辩证唯物史观,系统地认识生育政策产生时代的历史环境与特殊国情,从生育政策的目的、远期效果与实际产生的人口与经济社会发展变化的关系和趋势评判计划生育政策。第四,科学性。必须经过严谨的科学研判和分析,摒弃以偏概全的狭隘评判和偏见。第五,长期性。人口事件是长周期事件,对生育政策效果的认识要有足够长的观察期,必须有更广阔的时间观念和视野。

二、 计划生育政策缘起于人口与生产力不匹配的尖锐矛盾

追求人口发展与经济社会发展均衡匹配是社会发展的客观需要,其本质上是追求人口与生产力相适应。计划生育政策是计划经济时代的产物,其产生具有特殊的社会经济、历史和政治背景。本质上,早期的计划生育政策是人口数量增长严重失衡与经济社会发展矛盾压力下国家所采取的人口增长控制政策。想充分认识到中国推行计划生育政策的缘由,必须还原政策产生时代包括历史环境、人口状况和生产力发展水平等在内的特殊国情。

一方面,人口增长速度创造历史最高纪录。根据1953年全国第一次人口普查推算,新中国成立初期的人口总量为5.42亿人,总人口很快在1954年超过6亿人,其后虽然经历"三年困难"时期,死亡率异常升高,生育率急速下降,但总人口还是在1964年达到7亿人以上,仅用时10年净增加1亿人口。紧接着,1969年总人口超过8亿人,1974年超过9亿人,平均每5年净增加1亿人口,时

间比前一时期缩短一半。在全国性计划生育之前和初期阶段,1964—1974 年的总人口年均增长率高达 2.54%,如果按照这个时期人口的增长速度推算,总人口翻一番仅需要 28 年,人口增长速度空前绝后,人口数量增长呈现出完全失控的局面。

另一方面,与人口规模急速增长相伴随的是难以与之相适应的低速的生产力发展水平,这迫使快速增长的人口与经济社会发展的矛盾迅速凸显,加之受政治运动的冲击,经济社会系统几乎到了崩溃的边缘。接近崩溃的经济加上失控膨胀的人口数量,令社会问题雪上加霜。世界银行统计数据显示,1975 年,中国人口总量占全球 22.56%,GDP 占全球 1.43%,即中国用只占世界 1/70 的国内生产总值养育着世界 1/5—1/4 的人口,可见人口数量与经济产出的矛盾之大。在当时人们收入水平极低的情况下,还进行限制消费和消费管制。几乎所有商品,无论是生活必需品(粮食、副食品、日用品等),抑或当时的奢侈品(自行车、缝纫机、手表、收音机等),均需按票证限额、按人数配给,以保证公平的最基本消费。生产能力低下,生产力不足,物质资源匮乏,政治动荡导致国家管理失灵。然而,彼时民众的生育能力却发挥到极致,总和生育率水平始终在 6 上下波动(即相当于平均每个妇女生育 6 个孩子),1963 年总和生育率甚至达到 7.5,年出生人口达到 2 959 万人的历史最高纪录,人口增长失控更加剧了社会的动荡。

在经济发展水平长期低迷和人口"爆炸"的强烈反差下,人口暴增,物质短缺,国家经济脆弱到一旦遭遇自然灾害就会大面积影响人民生存的地步。即使恢复生产与限制消费依然无法抵御人口增长的压力,并且限于当时革命高于一切的国内政治环境,以及外部经济联系被封锁的国际环境,使得我国不可能在短期内恢复经济生产和社会秩序,也难以有效抑制快速凶猛的人口增长态势,计划生育就是在这样的背景下逐步形成并成为国家人口发展政策,这是一种在当时的历史背景下不得不做出的选择。

基于当时的认知判断,国家层面不但要设法尽快改变人们"多子多福"的传统生育观念,而且还要促使人们迅速实现从"多生"到"少生"的行为转变,快速减少生育数量和降低生育率水平。于是,就有了自 20 世纪 70 年代初期开始在全国范围内推行的计划生育政策。显然,站在新时代的今天,回过头来再去评价计划生育政策,应该从国家发展历程和人口发展的整体过程进行审视,坚持历史唯物主义,追根溯源,回到当时的国情来看待人口发展的趋势与演变,不能脱离历史视角、用今天的生产力发展水平与社会发展环境苛责某一个历史发展阶段所做出的公共政策选择。客观上，计划生育是国家在那个时代被迫选择的结果，是在当时人口与生产力不匹配的尖锐矛盾下倒逼的结果。

三、计划生育政策自出台之日起就始终在动态调整

在人口数量增长较快与生产及生活资料增长较慢的巨大反差下，计划生育政策是中国的"痛苦"选择，国家之痛在于迫不得已，国民之痛在于家庭的生育需求与国家整体发展的要求相去甚远，传统"多子多福"的生育与生活观念本能地排斥计划生育政策，所以早期的计划生育工作难度极大。计划生育政策自出台之日起就一直在根据人口、经济、社会发展形势的客观需要，不断地动态调整，以保持人口发展总体尽量趋向均衡。近五十年计划生育的人口增速和人口规模变动结果，也可以逆向印证生育政策不断调整变化与完善的过程。

（一）从弹性政策到刚性政策

尽管在20世纪50年代和60年代我国对计划生育的认识有过反复，也曾经在一些城市和地区进行过试点，但是直到20世纪70年代初期才在全国范围推行计划生育政策。1973年12月，第一次全国计划生育汇报会，提出"晚、稀、少"（晚婚、晚育、少生、拉开间隔生）的生育政策。这是一个弹性生育政策，并没有规定家庭生育孩子的数量，当时平均每对夫妇实际生育5—6个孩子。中国传统的生育文化以大家庭、多子多福、多代同堂、男孩偏好为价值取向，弹性生育政策对家庭生育数量的约束作用有限。之后，生育政策迅速趋紧，转变为从限制家庭生育数量最多2个到最好1个，总和生育率水平也随之从1970年的5.81迅速下降到1980年的2.24，不断向更替水平迈进，计划生育政策对生育率下降的促进作用十分显著。

（二）从一胎生育政策到多元化生育政策

1980年9月，国务院在召开的第五届全国人民代表大会第三次会议上指出："除了在人口稀少的少数民族地区以外，要普遍提倡一对夫妇只生育一个孩子，以便把人口增长率尽快控制住"。与此同时，1980年9月25日，中共中央发

表的《关于控制我国人口增长问题致全体共产党员、共青团员的公开信》明确提出提倡一对夫妇只生育一个孩子,这就是最开始的一胎生育政策,成为我国计划生育史上对家庭生育数量限制最为严厉的政策,但是该政策并未被一成不变地延续下去,而是在短期内进行了调整。究其原因在于,一方面,从人们平均生育6个孩子到政策要求只能生育1个孩子的过渡期只有10年,难以在短期内从根本上改变人们的生育观念,只能在生育行为上强制约束,计划生育成为当时"天下第一难"的工作;另一方面,改革开放以农村家庭联产承包责任制为开端,本质上是小规模农业经济,需要劳动力的投入,再加上当时农村除有限的集体经济外几乎没有任何的社会保障,子女是家庭经济和养老的主要支撑。一胎生育政策与农村家庭发展的矛盾尖锐,尤其是对农村独女家庭而言更是矛盾重重。

为了调和农村生育观念与生产生活的矛盾,1984年国家采取了"开小口、堵大口"的生育政策调整措施:第一,适当放宽农村生育政策,采用"一孩半"政策,即第一孩是男孩就不能再生第二胎,第一孩是女孩允许生育第二胎。第二,城镇继续提倡一对夫妇只生一个孩子。第三,部分人群或地区可生育两孩,如省级《计划生育条例》(后改为《人口与计划生育条例》)地方法规,除坚持城镇一孩、农村"一孩半"的基本规定外,均有满足规定条件之一可以再生育一胎的特殊规定。最少的省份有5个条件,最多的省份有9个条件。第四,少数民族的生育政策可适度放宽,对人口较少民族实行鼓励生育的政策。至此,形成了城镇一孩、农村"一孩半"、部分人群普遍二孩、少数民族适当宽松的多元化的计划生育政策基本面,这是我国执行时间最长的计划生育政策的基本规定。所以,不分历史阶段地一概认为中国的计划生育政策等同于独生子女政策的言论,是不客观的狭隘历史观的表现。

截止到2013年年底"单独二孩"生育政策出台之前,我国计划生育政策大致分为四类。(1)一孩政策,包括绝大多数城镇居民,以及北京、天津、上海、江苏、四川、重庆6省(直辖市)的农村居民。(2)一孩半政策,包括河北、山西、内蒙古、辽宁、吉林、黑龙江、浙江、安徽、福建、江西、山东、河南、湖北、湖南、广东、广西、贵州、陕西、甘肃等19省(自治区)的农村居民。(3)二孩政策,一是各省份规定"双独二孩";二是天津、辽宁、吉林、上海、江苏、福建、安徽7省(市)面向"单独农村夫妇"的政策;三是海南、云南、青海、宁夏、新疆等5省(自治区)部分地区农村居民普遍两孩。(4)三孩政策,部分地区少数民族农牧民可生育三个

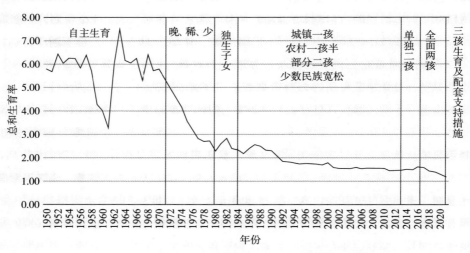

图 6-1　我国总和生育率变化与计划生育政策演进

资料来源：国家统计局、国家卫生健康委。

孩子，如青海、宁夏、新疆、四川、甘肃5省（自治区）的少数民族农牧民夫妇；海南、内蒙古等地前两个孩子均为女孩的少数民族农牧民；云南边境村和人口稀少的少数民族农村居民；黑龙江人口稀少的少数民族居民。(5)特殊政策，西藏自治区藏族城镇居民可生育两个孩子，藏族及人口稀少的少数民族农牧民不限制生育数量；全国人数较少的少数民族不限制生育数量。

在紧缩型生育政策下，总和生育率水平虽然经过20世纪80年代的小幅度惯性反弹，但仍然保持下降的大趋势，终于在1991年降至2.09，实现更替水平，至此，我国跨入了低生育率水平国家的行列。从计划生育初期每个妇女平均生育约6个孩子到20世纪90年代初期降至更替水平只生育2个孩子，仅仅用了20年左右的时间，计划生育把我国从高生育率水平转变为低生育率水平的时间高度压缩，表现为典型的"急刹车"特征，由此而产生的人口现象和人口问题均带有突发烙印，这是人口变动的中国特色。

（三）从紧缩型生育政策到适度宽松型生育政策

"十二五"时期是我国调整和完善生育政策的重要节点，生育政策的价值导向发生了方向性的变化。2012年11月8日，党的十八大报告明确提出"坚持计划生育的基本国策，提高出生人口素质，逐步完善政策，促进人口长期均衡发展",开启了调整和完善生育政策的大门。此后三年,调整和完善生育政策迈出了关键的三步。第一步,在全国范围内逐步取消"生育间隔"政策,截至2014年年底,24个省份放弃了"生育间隔"政策,符合政策后生育二孩或多孩无需再等待3—4年,2016年年末所有省、自治区、直辖市全部取消"生育间隔"。第二步,2013年11月12日,《中共中央关于全面深化改革若干重大问题的决定》提出"坚持计划生育的基本国策,启动实施一方是独生子女的夫妇可生育两个孩子的政策,逐步调整完善生育政策,促进人口长期均衡发展"。各省、自治区、直辖市在2014年内渐次落地。第三步,2015年10月29日,党的十八届五中全会公报提出"促进人口均衡发展,坚持计划生育的基本国策,完善人口发展战略,全面实施一对夫妇可生育两个孩子政策,积极开展应对人口老龄化行动",自2016年1月1日起在全国统一实行。"十二五"时期调整生育政策的三部曲,标志着我国结束了以控制人口数量为核心的紧缩型生育政策,开启了调控总量、提升素质和优化结构并举的适度宽松型生育政策。

"十三五"时期是我国调整和完善生育政策的重要过渡期,积极贯彻落实全面两孩政策,巩固实施效果。2020年10月29日,《中共中央关于制定国民经济和社会发展第十四个五年规划和二〇三五年远景目标的建议》提出"优化生育政策,增强生育政策包容性,提高优生优育服务水平,发展普惠托育服务体系,降低生育、养育、教育成本,促进人口长期均衡发展"等举措要求,释放出生育政策进一步宽松化的信号。

"十四五"时期是我国进一步调整和完善生育政策的新时期。2021年6月,《中共中央、国务院关于优化生育政策促进人口长期均衡发展的决定》提出"优化生育政策,实施一对夫妻可以生育三个子女政策,并取消社会抚养费等制约措施、清理和废止相关处罚规定,配套实施积极生育支持措施",将全面两孩调整为"三孩生育",并强调配套支持举措。

(四)中共中央、国务院始终高度重视计划生育工作

为了快速达成控制人口数量的目标,根据不同时期人口发展的阶段性特点,契合人口与生产力相适论,中共中央、国务院审时度势地发布了一系列关于计划生育的纲领性指导文件。

早期阶段,把计划生育纳入基本国策范畴。1982年2月9日,《中共中央、

国务院关于进一步做好计划生育工作的指示》指出"控制人口增长的问题,是我国社会主义现代化建设中面临的一个重大战略问题","要控制人口数量,提高人口素质","实行必要的奖励和限制","加强计划生育的技术指导和药具供应","各级党委和人民政府要加强对计划生育工作的领导"。1982年9月,党的十二大报告明确提出在我国经济和社会的发展中,人口问题始终是极为重要的问题,实行计划生育,是我国的一项基本国策,彰显了党和国家"控制人口数量,提高人口素质"的决心。

在人口增长速度得到初步有效控制时,1991年5月,《中共中央、国务院关于加强计划生育工作严格控制人口增长的决定》提出统一认识,切实加强对计划生育工作的领导;坚决贯彻落实现行政策,依法管理计划生育;抓住重点,扎实稳妥地做好计划生育工作;齐抓共管,保证计划生育工作顺利开展。

为巩固来之不易的低生育水平成果,2000年3月,《中共中央、国务院关于加强人口与计划生育工作稳定低生育水平的决定》明确提出了今后十年人口与计划生育工作的目标和方针,完善人口与计划生育工作的调控体系和相关社会经济政策,建立适应社会主义市场经济体制的人口与计划生育工作管理机制,切实加强党和政府对人口与计划生育工作的领导。按照人口发展规律,如果低生育水平持续一段时间,那么必然会带来人口结构性问题。根据对人口形势的预判,2006年12月,《中共中央、国务院关于全面加强人口和计划生育工作统筹解决人口问题的决定》提出要坚定不移走中国特色统筹解决人口问题的道路,明确了未来的人口和计划生育工作的五大任务:千方百计稳定低生育水平、大力提高出生人口素质、综合治理出生人口性别比偏高问题、不断完善流动人口管理服务体系和积极应对人口老龄化。

为启动"单独二孩"政策,2013年12月,中共中央、国务院发布《关于调整完善生育政策的意见》,提出要充分认识调整完善生育政策有利于经济持续健康发展,有利于家庭幸福与社会和谐,以及有利于促进人口长期均衡发展的重要意义,强调要坚持计划生育基本国策,稳妥扎实有序推进各项工作。为稳妥扎实推进全面两孩政策,2015年12月,《中共中央、国务院关于实施全面两孩政策 改革完善计划生育服务管理的决定》,提出了稳妥扎实有序实施全面两孩政策,大力提升计划生育服务管理水平,构建有利于计划生育的家庭发展支持体系,把计划生育工作的具体目标设定为:到2020年,计划生育服务管理制度和家庭发展支持体系较为完善,政府依法履行职责、社会广泛参与、群众诚信自律的多元共治格局基本形成,计划生育治理能力全面提高;覆盖城乡、布局合理、功能完备、便捷高效的妇幼保健计划生育服务体系更加完善,基本实现人人享有计划生育优质服务,推动联合国2030年可持续发展议程的落实;保持适度生育水平,人口总量控制在规划目标之内。

2016年5月18日,习近平总书记对人口和计划生育工作做出重要指示:"人口问题始终是我国面临的全局性、长期性、战略性问题。在未来相当长时期内,我国人口众多的基本国情不会根本改变,人口对经济社会发展的压力不会根本改变,人口与资源环境的紧张关系不会根本改变,计划生育基本国策必须长期坚持。"这是中央对人口和计划生育形势的判断和工作纲领。2017年10月18日,党的十九大报告进一步指出"促进生育政策和相关经济社会政策配套衔接,加强人口发展战略研究"。明确了未来一个时期人口与经济社会发展新阶段的重点任务和战略导向。

为实施"三孩"生育政策及配套支持措施,2021年6月,《中共中央、国务院关于优化生育政策促进人口长期均衡发展的决定》提出要充分认识优化生育政策、促进人口长期均衡发展的重大意义,组织实施好三孩生育政策,提高优生优育服务水平,发展普惠托育服务体系,以及降低生育、养育、教育成本等支持举措。

四、 不断完善计划生育的法律体系和政府机构

为契合人口与生产力相适论,政策的不断动态调整需要多维度法律体系的有力保障,以及各司其职、通力合作的政府机构的有效执行、落实与管理。

(一)计划生育的法律体系不断健全

"四个全面"是当前和今后一个时期内党中央治国理政的总体框架,其中,全面依法治国是国家生活和社会生活有序运行、社会和谐稳定的重要保障。在全面依法治国背景下,全面依法计划生育的法律体系不仅关涉《中华人民共和国宪法》,还包括《宪法》统领下的"一法三规一条例",以及与人口和计划生育工作相关的其他补充要件。

1.《宪法》对计划生育的要求

1978年,计划生育首次纳入《宪法》,第五十三条规定"国家提倡和推行计划生育"。1982年修改《宪法》时又增加了计划生育的论述,第二十五条规定"国家推行计划生育,使人口的增长同经济和社会发展计划相适应",宣誓了推行计划生育的国家意志;第四十九条规定"夫妻双方有实行计划生育的义务"。这些内容规定了公民的基本责任和义务。这些内容是制定我国人口与计划生育法的圭臬,也表明了促进人口增长与经济社会发展相适应是我国实行计划生育的核心价值,明确了微观家庭生育孩子数量的政策规定,以及宏观人口发展目标的逻辑主线。

2."一法三规一条例"对计划生育的规范

(1)国家法律。为了实现人口与经济、社会、资源、环境的协调发展,推行计划生育,维护公民的合法权益,促进家庭幸福、民族繁荣与社会进步,根据《宪法》,制定了《中华人民共和国人口与计划生育法》,这是我国计划生育的上位法,于2001年12月颁布,2002年9月1日起施行。在执行了13年之后,为适应全面两孩政策,于2015年12月做了第一次修正,"国家提倡一对夫妻生育两个子女。符合法律、法规规定条件的,可以要求安排再生育子女。具体办法由省、自治区、直辖市人民代表大会或者其常务委员会规定"。于2021年8月做了第二次修正,特别强调"国家提倡适龄婚育、优生优育。一对夫妻可以生育三个子女"。

(2)国务院行政法规。进入21世纪以来,国务院为加强计划生育工作依法行政、依法管理和依法服务,先后颁布了三个关于计划生育工作的行政法规。第一,于2002年发布了《社会抚养费征收管理办法》,目的是规范社会抚养费的征收管理,维护计划生育基本国策,保护公民的合法权益,实现人口与经济、社会、资源、环境的协调发展。第二,为了加强对计划生育技术服务工作的管理,控制人口数量,提高人口素质,保障公民的生殖健康权利,于2001年制定了《计划生育技术服务管理条例》,并于2004年做了第一次修订。第三,为了加强流动人口计划生育工作,寓管理于服务之中,维护流动人口的合法权益,于2009年颁布实施了《流动人口计划生育工作条例》。这三部国务院行政法规在启动"三孩政策及配套支持措施"之后,于2021年8月在《中华人民共和国人口与计划生育法》第二次修正中被废止。

（3）省级《人口与计划生育条例》地方性法规。20世纪80年代后半期开始，各省、自治区、直辖市陆续开始制定《计划生育条例》（后改为《人口与计划生育条例》），用于依法指导本省份的人口和计划生育工作，这是《中华人民共和国人口与计划生育法》和国务院行政法规在各省、自治区、直辖市的具体化、操作化的法律依据，既保证政府公职人员依法行政，又要求公民遵守法律、依法生育。在不同的发展阶段，省级《人口与计划生育条例》一直在根据国家生育政策的调整和地方人口与经济社会发展的具体情况而不断地进行完善。

3. 其他补充要件促进计划生育任务的落实

全面依法计划生育的补充要件，包括各级党委政府、人大常委会、行政主管部门为不同时期落实人口和计划生育工作任务出台的党委文件、行政规章和任务落实要求等。以《宪法》为依据，以《中华人民共和国人口与计划生育法》为核心，以人口与计划生育行政法规、地方性法规、部门规章、地方政府规章为主体，以有关规范性文件为补充，共同构成了全面依法计划生育的法律体系，为提倡按政策生育提供了法律保障。

计划生育的法律和法制体系的建立健全是一个逐步完善的过程。不可否认，在计划生育的早期阶段，以行政命令推进计划生育政策，的确采取了一些强硬的甚至失当的措施，伤害了一部分群众的利益，在刚推行计划生育的20世纪七八十年代，国家靠强有力的行政措施来控制人口增长，通过党政一把手亲自抓，严格考核来实现生育目标。这些强制措施造成了党群干群关系紧张。这首先是由于生育观念被行政手段强制到位所引发的矛盾冲突所致，最重要也是最根本的原因，是当时国家处在相关管理制度不健全的时期，相关法制缺位，使得政策推行无法可依，从而导致政策在行政管理层面出现问题和缺陷。矛盾的两端，一方面，从延续几千年历史的自由生育到限制生育，从每个妇女平均生育6个孩子的现实到不足十年时间迅速过渡到政策限制普遍只允许生育1个孩子，转变速度之疾前所未有；另一方面，在民众生育观念未发生根本性改变、少生意识尚未形成的情况下，政府采取的严厉手段，率先急速地改变了人们的生育行为，致使计划生育政策实施多年，依然受到不少人的抵触，可想而知，在刚开始推行计划生育这个政策时的阻力更大。

计划生育政策的实施，国家与国民都为此付出了很大代价。当年，以管理和控制为主要手段(以数为本)的计划生育活动是由当时的经济社会和政治背景与人口形势所决定的。发展到当下建立并逐步完善的相关法制体系,计划生育政策实施与管理已经被纳入法制化路径。从控制人口数量的生育政策在较短的时间内快速转变为适度宽松的生育政策,在管理上根本改变了行政强制的措施,转变为以服务关怀、以人为本、利益导向、优质服务、家庭发展、寓管理于服务之中、投资于人的全面发展为核心的计划生育活动,这是我国人口发展道路的必然趋势,也是国家经济社会发展和人口形势相适应的总体发展趋势,始终沿着人口与生产力相适论的逻辑关系演进。

(二)计划生育政府机构的历史沿革

计划生育作为一项基本国策,作为国家的重大社会公共政策,必须设置专门政府机构来执行、落实与管理。同时,由于涉及内容广泛,既需要政府机构各司其职,又需要通力合作。从更深层次而言,政府机构不断与时调整,也是党和国家机构职能体系在契合人口与生产力相适论的过程中,不断适应生产力发展和经济基础变化,而不断改进和完善的过程。

在人口快速增长的20世纪60年代,卫生部于1962年在妇幼卫生司设立计划生育处,具体负责管理全国的计划生育技术指导工作,这是计划生育行政单位首次进入政府机构。1964年国务院成立计划生育委员会,负责指导计划生育工作;1968年撤销,计划生育工作仍由卫生部负责。1964年国家科委成立了计划生育专业组,统一组织协调全国的计划生育科学研究工作。面对人口过快增长的沉重压力,1973年成立国务院计划生育领导小组,领导小组下设办公室,具体工作由卫生部代管,负责领导全国的计划生育工作。

1981年,成立国家计划生育委员会,并将其正式纳入政府序列,成为国务院的组成部分。随后,一个国家、省级、地市、县市、乡镇、村居、村民小组构成的立体化的计划生育管理服务网络在全国逐渐形成,为落实计划生育基本国策进行了卓有成效的工作。

2003年,国家计划生育委员会更名为国家人口和计划生育委员会,除计划生育管理服务功能外,还纳入了研究和拟定人口发展战略、人口规划和人口政策等职能。

2013年,根据国务院机构改革和职能转变方案,合并卫生部和人口计生委,组建国家卫生和计划生育委员会,将国家人口和计划生育委员会研究拟定人口发展战略、人口规划及人口政策的职责划入国家发展和改革委员会。

2018年,根据新时期的国务院机构改革和职能转变方案,以国家卫生和计划生育委员会为主体,组建国家卫生健康委员会,整合计划生育基层指导司、计划生育家庭发展司、流动人口计划生育服务管理司的主要功能,转设为人口监测与家庭发展司,此外还成立老龄健康司、职业健康司等新机构,全国老龄工作委员会的日常工作由国家卫生健康委员会承担,这突出新时期计划生育工作的大健康特征,体现生育和家庭计划服务等功能。不同阶段,全面依法计划生育的政府机构不断完善、动态调整,体现了不同时期人口与生产力相互适应的动态过程,当前人口与生产力的相适论重点体现在维护健康、应对人口年龄结构老龄化方面,由此推动新时期的政府机构不断完善。

五、人口发展收获三大主要成就

通过实施计划生育基本国策,再加上改革开放以来人们生活方式和生产方式的巨大变化,在外生和内生两股力量的综合作用下,快速实现了人口再生产类型的历史性转变,有效缓解了人口快速增长的压力,改变了中国人口发展的历史轨迹,创造了经济快速发展和人口数量有效控制与人口素质大幅改善的奇迹。

(一)快速完成人口转变

"急刹车"式完成了人口转变。首先,死亡率超前于出生率率先下降并持续稳定在低水平。1949年人口死亡率高达20‰,20世纪50年代末降至10‰,在经历了"三年困难"时期的非正常反弹以后,又继续下降,20世纪70年代中期降至6‰—7‰的低水平并且一直持续至今。人口出生率在20世纪70年代中期以前一直维持30‰以上的高水平("三年困难"时期除外),由于出生率滞后于死亡率下降,人口自然增长率高达20‰以上(1963年创造了33.3‰的历史最高纪录),引起"婴儿爆炸",总人口激增。其次,由于计划生育政策迅速奏效,20世纪70年代中期之后出生率开始迅速下落,特别是经历了1980—1990年的惯性反弹之后,出生率进入了稳定持续的下降通道,1990年跌破20‰,1999年跌至 15‰ 以下,2002 年以来一直在 12‰ 上下小幅波动,2020 年跌破 10‰,2021 年只有 7.52‰。最后,与死亡率抵消,人口自然增长率在 1990 年降至 15‰ 以下,1998 年落到 10‰ 以下,2017 年进一步跌至 5‰ 以下,2021 年仅为 0.34‰,进入了零人口增长阶段。实现了人口再生产类型从"高出生、低死亡、高增长"向"低出生、低死亡、低增长"的历史性转变,跨入了现代人口再生产类型的阶段。我国仅用了约四十年时间就实现了发达国家普遍需要百年左右甚至更长时间才完成的人口转变,具有典型的"急刹车"特点。

(二) 人口快速增长得到有效控制

根据我国人口发展的实际运行轨迹,人口的增量和增速已经得到了有效控制。比较不同时期的出生人口规模,1963—1972 年连续 10 年出生人口在 2 500 万人以上(人口总数为 6.7 亿—9.2 亿);1980—1989 年年均出生人口为 2 225 万人(人口总数为 9.9 亿—11.3 亿);1990—1999 年年均出生人口为 2 097 万人(人口总数为 11.5 亿—12.6 亿);2000—2009 年年均出生人口为 1 633 万人(人口总数为 12.7 亿—13.4 亿);2010—2019 年在生育政策几次放宽的条件下,年均出生人口略有回升,为 1 731 万人(人口总数为 13.4 亿—14.1 亿),但是出生人口的增长具有短暂性,2020 年和 2021 年出生人口规模分别跌至 1 200 万人和 1 062 万人。总体趋势是,人口总量不断扩大,增长趋势趋于稳定,但是代际之间的出生人口数量却是越来越少,控制人口数量的目标已经达成,遵循人口发展规律的新特征正在呈现。目前,我国总人口数量正处在惯性平缓增长的末期。根据不同预测数据,中国人口步入负增长时代已成定局。关于开始人口负增长的起始年份,不同的人口预测略有不同,例如,国家应对人口老龄化战略研究总课题组(2014)测算为 2030 年,中国人口与发展研究中心测算为 2030 年,联合国方案预测为 2032 年;但是在持续的低生育率作用下,中国很可能提前迎来人口负增长时代,例如,王广州等预测为 2026—2027 年,华盛顿大学参考方案预测为 2025 年,联合国方案预测为 2023 年。人口老龄化是早于人口负增长出现的人口特征,在人口负增长时代该特征持续深化,并与人口负增长相伴随,持续塑造社会形态。

(三) 人口综合素质快速提升

通过计划生育实现的"急刹车"式的人口转变,快速实现低生育率水平,按照人口发展的规律性,一旦人口长期经历低生育率水平,必然带来诸如人口老龄化加剧、劳动力人口缩减、出生人口性别比异常、家庭少子化、家庭结构简约化等人口结构性矛盾,这些矛盾将成为影响现在和未来经济社会发展的主要矛盾,这是推行计划生育政策所付出的必然代价,也是新时期调整和完善生育政策必须关注的核心维度。同时,根据数量和质量的关系机制,人口数量转变的急速完成,也伴随着人口综合素质的快速提升。

健康素质快速提升。一方面,主要死亡率指标均大幅下降。1991—2020年,中国人口的主要死亡率指标均大幅下降,其中,新生儿死亡率、婴儿死亡率和5岁以下儿童死亡率分别从1991年的33.1‰、50.2‰和61.0‰下降到2020年的3.4‰、5.4‰和7.5‰,降幅接近90%;孕产妇死亡率从1991年的80/10万下降到2020年的16.9/10万,降幅接近80%,早在2014年已完成联合国千年发展目标的相应要求,被世界卫生组织评为妇幼健康高绩效国家。另一方面,预期寿命趋近发达国家水平。中国人口平均预期寿命由1981年的67.8岁大幅提升到2019年的77.9岁,不但高于世界平均预期寿命,且趋近主要发达国家的平均水平。此外,根据世界卫生组织发布的《世界卫生统计2021》,2019年中国平均健康预期寿命为68.5岁,超过世界平均水平和欧洲地区平均水平。

教育素质快速提升。一方面,各级各类教育入学率不断提高。学前教育毛入学率从1981年的12.6%提高到2020年的85.2%;九年义务教育巩固率在2020年达到95.2%,2020年小学学龄儿童净入学率达到99.96%,初中阶段毛入学率为102.5%,高中教育毛入学率为91.2%;2020年高等教育毛入学率为54.4%,高等教育进入普及化阶段,2020年高等教育在学总规模达到4 183万人,居世界第一。另一方面,人口受教育程度向高学历增进。文盲人口(15岁及以上不识字的人)从1982年的2.3亿人减少到2020年的3 775万人,文盲率从1982年的22.8%下降到2020年的2.7%;每十万人口中受小学教育人口数从1982年的35 237人减少到2020年的24 767人,每十万人口中受初中教育人口数从1982年的17 892人增加到2020年的34 507人,每十万人口中受高中(含中专)教育人口数从1982年的6 779人增加到2020年的15 088人,每十万人口中受大专及以上教育人口数从1982年的615人增加到2020年的15 467人。1982—2020年受小学和初中教育人口数均先增后减,受高中(含中专)和大学教育人口数均持续增加。

六、结　语

总人口规模在计划生育政策起始之后,历经各个人口发展阶段,包括人口年轻化期、家庭少子化期、人口机会窗口期、人口老龄化期、重度人口老龄化期、总人口规模缩减期、稳定均衡期,从而为完成一个政策影响下的大人口发展周期奠定了发展基础与发展前提。计划生育政策的实施,加速并缩短了人口增长周期运行的各不同阶段。因此,人口政策从一开始就是一项引导人口规模趋向远期均衡的大周期政策,在长期发展中进行适度调整,其目的就是实现人口、经济社会与资源环境可持续发展的长远期均衡发展,依照人口发展的自然规律,必然会经历不同的发展阶段而最终达成。这不是一个五年计划、十年计划、二十年计划等就可以查看并宣告结果的短期政策。控制人口数量,提高人口素质是计划生育基本国策的目的与核心,提高人口素质是永恒的命题,永无止境,但控制人口数量却会在不断调整中走向终点。马寅初先生提出的包括普遍宣传避孕、切忌人工流产、保护妇幼健康等在内的提高人口素质的主张,依然是当前人口发展工作的主要任务,随着数量任务的压力逐渐减少,质量任务的重要性不言而喻。

近五十年坚持计划生育政策的成效,以及改革开放以来经济社会的快速发展,使得人们受教育水平、生产方式、生活方式、价值观念等发生巨大转变,这些转变发生在相同的社会发展时期,具有伴随性,却不具有偶然性。国家发展,人民幸福,既需要一个好的发展政策,也需要一个适当的人口基础与良好环境基础。历经近五十年的努力,一方面,我们实现了控制人口增长速度的目标,完成了人口再生产类型的历史性转变,实现了稳定的低生育率水平。我国当下的人口发展,正处在数量增长压力减弱、人口结构性失衡压力凸显的时期,仍是一个沉重且充满挑战的时期。这是在人口发展规律使然之下,人口过度增长既是被快速抑制的必然结果,也是影响现在和未来经济社会发展的主要矛盾。另一方面,我们也要看到历史的成功经验,遵循人口发展规律,运用合宜的政策环境,尤其是改革开放的伟大政策设计,我们有效催化了人口机会,通过"人口机会+政策环境＝人口红利"的关系机制,成功培育和收获了数量型人口红利,实现了改革开放以来四十多年经济高速增长的奇迹,这也正是对马寅初先生关于人口和生产力相互适应的核心主张,同时在吸纳马寅初先生的核心主张的基础上,我们也根据不同发展时期的人口与生产力关系，运用马克思主义发展哲学，结合中西方的可持续发展思想，展开了对适度生育率水平、人口长期均衡发展的深入思考和理论探索，这些努力不仅帮助我们取得当下的成绩，也增强了我们直面未来危机与挑战的勇气和信心。

展望未来，人口老龄化凸显了人口结构性矛盾，老龄化社会的影子已经在快速而清晰地显现。老龄人口数量规模及其增加速度无法在短期内发生逆转；而人口老龄化程度却随着生育率的略微回升而呈现微弱的变化，这种变化需要一个时期的观察。理论上，弱化人口年龄结构失衡的唯一方法，就是调整生育率水平，适当提高人口增长速度，这也是人口发展规律所阐明的基本原理。同时，人口发展规律还表明，人口数量规模发展需与经济社会和谐发展、资源环境可持续发展保持均衡。但是，对此我们已经不像五十年前那样迟疑和徘徊，实践已经探索出新时代人口可持续发展的实践主旨，继续坚持和深化改革开放，我们可以通过积极创造质量型和配置型人口机会，舒缓数量型人口机会下行的压力，不断在新的高度上实现提高人口素质的目标，深耕质量型人口红利，为经济社会高质量发展夯实人口质量基础，实现人口与经济社会、资源环境的可持续发展。立足新时代的国情，坚持计划生育基本国策的未来作用将从控制人口数量、提高人口素质转向为调控人口数量、优化人口结构、提高人口素质，以新思路继续践行马寅初先生关于人口与生产力相互适应的科学判断，推动人口与经济社会、资源环境可持续发展思想，以及人口长期均衡发展理念不断成熟。

虽然不同时期的人口机会和应对人口问题的方式方法在发生动态变化，但是科学评判人口政策所遵循的规律却要始终坚持。评判计划生育政策必须坚持整体性，从政策产生的源头环境、政策目的，以及从人口发展、经济社会发展历史进程中产生的作用来加以认识，坚持用科学的态度、长远的眼光，尊重规律。在发展中，必然要去面对不同发展阶段的不同问题与挑战，而不能因为问题与挑战的存在就去怀疑真理，怀疑我们为之付出的代价。评价一项社会公共政策的得失，全盘否定与全盘肯定都不是客观的科学态度，重要的是要看这项政策引导的发展方向是否正确。评判计划生育政策要看是不是按照人口发展的规律，是不是引导人口发展走向均衡，是不是符合国家民族发展的长远利益。在此基础上，科学总结经验，在政策上和方法上进行符合广大人民群众根本利益的调整。总之，无论是历史期的紧缩型生育政策，还是当前的适度宽松型生育政策，抑或未来可期的自由生育政策，都是不同时期人口与生产力相互适应的产物,都遵循了人口发展的基本规律,体现了人口与经济社会、资源环境相适应的可持续发展思想,并推动着人口朝长期均衡方向发展。在这条人口与发展上下探索的历史道路上,我们不能忘记马寅初先生这样的先行者,更不能忘记国家和民众巨大的付出与艰难的抉择。

参考文献

原新.中国计划生育的历史演进[J].百年潮,2017(11):14—24.
王广州、王军.中国人口发展的新形势与新变化研究[J].社会发展研究,2019,6(01):1—20+242.
原新,金牛.新型人口红利是经济高质量发展的动力源[J].河北学刊,2021,41(06):109—116.
国家应对人口老龄化战略研究总课题组.国家应对人口老龄化战略研究总报告[M].北京:华龄出版社,2014.

生育保险如何影响生育意愿?*
来自中国家庭追踪调查的证据

薛继亮 鲍欣欣

我国实施计划生育政策多年来,人口控制效果显著,总和生育率由1970年的5.81下降到2020年的1.3,已远低于生育更替水平。人口的低增长虽然为社会节省了少年儿童抚养费,但从宏观经济角度看,过低的生育率将导致未来严重的劳动力短缺(McDonald,2006)、老龄化加剧、人口规模缩减(Lutz和Skirbekk,2005)以及由此引发的一系列社会问题。为应对我国总和生育率逐年下降的大趋势以及低生育和少子化的人口新常态(穆光宗,2017),我国近年来陆续放松生育政策并实施了一系列鼓励措施。党的二十大报告中指出,优化人口发展战略,建立生育支持政策体系。生育保险作为一项生育支持政策,能够为家庭提供经济支持,弥补生育甚至部分养育成本,是保障女性生育权益的重要举措。在不考虑政策因素情况下,一国意愿生育水平相当于该国生育水平的极大值(王军和王广州,2013),由此,在我国新生人口增长乏力、生育支持体系有待完善的情况下,通过生育保险提高生育意愿是不是提高生育水平的一条可选路径?本文通过研究生育保险对生育意愿的影响效果及路径,试图为鼓励生育探寻出一个新的政策着力点,以期为解决我国人口问题提供一项备选答案。

一、文献综述

20世纪50年代,经济学家开始从生育视角研究人口问题。他们将效用论

---

* 薛继亮、鲍欣欣,内蒙古大学经济管理学院,邮政编码:010021,电子信箱:xuejiliang1981@163.com,baoxinxinhhds@163.com。本文系国家自然基金地区基金项目"生育意愿到生育行为的微观传导机理和宏观政策响应研究"(项目编号:71864024)、教育部人文社会科学研究一般项目"蒙古族妇女产前筛查及产前诊断的认知及现有服务效果评价研究"(项目编号:18YJA850010)、内蒙古自治区自然基金面上项目"二胎生育群体瞄准及生育激励策略研究"(项目编号:2020MS07017)的阶段性研究成果。

引入生育决策模型,认为生育是为了获得消费效用、收入效用、养老保障效用,随着国家为养老提供越来越多的保障,孩子的保障效用下降,导致生育动机减少,生育率下降。Becker(1960)在此基础上从成本—效益角度分析生育决策,他将儿童视为正常品,认为当孩子收益现值大于成本现值时,会出现生育行为。Becker(1960)也探讨了夫妻工资变化对生育的影响,认为丈夫工资提高会提高生育率,而妻子工资提高会带来有相反作用的财富效应和替代效应。Becker的研究为生育决策理论在新古典范围内建立起正式的微观基础(王天宇和彭晓博,2015)。

生育需求引致生育意愿。父母对孩子的需求可以分为情感性需求和功利性需求,情感性需求指父母从与孩子的情感互动和交流中得到的心理满足。并且我国传统观点认为"不孝有三,无后为大",孩子是传统中国家庭结构不可或缺的重要元素。功利性需求是指孩子在劳动、收入、保障、风险防范、家庭地位等方面给父母带来的物质上和精神上的效用。原始社会中,生孩子的主要动机是养老,父母对子女的投资是为了将来丧失劳动能力时,子女能赡养他们(Neher,1971)。内生增长理论认为,孩子和其他消费品一样,生育数量取决于他们相对于其他消费品的投资回报率,若生育是出于保险动机,风险规避型父母会多生子女以减少老无所依的概率(Neher,1971),但公共养老金的存在会导致生育率下降(Zhang和Zhang,1995)。

社会保障具有生育的双向效应。部分学者认为社会保障能够促进生育。社会保障对生育意愿的影响效果存在地域差异,如果社会保障待遇较低,子女提供的养老支持越多,社会保障对生育的促进作用越强(Yakita,2001)。当把孩子视为消费品时,若社会保障能增加生育群体的终身净财富,那么他们将减少储蓄,增加当前消费,包括作为消费品的孩子数量(Swidler,1983)。但Wigger(1999)认为,社会保障中公共养老金规模过大或过小都会降低生育率,中等规模的公共养老金能够刺激生育。但是,多数学者认为社会保障对生育具有负向影响。父母生育孩子的一个重要原因是为了老年有保障,而社会保障作为替代投资手段会降低生育率(Nishimura等,1995)。社会保障力度越大,老年人经济独立性越高,在居住和生活的安排上除了依附子女有了更多的选择(程令国等,2013),降低了老年人对子女赡养的依赖(郭凯明和龚六堂,2012)。尤其对于"防老"依靠"养儿"的人来说,养老和退休计划的社会保障功能降低了孩子(尤其儿子)的效用,也因此降低了出于养老动机的生育行为(Hohm,1975)。刘一伟(2017)认为社会养老保险不仅能显著降低居民选择生育的概率,还能降低生育数量,子女养老对生育意愿具有"挤入效应",对政府养老具有"挤出效应"。

自2017年生育保险与医疗保险合并实施以来,增加了生育保险立法、两险合并实施的作用、存在的问题等角度的研究。生育保险可以规避生育行为的正外部性(杨华磊和胡浩钰,2019),与医疗保险合并后满足了制度层面的整合(刘莹,2020),两险合并扩大了生育保险覆盖范围(王超群和杨攀续,2021),降低了运行成本,提升了基金共济能力(海韵,2021),但仍有很多方面需要完善。陈芳和刘越(2021)认为,应提高就业流动人口生育保险参保率,鼓励适龄人口按政策生育。庄渝霞(2019)认为应将非正规就业人群纳入生育保险保障范围,并推行企业、政府和个人三方共担的筹资模式,提高企业参保的积极性。虽然我国生育保险为女性提供产假保障,但由此造成的劳动中断势必会对女性重返工作岗位造成影响,产生工作与家庭的冲突,影响女性的生育行为和意愿(计迎春和郑真真,2018)。由于学龄前儿童有较高的护理成本(Connelly,1992),同时存在公立保育系统的欠缺,照料儿童给母亲带来的机会成本以及劳动力市场的僵化和不完善等问题,生育行为往往会阻碍已婚女性进入劳动力市场,降低女性的劳动力参与率。在年轻群体中,母亲的收入远远落后于非母亲(Waldfogel,1998),已婚女性会遭遇更大的工资惩罚(Budig和England,2001)。面对母亲这样的困境,有学者提出了一些解决措施。Hank和Kreyenfeld(2003)认为,在工作与家庭难以平衡的情况下,公共日托服务是实现养育子女和就业协调的关键,儿童的非正式照料(祖父母辈的照料支持)也具有类似的作用,增加了生育的概率,也在一定程度上促进了人力资本的提升(于也雯和龚六堂,2021)。所以当祖父母辈提供照料服务和经济支持时,通过降低女性的机会成本,促进了女性的生育,这种影响在正规托幼机构供给较少的地方,或在受过高等教育、经济情况和职业发展前景较好的女性身上表现尤其明显(靳永爱等,2018)。

综上,学者们对生育保险已经有了一定研究成果,但多从生育保险制度本身进行研究,对生育保险的生育效应研究相对缺乏。为此,本文从生育保险的经济支持角度研究生育保险对生育意愿的影响,探讨生育保险对生育意愿的影响机制,以期为解决我国当前人口问题提供一项备选答案。

本文首先采用中国家庭追踪调查(Chinese Family Panel Studies,CFPS)数据,识别并检验了生育保险与生育意愿的关系,探寻了生育保险对生育意愿的微观作用机制；其次，验证了生育保险对生育意愿的促进作用存在关键性拐点，适度地提高生育保险水平有助于提升生育意愿；最后，较精准地识别了生育保险作用显著的人群。这些发现为进一步完善生育保险制度建设、建立生育支持政策体系提供了强有力的理论支撑。

二、数据来源、样本定义与描述性统计

（一）数据来源

本文的数据来自中国家庭追踪调查（CFPS）数据，该调查由北京大学中国社会科学调查中心实施。

（二）样本说明

1. 生育意愿

鉴于中国家庭追踪调查（CFPS）数据库中，仅有2018年同时包含生育保险和生育意愿的相关数据，因此，本文使用CFPS 2018截面数据进行研究，使用期望生育数量衡量生育意愿。生育意愿包括两部分内容，意愿生育性别和意愿生育数量，由于我国现行的产前筛查政策对性别筛查项目实施严格的管控，以及目前中国人口压力引致的提高生育数量的需要，本文主要从生育数量角度对生育意愿进行测度。

2. 生育保险

本文的核心解释变量为生育保险，我国生育保险保障范围主要包括产假、生育津贴和生育医疗服务，本文主要从生育保险的经济保障角度进行研究。我国生育保险制度规定，生育保险的保障对象为合法生育的女性劳动者，即只有合法的生育行为才能申领生育保险。合法生育即满足法定结婚年龄，办理了合法结婚手续，并且符合国家生育相关法律法规的生育行为。虽然2022年国家统计局明确指出了未婚已育女性办理生育津贴不需要结婚证等材料，但在2018年领取生育津贴的标准按当时的生育保险制度执行，因此，本文将样本婚姻范围限定为有配偶（已婚）。在工作保障方面，选择有"生育保险"项目的样本。

在样本年龄方面,由于近年来我国生育政策逐渐放松,再结合我国法定最低结婚年龄的限制(男不早于 22 周岁,女不早于 20 周岁),为了测量在政策范围内最大可能的生育潜力,本文将样本年龄范围控制在 20—55 周岁。综上,本文选取的样本范围为 20—55 周岁且具有生育保险的已婚人口。

3. 控制变量

本文的控制变量包括个人、家庭、城市三个层面,个人特征包括:年龄、性别、健康状况、学历、户口、养老保险;家庭特征包括:家庭总收入、家务时长;城市特征为 GDP。健康状况设置为 5 个等级:不健康=1,一般=2,比较健康=3,很健康=4,非常健康=5;学历设置为 8 个等级:文盲/半文盲=1,小学=2,初中=3,高中/中专/技校/职高=4,大专=5,大学本科=6,硕士=7,博士=8。户口和养老保险设为虚拟变量,农业户口=1,否则=0;若参加基本养老保险、企业补充养老保险、商业养老保险、农村养老保险(含农保)、城镇居民养老保险中的任一项,养老保险=1,否则=0。家庭总收入为过去 12 个月,包括经营性收入、工资性收入、租金收入、政府补助或他人的经济支持等家庭各项收入总和。CFPS 2018 对工作日/休息日每天用于家务劳动的时间进行了测量,由于休息日时间弹性较大,工作日时间弹性较小,工作日的家务劳动往往更让人感到时间紧张,从而在时间层面影响人们的生育决策,因此将工作日每天用于家务劳动的时间纳入控制变量。

为了排除异常值对估计结果的影响,将所有连续变量进行上下 1% 缩尾处理。本文主要变量描述性统计如表 7-1 所示。生育意愿的最大值为 3,均值为 1.709,说明当下人们的生育意愿普遍不高,多数人的意愿生育数量不足 2 个。生育保险补贴金额的最大值为 65 333 元,最小值为 3 678 元,均值为 14 840 元,说明个体间生育保险的领取金额存在较大差距。

表 7-1 变量描述性统计

变量	变量定义(单位)	样本量	均值	最小值	最大值
生育意愿	意愿生育孩子数量(个)	1 577	1.709	0	3
生育保险	生育后领取到的生育保险金额(元)	1 577	14 840	3 678	65 333
年龄	选取 20—55 岁年龄范围(岁)	1 577	38.58	20	55
性别	男性=1,否则=0	1 577	0.549	0	1

（续表）

变量	变量定义（单位）	样本量	均值	最小值	最大值
健康状况	不健康=1，一般=2，比较健康=3，很健康=4，非常健康=5	1 577	3.184	1	5
学历	文盲/半文盲=1，小学=2，初中=3，高中/中专/技校/职高=4，大专=5，大学本科=6，硕士=7，博士=8	1 577	4.595	1	8
户口	农业户口=1，否则=0	1 576	0.367	0	1
养老保险	有养老保险=1，否则=0	1 577	0.997	0	1
家庭总收入	包括经营性收入、工资性收入、租金收入、政府补助或他人的经济支持等（元/年）	1 567	125 711	11 000	500 000
家务时长	工作日每天用于家务劳动的时间（小时/天）	1 577	1.071	0	5
GDP	样本所在地区调查年国内生产总值（亿元）	1 576	42 515	2 865	97 278

三、实证结果和稳健性检验

（一）模型设定

将生育保险对生育意愿影响的模型设定如下：

$$FI_i = \alpha_0 + \alpha_1 \text{Ln}(BI_i) + \alpha_2 X_i + \eta_t + \varepsilon_i \tag{1}$$

其中 FI_i 为被解释变量，表示拥有生育保险人的期望生育数量，范围为 0—3 个，BI_i 为解释变量，指拥有生育保险的人发生生育行为所领取到的生育保险金额，X_i 为控制变量，η_t 为行业固定效应。生育津贴计发基数为职工所在用人单位上年度职工月平均工资，计算方式为生育津贴=上年度职工月平均工资÷30×产假天数。我国现行法律规定女性正常生育情况下产假为 98 天，虽然近年个别地区将产假延长至 158 天，考虑到政策存在时滞性，本文计算时仍将产假天数定为 98 天。与此同时，本文用生育津贴作为生育保险的经济度量。鉴于数据可得性以及企业职工平均工资与个人工资的强相关性，在删除数据异常值、缺失值,并进行上下1%缩尾处理后,本文按照生育津贴=个人月平均工资÷30×98计算个体若生育将领取到的生育保险金额。

(二)基准回归

使用普通最小二乘法(OLS)估计生育保险对生育意愿的影响,回归结果如表7-2所示,其中,第(1)列为不考虑其他因素情况下,生育保险对生育意愿的回归结果。第(2)列控制了个人特征,第(3)列控制了个人特征和家庭特征,第(4)列进一步控制了城市特征,第(5)列在第(4)列基础上进一步控制了行业固定效应。

由表7-2第(1)列可见,生育保险对生育意愿的影响在5%的水平上显著为正,即生育保险数额越高,对生育意愿的正向影响越强,第(2)—(5)列在逐步添加控制变量后系数仍显著为正。由第(5)列可见,生育保险的系数为1.287,意味着生育保险金额每提高1%,意愿生育数量提高1.287个。养老保险的系数为负值,说明拥有养老保险的人生育意愿较低,养老保险的社会保障功能挤出了居民的生育意愿(王天宇和彭晓博,2015)。家庭总收入系数显著为负,但数值较小,说明家庭收入的提高会在一定程度上抑制生育意愿。GDP系数显著为正,即生育意愿随所在地区经济情况的提升而增加,这可能是因为地区生产总值不仅代表该地区经济水平,也在一定程度上反映了该地区的社会保障情况,一个地区社会保障越完善,人们对生育的后顾之忧越少,人们想生的同时也敢生,生育意愿转化为生育行为的比率越高。

如上所述,生育保险能够促进居民生育意愿的提高,而随着生育保险补贴金额的不断提高,对生育意愿的促进作用会一直存在吗?在现行生育保险政策下,生育意愿是否还有提升的空间?为验证以上问题,本文进一步将生育保险的二次项加入模型,估计结果如表7-2所示。由回归结果可见,不论是否加入控制变量或省级虚拟变量,生育保险系数均在5%的水平上显著为正,生育保险平方项系数均在5%的水平上显著为负,即生育保险与生育意愿呈倒"U"型关系,生育保险的增加不会持续地推动生育意愿的提升。通过计算可知生育保险的拐点值约为10 260,也就是说,当生育保险的补贴金额低于10 260元时,生育保险能够增加生育意愿;但当生育保险的补贴金额高于10 260元时,生育保险将对生育意愿产生负向影响,即出现福利惰性(梁斌和冀慧,2020)。同时,通过计算可知,在现行的生育保险政策下,个体意愿生育数量的最大值为 2.48 个,但由上文可知,我国居民目前的人均生育意愿仅为 1.7 个,也就是说,我国现行的三孩生育政策已经足够容纳现有的生育潜力,但我国居民目前的生育意愿距最高点还有一定距离。究其原因,一方面在于我国当前的生育保障水平比较低,尚不足以充分激发居民的生育意愿。2018 年,我国人均生育保险基金支出为 7 003 元,全国范围内人均生育保险基金支出最高的地区是上海(20 155 元),其次是北京(13 452 元),其他地区均低于拐点值 10 260。另一方面,生育保险基金支出包括生育津贴、生育医疗费和计划生育手术费三项,由此说明,全国绝大部分地区居民生育后领取到的生育保险补贴金额(生育津贴)达不到激励居民生育意愿达到最高点的补贴值(10 260)。由此可知,我国目前的生育保障水平偏低,难以激发现行生育政策下达到的最大意愿生育水平。

表 7-2　生育保险对生育意愿的影响

	因变量=生育意愿				
	(1)	(2)	(3)	(4)	(5)
生育保险	1.540**	1.357**	1.272**	1.242**	1.287**
	(0.618)	(0.622)	(0.627)	(0.629)	(0.640)
生育保险平方	−0.082**	−0.073**	−0.068**	−0.067**	−0.069**
	(0.032)	(0.032)	(0.033)	(0.033)	(0.033)
年龄		−0.001	−0.001	−0.001	−0.001
		(0.002)	(0.002)	(0.002)	(0.002)
性别		0.065**	0.055*	0.060*	0.053
		(0.029)	(0.032)	(0.032)	(0.033)
健康状况		−0.001	−0.003	−0.002	−0.003
		(0.015)	(0.015)	(0.016)	(0.016)
学历		0.003	0.008	0.012	−0.003
		(0.013)	(0.013)	(0.013)	(0.015)
户口		0.077**	0.068*	0.056	0.053
		(0.034)	(0.035)	(0.035)	(0.035)
养老保险		−0.300***	−0.311***	−0.296***	−0.316***
		(0.029)	(0.030)	(0.035)	(0.050)

(续表)

	因变量=生育意愿				
	(1)	(2)	(3)	(4)	(5)
家庭总收入			−0.043*	−0.050**	−0.048**
			(0.023)	(0.023)	(0.024)
家务时长			−0.001	0.001	−0.002
			(0.016)	(0.016)	(0.016)
GDP				0.050**	0.049**
				(0.020)	(0.020)
行业虚拟变量	NO	NO	NO	NO	YES
系数	−5.491*	−4.278	−3.470	−3.768	−3.516
	(2.951)	(2.968)	(2.997)	(3.010)	(3.067)
样本量	1 577.000	1 576.000	1 566.000	1 565.000	1 565.000
R^2	0.005	0.014	0.016	0.020	0.035

注：括号内为标准差；*$p<0.1$，**$p<0.05$，***$p<0.01$

（三）机制检验

家庭经济情况的稳定是影响夫妻生育决策的重要因素（Busetta 等，2019）。2019 年全国人口与家庭动态监测调查显示，生育二孩及以上的妇女，真正实现再生育的妇女不足半数，而经济负担是阻碍家庭再生育的最重要原因。生活支出是家庭经济压力的重要来源，除此之外，"看病贵"问题在我国社会存在已久，医疗费用居高不下，给家庭带来巨大的经济压力（李静等，2021），进而影响家庭的生育决策。因此，医疗费用在家庭经济支出中是不容忽视的一部分。综上，本文使用生活成本、医疗成本检验生育保险对生育意愿的作用机制。

1. 生活成本机制检验

借鉴张巍等（2018）、梁斌和冀慧（2020）的思路，用日常开支和居住成本作为生活成本的衡量指标，日常开支包括每月伙食费和日用品消费费用，居住成本包括每月房租和房贷支出。

每月伙食费和日用品消费费用越少，表示家庭日常开支越低；每月伙食费和日用品消费费用越多，表示家庭日常开支越高。每月伙食费为平均每月家庭伙食费及购买自家消费的零食、饮料、烟酒等总费用,将每月伙食费按中位数分为两组,表7-3第(1)列为每月伙食费低于中位数的子样本,第(2)列为每月伙食费高于中位数的子样本。由回归结果可见,表7-3第(1)列生育保险系数为2.381,在5%的水平上显著为正,表明生育保险增强了每月伙食费较少家庭的生育意愿;第(2)列生育保险系数不显著,说明生育保险对每月伙食费较多家庭的生育意愿没有显著影响。

将日用品消费费用也以中位数进行分组,表7-3第(3)列是日用品消费费用低于中位数的子样本,第(4)列是日用品消费费用高于中位数的子样本。由回归结果可见,日用品消费费用较少的家庭,生育保险系数显著为正;日用品消费费用较多的家庭,生育保险系数不显著,说明生育保险显著增强了日用品消费费用较少家庭的生育意愿。表7-3的结果表明,生育保险通过补贴日常开支提升了日常开支较少家庭的生育意愿。生育保险对日常开支较多家庭的生育意愿无显著影响的原因,可能是日常开支较多的家庭往往经济条件较好,生育保险只占家庭收入的较小部分,对生育意愿难以起到激励作用。

表7-3 生活成本机制检验(日常支出)

	因变量=生育意愿			
	每月伙食费较少	每月伙食费较多	日用品消费费用较少	日用品消费费用较多
	(1)	(2)	(3)	(4)
生育保险	2.381**	0.578	1.921*	0.845
	(0.950)	(0.868)	(1.107)	(0.807)
生育保险平方	-0.124**	-0.034	-0.100*	-0.047
	(0.050)	(0.045)	(0.058)	(0.042)
控制变量	YES	YES	YES	YES
行业虚拟变量	YES	YES	YES	YES
系数	-9.163**	-0.006	-7.215	-0.898
	(4.523)	(4.172)	(5.189)	(3.888)
样本量	774.000	791.000	560.000	1005.000
R^2	0.053	0.050	0.064	0.055

注:括号内为标准差;*$p<0.1$,**$p<0.05$,***$p<0.01$。

居住成本是生活成本的重要组成部分,同时影响着人们的生育决策。房贷压力提高了年轻人的生育成本,推迟他们的生育时间,抑制了年轻人的生育意愿。本文使用每月房租和房贷支出衡量居住成本,每月缴纳房租和房贷越多,表示居住成本越高,进而生活成本越高。如表7-4所示,将样本按每月缴纳房租的中位数分为两组,第(1)列为每月房租支出较少的子样本,生育保险系数为1.150,在10%水平上显著为正,第(2)列为每月房租支出较多的子样本,生育保险系数不显著,说明生育保险促进了每月房租支出较少群体的生育意愿。

同样按每月缴纳房贷中位数将样本分为两组,表7-4第(3)列为每月缴纳房贷较少的子样本,第(4)列为每月缴纳房贷较多的子样本,由回归结果可见,表7-4第(3)列生育保险系数在5%的水平上显著为正,第(4)列中生育保险系数不显著,表明生育保险显著促进了房贷压力较小家庭的生育意愿。表7-3和表7-4的估计结果表明生育保险通过补贴生活成本提升了生活成本较低人群的生育意愿。

表7-4 生活成本机制检验(居住成本)

	因变量=生育意愿			
	房租较少	房租较多	房贷较少	房贷较多
	(1)	(2)	(3)	(4)
生育保险	1.150*	1.701	4.091**	0.723
	(0.679)	(1.996)	(1.678)	(0.680)
生育保险平方	−0.063*	−0.084	−0.213**	−0.039
	(0.035)	(0.105)	(0.088)	(0.035)
控制变量	YES	YES	YES	YES
行业虚拟变量	YES	YES	YES	YES
系数	−2.657	−7.632	−17.965**	−0.740
	(3.247)	(9.714)	(8.035)	(3.266)
样本量	1 357.000	208.000	250.000	1 315.000
R^2	0.038	0.164	0.128	0.037

注:括号内为标准差;*$p<0.1$,**$p<0.05$,***$p<0.01$。

2. 医疗成本机制检验

本文将医疗费用定义为:过去12个月,家庭直接支付的医疗费用,不包括已经报销和预计可以报销的费用。将样本按医疗费中位数分为两组,表 7-5 第(1)列为医疗费低于中位数的子样本,第(2)列为医疗费高于中位数的子样本,由估计结果可见,医疗费较少的样本组生育保险系数为 1.615,显著为正;医疗费较多的样本组生育保险系数不显著,说明生育保险提高了年支出医疗费较少家庭的生育意愿,但对年支出医疗费较多家庭的生育意愿没有显著影响。这可能是因为年支出医疗费较多的家庭经济负担较重,负担生育养育孩子的成本有较大压力,使得年支付医疗费较多的家庭生育意愿较低。

表 7-5 医疗成本机制检验

	因变量=生育意愿	
	医疗费较少	医疗费较多
	(1)	(2)
生育保险	1.615*	1.340
	(0.906)	(0.908)
生育保险平方	−0.081*	−0.077
	(0.047)	(0.048)
控制变量	YES	YES
行业虚拟变量	YES	YES
系数	−5.804	−3.035
	(4.363)	(4.308)
样本量	837.000	728.000
R^2	0.041	0.069

注:括号内为标准差;*$p<0.1$,**$p<0.05$,***$p<0.01$。

(四)异质性检验

传统的生育动机与性别有关,"不孝有三,无后为大",中国人的传统生育观念可能导致男性有更高的生育意愿。石智雷等(2022)认为与女性相比,男性的理想子女数更多。为了研究生育保险对生育意愿作用的性别差异,本文将生育保险与性别的交互项加入模型。回归结果如表 7-6 第(1)列所示,生育保险×性别的系数在 1%的水平上显著为正,表明生育保险显著提高了男性的生育意愿,生育保险每提高 1%,男性的意愿生育数量将增加 0.191 个。实证结果说明生育保险对生育意愿的影响存在显著的性别差异,在现行的生育保险制度下,相对于女性,男性具有较强的生育意愿。

户口性质不同的人生育意愿也可能不同。姚从容等(2010)认为城乡居民意愿生育数量的差距正在逐渐缩小,但意愿生育性别的差距逐渐增大。本文使用生育保险与户口的交互项研究生育保险对不同户口类型样本的生育效应的差异,估计结果如表7-6第(2)列所示,交互项生育保险×户口的系数显著为正,说明生育保险对农业户口人群的生育意愿具有显著促进作用,生育保险每提升1%,农业户口人群的生育意愿提升0.099个。实证结果说明生育保险对不同户口性质人的生育意愿具有不同影响,持农业户口的人多生活在农村,总体消费水平较低,抚养孩子的成本也较低,因此生育保险的补贴金额在一定程度上能够对农业户口居民的生育意愿产生激励作用。

表7-6 性别和户口异质性检验

	因变量=生育意愿		
	(1)		(2)
生育保险	1.738***	生育保险	1.168*
	(0.651)		(0.655)
生育保险平方	-0.098***	生育保险平方	-0.064*
	(0.034)		(0.034)
生育保险×性别	0.191***	生育保险×户口	0.099*
	(0.059)		(0.059)
性别	-1.755***	户口	-0.876
	(0.560)		(0.553)
控制变量	YES	控制变量	YES
行业虚拟变量	YES	行业虚拟变量	YES
系数	-5.178*	系数	-2.829
	(3.079)		(3.156)
样本量	1 565.000	样本量	1 565.000
R^2	0.042	R^2	0.036

注:括号内为标准差;*$p<0.1$,**$p<0.05$,***$p<0.01$。

生育保险对住房产权属性不同的人的生育意愿的影响也可能不同,孩子作为家庭消费的正常品,与房产存在消费替代关系(Becker,1960)。为了验证此问题,本文将生育保险和住房所有权的交互项纳入模型,住房所有权为虚拟变量,若家庭成员对现住房拥有部分或全部产权则赋值为1,否则赋值为0。表7-7第(1)列的估计结果显示,交互项生育保险×住房所有权系数显著为负,即生育保险对家庭拥有住房所有权人群的生育意愿有负向影响。分析认为,拥有住房所有权的家庭可能面临房贷压力,购房压力的存在导致家庭经济约束趋紧,挤出了部分生育子女的意愿(Dettling和Kearney,2014),为此,本文进一步加入房贷与生育保险的交互项进行验证。将房贷设置为虚拟变量,若家庭贷款买房或装修则赋值为1,否则赋值为0。估计结果如表7-7第(2)列所示,交互项生育保险×房贷系数显著为负,说明生育保险降低了有房贷人群的生育意愿,房贷压力导致生活成本和养育成本上升,对生育意愿具有挤出效应,验证了前文预期。

表7-7 住房产权属性和房贷异质性检验

	因变量=生育意愿		
	(1)		(2)
生育保险	1.451**	生育保险	1.493**
	(0.642)		(0.653)
生育保险平方	−0.069**	生育保险平方	−0.078**
	(0.033)		(0.034)
生育保险×住房所有权	−0.188***	生育保险×房贷	−0.013*
	(0.071)		(0.007)
住房所有权	1.806***	房贷	0.125*
	(0.675)		(0.065)
控制变量	YES	控制变量	YES
行业虚拟变量	YES	行业虚拟变量	YES
系数	−5.056	系数	−4.632
	(3.113)		(3.132)
样本量	1 565.000	样本量	1 565.000
R^2	0.039	R^2	0.037

注:括号内为标准差; *$p<0.1$, **$p<0.05$, ***$p<0.01$。

生育保险对生育意愿的影响可能因收入水平的不同而不同。对于我国不同收入层次的划分,万事达国际组织将我国家庭年收入在 7 500 美元至 50 000 美元的家庭确定为中等收入群体,Milanovic 和 Yitzhaki(2002)将日均收入 12.5 美元的人群确定为中等收入者。刘志国和刘慧哲(2021)在 Milanovic 和 Yitzhaki 的基础上以中美汇率 6.5 元/美元进行近似计算,将家庭人均年收入低于 28 470 元的群体认定为低收入群体,家庭人均年收入在 28 471—117 650 元的群体确定为中等收入群体,高于 117 651 元的群体确定为高收入群体。本文借鉴刘志国和刘慧哲的划分方法,假设样本家庭规模为 3 人,通过简单近似计算,将年收入 10 万元及以下的家庭确定为低收入家庭,11 万—30 万元之间的确定为中等收入家庭,年收入 31 万元及以上的确定为高收入家庭。本文将不同收入水平的家庭划分为高、中、低三组,检验生育保险对生育意愿的影响。估计结果如表 7-8 所示,中等收入家庭生育保险系数在 5% 水平上显著为正,低收入家庭和高收入家庭系数均不显著,这表明生育保险显著提高了中等收入家庭的生育意愿,对低收入家庭和高收入家庭均无显著影响。分析认为,收入过低的家庭由于经济条件所限,难以负担抚养更多孩子的边际成本,生育保险的补贴金额与未来抚养教育孩子的支出相比杯水车薪,难以对生育意愿起到促进作用。同时,低收入家庭的收入不确定性较大,这也抑制了他们的生育意愿(徐巧玲,2019)。高收入家庭由于经济条件较好,生育保险提供的现金补偿往往不足以激励他们提高生育意愿,所以生育保险对高收入家庭生育意愿的影响也不显著。

表 7-8 不同收入家庭异质性检验

	因变量=生育意愿		
	低收入家庭 (1)	中等收入家庭 (2)	高收入家庭 (3)
生育保险	0.895	1.287**	1.900
	(1.618)	(0.640)	(2.130)
生育保险平方	−0.043	−0.069**	−0.110
	(0.087)	(0.033)	(0.108)
控制变量	YES	YES	YES
行业虚拟变量	YES	YES	YES

（续表）

	因变量=生育意愿		
	低收入家庭 （1）	中等收入家庭 （2）	高收入家庭 （3）
系数	−2.233	−3.516	−9.029
	(7.417)	(3.067)	(10.903)
样本量	381.000	1 565.000	113.000
R^2	0.056	0.035	0.332

注：括号内为标准差；$^*p<0.1$，$^{**}p<0.05$，$^{***}p<0.01$。

家务时长能够影响居民的生育意愿（王一帆和罗淳，2021），Torr 和 Short（2004）认为家务时长不同将影响生育二孩的可能性。因此本文将样本按工作日家务时长中位数分为两组，表 7-9 第（1）列为工作日家务时长小于中位数的子样本，第（2）列为工作日家务时长大于中位数的子样本，回归结果显示，工作日做家务时间较少的人群生育保险系数显著为正，工作日做家务时间较多的人群生育保险系数不显著，表明生育保险显著增加了家务时长较少家庭的生育意愿。原因可能在于工作日时间约束趋紧，家务劳动以及照料子女会加重"工作—家庭"冲突，这会对生育意愿产生抑制作用。

表 7-9　家务时长异质性检验

	因变量=生育意愿	
	家务时长较少 （1）	家务时长较多 （2）
生育保险	1.666**	0.665
	(0.712)	(1.324)
生育保险平方	−0.087**	−0.038
	(0.037)	(0.071)
控制变量	YES	YES
行业虚拟变量	YES	YES
系数	−5.316	−0.421
	(3.475)	(6.315)
样本量	1 151.000	414.000
R^2	0.044	0.076

注：括号内为标准差；$^*p<0.1$，$^{**}p<0.05$，$^{***}p<0.01$。

(五) 稳健性检验

1. 工具变量法

本文所用模型可能存在内生性问题。其一,受限于数据的可得性,本文无法直接获得样本可领取的生育保险准确金额,通过近似计算所得数据可能与真实值存在偏差,导致数据存在测量误差。其二,由于无法将所有相关变量都纳入模型,可能导致模型存在遗漏变量的问题。本文采用工具变量法(IV)解决内生性问题。选取"分地区社会保障和就业支出"作为工具变量。地区划分依据国家统计局2011年发布的划分方法,将我国区域划分为东、中、西、东北四大地区。一个地区的社会保障和就业支出代表了该地区的社会保障情况,社会保障情况越好,对居民的生育保障越完善,说明生育保障水平越高。相对于整个地区的社会保障和就业支出,人们往往更关注能够真真实实到自己手中的金额,满足工具变量外生性假设。

本文使用两阶段最小二乘法(2SLS)对模型进行工具变量稳健性检验,估计结果如表7-10所示,由表7-10第(1)列第一阶段回归结果可见,社会保障和就业支出对生育保险的回归系数在1%的水平上显著为正,表明生育保险随地区社会保障和就业支出的增加而增加,第一阶段回归的F检验值(26.07)大于10,不存在弱工具变量问题,所以工具变量分地区社会保障和就业支出与内生变量生育保险高度相关。由第二阶段估计结果可见,生育保险对生育意愿的回归系数为0.912,在5%的水平上显著为正,说明生育保险能够显著提高生育意愿,与基准回归结果一致,验证了基准回归结果的稳健性。

表 7-10 工具变量检验结果

	2SLS-第一阶段	2SLS-第二阶段
	因变量=生育保险	因变量=生育意愿
	(1)	(2)
生育保险		0.912**
		(0.456)
社会保障和就业支出	0.0845***	
	(0.025)	

（续表）

	2SLS-第一阶段	2SLS-第二阶段
	因变量=生育保险	因变量=生育意愿
	（1）	（2）
控制变量	YES	YES
行业虚拟变量	YES	YES
系数	4.4990***	−2.105
	（0.433）	（2.452）
样本量	1 565.000	1 565.000
R^2	0.330	
F	26.07	

注：括号内为标准差；$^*p<0.1$，$^{**}p<0.05$，$^{***}p<0.01$。

2. 更换计量模型

更换计量模型对样本进行稳健性检验。采用 Oprobit 模型检验生育保险对生育意愿的影响，回归结果如表 7-11 所示，生育保险系数为 2.768，显著为正，即生育保险每提高 1%，意愿生育数量增加 2.768 个，表明生育保险对生育意愿具有显著促进作用，与基准回归结果一致。

表 7-11　Oprobit 模型检验结果

	因变量=生育意愿
	（1）
生育保险	2.768**
	（1.337）
生育保险平方	−0.148**
	（0.069）
控制变量	YES
行业虚拟变量	YES
样本量	1 565.000

注：括号内为标准差；$^*p<0.1$，$^{**}p<0.05$，$^{***}p<0.01$。

3. 遗漏变量检验

除本文基准回归部分考虑的因素外,事实上,还可能存在一些影响生育意愿的变量没有被纳入模型,如个人性格特征,对生活幸福程度的感受等。一个人的性格特征很可能影响其生育意愿,外向的人往往更乐观,更能够承担生活的困难包括抚养孩子的压力,生育意愿可能更强。本部分检验将性格外向程度纳入模型验证其对生育意愿的影响。CFPS 2018 调查问卷对受访者有多大程度符合"开朗、善社交"的外向型性格特征进行了调查,并设置了五个评价等级:完全不符合=1,不太符合=2,一般=3,比较符合=4,完全符合=5,估计结果如表 7-12 第(1)列所示,变量性格外向系数不显著,说明外向型性格特征对生育意愿无显著影响,否定了本文的预期。

幸福程度也可能影响生育意愿。若婚姻美满、家庭和睦、生活幸福,则人们可能更愿意生育孩子享受其乐融融的家庭生活;若生活不幸福甚至对婚姻没有信心,则生育意愿将自然降低。本部分检验将受访者对自己幸福程度的评分纳入模型,评分范围为 0—10 分,估计结果如表 7-12 第(2)列所示,变量幸福程度回归系数不显著,表明个人对幸福的主观感受不会显著影响其生育意愿,否定了本文的预期。

表 7-12 遗漏变量检验结果

因变量=生育意愿			
(1)		(2)	
生育保险	1.294**	生育保险	1.292**
	(0.642)		(0.641)
生育保险平方	-0.069**	生育保险平方	-0.069**
	(0.033)		(0.033)
性格外向	0.006	幸福程度	0.003
	(0.015)		(0.009)
控制变量	YES	控制变量	YES
行业虚拟变量	YES	行业虚拟变量	YES
系数	-3.562	系数	-3.552
	(3.078)		(3.074)

(续表)

因变量=生育意愿			
(1)		(2)	
样本量	1 565.000	样本量	1 565.000
R^2	0.035	R^2	0.035

注：括号内为标准差；$^*p<0.1$，$^{**}p<0.05$，$^{***}p<0.01$。

四、结论与建议

本文使用 2018 年中国家庭追踪调查（CFPS）数据研究生育保险对生育意愿的影响以及作用机制。结果表明，生育保险能够显著提升生育意愿；机制分析表明，生育保险通过改善家庭经济情况提升了经济条件较差家庭的生育意愿；异质性分析较精准地识别了生育保险的作用群体，生育保险对男性、农业户口、中等收入家庭以及家务时长较少人群的生育意愿具有显著的促进作用，但抑制了拥有住房所有权以及房贷人群的生育意愿。同时，本文还验证了生育保险对生育意愿的促进作用是否存在关键性拐点，当生育保险补贴金额超过拐点时，生育保险开始抑制生育意愿，我国目前的生育保险保障水平处于拐点以下。我国居民生育意愿普遍较低，现行的生育政策已经可以容纳最大的生育潜力，将生育意愿最大程度地转化为实际生育行为将是未来的一个努力方向。本文通过工具变量法、更换计量模型以及对可能存在的遗漏变量问题进行稳健性检验，证明了结果的稳健性。

本文认为，为了更好地稳定生育保险的生育激励作用，需要做到以下几个方面。

（1）鼓励企业对员工生活成本进行补贴，缓解家庭经济压力，提高生育水平。

（2）生育保险对我国中等收入家庭生育意愿具有显著提升作用，但对低收入与高收入家庭的生育意愿没有统计意义上的影响。因此，我国应继续加大扶贫力度，扩大我国中等收入群体，进一步释放生育潜力。

（3）进一步完善我国生育保险法律体系。制定"保姆津贴"政策，对符合条件的家庭发放"保姆津贴"，通过雇佣保姆照顾孩子，一方面可以让母亲生育后尽快回到工作岗位，缓解"工作—家庭"矛盾，降低"母职惩罚"；另一方面可以减少家务时长的焦虑,释放因顾虑家务太多而没有时间照顾孩子人群的生育意愿。除此之外,我国生育津贴政策也应将农村群体纳入保障范围,补偿农村家庭因生育耽误生产劳动造成的损失,提高生育率。

(4)进一步健全我国医疗保障体系。医疗保障的关注点应更多向农村、低收入群体倾斜。目前农村的医疗保障主要由新农合提供,但新农合主要以保大病、保住院为主,并且各地保障水平不一,补贴力度差异较大,应对农村、低收入群体医疗保障项目范围进一步扩大、细化,并对一定年龄老年人门诊费用进行适当补贴,减轻农村年轻人养老负担,缓解农村低收入群体"看病贵"的问题,释放因家庭医疗费用负担过重而想生不敢生人群的生育意愿。

(5)深化落实消除非婚生育女性领取生育保险的门槛。秉持权利与义务对等的原则,使缴纳生育保险的女性都有权力领取生育保险,而不是以合法婚姻生育为保障条件,从而保障非婚女性生育权,激励生育。

参考文献

陈芳,刘越.流动人口二孩生育意愿真的很低吗?——基于对研究对象偏差的修正[J].人口学刊,2021,43(01):53—63.

程令国,张晔,刘志彪."新农保"改变了中国农村居民的养老模式吗?[J].经济研究,2013,48(08):42—54.

郭凯明,龚六堂.社会保障、家庭养老与经济增长[J].金融研究,2012(01):78—90.

海韵.探索两项保险合并实施的制度体系和运行机制[J].中国医疗保险,2021(07):72.

计迎春,郑真真.社会性别和发展视角下的中国低生育率[J].中国社会科学,2018(08):143—161+207—208.

靳永爱,赵梦晗,宋健.父母如何影响女性的二孩生育计划——来自中国城市的证据[J].人口研究,2018,42(05):17—29.

李静,虞燕君,彭飞等."药品零加成"政策能否缓解患者负担?——基于中部某省公立医院试点的效果评估[J].财经研究,2021,47(12):49—63.

梁斌,冀慧.失业保险如何影响求职努力?——来自"中国时间利用调查"的证据[J].经济研究,2020,55(03):179—197.

刘一伟.社会养老保险、养老期望与生育意愿[J].人口与发展,2017,23(04):30—40.

刘莹.浅析医疗保险和生育保险的合并[J].现代营销(经营版),2020(09):210—211.

刘志国,刘慧哲.收入流动与扩大中等收入群体的路径:基于CFPS数据的分析[J].经济学家,2021(11):100—109.

穆光宗."全面二孩"政策实施效果和前景[J].中国经济报告,2017(01):24—26.

石智雷,邵玺,王璋等.三孩政策下城乡居民生育意愿[J].人口学刊,2022,44(03):1—18.

王超群,杨攀续.两险合并实施对生育保险覆盖面的影响——基于合肥市的合成控制研究[J].华中科技大学学报(社会科学版),2021,35(06):44—55.

王军,王广州.中国育龄人群的生育意愿及其影响估计[J].中国人口科学,2013(04):26—35+126.

王天宇,彭晓博.社会保障对生育意愿的影响:来自新型农村合作医疗的证据[J].经济研究,2015,50(02):103—117.

王一帆,罗淳.促进还是抑制?受教育水平对生育意愿的影响及内在机制分析[J].人口与发展,2021,27(05):72—82+23.

徐巧玲.收入不确定与生育意愿——基于阶层流动的调节效应[J].经济与管理研究,2019,40(05):61—73.

杨华磊,胡浩钰.生育目标不一致性——理论解释与实证分析[J].人口与经济,2019(05):29—40.

姚从容,吴帆,李建民.我国城乡居民生育意愿调查研究综述:2000-2008[J].人口学刊,2010(02):17—22.

于也雯,龚六堂.生育政策、生育率与家庭养老[J].中国工业经济,2021(05):38—56.

张巍,许家云,杨竺松.房价、工资与资源配置效率——基于微观家庭数据的实证分析[J].金融研究,2018(08):69—84.

庄渝霞.生育保险待遇的覆盖面、影响因素及拓展对策——基于第三期中国妇女社会地位调查的实证分析[J].人口与发展,2019,25(05):78—88.

Becker G S. An Economic Analysis of Fertility[M]. New York: Columbia University Press, 1960.

Bental B. The Old Age Security Hypothesis and Optimal Population Growth[J]. Journal of Population Economics, 1989, 1(04): 285-301.

Boca D D. The Effect of Child Care and Part Time Opportunities on Participation and Fertility Decisions in Italy[J]. Journal of Population Economics, 2002, 15(3): 549-573.

Budig M J, England P. The Wage Penalty for Motherhood[J]. American Sociological Review, 2001, 66(02): 204-225.

Busetta A, Mendola D, Vignoli D. Persistent Joblessness and Fertility Intentions[J]. Demographic Research, 2019, 40: 185-218.

Connelly R. The Effect of Child Care Costs on Married Women's Labor Force Participation[J]. The Review of Economics and Statistics, 1992, 74(1): 83-90.

Dettling L J, Kearney M S. House Prices and Birth Rates: The Impact of the Real Estate Market on the Decision to Have a baby[J]. Journal of Public Economics, 2014, 110: 82-100.

Hank K, Kreyenfeld M. A Multilevel Analysis of Child Care and Women's Fertility Decisions in Western Germany[J]. Journal of Marriage and Family, 2003, 65(3): 584-596.

Hohm C F. Social Security and Fertility: An International Perspective[J]. Demography, 1975, 12(04): 629-644.

Lutz Wand, Skirbekk V. Policies Addressing the Tempo Effect in Low-ferility Countries[J]. Population and Development Review, 2005, 31: 699-720.

McDonald P. Low Fertility and the State: The Efficacy of Policy[J]. Population and Development Review, 2006, 32(3): 485-510.

Milanovic B, Yitzhaki S. Decomposing World Income Distribution: Does The World Have A Middle Class? [J]. Review of Income and Wealth, 2002, 48(2): 155-178.

Neher P A. Peasants, Procreation, and Pensions[J]. The American Economic Review, 1971, 61(03): 380-389.

Nishimura K, Zhang J. Sustainable Plans of Social Security with Endogenous Fertility[J]. Oxford Economic Papers, 1995, 47(01): 182-194.

Swidler S. An Empirical Test of the Effect of Social Security on Fertility in the United States[J]. The American Economist, 1983, 27(02): 50-57.

Torr B M, Short S E. Second Births and the Second Shift: A Research Note on Gender Equity and Fertility[J]. Population and Development Review, 2004, 30(01): 109-130.

Waldfogel J. The Family Gap for Young Women in the United States and Britain: Can Maternity Leave Make a Difference? [J]. Journal of Labor Economics, 1998, 16(03): 505-545.

Wigger B U. Pay-as-You-Go Financed Public Pensions in a Model of Endogenous Growth and Fertility[J]. Journal of Population Economics, 1999, 12(4): 625-640.

Yakita A. Uncertain Lifetime, Fertility and Social Security[J]. Journal of Population Economics, 2001, 14(4): 635-640.

Zhang J, Zhang J. The Effects of Social Security on Population and Output Growth[J]. Southern Economic Journal, 1995, 62: 440-450.

性别比失衡与社会信任*

李新荣　黄鑫然

一、前　言

"人口生态"主要关注人口特征的多样性、平衡性和互动性,如果适婚人口的男女性别比例失衡,会影响到人的全面发展、人口的优化发展、家庭的幸福发展与社会的和谐发展(马寅初,1997)。之前的研究表明,男性人口过剩导致婚姻挤压(Angrist,2002;Zhu 等,2009),适婚男性及其家庭不得不承担高昂的结婚成本(Wei 等,2012;梁超,2017),例如彩礼、购房等,适婚男性不得不更努力地工作以增加其在婚姻市场中的竞争力(Wei 和 Zhang,2011a;Chang 和 Zhang,2012)。更有甚者,不能走入婚姻的男性对社会稳定构成威胁。①

近三十多年超声波技术的广泛应用(Coale 和 Banister,1994;涂平,1993;高凌,1993;李涌平,1993;徐岚和崔红艳,2008),"重男轻女"的传统生育观念(郭维明,2006),以及计划生育政策的实施(Li 等,2011;李建新,2008;王军,2013;郭志刚,2007),导致 20 世纪 80 年代以后人口出生性别比例开始攀升,远高于

---

* 李新荣,中央财经大学经济学院副教授,通信地址:北京市昌平区沙河高教园中央财经大学经济学院,邮政编码:100022,电话:13522806314,电子邮箱:xinrong_econ@ 126.com;黄鑫然,中铁建昆仑资产管理有限公司投资管理部,电子邮箱:xinran_huang@ 126.com。感谢中央财经大学协同创新中心经济学院研究项目的资助。感谢陈斌开和史宇鹏教授对本文的改进建议。本文在中国青年经济学家联谊会第 4 期工作坊、第四届文化与经济论坛、湘潭大学商学院学术论坛等学术会议报告过,感谢林发勤、赵子乐、李彬、牛梦琦等与会学者的有益评论。感谢匿名审稿人的宝贵意见,当然文责自负。

① Hudson 和 Boer(2005)指出大量光棍的涌现是导致我国 19 世纪上半叶发生淮北地区的捻乱,17—19 世纪末台湾地区发生暴乱,中世纪葡萄牙发生收复失地运动等历史灾难的充分条件。

正常值。① 从图8-1可以看到,人口出生性别比例在1953年第一次全国人口普查时为104.97(男):100(女);1964年第二次全国人口普查略微下降到103.87(男):100(女);之后,出生性别比例开始一路攀升,到2004年高达121.18(男):100(女);从2004年开始,我国的人口出生性别比例开始缓慢下降,但仍然处于较高水平;到2010年第六次全国人口普查时人口出生性别比例为117.96(男):100(女),但15岁以上未婚男女人口性别比高达135:100。根据2018年国家统计局人口抽样调查数据,15岁以上未婚男女人口性别比升至149:100。2020年第七次全国人口普查数据显示,全国未婚青年性别比达到了135.39,其中农村地区青年未婚性别比达到158.03,而35岁的大龄青年未婚性别比,达到了惊人的243.20。

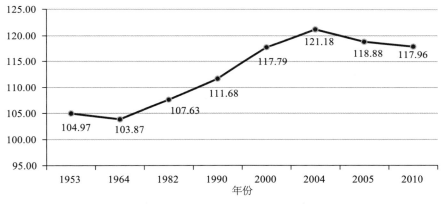

图8-1 中国总人口出生性别比例

注:1953、1964、1982、1990、2000和2010年数据来源于10%人口普查追溯,2004和2005年数据来源于1%人口抽样调查。

图8-2进一步展示了1973—1982年总人口出生性别比例,可以发现,在计划生育政策实施之前(1973—1978年),我国人口出生性别比例是正常的,维持在106.5(男):100(女)左右,但自1979年后,我国人口出生性别比例迅速攀升。

社会和谐发展的重要测量维度是社会信任。社会信任是社会资本的核心

---

① 20世纪50年代中期(1955年10月),联合国出版的《用于总体估计的基本数据质量鉴定方法》(手册Ⅱ)(*Methods of Appraisal of Quality of Basic Data for Population Estimates, Manual* Ⅱ)认为:出生性别比例偏向于男性。一般来说,每出生100名女婴,男婴出生数为102—107名。此分析明确认定了出生性别比例的正常值域为102—107。

组成部分,对于交易匿名性越来越强的现代社会而言,社会信任对于维系人们之间的合作、促进经济发展具有更加重要的作用(Fukuyama,1995;Knack 和 Keefer,1997;Zak 和 Knack,2001)。

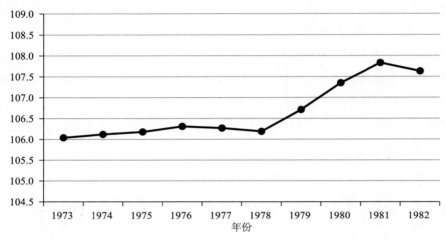

图 8-2 中国 1973—1982 年总人口出生性别比例①

令人遗憾的是,近年来我国居民的社会信任水平不尽如人意(邹育根,2010;李彬等,2015)。社科院 2013 年发布的《中国社会心态研究报告(2012—2013)》指出,只有不到一半的城市居民认为社会上大多数人是可信的,只有两到三成的居民信任陌生人。此外,群体间的不信任程度也在不断加深和固化,已经形成了恶性循环(王俊秀和杨宜音,2013)。

学术界对于社会信任影响因素的研究已经从多个角度进行了深入探讨,例如产权制度不明晰和政府行为不规范(张维迎,2003)、户籍分割制度(汪汇等,2009)、居民的外部风险(李彬等,2015)和公共资源供给不足(史宇鹏和李新荣,2016)等。相较以往的研究,很少有学者从人口生态的角度出发,研究性别比失衡对社会信任的影响。

本文认为可能是由性别比失衡造成婚姻挤压现象,进而导致彩礼金额上升(张川川和陶美娟,2020;梁超,2017),高昂的彩礼金额实际上反映的是婚姻市场上男女供求关系的失衡,反映的是男性家庭为了竞争稀缺性资源提高了女性的价格,以获取进入婚姻的资格。而不同经济水平的家庭对彩礼的支付

---

① 数据来源于 1982 年第三次人口普查追溯计算的 1973—1982 年新生儿出生性别比例。

能力不尽相同,即使同样的彩礼金额,对收入水平高的家庭而言,可能基本上没有影响,但是对处于弱势地位的男性家庭影响尤甚,甚至会伤筋动骨,因婚返贫、因婚致贫的现象亦屡见不鲜,以及由于婚娶借贷造成的民间纠纷甚至暴力冲突等,都成了社会不稳定因素。虽然高额彩礼增加了女性在婚姻市场上的地位,但是性别比例的严重失衡亦会导致暴力和性犯罪风险大幅增加(Edlund等,2008),对女性的整体福利可能并不显著。

本文利用中国综合社会调查(Chinese General Social Survey,CGSS)2003年、2010年和2013年的数据发现性别比例失衡导致社会信任水平降低,这种影响对处于弱势地位的男性尤甚。这表明,为了提升我国居民尤其是弱势群体的社会信任水平,出台相关的公共政策,着力恢复性别比的自然平衡状态,有着十分重要的现实意义。

相对以往的研究,本文的贡献体现在研究视角与实证方法两个方面。就研究视角而言,我们拓展了性别比失衡与社会信任这类文献。社会信任文献在分析其影响因素时,基本忽视了性别比失衡的影响。性别比失衡文献主要关注其如何形成、演化以及对于婚姻挤压、居民投资储蓄、劳动供给、社会安全和公共健康的影响,但极少考虑性别比失衡对社会信任的影响。本文通过引入性别比失衡程度作为影响社会信任的因素,使以往割裂的两类文献联系起来并做进一步的拓展。就实证方法而言,我们考虑了性别比失衡因遗漏变量导致的内生性问题。本文选择超生罚款率作为出生性别比例的工具变量,并且通过了第一阶段的弱工具变量检验,从而得到了更加全面和可靠的研究结论。

二、 文献综述

学术界已有很多文献探讨影响社会信任的因素。借鉴 Alesina 和 Ferrara(2002)的方法,我们把这些因素归并为以下两类。

第一类从居民个体异质性的微观视角出发,就居民个体特征对其社会信任的影响进行研究,包括个体的社会人口学特征,如年龄(Alesina 和 Ferrara,2002;李涛等,2008)、性别(Alesina 和 Ferrara,2002;陆铭和张爽,2008;汪汇等,2009)、收入水平(Alesina 和 Ferrara,2002)、受教育程度(Leigh,2006)和宗教信仰(李涛等,2008)。一般而言,个体的经济社会地位与其社会信任程度正相关。

第二类是从居民所处的外部环境出发,而外部环境因素又可以分为三个子类,即社会性因素、经济性因素和政治性因素。在影响居民社会信任的社会性因素方面,学者发现传承传统文化(Fukuyama,1995;Huff 和 Kelley,2003)、降低居民之间的异质性程度(Zak 和 Knack,2001)和加强社会保障来降低居民面临的社会风险(李彬等,2015)都显著提高了当地的社会信任水平。在经济性因素方面,降低收入差距(Bjørnskov,2006)、完善基础设施(Knack 和 Zak,2003)、提高地区经济发展水平和当地的人力资本水平(张维迎和柯荣住,2002;Bjørnskov,2006)亦显著提高了当地的社会信任程度。在政治性因素方面,政府对经济的管制与干预(张维迎和柯荣住,2002;张维迎,2003;Aghion 等,2010)和分割的户籍管理方式(汪汇等,2009)则会对居民社会信任产生显著的负面影响。

关于性别比失衡产生影响的文献主要关注的是其对社会、家庭和个体的影响,但是鲜有学者探讨性别比失衡对社会信任的影响。从社会层面上看,性别比失衡会引起城市房价上涨(张安全等,2017;Wei 等,2012),降低所在地企业劳动收入份额(魏下海等,2017),刺激经济增长(Wei 和 Zhang,2011a),提高储蓄率(Du 和 Wei,2013;李恩成等,2014;Wei 和 Zhang,2011b),推高犯罪率(Edlund 等,2008;姜全保和李波,2011;Barber,2003;Dreze 和 Khera,2000;Hudson and Boer,2002;Oldenburg,1992)和相关疾病的流行(Ebenstein 和 Sharygin,2009)。从家庭层面上看,性别比失衡会加剧适婚男性家庭父亲吸烟和酗酒的程度。从个体层面上看,性别比失衡导致适婚男性积极创业,努力工作和储蓄(Chang and Zhang,2012),提升女性在婚姻市场上的议价能力(Angrist,2002;Brainerd,2017)。

三、数据、变量与统计分析

本文使用的数据有四个来源。来源一是中国人民大学中国调查与数据中心的中国综合社会调查(CGSS)2003 年、2010 年和 2013 年的数据。其中:2003 年的数据涵盖了全国 28 个省(直辖市、自治区)的 5 426 个城镇居民和 440 个农村居民的基本信息,记录了受访者的住户成员、个人基本情况、户口变动、家庭情况、社会交往、教育经历、职业经历、评价与认同和行为与态度等多方面的信息;2010 年的数据涵盖了全国 31 个省(直辖市、自治区)的 5 718 个城镇居民和

6 045 个农村居民的基本信息;2013 年的数据涵盖了全国 31 个省(直辖市、自治区)的 4 416 个城镇居民和 7 022 个农村居民的基本信息。数据来源二是《中国城市统计年鉴》和《中国人口和就业统计年鉴》,我们采用 2003 年、2010 年和 2013 年 31 个省(直辖市、自治区)的城镇登记失业人数、年末总人口、人均地区生产总值和按户籍划分的年末农业人口和非农业人口比重。数据来源三是 1982 年第三次全国人口普查、1990 年第四次全国人口普查、2000 年第五次全国人口普查以及 2010 年第六次全国人口普查分年龄分性别的人口数。数据来源四是来自 Ebenstein(2010)统计 31 个省(直辖市、自治区)1979—2000 年的超生罚款率数据。

(一) 主要变量定义及其测量

1. 被解释变量

被解释变量"社会信任水平"(Trust)是我们根据受访者对相关问题的回答所构造的。① 2003 年、2010 年和 2013 年三个年份的调查问卷中都询问了受访者的社会信任水平。2003 年的问题是"一般说来,您对现在社会上的陌生人是否信任:(1)非常不信任、(2)不信任、(3)一般、(4)信任、(5)非常信任"。2010 年和 2013 年问卷的问题是"总的来说,您是否同意在这个社会上,绝大多数人都是可以信任的:(1)完全不同意、(2)比较不同意、(3)无所谓同意不同意、(4)比较同意、(5)完全同意"。对于那些回答"不知道""不适用"或者缺失观测值的样本,我们将其从最终的回归样本中剔除出去。

2. 解释变量

(1) 出生性别比例(SexRatio)。我们借助第三次到第六次全国人口普查中分年龄分性别数据计算居民个体出生时的出生性别比例,即在 2010 年调查时出生在北京的 28 周岁居民其出生性别比例是 1982 年第三次全国人口普查时

---

① 国外研究文献对社会信任程度的衡量通常是基于对以下问题的回答:"一般说来,您认为大多数人是可以信赖的,还是在与人打交道时应该尽可能地小心?(Generally speaking, would you say that most people can be trusted or that you should be too careful in dealing with people?)"虽然 Glaeser 等(2000)对这一方法提出了质疑,但目前仍然是最为常用的测度方法(Bjørnskov,2006)。需要指出的是,CGSS 2010 的问卷中也有类似的问题,但存在高达 67.54% 的样本缺失,因此我们没有采用该问题进行研究。

北京0岁的出生性别比例。通过全国人口普查中该年龄男性新生儿与女性新生儿比值衡量当地性别比失衡状况,其数值越大,说明当地男性人数相对于女性越多,性别比例失衡越严重。当有数据缺失时,我们优先使用相近年龄段性别比例(0—4岁、5—9岁、10—14岁等)替代,其次使用下次全国人口普查数据替代。①

(2)考虑到居民对陌生人信任程度还受到其他因素的影响,为了尽可能地刻画受访者的各种异质性特征,我们参考相关文献选取了居民的个人特征以及社会因素等方面的一系列变量作为控制变量。这些变量包括:居民性别,当居民是男性时变量赋值为1,反之为0;居民年龄,为其接受调查年份时的周岁;考虑到居民年龄对其社会信任影响的非线性,我们还构造了居民年龄的平方项;居民婚姻状况,若居民已婚、离婚后再婚或丧偶后再婚,婚姻状况变量赋值为1,反之为0;居民受教育年限,为其接受教育的年数,没有上过学其受教育年限变量赋值为0,小学或私塾文化程度赋值为6,初中文化程度赋值为9,高中、职高或中专文化程度赋值为12,大专文化程度赋值为14,本科文化程度赋值为16,硕士及以上文化程度赋值为18;居民民族,当居民是汉族时赋值为0,反之为1;居民户口,当居民是城镇户口或蓝印户口时赋值为1,反之为0;居民收入,为家庭过去一年内的全部收入,单位为万元,我们对收入剔除了通货膨胀因素,折算到2003年的实际水平;居民的政治身份,当居民是中共党员时赋值为1,反之为0;居民的社会资本,当居民参加了最近的居委会投票时赋值为1,反之为0。

(3)一般在经济发展水平越高的地方,政府越会加大对当地公共资源和社会保障的建设,即政府对公共资源的资金投入会基于当地城镇居民生活费用支出、失业率、常住人口数、经济发展水平等因素而确定。因此我们加入了人均地区生产总值、地区农村人口比重、地区每万人城镇登记失业人数,刻画当地经济发展水平。

(二)变量描述性统计

从表8-1中可以看出,性别比失衡的状况是因省而异的,西北地区出生性

---

① 具体替代过程在附录A中详细描述。

别比例相对正常,东南地区出生性别比失衡显著,其中出生性别比失衡最严重的地区主要为东部和黄河以南地区。

表 8-1 各省份(含自治区、直辖市)平均出生性别比例排序[①]

省份	出生性别比例	省份	出生性别比例	省份	出生性别比例
陕西	131.25	广东	119.17	云南	112.44
安徽	131.25	青海	117.18	重庆	111.79
贵州	127.72	甘肃	115.84	吉林	110.64
江西	126.81	河南	115.72	山西	110.17
江苏	124.79	上海	115.00	内蒙古	109.83
海南	123.10	四川	114.55	黑龙江	108.99
福建	122.41	山东	114.11	宁夏	107.13
湖南	121.46	浙江	113.97	西藏	105.75
湖北	121.42	北京	113.70	新疆	104.98
广西	120.73	天津	113.53		
河北	120.21	辽宁	112.69		

表 8-2 给出了 2003 年、2010 年和 2013 年各个样本的描述性统计,以 2010 年样本为例,表 8-2b 显示我国社会信任水平均值为 3.384,即同意社会上绝大多数人可信任,全国出生性别比例平均值为 106.768,处于正常区间。从性别构成上看,男性居民的比例大约为 46.9%;从年龄构成上看,年龄均值为 34 岁左右,年龄范围为 17—45 岁;城镇户口的比例为 40.9%;平均年收入为 4.14 万元,但是在不同居民之间的差距比较大,最大值与最小值之间差距有数十倍乃至百倍;少数民族人口约占调查对象的 11.2% 左右;在居民的教育年限中,居民的平均受教育年限为 10.009 年,大约为高中肄业;中共党员约占调查对象的 9.8%。纵向对比,2010 年社会信任水平均值比 2003 年均值高,而到 2013 年后有所下降。

---

① 陕西、安徽、贵州、江西、江苏、海南、福建、广西、河北、广东、青海、甘肃、河南、上海、四川、山东、浙江、北京、辽宁、重庆、黑龙江、宁夏和新疆的数据来源于 2005 年 1% 人口抽样调查;湖南、湖北、天津、云南、吉林、山西、内蒙古以及西藏的数据来源于 2010 年 10% 人口普查追溯,并用该数据计算 2005 年出生性别比例。

表 8-2　变量的描述性统计

a. 2003 年样本的描述性统计（样本量＝1 969）

变量	均值	标准差	最小值	最大值
社会信任水平	2.316	0.665	1	5
出生性别比例	106.271	1.798	96.062	114.855
男性	0.454	0.498	0	1
年龄	30.246	5.650	17	38
年龄平方/100	9.467	3.266	2.890	14.44
少数民族	0.058	0.235	0	1
城镇户口	0.898	0.303	0	1
结婚	0.736	0.441	0	1
教育年限	11.495	2.860	0	18
年收入（万元）	2.503	4.535	0	100
中共党员	0.107	0.309	0	1
居委会投票	0.130	0.336	0	1
ln(当地 GDP 平均值)	9.315	0.614	8.190	10.752
当地农村人口比重	0.649	0.176	0.224	0.844
当地每万人城镇登记失业人数	130.501	80.009	34.768	379.511

b. 2010 年样本的描述性统计（样本量＝4 695）

变量	均值	标准差	最小值	最大值
社会信任水平	3.384	1.129	1	5
出生性别比例	106.768	2.661	96.063	125.270
男性	0.469	0.499	0	1
年龄	34.224	7.574	17	45
年龄平方/100	12.287	4.979	2.890	20.250
少数民族	0.112	0.315	0	1
城镇户口	0.409	0.492	0	1
结婚	0.806	0.395	0	1
教育年限	10.009	3.845	0	18
年收入（万元）	4.140	11.246	0	490.925

（续表）

变量	均值	标准差	最小值	最大值
中共党员	0.098	0.298	0	1
居委会投票	0.371	0.483	0	1
ln（当地 GDP 平均值）	10.320	0.441	9.482	11.239
当地农村人口比重	0.626	0.161	0.111	0.839
当地每万人城镇登记失业人数	108.752	38.256	54.386	212.134

c. 2013 年样本的描述性统计（样本量 = 4 700）

变量	均值	标准差	最小值	最大值
社会信任水平	3.200	1.035	1	5
出生性别比例	106.985	2.846	96.063	125.270
男性	0.496	0.500	0	1
年龄	36.205	7.687	20	48
年龄平方/100	13.698	5.442	4.000	23.040
少数民族	0.094	0.292	0	1
城镇户口	0.362	0.481	0	1
结婚	0.827	0.378	0	1
教育年限	10.344	3.805	0	18
年收入（万元）	5.045	6.393	0	147.489
中共党员	0.090	0.286	0	1
居委会投票	0.365	0.482	0	1
ln（当地 GDP 平均值）	10.754	0.427	10.040	11.509
当地农村人口比重	0.580	0.194	0.100	0.836
当地每万人城镇登记失业人数	110.721	50.015	47.454	251.077

四、模型设定与估计

（一）基准模型设定

由于本文的被解释变量——社会信任水平的取值具有离散且有序的特点，

因此我们采用有序（Ordered）Probit 模型进行回归分析。有序 Probit 模型的设定如下：

$$\text{Trust}_{ict}^* = \beta_0 + \beta_1 \text{SexRatio}_{ict} + \delta X_{ict} + \gamma Z_{ct} + \pi_c + T_t + \mu_{ict}$$

$$\text{Trust}_{ict} = \begin{cases} 1 & if\ \text{Trust}_{ict}^* \leqslant \alpha_1 \\ 2 & if\ \alpha_1 < \text{Trust}_{ict}^* \leqslant \alpha_2 \\ 3 & if\ \alpha_2 < \text{Trust}_{ict}^* \leqslant \alpha_3 \\ 4 & if\ \alpha_3 < \text{Trust}_{ict}^* \leqslant \alpha_4 \\ 5 & if\ \alpha_4 < \text{Trust}_{ict}^* \end{cases} \tag{1}$$

其中，Trust_{ict}^* 是不可观测的 c 地区 i 居民在 t 年份的社会信任水平；X_{ict} 是居民特征变量，包括居民的性别、年龄、年龄的平方、是否为少数民族、是否为城镇户口、是否结婚、受教育年限、年收入、是否是党员和是否在居委会投票等。π_c 为地区固定效应。Z_{ct} 为地区随时间变化的特征，包括人均地区生产总值、地区农村人口比重和地区每万人城镇登记失业人数。①T_t 是时间虚拟变量，μ_{ict} 是随机扰动项。β_1 是我们关心的变量，表示居民的出生性别比例对其社会信任水平的影响。在控制地区固定效应和时间效应后，本文的识别基础是各省平均性别资源随时间变化的差异。依据之前的探讨，我们预测出生性别比失衡越严重，居民对陌生人的信任程度越低，即 $\beta_1 < 0$。

（二）回归结果分析

1. 出生性别比例对社会信任水平的平均影响

表 8-3 展示了采用有序 Probit 回归得到的出生性别比例对社会信任水平影响的结果，其中模型 1 显示仅控制时间效应和地区固定效应的回归结果，模型 2 说明在模型 1 基础上加入居民个体特征变量（性别、年龄、年龄平方、民族等）的回归结果，模型 3 展示在模型 2 基础上加入地区特征变量（人均地区生产总值、地区每万人城镇登记失业人数以及地区农村人口比重）的回归结果。依

---

① 我们创建了北京、上海、东部地区、中部地区四个 0—1 哑变量以控制地区固定效应。其中，西部地区包括四川、重庆、贵州、云南、西藏、陕西、甘肃、青海、宁夏、新疆、内蒙古；中部地区包括山西、吉林、黑龙江、安徽、江西、河南、湖北、湖南；东部地区包括天津、河北、辽宁、江苏、浙江、福建、山东、广东和海南。

据邓国胜(2003)提出的婚姻挤压机制,当婚姻市场处于挤压状态时,对夫妻年龄差距有一定影响。适婚男性的竞争压力不仅来自其同龄群体,而且来自相近年龄群体的挤压,因此我们重新测度出生性别比例,等于前后相差1岁的群体中男性新生儿数量与女性新生儿数量的比值,例如用1979—1981年的男性新生儿与女性新生儿人口数比值代表1980年出生性别比例,表8-3中模型4展示了重新定义出生性别比例对社会信任水平的影响结果。同样,模型5展示了当出生性别比例等于前后相差2岁群体中男性新生儿与女性新生儿人口数量比值时的回归结果。从模型1到模型5,我们发现出生性别比失衡降低了社会信任水平,且在1%水平上统计显著。

对于有序Probit回归模型,回归系数并非代表其边际效应,表8-4是模型1到模型5回归后计算得到的出生性别比例对社会信任水平影响的边际效应。从表8-4模型1可以看出,在控制时间效应和地区固定效应后,出生性别比例上升1,即与100名新生儿女性相对应的新生儿男性出生人数增加1人时,居民非常不信任陌生人的概率上升0.2%,不信任陌生人的概率上升0.6%,对陌生人无所谓信任不信任的概率上升0.06%,信任陌生人的概率下降0.7%,对陌生人非常信任的概率下降0.2%,所有的结果均在1%的显著性水平上统计显著。在继续加入个体特征变量和地区特征变量后,边际效应结果基本上没有变化。考虑婚姻挤压后,模型4和模型5的结果表明,出生性别比例上升1,居民非常不信任陌生人的概率均上升0.1%,不信任陌生人的概率分别上升0.5%和0.4%,对陌生人无所谓信任不信任的概率均上升0.04%,信任陌生人的概率分别下降0.5%和0.4%,对陌生人非常信任的概率均下降0.2%,所有的结果亦在1%的显著性水平上统计显著。这表明,出生性别比失衡越严重,居民的社会信任水平越低,初步证实了我们的猜测。

2. 考虑内生性后,出生性别比例对社会信任水平的平均影响

估计方程(1)面临的主要问题是出生性别比例(SexRatio)可能与残差项是相关的,这就是出生性别比例变量的内生性问题。其内生性的来源可能是遗漏变量,例如,地区的社会保障政策、地区的治安水平或者当地的民俗民风,逻辑在于健全的社会保障政策、安全的治安环境和淳朴善良的民俗民风作为一种社会福利或者社会资源,会增强当地居民个体社会信任水平,而社会保障政策、地区的治安环境和淳朴善良的民风在一定程度上会弱化男孩的价值,进而转变个

表 8-3 出生性别比例对社会信任水平的影响：有序 probit 回归

变量	模型1 系数	标准误	模型2 系数	标准误	模型3 系数	标准误	模型4 系数	标准误	模型5 系数	标准误
出生性别比例	-0.023***	0.004	-0.012**	0.005	-0.014***	0.005	-0.016***	0.005	-0.016***	0.005
个体特征变量			是		是		是		是	
地区特征变量					是		是		是	
时间虚拟变量	是		是		是		是		是	
地区虚拟变量	是		是		是		是		是	
样本量	11 364		11 364		11 364		11 364		11 364	
Pseudo R2	0.0429		0.0461		0.0467		0.0469		0.0468	

表 8-4 出生性别比例对社会信任水平影响的边际效应

社会信任水平	模型1 边际效应	标准误	模型2 边际效应	标准误	模型3 边际效应	标准误	模型4 边际效应	标准误	模型5 边际效应	标准误
非常不信任	0.002***	0.000	0.001***	0.000	0.001***	0.000	0.001***	0.000	0.001***	0.001
不信任	0.006***	0.001	0.003***	0.001	0.004***	0.001	0.005***	0.001	0.004***	0.001
一般	0.0006***	0.000	0.0003***	0.000	0.0004***	0.000	0.0004***	0.000	0.0004***	0.000
信任	-0.007***	0.001	-0.004***	0.001	-0.004***	0.001	-0.005***	0.001	-0.004***	0.001
非常信任	-0.002***	0.000	-0.001***	0.001	-0.002***	0.001	-0.002***	0.001	-0.002***	0.001
时间虚拟变量			是		是		是		是	
地区虚拟变量	是		是		是		是		是	
个体特征变量			是		是		是		是	
地区特征变量					是		是		是	
样本量	11 364		11 364		11 364		11 364		11 364	

体"重男轻女"的生育观念(Ebenstain 和 Leung,2010),一般"重男轻女"的传统生育观念会加剧当地出生性别比失衡,但这种社会保障政策、地区的治安水平或者当地淳朴善良的民俗民风往往不可观察。

我们选择超生罚款率作为出生性别比例的工具变量①,数据来源于 Ebenstein(2010)统计的 31 个省市 1979—2000 年超生罚款率数据。由于计划生育政策②自 1979 年开始实施,在此之前政府对生育管控较松,我们将 1979 年之前的超生罚款率设为 0。Ebenstein(2010)基于 2000 年的全国人口普查数据,发现每个县的平均罚款率与罚款政策出台前的性别比无关,但是与罚款政策实施后的性别比呈正相关,说明超生罚款率反映了各省执行计划生育政策严格程度的差异,与居民的社会信任水平无关。

在我们的样本中,超生罚款率的均值是 0.398,其与出生性别比例显著正相关,$\text{cov}(超生罚款率_i, \text{SexRatio}_i) = 0.485$,但是居民超生罚款率与社会信任水平不显著相关。从表 8-5 第一阶段弱工具变量检验结果可知,用超生罚款率作为工具变量,弱工具变量检验 Cragg-Donald 统计量为 130.986,远大于 10% 偏误下的临界值 16.38,即拒绝弱工具变量的假设。Durbin-Wu-Hausman 内生性检验结果为 6.41,拒绝出生性别比例是外生变量的假设,需要用工具变量进行估计。考虑婚姻挤压,重新测度出生性别比例,如表 8-3 模型 4 和模型 5 的定义,其弱工具变量的检验结果亦显示在表 8-5 中,拒绝弱工具变量的假设和拒绝出生性别比例是外生变量的假设。因此,选用上述工具变量估计出生性别比例对社会信任的影响是必要且合适的。

表 8-5 工具变量的描述统计和检验

	模型 3	模型 4	模型 5
工具变量	超生罚款率		
PANEL A 工具变量的描述性统计			
平均值	0.389		
标准差	0.62		

---

① Qian(2008)指出性别比失衡的原因是男女相对收入的差异,研究中选择茶叶和水果的价格作为工具变量,但本文样本数据从 1965 年开始,限于跨期数据不易搜集,故无法使用茶叶或水果价格作为本文的工具变量。

② 计划生育政策的实施、奖励和惩罚规则在附录 B 中详细描述。

(续表)

	模型 3	模型 4	模型 5
PANEL B 第一阶段弱工具变量检验			
Cragg-Donald 统计量	130.986	80.049	32.824
Stock-Yogo bias critical value		16.38(10%)	
PANEL C 内生性检验(Endogeneity Test)			
Durbin-Wu-Hausman chi-sq test	6.41	6.51	7.08
P-value	0.0113	0.0107	0.0078

表8-6展示了考虑到出生性别比例(SexRatio)的内生性后的回归结果。其中表8-6模型3说明控制时间效应和地区固定效应、个体特征变量和地区特征变量后的两阶段回归结果,出生性别比例的系数 β_1 由之前(表8-3模型3)的 -0.014 下降到 -0.116,在 5% 的显著性水平上统计显著。表8-6模型4表示使用前后1岁年龄区间重新测度出生性别比例后的回归结果,同样 β_1 由 -0.016(表8-3模型4)下降到 -0.142,在 5% 的显著性水平上统计显著。表8-6模型5显示使用前后2岁年龄区间测度出生性别比例后的回归结果,考虑内生性后 β_1 下降到 -0.230,依然在 5% 的显著性水平上统计显著。表8-7是考虑了内生性后,出生性别比例对社会信任水平影响的边际效应,其计算依据来自相对应的表8-6回归结果。以表8-7中模型3为例,说明控制时间效应和地区固定效应、个体特征变量和地区特征变量后,借助工具变量两阶段估计后,出生性别比例增加1,居民非常不信任陌生人的概率上升 1.1%,居民不信任陌生人的概率上升 3.3%,居民对陌生人一般信任的概率上升 0.3%,对陌生人信任的概率下降 3.4%,对陌生人非常信任的概率下降 1.3%。

表8-6 考虑内生性的出生性别比例对社会信任水平的影响

变量	模型 3		模型 4		模型 5	
	系数	标准误	系数	标准误	系数	标准误
第二阶段						
被解释变量:社会信任						
性别比例	-0.116**	0.045	-0.142**	0.056	-0.230**	0.090
个体特征变量	是		是		是	
地区特征变量	是		是		是	

（续表）

变量	模型3		模型4		模型5	
	系数	标准误	系数	标准误	系数	标准误
时间虚拟变量	是		是		是	
地区虚拟变量	是		是		是	
Pseudo R^2	0.0482		0.0443		0.0482	
第一阶段						
被解释变量：性别比例						
罚款率	0.581***	0.051	0.472***	0.053	0.292***	0.051
时间虚拟变量	是		是		是	
地区虚拟变量	是		是		是	
个体特征变量	是		是		是	
地区特征变量	是		是		是	
样本量	11 364		11 364		11 364	
F值	338.73		270.31		309.52	
Pseudo R^2	0.3854		0.3336		0.3643	

表8-7 考虑内生性的出生性别比例对社会信任水平影响的边际效应

社会信任水平	模型3		模型4		模型5	
	边际效应	标准误	边际效应	标准误	边际效应	标准误
非常不信任	0.011***	0.004	0.013***	0.005	0.021***	0.008
不信任	0.033***	0.013	0.040***	0.016	0.065***	0.025
一般	0.003**	0.001	0.004**	0.001	0.006**	0.002
信任	-0.034***	0.013	-0.042***	0.016	-0.067***	0.026
非常信任	-0.013***	0.005	-0.016***	0.006	-0.025***	0.010
时间虚拟变量	是		是		是	
地区虚拟变量	是		是		是	
个体特征变量	是		是		是	
地区特征变量	是		是		是	
样本量	11 364		11 364		11 364	

五、异质性分析

出生性别比例失衡的状况对不同民族的居民个体影响是不同的,相对于少数民族而言,汉族地区基本严格执行了计划生育政策[1],导致出生性别比例失衡的状况在汉族居民中更加显著,因而我们猜测出生性别比例失衡导致汉族样本的社会信任水平显著下降,而在少数民族样本中可能不显著或者下降水平远小于汉族样本。鉴于此,我们定义少数民族人口比例在5%以下的地区为汉族聚居区,包括北京市、天津市、河北省、山西省、黑龙江省、上海市、江苏省、浙江省、安徽省、福建省、江西省、山东省、河南省、湖北省、广东省、四川省以及陕西省,共计17个省(市);将宁夏回族自治区、广西壮族自治区、内蒙古自治区、西藏自治区以及新疆维吾尔自治区定义为少数民族聚居区。考察汉族聚居区样本和少数民族聚居区样本的出生性别比例对社会信任水平的影响差异。其结果显示在表8-8,出生性别比例失衡对汉族聚居区样本社会信任水平有显著负影响,系数等于-0.016,且在5%的显著性水平上统计显著,但是对少数民族聚居区样本没有显著影响。就边际效应(表8-9)而言,出生性别比例增加1,汉族聚居区样本信任陌生人的概率下降0.5%,与我们的猜测相符。

表8-8 出生性别比例对社会信任水平影响的民族异质性分析[2]

变量	汉族聚居区子样本		少数民族聚居区子样本	
	系数	标准误	系数	标准误
出生性别比例	-0.016**	0.007	-0.003	0.014
个体特征变量	是		是	
地区特征变量	是		是	
时间虚拟变量	是		是	
地区虚拟变量	是		是	
样本量	7 977		756	
Pseudo R^2	0.0483		0.0578	

---

[1] 附录B中详细描述计划生育政策在汉族和少数民族地区之间的差异性。

[2] 稳健性分析中考虑内生性问题后,其结果与表8-8没有显著性差异,下同。如有需要,请与作者联系。

表 8-9　出生性别比例对社会信任水平影响的民族异质性分析的边际效应

社会信任水平	汉族聚居区子样本		少数民族聚居区子样本	
	边际效应	标准误	边际效应	标准误
非常不信任	0.001**	0.001	0.0004	0.002
不信任	0.004**	0.002	0.0009	0.004
一般	0.0005**	0.0002	0.0000	0.001
信任	−0.005**	0.002	−0.0009	0.004
非常信任	−0.001**	0.001	−0.0005	0.002
时间虚拟变量	是		是	
地区虚拟变量	是		是	
个体特征变量	是		是	
地区特征变量	是		是	
样本量	7 977		756	

六、稳健性分析

1. 考虑人口流动后出生性别比例失衡对社会信任水平的影响

一般而言,造成一个国家或地区的出生性别比例失衡的原因还包括移民或者人口流动。虽然我国移民的比例很低,但是自 20 世纪 80 年代以来的人口流动导致女性借助婚姻向发达地区迁移,而单身男性在欠发达地区更集中,在一定程度上加剧了出生性别比例失衡对社会信任的影响。因此,我们需要考虑人口流动①的影响。

一种方法是控制人口流动率考察出生性别比例失衡对社会信任的影响,其对应的模型是:

---

① 2003 年的问卷是"常住户口所在地? 1.本地址;2.本区/县/县级市;3.本省/自治区/直辖市;4.外省/自治区/直辖市"。当样本选择 4 时,该样本被标记为流动人口。2010 年和 2013 年的问卷通过两个问题判断流动人口,第一个问题是"您目前的户口登记地是? 1.本乡(镇、街道);2.本县(市、区)其他乡(镇、街道);3.本区/县/县级市以外;4.户口待定"。当样本选择 3 时,接着依据第二个问题"您目前的户口登记地是? ××省"判断,当××省与访员记录的调查地点不一致时,该样本被标记为流动人口。

$$\text{Trust}_{ict}^* = \beta_0 + \beta_1 \text{SexRatio}_{ict} + \beta_2 \text{Mobility}_{ct} + \delta X_{ict} + \gamma Z_{ct} + \pi_c + T_t + \mu_{ict}$$

$$\text{Trust}_{ict} = \begin{cases} 1 & if\ \text{Trust}_{ict}^* \leq \alpha_1 \\ 2 & if\ \alpha_1 < \text{Trust}_{ict}^* \leq \alpha_2 \\ 3 & if\ \alpha_2 < \text{Trust}_{ict}^* \leq \alpha_3 \\ 4 & if\ \alpha_3 < \text{Trust}_{ict}^* \leq \alpha_4 \\ 5 & if\ \alpha_4 < \text{Trust}_{ict}^* \end{cases} \quad (2)$$

其中,Mobility_{ct}是测度省级人口流动性的变量,等于(常住人口−户籍人口)/户籍人口,即流动性人口数与户籍人口数的比值。

还有一种方法是考察非流动性人口样本,即户籍所在地与调查所在地在同一个省①的人口。控制人口流动率后出生性别比例失衡对其社会信任水平产生显著的负影响,其边际效应(见表8-11)是当出生性别比例增加1时,居民信任陌生人的概率下降0.4%。当聚焦到非流动性人口样本时,其回归结果(见表8-10)表明出生性别比例对社会信任水平的影响仍然显著为负。

表8-10 考虑人口流动的出生性别比例对社会信任水平的影响②

变量	控制人口流动率		非流动性人口样本	
	系数	标准误	系数	标准误
出生性别比例	−0.015***	0.005	−0.013**	0.005
人口流动率	−0.185	0.139		
个体特征变量	是		是	
地区特征变量	是		是	
时间虚拟变量	是		是	
地区虚拟变量	是		是	
样本量	11 364		10 660③	
Pseudo R^2	0.0468		0.0475	

---

① 出生性别比例是省级平均值。
② 考虑内生性后,结果依然存在负显著性,而第一阶段的弱工具变量检验(Cragg-Donald F test)分别等于138.9和157.92。
③ 非流动性样本中包含省内流动人口,占总样本的93.8%(10 660/11 364),即跨省流动人口占总人口的6.2%。《中国流动人口发展报告2017》显示,2011年我国流动人口总量是2.3亿,占总人口13.7亿的16.79%,其中跨省流动人口占流动人口总量的比重是69.6%,那么跨省流动人口占总人口的比重是11.68%。

表 8-11 考虑人口流动的出生性别比例对社会信任水平的影响的边际效应

社会信任水平	控制人口流动率		非流动性人口样本	
	边际效应	标准误	边际效应	标准误
非常不信任	0.001***	0.000	0.001**	0.000
不信任	0.005***	0.001	0.004**	0.001
一般	0.0004***	0.0001	0.0004**	0.0002
信任	−0.004***	0.001	−0.004**	0.002
非常信任	−0.002***	0.001	−0.001**	0.001
时间虚拟变量	是		是	
地区虚拟变量	是		是	
个体特征变量	是		是	
地区特征变量	是		是	
样本量	11 364		10 660	

2. 控制婚姻市场厚度(Marriage Thickness)后出生性别比例失衡对社会信任水平的影响

需要指出的是,在一些地区存在着处于适婚年龄的男性或女性人口不足的问题,即婚姻市场厚度不足的问题,这可能会导致即使当地婚姻市场结构完善,即出生性别比例自然平衡,但社会信任水平依旧无法提高的问题。因此,我们需要在控制婚姻市场厚度的基础上讨论出生性别比例变化对社会信任水平的影响。其对应的回归模型是:

$$\text{Trust}_{ict}^* = \beta_0 + \beta_1 \text{SexRatio}_{ict} + \beta_2 \text{Thickness}_{ct} + \delta X_{ict} + \gamma Z_{ct} + \pi_c + T_t + \mu_{ict}$$

$$\text{Trust}_{ict} = \begin{cases} 1 & if\ \text{Trust}_{ict}^* \leq \alpha_1 \\ 2 & if\ \alpha_1 < \text{Trust}_{ict}^* \leq \alpha_2 \\ 3 & if\ \alpha_2 < \text{Trust}_{ict}^* \leq \alpha_3 \\ 4 & if\ \alpha_3 < \text{Trust}_{ict}^* \leq \alpha_4 \\ 5 & if\ \alpha_4 < \text{Trust}_{ict}^* \end{cases} \quad (3)$$

其中 Thickness_{ct} 是测度省级婚姻市场厚度的变量。我们借助 Brainerd(2017)的定义,分别用男性和女性人口数的对数测度当地婚姻市场厚度,其数值越大,说明该地区的婚姻市场越厚[①]。

---

① 数据来自第三次到第六次全国人口普查中与观测样本年龄一致的分省男性和女性人口数量。

表 8-12 显示当采用男性人口对数测度婚姻市场厚度的回归结果,在控制婚姻市场厚度的基础上,出生性别比例对社会信任的影响仍然为负,且在 1% 的水平上统计性显著。就边际效应(表 8-13)而言,男性人口对数增加 1,居民非常不信任陌生人的概率上升 0.1%,不信任陌生人的概率上升 0.4%,对陌生人一般信任的概率上升 0.04%,信任陌生人的概率下降 0.5%,非常信任陌生人的概率下降 0.2%。表 8-12 中,当采用女性人口对数测度婚姻市场厚度时,其回归结果表明性别比例对社会信任水平的影响仍然显著为负。这说明在控制了婚姻市场厚度后,性别比失衡越严重,居民的社会信任水平越低,这与我们的预测仍然是相符的。

表 8-12 考虑婚姻市场厚度的出生性别比例对社会信任水平的影响

变量	男性人口对数测度婚姻市场厚度		女性人口对数测度婚姻市场厚度	
	系数	标准误	系数	标准误
出生性别比例	−0.016***	0.005	−0.015***	0.005
男性人口对数	0.039**	0.019		
女性人口对数			0.040**	0.019
个体特征变量	是		是	
地区特征变量	是		是	
时间虚拟变量	是		是	
地区虚拟变量	是		是	
样本量	11 364		11 364	
Pseudo R^2	0.0469		0.0469	

表 8-13 考虑婚姻市场厚度的出生性别比例对社会信任水平的影响的边际效应

社会信任水平	男性人口对数测度婚姻市场厚度		女性人口对数测度婚姻市场厚度	
	边际效应	标准误	边际效应	标准误
非常不信任	0.001***	0.000	0.001***	0.000
不信任	0.004***	0.001	0.004***	0.001
一般	0.0004***	0.0001	0.0004***	0.0001
信任	−0.005***	0.001	−0.004***	0.001
非常信任	−0.002***	0.001	−0.002***	0.001
时间虚拟变量	是		是	

(续表)

社会信任水平	男性人口对数测度婚姻市场厚度		女性人口对数测度婚姻市场厚度	
	边际效应	标准误	边际效应	标准误
地区虚拟变量	是		是	
个体特征变量	是		是	
地区特征变量	是		是	
样本量	11 364		11 364	

3. 仅考虑适婚人口的成年人性别比例失衡状况对社会信任水平的影响

之前的内生性和稳健性分析基于的均是出生性别比例，但是在考虑新生儿死亡和人口跨省流动后，适婚人口的成年人性别比例是略有变化的。因此，我们重新计算了成年人性别比例，仅考虑适婚人群，即20—35岁的子样本，考察成年人性别比例变化对社会信任水平的影响。性别比例数据来源于第五次和第六次全国人口普查各省市分年龄分性别人口数据，其中 CGSS 2003 个体性别比例来源于 2000 年第五次全国人口普查追溯计算 17—32 岁的性别比例，因天津市、吉林省、黑龙江省、安徽省、福建省、河南省、重庆市、云南省、甘肃省、青海省、宁夏回族自治区缺乏第五次全国人口普查数据，使用第六次全国人口普查数据替代，CGSS 2010 和 CGSS 2013 个体性别比例来源于 2010 年第六次全国人口普查数据。

表 8-14 第 1、2 列显示适婚人口的成年人性别比例对社会信任水平的影响仍然为负，且在 5% 的水平上统计性显著。第 3、4 列显示当借助工具变量后这种影响依然显著为负。就边际效应（表 8-15）而言，性别比例增加 1，居民非常不信任陌生人的概率上升 0.04%，不信任陌生人的概率上升 0.13%，信任陌生人的概率下降 0.14%，非常信任陌生人的概率下降 0.04%。

表 8-14 考虑适婚人口（20—35 岁）的成年人性别比例失衡状况对社会信任水平的影响

变量	OProbit 估计		IV 估计	
	系数	标准误	系数	标准误
性别比例	−0.005**	0.002	−0.133*	0.068
个体特征变量	是		是	

（续表）

变量	OProbit 估计		IV 估计	
	系数	标准误	系数	标准误
地区经济变量	是		是	
时间虚拟变量	是		是	
地区虚拟变量	是		是	
样本量	6 412		6 412	
Pseudo R^2	0.0494		0.0494	

表 8-15 考虑适婚人口的成年人性别比例失衡状况对社会信任水平的影响的边际效应

社会信任水平	OProbit 估计	
	边际效应	标准误
非常不信任	0.0004**	0.0002
不信任	0.0013**	0.0007
一般	0.0000	0.0000
信任	-0.0014**	0.0007
非常信任	-0.0004**	0.0002
时间虚拟变量	是	
地区虚拟变量	是	
个体特征变量	是	
地区特征变量	是	
样本量	6 412	

七、可能的解释

性别比例失衡的状况对不同性别的居民个体影响是不同的,相对男性居民,性别比例失衡使得女性在婚姻市场上的议价能力(Angrist,2002;Brainerd,2017)显著提升,产生正效用,但是 Barber(2003)指出性别比例失衡亦导致针对女性的犯罪率上升,也产生负效用,因而我们猜测性别比例失衡导致男性样本的社会信任水平显著下降,而对女性的影响不确定。表 8-16 第 1、2 列显示男性样本估计方程(1)的结果,变量性别比例的系数 β_1 等于-0.027,且在 1% 的显著性水平上统计显著。第 3、4 列显示女性样本估计方程(1)的结果,变量性别比例的系数 β_1 不显著,即性别比例失衡对女性社会信任水平没有显著性的影响。就边际效应(表 8-17)而言,性别比增加 1,男性信任陌生人的概率下降 0.8%。

表 8-16 基于性别讨论性别比例对社会信任水平的影响

变量	男性子样本		女性子样本	
	系数	标准误	系数	标准误
性别比例	-0.027***	0.007	-0.001	0.007
个体特征变量	是		是	
地区经济变量	是		是	
时间虚拟变量	是		是	
地区虚拟变量	是		是	
样本量	5 425		5 939	
Pseudo R^2	0.0476		0.0486	

表 8-17 基于性别讨论性别比例对社会信任水平影响的边际效应

社会信任水平	男性子样本		女性子样本	
	边际效应	标准误	边际效应	标准误
非常不信任	0.002***	0.001	0.0001	0.0006
不信任	0.008***	0.002	0.0004	0.002
一般	0.001***	0.000	0.0001	0.0001
信任	-0.008***	0.002	-0.0004	0.002
非常信任	-0.003***	0.001	-0.0001	0.0007
时间虚拟变量	是		是	
地区虚拟变量	是		是	
个体特征变量	是		是	
地区特征变量	是		是	
样本量	5 425		5 939	

针对不同性别群体,具体渠道分性别讨论:(1)由于不同男性居民获取婚姻的能力存在差别,因此他们对这种变化的敏感性也就不同。社会经济地位较低的男性会更难以获得结婚的机会(Pollet 和 Nettle,2008),而拥有较高社会经济

地位的男性获得结婚机会的概率更高(Buss,1989)。当性别比例失衡严重导致人们之间的不信任程度加剧时,我们推测这种效应对于婚姻争夺中处于竞争弱势的群体来说应该表现得更为强烈。以收入为例,由于收入水平较低的居民在获取婚姻的竞争中往往处于弱势地位,因此,我们有理由猜想,他们对性别比例状况的变化将更为敏感。(2)针对女性,因存在婚姻议价能力提升(Angrist,2002;Brainerd,2017)而得到的正效用和因针对女性犯罪(Barber,2003)增加而导致的负效用,那么我们猜测在社会经济地位较低的女性中,正效用更加显著;而在社会经济地位较高的女性中,负效用更加显著;在收入中等的女性中,两种效用的结果是不确定的。

我们将男性样本依据收入水平划分为高中低三个子群。表8-18第1、2列展示了低收入样本在控制时间效应和地区固定效应、个体特征变量和地区特征变量后的方程(1)回归结果。低收入范围从0到1.813(含)万元;第3、4列是收入从1.814万元到4.082(含)万元的中等收入样本回归结果;第5、6列是高收入样本回归结果,其收入均高于4.083万元。回归分析的结果验证了我们的猜测。表8-19显示性别比例增加1,收入最低的男性个体信任陌生人的概率下降1.1%;中等收入的男性个体信任陌生人的概率下降1.0%;而高收入的男性个体信任陌生人的概率是不显著的。

我们将女性样本依据收入水平划分为高中低三个子群。表8-20第1、2列是低收入样本在控制时间效应和地区固定效应、个体特征变量和地区特征变量后的方程(1)回归结果,其收入范围从0到1.622(含)万元;第3、4列是收入从1.623万元到3.681(含)万元的中等收入样本回归结果;第5、6列是高收入样本回归结果,其收入均高于3.682万元。回归分析的结果再次与我们的猜想一致。表8-21显示性别比例增加1,女性低收入个体信任陌生人的概率上升0.8%;而高收入的女性个体信任陌生人的概率下降0.6%;中等收入的女性个体信任陌生人的概率是不显著的。

表8-18 基于收入水平讨论性别比例对男性社会信任影响分析

变量	低收入样本		中等收入样本		高收入样本	
	系数	标准误	系数	标准误	系数	标准误
性别比例	−0.041***	0.012	−0.036***	0.012	−0.013	0.013
个体特征变量	是		是		是	

（续表）

变量	低收入样本		中等收入样本		高收入样本	
	系数	标准误	系数	标准误	系数	标准误
地区特征变量	是		是		是	
时间虚拟变量	是		是		是	
地区虚拟变量	是		是		是	
样本量	1 795		1 764		1 866	
Pseudo R^2	0.0853		0.0468		0.0203	

表8-19 基于收入水平讨论性别比例对男性社会信任影响的边际效应

社会信任水平	低收入样本		中等收入样本		高收入样本	
	边际效应	标准误	边际效应	标准误	边际效应	标准误
非常不信任	0.003***	0.001	0.003***	0.001	0.001	0.001
不信任	0.012***	0.004	0.010***	0.003	0.003	0.003
一般	0.001**	0.000	0.001***	0.000	0.001	0.001
信任	−0.011***	0.003	−0.010***	0.004	−0.004	0.004
非常信任	−0.005***	0.002	−0.004***	0.001	0.001	0.001
个体特征变量	是		是		是	
地区特征变量	是		是		是	
时间虚拟变量	是		是		是	
地区虚拟变量	是		是		是	
样本量	1 795		1 764		1 866	

表8-20 基于收入水平讨论性别比例对女性社会信任影响分析

变量	低收入样本		中等收入样本		高收入样本	
	系数	标准误	系数	标准误	系数	标准误
性别比例	0.026**	0.012	−0.017	0.011	−0.021*	0.012
个体特征变量	是		是		是	
地区特征变量	是		是		是	
时间虚拟变量	是		是		是	
地区虚拟变量	是		是		是	

(续表)

变量	低收入样本		中等收入样本		高收入样本	
	系数	标准误	系数	标准误	系数	标准误
样本量	1 831		2 027		2 081	
Pseudo R^2	0.0690		0.0484		0.0255	

表 8-21 基于收入水平讨论性别比例对女性社会信任影响的边际效应

社会信任水平	低收入样本		中等收入样本		高收入样本	
	边际效应	标准误	边际效应	标准误	边际效应	标准误
非常不信任	−0.003**	0.001	0.002	0.001	0.002*	0.001
不信任	−0.007**	0.003	0.005	0.003	0.006*	0.003
一般	0.001*	0.000	0.001	0.000	0.001*	0.001
信任	0.008**	0.003	−0.005	0.004	−0.006	0.004
非常信任	0.002**	0.001	−0.002	0.001	−0.002*	0.001
个体特征变量	是		是		是	
地区特征变量	是		是		是	
时间虚拟变量	是		是		是	
地区虚拟变量	是		是		是	
样本量	1 831		2 027		2 081	

八、结论与政策建议

已有文献表明,社会信任是社会资本的重要组成部分,对一国的经济社会发展具有重要的作用。在众多影响居民社会信任的因素中,非常重要的一个就是性别比例失衡。遗憾的是,目前尚未有文献从这个角度出发研究其对社会信任会产生什么样的影响。

本文利用 2003 年、2010 年和 2013 年中国综合社会调查(CGSS)的混合截面数据,首次系统考察了出生性别比例失衡对社会信任的影响。考虑到遗漏变量(地区的社会保障政策、地区的治安环境或者当地的民俗民风等)导致性别比例失衡可能内生于社会信任,我们选择超生罚款率作为工具变量。研究结果表明,出生性别比例失衡确实会导致人们之间的不信任程度加剧,但是这种影响是有异质性的,考虑到民族人口政策的异质性、人口流动性和婚姻市场厚度后,结果依然稳健。性别比例失衡对男性群体,特别对处于弱势地位的男性群体的影响更大。

基于以上发现,我们认为,为了提升我国居民尤其是弱势群体的社会信任水平,应着力恢复性别比例自然平衡。我国政府可以采取的公共政策有三:一是健全社会保障体系,特别是完善农村老人就医和养老的社会保障,改善父母"重男轻女"的传统生育观念;二是提高女性社会地位,为女性提供更多的受教育机会,加大对各种性别就业歧视的打击力度;三是制定"生育友好型"政策,例如依据小孩的数量设定个税减免的额度、房屋贷款的优惠利率等,同时促进婴幼儿看护服务的发展,有效降低家庭养育成本。

参考文献

邓国胜.出生性别比偏高对择偶问题的影响[J].人口研究,2003,27(5):41—43.

冯国平,郝林娜.全国28个地方计划生育条例综述[J].人口研究,1992(04):28—33.

高凌.中国人口出生性别比的分析[J].人口研究,1993(01):1—6.

郭维明.文化因素对性别偏好的决定作用[J].人口学刊,2006(02):8—12.

郭志刚.对2000年人口普查出生性别比的分层模型分析[J].人口研究,2007(03):20—31.

国家卫生和计划生育委员会流动人口司.中国流动人口发展报告2017[M].北京:中国人口出版社,2017.

姜全保,李波.性别失衡对犯罪率的影响研究[J].公共管理学报,2011,8(01):71—80+126.

李彬,史宇鹏,刘彦兵.外部风险与社会信任:来自信任博弈实验的证据[J].世界经济,2015,38(04):146—168.

李恩成,蔡骑鹏,周凯玲.中国人口性别比例失衡对储蓄率的影响[J].经济研究导刊,2014(13):119—121.

李建新.生育政策与出生性别比偏高[J].中国农业大学学报(社会科学版),2008(03):68—76.

李涛,黄纯纯,何兴强等.什么影响了居民的社会信任水平?——来自广东省的经验证据[J].经济研究,2008(01):137—152.

李涌平.胎儿性别鉴定的流引产对出生婴儿性别比的影响[J].人口研究,1993(05):21—25+13.

梁超.我国人口性别结构失衡的影响研究——基于婚姻市场竞争力的视角[D].济南:山东大学,2017

陆铭,张爽.劳动力流动对中国农村公共信任的影响[J].世界经济文汇,2008(04):77—87.

马寅初.新人口论[M].长春:吉林人民出版社,1997.

史宇鹏,李新荣.公共资源与社会信任:以义务教育为例[J].经济研究,2016,51(05):86—100.

涂平.我国出生婴儿性别比问题探讨[J].人口研究,1993(01):6—13+29.

汪汇,陈钊,陆铭.户籍、社会分割与信任:来自上海的经验研究[J].世界经济,2009,32(10):81—96.

王军.生育政策和社会经济状况对中国出生性别比失衡的影响[J].人口学刊,2013,35(05):5—14.

王俊秀,杨宜音.中国社会心态研究报告(2012—2013)[M].北京:社会科学文献出版社,2013.

蔚菲虹.彩礼,就是维护男女性别比平衡和婚姻制度的蓄水池[EB/OL].(2021-04-16)[2023-11-02].https://baijiahao.baidu.com/s?id=1697190073832333681&wfr=spider&for=pc.

蔚菲虹.彩礼,就是维护男女性别比平衡和婚姻制度的蓄水池[EB/OL].(2021-04-16)[2023-11-02].https://baijiahao.baidu.com/s?id=1697190073832333681&wfr=spider&for=pc.

魏下海,董志强,蓝嘉俊.地区性别失衡对企业劳动收入份额的影响:理论与经验研究[J].世界经济,2017,40(04):129—146.

徐岚,崔红艳.利用教育统计资料对我国出生婴儿性别比的研究[J].人口研究,2008(05):79—82.

杨舒怡.欧洲挠头:难民性别比失衡 性犯罪风险大增[EB/OL].(2016-01-10)[2023-11-02].https://www.sohu.com/a/53634923_119935.

杨舒怡.欧洲挠头:难民性别比失衡 性犯罪风险大增[EB/OL].(2016-01-10)[2023-11-02].https://www.sohu.com/a/53634923_119935.

张安全,张立斌,郭丽丽.性别比失衡对房价的影响及其门槛特征[J].财经科学 2017(05):93—103.

张川川,陶美娟.性别比失衡、婚姻支付与代际支持[J].经济科学,2020(02):87—100.

张维迎,柯荣住.信任及其解释:来自中国的跨省调查分析[J].经济研究,2002(10):59—70+96.

张维迎.信息、信任与法律[M]北京:生活·读书·新知三联书店,2003.

邹育根.当前中国地方政府信任危机事件的型态类别、形成机理与治理思路[J].中国行政管理,2010(04):68—72.

Aghion P, Algan Y, Cahuc P, et al. Regulation and Distrust[J]. Quarterly Journal of Economics, 2010, 125(3):1015-1049.

Alesina A, Ferrara E L. Who Trusts Others? [J]. Journal of Public Economic, 2002, 85(02):207-234.

Angrist J. How Do Sex Ratios Affect Marriage and Labor Markets? Evidence from America's Second Generation[J]. Quarterly Journal of Economics, 2002, 117(3), 997-1038.

Barber N. The Sex Ratio and Female Marital Opportunity as Historical Predictors of Violent Crime in England, Scotland, and the United States[J]. Cross-Cultural Research, 2003, 37(03):373-392.

Bjørnskov C. Determinants of Generalized Trust: A Cross-Country Comparison[J]. Public Choice, 2006, 130:1-21.

Brainerd E. The Lasting Effect of Sex Ratio Imbalance on Marriage and Family: Evidence from World War II in Russia[J]. The Review of Economics and Statistics, 2017, 99(2):229-242.

Buss D M. Sex Differences in Human Mate Preferences: Evolutionary Hypotheses Tested in 37 Cultures[J]. Behavioral and Brain Sciences, 1989, 12:1-14.

Chang S, Zhang X. Mating Competition and Entrepreneurship: Evidence from a Natural Experiment in Taiwan[J]. Social Science Electronic Publishing, 2012, 65(2):129-142.

Coale A J, Banister J. Five Decades of Missing Females in China[J]. Demography, 1994, 31:421-450.

Dreze J, Khera R. Crime, Gender, and Society in India: Insights from Homicide Data[J]. Population and Development Review, 2000, 26(2):335-352.

Du Q, Wei S J. A Theory of the Competitive Saving Motive [J]. Journal of International Economics, 2013, 92(02):275-289.

Ebenstein A, Leung S. Son Preference and Access to Social Insurance: Evidence From China's Rural Pension Program[J]. Population and Development Review, 2010, 36(01):47-70.

Ebenstein A, Sharygin E J. The Consequences of the 'Missing Girls' of China[J]. The World Bank Economic Review, 2009, 23(3):399-425.

Ebenstein A. The 'Missing Girls' of China and the Unintended Consequences of the One Child Policy[J]. Journal of Human Resources, 2010, 45(01):87-115.

Edlund L, Li H, Yi J, et al. More Men, More Crime: Evidence from China's OneChild Policy[J]. Social Science Electronic Publishing, 2008.

Fisman R, Khanna T. Is Trust a Historical Residue? Information Flows and Trust Levels[J]. Journal of Economic Behavior and Organization, 1999, 38(1): 79-92.

Fukuyama F. Trust[M]. New York: Free Press, 1995.

Glaeser E L, Laibson D I, Scheinkman J A, et al. Measuring Trust[J]. Quarterly Journal of Economics, 2000, 115(3): 811-846.

Hudson V M, Boer A D. A Surplus of Men, A Deficit of Peace: Security and Sex Ratios in Asia's Largest States[J]. International Security, 2002, 26(4): 5-38.

Hudson V M, Boer A M. Missing Women and Bare Branches: Gender Balance and Conflict[J]. Environmental Change and Security Program Report, 2005: 20-24.

Huff L, Kelley L. Levels of Organizational Trust in Individualist Versus Collectivist Societies: A Seven-nation Study[J]. Organization Science, 2003, 14(1): 81-90.

Knack S, Keefer P. Does Social Capital Have an Economic Payoff? A Cross-Country Investigation[J]. Quarterly Journal of Economics, 1997, 112(4): 1251-1288.

Knack S, Zak P J. Building Trust: Public Policy, Interpersonal Trust and Economic Development[J]. Supreme Court Economic Review, 2003, 10: 91-107.

Leigh A. Trust, Inequality and Ethnic Heterogeneity[J]. Economic Record, 2006, 82 (258): 268-280.

Li H, Yi J, Zhang J. Estimating the Effect of the One-Child Policy on the Sex Ratio Imbalance in China: Identification Based on the Difference-in-Differences[J]. Demography, 2011, 48(4): 1535-1557.

Miller B D. Female-Selective Abortion in Asia: Patterns, Policies, and Debates[J]. Am Anthropol, 2001, 103(4): 1083-1095.

Oldenburg P. Sex Ratio, Son Preference and Violence in India: a Research Note[J]. Economic and Political Weekly, 1992, 27(49): 2657-2662.

Pollet T V, Nettle D. Driving a Hard Bargain: Sex Ratio and Male Marriage Success in a Historical US Population[J]. Biology Letters, 2008, 4(1): 31-33.

Qian N. Missing Women and the Price of Tea in China: the Effect of Sex-Specific Earnings on Sex Imbalance[J]. Quarterly Journal of Economics, 2008, 123(3): 1251-1285.

Scharping T. Birth Control in China 1949-2000: Population Policy and Demographic Development[M]. London: Routledge, 2003.

Wei S J, Zhang X, Liu Y. Status Competition and Housing Prices[J] NBER Working Papers, 2012.

Wei S J, Zhang X. Sex Ratios, Entrepreneurship, and Economic Growth in the People's Republic of China[J]. NBER Working Paper, 2011a.

Wei S J, Zhang X. The Competitive Saving Motive: Evidence from Rising Sex Ratios and Savings Rates in China[J]. Journal of Political Economy, 2011b, 119(3): 511-564.

Zak P, Knack S. Trust and Growth[J]. The Economic Journal, 2001, 111(470): 295-321.

Zhu W X, Lu L, Hesketh T. China's Excess Males, Sex Selective Abortion, and One Child Policy: Analysis of Data from 2005 National Intercensus Survey[J]. British Medical Journal, 2009, 338: 920-923.

附录 A 解释变量出生性别比例（SexRatio）的数据替代过程

我国已经进行了七次全国人口普查，分别在 1953 年、1964 年、1982 年、1990 年、2000 年、2010 年和 2020 年展开，由于数据限制，我们只搜集到第三次（1982 年）、第四次（1990 年）、第五次（2000 年）和第六次（2010 年）全国人口普查数据，一方面由于数据限制，另一方面本文主要研究性别比例失衡的影响，那么适婚人群是我们的主要研究对象，因此我们将研究对象限制在 1964 年之后出生的个体。其数据生成过程如下：

（1）使用第三次全国人口普查分年龄分性别的人口统计数据追溯计算 1965—1982 年的出生性别比例；

（2）使用第四次全国人口普查分年龄分性别的人口统计数据追溯计算 1983—1990 年的出生性别比例，但是河北省、山西省、辽宁省、吉林省、湖南省、广西壮族自治区、重庆市缺乏第四次全国人口普查分年龄分性别的数据；

（3）使用第五次全国人口普查分年龄分性别的人口统计数据追溯计算 1991—2000 年的出生性别比例，其中吉林省、广西壮族自治区、黑龙江省、河南省、福建省、云南省和新疆维吾尔自治区缺乏第五次全国人口普查分年龄分性别的数据；

（4）使用河北省 1983—1990 年分年龄段（0—4 岁、5—9 岁）分性别的人口统计数据，采用 0—4 岁年龄段人口统计数据计算 1986—1990 年的出生性别比例，用 5—9 岁年龄段人口统计数据计算 1983—1985 年的出生性别比例；

（5）使用山西省和辽宁省 1% 的抽样调查分年龄分性别的人口统计数据计算 1983—1990 年的出生性别比例[①]；

（6）使用湖南省和重庆市第五次全国人口普查分年龄分性别的人口统计数据追溯计算 1983—1990 年的出生性别比例，例如 1983 年的出生性别比例对应 17 岁群体的性别比例，1984 年的出生性别比例对应 18 岁群体的性别比例，1990 年的出生性别比例对应 10 岁群体的性别比例；[②]

[①] 人口普查数据是 10% 的人口抽样，山西省和辽宁省 1983—1990 年间的数据为 1% 的人口抽样，为了与 10% 的人口普查数据相匹配，我们将 1% 的抽样数据统一扩大 10 倍，这并不改变计算结果。

[②] 湖南省和重庆市 1983—1990 年间的出生性别比例在第四次人口普查数据中没有合适的原则替代，故使用了第五次全国人口普查数据分年龄分性别的人口统计数据追溯计算。

（7）使用广西壮族自治区第五次全国人口普查分年龄段（0—4 岁、5—9 岁、10—14 岁、15—19 岁）分性别的人口统计数据,采用 0—4 岁年龄段人口计算 1996—2000 年的出生性别比例,用 5—9 岁年龄段人口计算 1991—1995 年的出生性别比例,10—14 岁年龄段人口计算 1986—1990 年的出生性别比例,15—19 岁年龄段人口计算 1981—1985 年的出生性别比例;[①]

（8）使用黑龙江省和河南省第五次全国人口普查分年龄段（0—4 岁、5—9 岁）分性别的人口统计数据,采用 0—4 岁年龄段人口计算 1996—2000 年的出生性别比例,用 5—9 岁年龄段人口计算 1991—1995 年的出生性别比例;

（9）因吉林省、福建省、云南省和新疆维吾尔自治区仍有部分年间的出生性别比例未被计算,因此我们使用了第六次全国人口普查数据分年龄分性别的人口统计数据计算的性别比例替代缺失数据,如吉林省 1983 年的出生性别比例用 27 岁群体的性别比例替代,1984 年的出生性别比例用 26 岁群体的性别比例替代。

附录 B 计划生育政策

1976 年"文化大革命"结束以后,中央政府对 1977 年粮食产量依旧停滞在 1955 年水平感到震惊,但同时中国人口却从 1955 年 6.15 亿增长到 1977 年的 9.49 亿（Scharping,2003）。因担心中国陷入马尔萨斯陷阱,中央政府被迫实行激进的计划生育政策（Li 等,2011）。1980 年 3 月到 5 月,中共中央书记处委托中共中央办公厅,连续召开了 5 次人口座谈会。会后,中国计划生育政策的方向被明确。1980 年 9 月 25 日,《关于控制我国人口增长问题致全体共产党员、共青团员的公开信》提倡一对夫妇只生育一个子女。自此,到 2002 年 9 月施行的《中华人民共和国人口与计划生育法》则以法律的形式明确规定,国家稳定现行生育政策,鼓励公民晚婚晚育,提倡一对夫妻生育一个子女;符合法律、法规规定条件的,可以要求安排生育第二个子女。但自 1979 年起,中国各级地方政府已经把独生子女政策当作基本国策来执行。

[①] 广西壮族自治区 1983—1990 年间的出生性别比例在第四次人口普查数据中没有合适的原则替代,同时第五次人口普查没有分年龄分性别的人口统计数据,故使用了第五次全国人口普查分年龄段分性别的人口统计数据追溯计算。

计划生育政策包括两方面的基本内容,即生育时间的规定和生育孩子数量的规定。生育时间的规定主要体现在晚婚晚育方面,女性的合法婚龄是 20 岁,男性是 22 岁。生育数量的规定则比较复杂,主要体现在城乡差异上。在城市,全国一盘棋,一胎化政策被严格执行,即要求国家干部、职工和城镇居民一对夫妇只生育一个孩子,同时根据各地的实际情况,规定若干条件照顾有实际困难的夫妇生育第二胎(冯国平和郝林娜,1992)。在农村是差异化执行,北京市、天津市、上海市、江苏省和四川省一对夫妇只生育一个孩子,部分条件下可生育二孩;河北省、内蒙古自治区、山西省、辽宁省、吉林省、黑龙江省等 18 个省、区照顾独女户可生育两个孩子;宁夏回族自治区、云南省、青海省、广东省、海南省基本允许生育两个孩子。其他例外情况,如配偶双方均为少数民族,政策未对生育数量做过多规定。

计划生育政策还包括一系列的奖罚措施。对违反计划生育政策的家庭,应当缴纳社会抚养费,但具体的缴纳标准各地存在差异,如山西省和甘肃省规定对计划外生育第二个孩子(即超生一孩)的处罚幅度一般为夫妇双方年收入的 10%—50%,连续罚款 5—14 年不等;上海市和江苏省按子女出生前夫妇双方前两年平均年收入的 3 倍处罚;山东省规定夫妇双方各降 2—3 级工资,3 年内不得晋升(冯国平和郝林娜,1992);而其他一些地区则按夫妻双方年收入的 1—10 倍罚款不等。在奖励措施方面,城市对独生子女家庭发放独生子女保健费,奖励期限为 14 年;独生子女可优先入托、入学、就医等;同等情况下,分配住房、招收工人优先考虑独生子女家庭;农村除上述政策外,优先给予扶贫贷款,优先划分责任田、自留地、宅基地等(冯国平和郝林娜,1992)。

乡村振兴、劳动力市场改善与共同富裕

王　熙　韩博昱　金　涛[*]

一、引　言

自改革开放以来,我国经济经历了数十年的快速发展,但在我国经济快速增长的同时,我国的贫富差距依然停留在较高的位置,收入不平等问题日渐突出。我们根据《中国统计年鉴》及国家统计局所提供的数据,将我国总体基尼系数绘制在图9-1中,从整体上看,我国居民收入基尼系数目前已维持在了较高的位置,共同富裕目标的实现尤为关键。

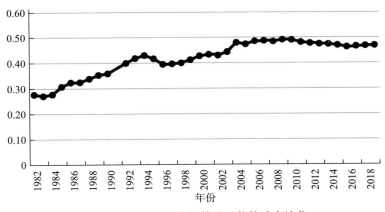

图9-1　全国居民收入基尼系数的动态演化

---

[*] 王熙,北京大学经济学院研究员、博士生导师、北京大学中国金融研究中心副主任,北京大学大数据分析与应用技术国家工程实验室研究员,主要研究方向为宏观金融、资产定价、人工智能与复杂计算。韩博昱,北京大学经济学院博士生,研究方向为宏观金融、宏观经济波动。金涛,清华大学五道口金融学院副教授、清华大学恒隆房地产研究中心货币与财政政策研究室主任、中国金融学会理事,研究方向为货币政策、宏观经济波动。

本文受到国家社会科学基金项目(23BJL025)、北京市社会科学基金项目(21JCC082)的资助。

习近平总书记尤其强调共同富裕,2021年习近平总书记在省部级主要领导干部学习贯彻党的十九届五中全会精神专题研讨班开班式上的讲话中指出:"实现共同富裕不仅是经济问题,而且是关系党的执政基础的重大政治问题。要统筹考虑需要和可能,按照经济社会发展规律循序渐进,自觉主动解决地区差距、城乡差距、收入差距等问题,不断增强人民群众获得感、幸福感、安全感。"

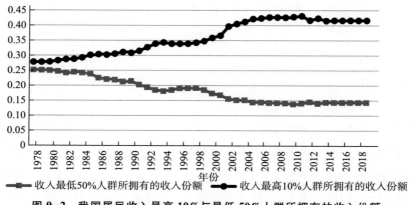

图 9-2　我国居民收入最高 10% 与最低 50% 人群所拥有的收入份额

共同富裕是实现中华民族伟大复兴的长远目标,是我国人民在中国共产党的领导下,不断推进经济建设和发展的初心,反映了中国共产党的初心和我国人民的期盼。因此,正确认识并研究共同富裕的理论问题,对于指导我国的经济建设发展和收入分配具有重要意义。与此同时,构建理论模型分析外生冲击和经济体结构迁移对宏观变量的影响能够有效增进我们对于各类政策作用效力的评估,能指导我们制定合理的宏观政策。但传统的宏观建模,都隐含着代表个体的假设,忽视了个体之间的异质性,因而难以得出与财富分布和共同富裕相关的有效结论。近年来发展出的异质性个体模型,则给了我们一个深入理解总量冲击的异质性效果的分析框架。

过去的数十年中,在宏观经济建模方面,异质性代理人模型得到了极大的关注。异质性代理人即意味着对不同的微观个体分别进行建模,从微观加总进而分析宏观金融整体的特征。随着经济学理论、算法和数学建模等方面的发展,越来越多类型的异质性代理人模型出现。异质性代理人模型在研究共同富裕相关的宏观经济建模中有着巨大的优势:一方面,异质性代理人模型在宏观经济学分析框架中对于不同的微观个体进行了建模,因此,在研究总量宏观指标的同时，我们还能研究财富和收入分配的具体情况；另一方面，异质性代理人模型可以研究诸如货币政策和财政政策之类的宏观经济政策变化，将如何影响宏观经济运行情况，特别能体现在政策实施的过程中哪些群体受益，哪些群体的利益受损，社会财富和收入分配情况会如何随着时间的演化而变化。

因此，在当前共同富裕背景下，将异质性引入宏观经济模型，对于理解共同富裕等问题提供了新的视角，为我们深入研究共同富裕与宏观经济发展之间的关系、宏观政策会如何影响社会分配情况提供了可靠的分析框架。随着改革开放的逐步推进，我国经济持续处于中高速增长，人民就业和物质生活水平不断提高。什么样的政策选择能够有效平衡发展和公平、能够促进社会不同群体的共同富裕？目前的学术研究还缺乏对这一问题的理论建模。

有鉴于此，本文构建了一个基于 Aiyagari-Bewley-Huggett 的异质性代理人模型，使用"平均场博弈（Mean Field Game, MFG）"分析框架构建了包含 Hamilton-Jacobi-Bellman（简称 HJB）方程和 Kolmogorov Forward（简称 KF）方程的耦合偏微分方程组，来研究乡村振兴所带来的劳动力市场匹配增强，以及金融创新所带来的信贷可得性增强会如何影响居民的收入分配和财富分布。并且，本文研究对比了离散状态基准模型和连续状态拓展模型，从数学层面证明了本文方法的普适性。

本文的研究发现：(1) 稳态下，低收入群体的财富分布将更为集中在左侧，表明低收入群体的借款限制存在聚集现象。(2) 随着乡村振兴政策的实施，劳动力市场工作搜寻成功率上升、失业率下降，特别有助于降低低收入群体的融资条件，使得更多的个体实现财富净积累，同时推动财富向中等收入群体聚集，促进橄榄型社会财富分配的形成。(3) 本文通过分别使用离散状态的收入情况与连续状态的收入情况发现，本文的离散状态基准模型具有较强的经济学一般性，所得到的结论与连续状态模型的结论有着相似性，因此，也说明离散状态模型具有一定的代表性意义。

后文的结构安排如下，第二部分简要梳理了以往文献，第三部分简要介绍了本文所使用的平均场博弈分析框架，第四部分讨论了本文的理论研究发现并进行政策模拟，第五部分讨论了连续时间模型与离散时间模型之间的相似性，第六部分为总结。

二、文献综述

本文的研究与三类文献密切相关：首先，在研究主题上，本文和乡村振兴的研究相关；其次，在研究问题上，本文和经济增长与共同富裕的研究相关；最后，在分析框架上，本文和异质性个体宏观模型，尤其是近年来兴起的以异质性代理人新凯恩斯模型（Heterogeneous Agent New Keynesian，简称 HANK 模型）研究财富分布的文献相关。因此，本小节梳理了国内外在这三方面的相关文献。

（一）乡村振兴相关的文献

面对纷繁复杂的国际环境，我国经济社会发展面临着艰巨的任务。中共中央、国务院指出，推动经济社会平稳健康发展，必须着眼于国家重大战略需要，稳住农业基本盘、做好"三农"工作，接续全面推进乡村振兴。并针对全力抓好粮食生产和重要农产品供给、强化现代农业基础支撑、坚决守住不发生规模性返贫底线、聚焦产业促进乡村发展、扎实稳妥推进乡村建设、突出实效改进乡村治理、加大政策保障和体制机制创新力度、坚持和加强党对"三农"工作的全面领导这八个方面做出了三十五条精准指示。

为全面推进乡村振兴政策的落地，学术界进行了深入的探讨。全面建成小康社会后，我国开启了向社会主义现代化国家迈进的新征程。而在迈向新征程的过程中，乡村能否振兴、能否跟上国家现代化进程至关重要（叶兴庆，2021）。乡村振兴的全面推进，将有利于创造高活力的创新创业空间（叶兴庆，2021），巩固脱贫攻坚成果（张来明和李建伟，2021），并且将一些传统的行业从城市迁移至乡村，带动农村人口工资的提升，成为创新、创业、就业的重要载体（曹璐等，2019）。同时，乡村振兴的发展将支持社会流动，建立多渠道、多元化的帮扶体系，从促进知识增长、积累投资、提供便利服务等方面，帮助民众改善发展条件（秦中春，2020）。

全面推进乡村振兴的发展，需要多领域、多部门、多维度的协调配合。劳动力改革方面，需要有效促进流动就业人口融入常住地，打破阻碍劳动力在城乡间流动的不合理壁垒，提升城镇化质量（刘培林等，2021），增强劳动力流动性，将有效改善原先低收入群体的工资水平，促进社会财富分配的公平化。金融创新方面,需要建立普惠金融体系,打破农贷资金配置的固化格局,保障农贷资金能够公平、普惠地支持农户的生活生产,提升金融的普惠性质(温涛等,2016)。政策协调方面,可以有效促进政策创新,发挥如对口支援等治理方式的优势,缓解区域间发展的非均衡特征(王禹澔,2022)。数字经济改革方面,需要加快数字乡村建设,为农业生产、农村流通、社会治理等多场景赋能,助力乡村振兴的发展(王胜等,2021)。而在这过程当中,促进脱贫人口稳定就业、提升农民劳动收入,做好金融服务政策衔接、因地制宜推动金融创新,做好财政投入政策衔接、对农村低收入群体提供救助帮扶,尤为关键。

(二)经济增长与共同富裕相关的文献

在宏观经济增长与共同富裕方面,随着市场化改革的逐步推进,我国实现了经济的高速增长,居民生活质量显著提升,全面建成小康社会的目标得以实现。但与此同时,"先富带后富""效率优先、兼顾公平"的共同富裕是我国现阶段实现经济发展和社会公平的重要问题之一。卢洪友和杜亦譞(2019)发现,随着政府不断加大扶贫攻坚的力度,我国的基尼系数有所下降,但近年来大部分时期的基尼系数仍然超过 0.45,表明我国居民收入分配差距问题仍存在固化的特征。同时,宁光杰等(2016)发现,近年来我国居民的财产性收入差异明显,居民的财富分布呈现较大的差距,低收入群体面临较为严重的财产性收入结构失衡。

Dollar 和 Kraay(2002)认为经济增长会使得包括穷人在内的所有个体均受益,因此推动减贫和共同富裕的关键在于促进经济发展。但其他学者对此提出了反对意见,如 Kakwani 和 Pernia(2000)的研究表明,虽然经济增长能有效促进贫困减少,但是经济增长并不会自发地使穷人受益,收入分配的问题同样值得关注。Son 和 Kakwani(2008)则进一步通过 1984—2001 年 80 个国家的经济增长数据发现,经济增长过程使得穷人相对受益的状态只占 23.2%,在更多数情况下穷人是相对受损的。Ravallion 和 Chen(2003)使用了 1990—1999 年的中国数据估计了中国经济增长对不同收入群体的影响,发现每年人均收入的增长从 3% 到 10% 不等。Son(2004)提出了一个"贫困增长曲线",用于衡量经济增长是否有利于穷人,并研究了世界上 241 个国家的数据,从可以明确得出结论的数据中发现,有 95 个国家的数据显示有利于贫困群体的经济增长,94 个国家的数据显示不利于贫困群体的经济增长。

类似地,陈立中(2009)发现 1980—2005 年,经济增长使得贫困发生率下降 39.13%,因此经济增长是有利于共同富裕的,但其中的 18.15% 却被收入状况的恶化所抵消,故而财富分布的差异对此影响较大。文秋良(2006)进一步发现经济增长的减贫弹性在地区间具有较大的差异性。罗楚亮(2012)测算了不同年份收入增长对贫困变动率的影响,发现若贫困减缓,则经济增长弹性下降而分配弹性上升,且工资收入在贫困决定中的作用逐渐增强。黎蔺娴和边恕(2021)构建了包容性增长的识别和分解方法,发现不同收入阶层的货币收入增长差异使得财富分配的不平等增加,但非货币福利使得低收入群体相对更为受益,进而促进了我国经济的包容性增长。罗良清和平卫英(2020)通过我国 1991—2015 年的数据发现,中国大规模的贫困减少离不开经济的高速增长,但收入分配不平等仍然是使得贫困恶化的主要驱动因素,这将使得低收入群体从经济增长中的受益降低。同时,2011 年后贫困缺口的下降速度减缓也表明,在目前绝对贫困问题得到解决后,剩余贫困群体的贫困程度越来越深,贫困阶层固化,减贫的难度与压力增大。

综上所述,总量式经济增长、宏观基本面改善带来的就业形势上升,可能给不同收入、不同财富积累量的群体带来异质性影响,进而对宏观经济增长的减贫效应产生影响。

(三)异质性个体宏观模型相关的文献

在异质性个体与财富分布理论研究方面,近年来,随着学术界对于个体异质性和财富分布的关注度提升,异质性个体的模型逐渐得到了各类研究的重视。与传统的代表性个体动态随机一般均衡模型(DSGE 模型)不同,异质性个体模型能够更好地研究不同群体之间的差异性、财富分布在个体层面的动态变化特征。尤其是随着高质量微观数据的出现,异质性个体模型能够更好地拟合现实中的数据。

如 Kaplan 等(2018)提出了一个连续时间的异质性个体模型(HACT 模型),研究了货币政策对居民消费的作用机制,该文提出了一个对于异质性个体模型在连续时间框架下的新解法,发现模型能够更好地生成现实中的财富分布，并估计出更为现实的边际消费倾向。Kaplan 等（2018）采用了 Huggett（1993）对经济体中异质性收入的体现形式为两阶段的泊松过程的假设，并在异质性代理人模型的解析性质方面，Kaplan 等（2018）中的模型保持了 Aiyagari（1994）的模型财富分布存在静态均衡的优良性质。类似的使用异质性模型刻画居民财富分布，以及宏观政策的影响机制的文章还包括 Auclert（2019）、Achdou 等（2022）等。其中 Auclert（2019）发现，引入异质性后可以更好地拟合现实中较高的边际消费倾向，进而放大了投资对货币政策的反应，这一点与现实数据更为相符。

与此同时，也有文献开始关注异质性个体模型在分析劳动力就业方面的作用。如 Ravn 和 Sterk（2021）将劳动力市场的搜寻匹配机制引入异质性个体的新凯恩斯模型，研究发现逆周期的异质性收入风险可能导致实际利率存在下行压力，并且经济可能陷入高失业率的均衡状态。较为相近，研究异质性个体与劳动力市场的文章还包括 Chang 等（2013）等。

最后，在数值计算和模型求解方面，本文的研究与"平均场博弈（Mean Field Game，MFG）"的研究相关。本文模型采用"平均场博弈"的数学分析框架来刻画异质性代理人模型。平均场博弈的名字来源于与"平均场理论"（Mean Field Theory）的类比，平均场理论描述的是大量粒子在共同作用下的演化过程，从而平均场博弈是一个描述无穷多个体动态博弈过程中，所使用的通用的、严格的数学语言。感兴趣的读者可以参考 Guéant 等（2010）以及 Cardaliaguet 等（2013）的文章。但平均场博弈与平均场理论的关键性区别在于，平均场博弈考虑了微观个体的优化行为。

一般而言，平均场博弈可以被转化为耦合偏微分方程组。第一个方程为 HJB 方程。HJB 方程描述的是对于微观个体而言的价值函数如何依赖于时间的函数，并描述了在给定的价格下，个体如何进行最优决策。第二个方程则是 KF 方程。KF 方程描述了在给定理性个体最优决策的条件下，个体状态分布（如财富分布）如何随时间的变化而演化。

本文在以上研究的基础上，构建了一个异质性个体宏观模型，并在这一分析框架下，研究了乡村振兴政策带来的劳动力市场条件变化，金融创新所带来的信贷可得性改善等政策对于不同群体财富稳态分布的影响以及社会财富分布的演化特征。

三、模型设定

(一) 基准设定

假设经济体中存在异质性个体,个体的财富水平为 a_t,收入水平为 y_t,经济总体的状态用收入和财富的联合密度函数来表示。

对个体而言,个体的期望效用为生命期效用的折现期望,如下式(1)所示:

$$E\int_0^\infty e^{-\rho t} u(c_t) dt \quad (1)$$

其中,假设效用函数是严格递增并且严格凹的(二阶导小于零)。特别地,本文采用常相对风险厌恶效用函数(Constant Relative Risk Aversion Utility, CRRA),该效用函数设定为式(2):

$$u(c) = \frac{c^{1-\gamma}}{1-\gamma}, \quad \gamma > 0 \quad (2)$$

个体的收入为随机变量 y_t,而随机变量 y_t 服从的分布由宏观经济环境所决定。个人的财富 a_t 满足以下演化方程式(3)。即当期财富的增量 $\dot{a}_t$ 为个体收入与资本利得收入之和减去当期即时消费。

$$\dot{a}_t = y_t + r_t a_t - c_t \quad (3)$$

其中,r_t 为内生市场利率,微观个体将其视之为给定变量,内生利率由经济均衡条件决定,如 Aiyagari(1994)。为了进一步凸显经济中的金融摩擦,我们假设个体的财富需要满足式(4)的约束,即借入总量小于 $|\underline{a}|$,且 $-\infty < \underline{a} < 0$。

$$a_t \geq |\underline{a}| \quad (4)$$

最后,我们设定个体收入演化服从二维的马尔可夫转移随机过程,即当期收入服从一个状态 $y_t \in \{y_1, y_2\}$,其中 $y_2 > y_1$,状态的转移满足泊松跳跃过程。在这一假设下,我们将经济体中个体收入简化为了两类收入水平(这一假设可以很自然地拓展到 5 维马尔可夫过程,从而相当于将个体收入水平模拟为 AR(1)过程)。在状态转换上,我们假设高收入个体 y_2 以参数为 λ_2 的泊松过程跳跃至 y_1,该过程的经济学含义即为失业。低收入个体 y_1 以参数为 λ_1 的泊松过程跳跃至 y_2,该过程的经济学含义为找到了稳定就业岗位。即在模型中,高收入个体 y_2 代表就业人口,低收入个体 y_1 代表失业人口,λ_1 代表工作搜寻率,λ_2 代表已就业人口的失业率。

对个体而言,其在给定的收入、财富以及借贷限制下,最大化折现期望效用。我们用 $g_j(a,t)$,$j=1,2$ 来代表收入为 y_j、财富为 a 的个体的联合密度分布函数。类似地,我们用 $G_j(a,t)$,$j=1,2$ 来代表累计密度分布函数。

(二) 静态均衡与动态演化

与 Huggett(1993)类似,本文假设经济体中的债券数量是固定的,利率决定了市场的静态均衡状态:利率影响了债券市场的需求,而债券市场的总供给为定值 B,其中 $0 \leqslant B < \infty$。

市场出清条件为

$$\int_{\underline{a}}^{\infty} a\mathrm{d}G_1(a,t) + \int_{\underline{a}}^{\infty} a\mathrm{d}G_2(a,t) = B \tag{5}$$

本文暂且设置 $B=0$,而经济的均衡状态将由"平均场博弈"分析框架中如下耦合偏微分方程组来描述。

方程一为 HJB 方程,如下式(6)所示,HJB 方程描述的是对于个体而言,在给定的利率、当前收入状态以及约束条件下,如何进行最优决策:

$$\rho v_j(a) = \max_c u(c) + v_j'(a)(y_j + ra - c) + \lambda_j(v_{-j}(a) - v_j(a)) \tag{6}$$

其中 $\lambda_j(v_{-j}(a) - v_j(a))$ 的 λ_j 描绘了个体收入状态发生的可能性,而 $v_{-j}(a) - v_j(a)$ 则代表了个体收入状态发生转移后的价值函数跳跃。

方程二为 KF 方程,如下式(7)所示。KF 方程描述在给定理性个体最优决策的条件下,社会的财富分布如何随时间演化。

$$0 = -\frac{\mathrm{d}}{\mathrm{d}a}[s_j(a)g_j(a)] - \lambda_j g_j(a) + \lambda_{-j} g_{-j}(a) \tag{7}$$

其中式(7)中我们使用了 $\dfrac{\mathrm{d}g_{j,t}(a)}{\mathrm{d}t}=0$ 这一稳态条件(下式(11)方程刻画了式(7)随时间的演化),代表了在稳态均衡时,虽然微观个体的状态存在波动,但是社会加总分布却并不随时间变化而变化,因此,我们在式(7)中将财富分布刻画为不依赖于时间 t 的形式。

因而,个体的财富演化可以用式(8)表达,其中最优即时消费满足式(9)所述:

$$s_j(a,t) = y_j + r(t)a - c_j(a,t) \tag{8}$$

$$c_j(a,t) = (u')^{-1}(\partial_a v_j(a,t)) \tag{9}$$

在经济尚未达到稳态均衡时,式(10)描述了在给定个体未来收入和财富的条件下,个体即时最优消费以及价值函数的演化方程。式(11)描述了给定当前的财富分布、最优即时消费、收入状态时,财富分布会如何随着时间的变化而演化。因此,我们称此耦合偏微分方程组为倒向平均场博弈模型。

$$\rho v_j(a,t) = \max_c u(c) + v'_j(a,t)(y_j + ra - c) + \lambda_j(v_{-j}(a,t) - v_j(a,t))$$
$$+ \partial_t v_j(a,t) \tag{10}$$

$$\partial_t g_j(a,t) = -\frac{\mathrm{d}}{\mathrm{d}a}[s_j(a,t) g_j(a,t)] - \lambda_j g_j(a,t) + \lambda_{-j} g_{-j}(a,t) \tag{11}$$

事实上,这一动态演化系统有自动向稳态均衡收敛的趋势,并最终使得经济状态在极限处达到稳态均衡。

四、数值模拟

(一)稳态财富分布

对于外生冲击前的初始状态,我们假设折现率 $\rho = 0.05$,工作搜寻率的参数 $\lambda_1 = 0.6$,衡量失业的参数 $\lambda_2 = 0.5$,衡量资金借入限制的 $|\underline{a}|$ 为 0.15。根据上文所述算法,我们可以计算出社会的财富分布图像,如图 9-3 所示。其中实线代表低收入群体 y_1 的财富分布函数,虚线代表高收入群体 y_2 的财富分布函数。从图 9-3 中可见,低收入群体的财富分布主要在最左侧聚集,低收入群体所拥

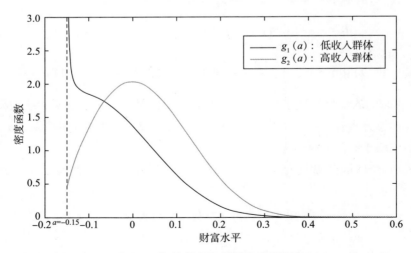

图 9-3 初始状态下的财富分布状况

有的净财富相对较少,即大部分相对贫困群体中存在较多的信贷受限的情况。而对于收入较高的群体,我们可以发现财富分布呈现典型的中间大、两头小的情况,整体而言高收入群体的财富分化水平低于低收入群体的财富分化水平。我们将在后文通过具体的定量指标来衡量财富分布的变化。

(二)乡村振兴政策的实施对社会财富分布的影响

为研究劳动力就业市场变动对于不同收入、不同财富积累群体的影响,本文假设乡村振兴政策会进一步减小劳动力市场摩擦,并进一步助推我国宏观经济的整体发展,因此,会使得工作搜寻成功的概率提升。本文将对应模型中的参数 λ_1 由 0.6 提升至 0.9,即没有工作的群体 y_1 在单位时间内找到工作的概率 λ_1 增大,得到财富分布的最终状态如下图 9-4 所示。

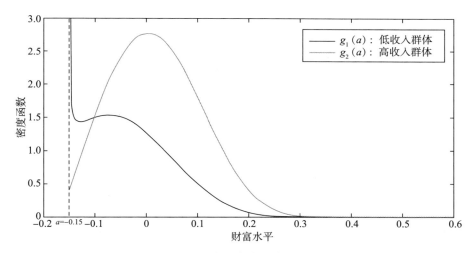

图 9-4 λ_1 提升后的最终财富分布状况

对比图 9-3 和图 9-4,我们可以看出,对于失业群体,即低收入群体而言,冲击发生后其财富分布函数整体有向右偏移的趋势,即低收入群体的财富数量大大改善,并且显著减少了低收入群体信贷受限的情况。因而,当乡村振兴政策得以落地时,受益最大的群体是财富储备量最少的群体,这符合我们的经济学直觉。对于高收入群体而言,冲击发生之后并没有让分布曲线总体向右移动,但中等收入群体的数量明显增多,表明劳动力市场进一步改善能带来中等收入群体数量倍增,有利于在社会上形成橄榄型财富分布的格局。这一点将在接下来分析的财富分布演化路径图中更加明显。

(三) 乡村振兴政策对于社会财富分布的时序影响

为了研究乡村振兴政策实施后,社会财富分布的动态演化路径,我们将财富分布的动态演化过程由四幅图来呈现,并将社会财富分布汇报在图 9-5 之中。图 9-5 从左上到右下,依次为外生冲击发生 0.1 个时间单位,2 个时间单位,5 个时间单位,以及无穷长时间之后,收敛到稳态均衡水平时的财富分布状态。其中,各子图的横轴代表财富水平,纵轴代表分布的密度函数,可以直观理解为在横轴财富水平下的人数。实线代表在当下时刻 t 的财富水平分布,虚线代表在初始状态下的财富水平分布。

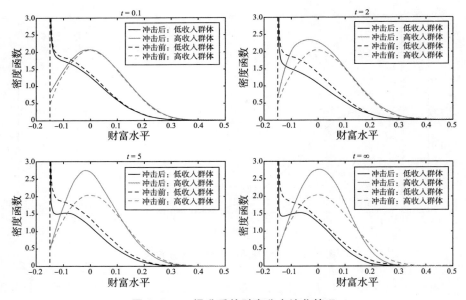

图 9-5　λ_1 提升后的财富分布演化情况

为了方便对比,图中的每幅子图为当前时刻与初始状态的对比。首先,观察在冲击发生 0.1 个时间单位时财富分布发生的变化。当乡村振兴政策得以落地时,可以发现最先受到影响的是低收入群体。在图像中体现为对比实线(当前)曲线与虚线(初始状态)曲线而言,左侧部分实线与虚线差别较大。其经济学含义体现为,当乡村振兴政策得以落地时,低收入群体能够以更高的概率找到工作,从而财富变化率增大,财富总量随之增大。因而在本模型中,当乡村振兴政策得以落地时,短期内最先受益的为低收入群体。

在冲击发生 2 个时间单位之后,乡村振兴政策使得更多的个体可以找到工作,成为较高收入群体,并且这一政策对于较高收入群体的财富分布影响也逐渐在中等收入群体中显现。在冲击发生 5 个时间单位之后,外生冲击带来的影响基本上展现出来。对比此刻的图像与最后的均衡图像可以看出二者并没有明显差异。

在新的稳态均衡下,可以看出对于不同的收入水平,乡村振兴政策对于不同人群产生了异质性的冲击影响。总体而言,财富分布更加平均,对低收入群体而言,低收入群体人数变少,并且有着更高的概率变成高收入群体,在低收入群体内部,整体人群向中等收入群体转变。而对高收入群体而言,随着长期失业风险的下降,中等收入群体人数变多,相对高收入群体人数减少。这说明在我们的模型中,乡村振兴政策的落实可以降低相对低收入群体和较高收入群体的数量,使得中等收入群体的数量增多。即乡村振兴政策会使得经济整体的不平等现象减轻,基尼系数减小。这一现象表明了经济增长带来的劳动力就业改善,使得中等收入群体数量的倍增和橄榄型的健康社会财富分布的实现。

(四)社会整体财富分布的基尼系数与不平等改善

上述的研究表明,当乡村振兴政策的实施带来劳动力市场的改善(工作搜寻成功率上升、失业率下降等),有利于改善整个经济体的财富分布、缩减不平等性,同时带来中等收入群体大幅增加,促进共同富裕的实现。同时,上文还给出了这一财富分布演化过程的动态转移路径。在这一部分,本文进一步加总各类人群的财富分布,汇报了乡村振兴政策实施对社会整体财富分布的影响。我们在图 9-6 中展示了 λ_1 提升前后的初始情况和最终情况下,财富在全部个体之间的累计分布函数。其中,初始情况为 $\lambda_1=0.6$,乡村振兴政策实施后 $\lambda_1=0.9$。

可以发现,乡村振兴政策落实后,整体财富分布的公平性得以改善,这一改善体现在五个方面。其一,社会整体面临融资约束的个体比例显著下降,由最初分布的 4.97%,下降至最终分布的 2.64%,表明经济整体面临的金融摩擦情况得以改善。其二，净财富积累的个体数量显著增大，由最初分布的 45.48%，上升至最终分布的 47.02%，表明经济体中更多的个体实现了财富的净积累。其三，更多的财富被中等收入群体占有，而非存在于厚尾部分的高收入群体。可以看到在财富分布的累计分布函数图像上当超过 A 点后，最终分布的曲线开始位居初始分布的曲线之上，表明经济中的中等收入群体相对积累了更多的财富，表明经济体中的财富积累量更多地向中部积累，更趋向于橄榄型的社会财富分布。其四，收入分配的公平性得以提升。通过计算模型生成数据的基尼系数发现，基尼系数由政策实施前的 0.4123 下降到 0.4026。这表明财富的分布更加趋向均等化。其五，极端的高财富积累情况下降。通过计算发现，前 0.1%、1%、10% 极端高财富的群体，其财富积累量的占比均不同程度的下降，表明社会整体的贫富差距悬殊现象有一定程度的缓解。为了更直观地反映乡村振兴带来的财富分布改善情况，本文在表 9-1 中汇总了模型生成的关键经济学指标在政策实施前后的变化情况。

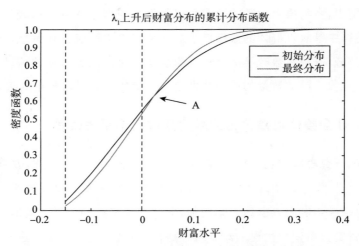

图 9-6　λ_1 上升后社会财富分布的累计分布函数演化情况

表 9-1　模型生成的关键经济学指标政策实施前后对比

	净财富的基尼系数	前 0.1%人群财富占比	前 1%人群财富占比	前 10%人群财富占比	实现净财富积累的比例	受融资约束个体比例
政策实施前	0.4123	1.0023%	7.7899%	49.2290%	45.4842%	4.9687%
政策实施后	0.4026	0.9672%	7.4888%	47.7592%	47.0233%	2.6413%

五、 连续状态模型与财富分布

在上文研究中,我们将劳动者拆分为低收入与高收入群体两类,在离散收入变动框架研究了各类政策和经济环境对不同群体的异质性影响。为了进一步说明本文采用离散收入状态的一般性,进一步计算了在连续收入状态下的稳态均衡的财富分布情况。

(一) 模型设定

在这一小节,我们在上文模型的基础上对收入演化模型进行拓展,将收入连续化,如式(12)所示。我们将个体收入的取值集合从两点拓展到连续的区间,即我们假定个体的收入为连续的随机变量 y_t,服从扩散过程。

$$dy_t = \mu(y_t)dt + \sigma(y_t)dW_t \tag{12}$$

但由于如何计算连续时间情况下的财富分布演进依旧是一个悬而未决的问题,因此在这一小节,我们仅汇报政策实施前后稳态均衡时的财富分布情况,并进行对比,我们会发现连续收入模型下,上文对于财富分布变化的刻画有着一般性。

再次,我们依旧使用,$v(a)$ 代表财富为 a 时的期望效用函数,个体最优决策满足的贝尔曼(Bellman)方程,如下式(13)所示:

$$v_j(a_t) = \max u(c)\Delta t + e^{-\rho \Delta t} E[v(a_{t+\Delta t}, y_{t+\Delta t})] \tag{13}$$

$$s.t. \quad a_{t+\Delta t} = \Delta t(y_j + ra_t - c) + a_t \quad \text{和} \quad a_{t+\Delta t} \geq \underline{a} \tag{14}$$

与离散状态的模型类似,系统的演化方程为式(15)。

$$\rho v(a_t, y_t) = \max_c u(c) + \frac{E[dv(a_t, y_t)]}{dt} \tag{15}$$

由伊藤引理可得式(16),求期望可以得到式(17)。

$$dv(a_t, y_t) = \left(\partial_a v(a_t, y_t)(y_t + ra_t - c_t) + \partial_y v(a_t, y_t)\mu(y_t) + \frac{1}{2}\partial_{yy} v(a_t, y_t)\sigma^2(y_t)\right)dt + \partial_y v(a_t, y_t)\sigma(y_t)dW_t \tag{16}$$

$$E[dv(a_t, y_t)] = \left(\partial_a v(a_t, y_t)(y_t + ra_t - c_t) + \partial_y v(a_t, y_t)\mu(y_t) + \frac{1}{2}\partial_{yy} v(a_t, y_t)\sigma^2(y_t)\right)dt \tag{17}$$

带入式(15)可以推出系统的动态演化方程(18)。

$$\rho v(a,y) = \max_c u(c) + \partial_a v(a,y)(y+ra-c) + \partial_y v(a,y)\mu(y)$$
$$+ \frac{1}{2}\partial_{yy}v(a,y)\sigma^2(y) \quad (18)$$

类似地,可以得出连续状态下的 KF 方程式(19)与借贷市场出清方程式(20)。

$$0 = -\partial_a(s(a,y)g(a,y)) - \partial_y(\mu(y)g(a,y)) + \frac{1}{2}\partial_{yy}(\sigma^2(y)g(a,y))$$
$$(19)$$

$$\int_{\underline{y}}^{\overline{y}}\int_{\underline{a}}^{\infty} ag(a,y)\mathrm{d}a\mathrm{d}y = B \quad (20)$$

为计算方便起见,我们假定 $\mu(y_t) = \mu \cdot y_t$,$\sigma(y_t) = \sigma \cdot y_t$,并且 $y \in [\underline{y},\overline{y}]$,$\overline{y} > \underline{y} > 0$,即收入服从一个有界的几何布朗运动过程,如下式(21)所示。我们可以将对于劳动市场的改善冲击模拟为 μ 的值变大,对应扩散过程的增大趋势。

$$\mathrm{d}y_t = \mu(y_t)\mathrm{d}t + \sigma(y_t)\mathrm{d}W_t = \mu \cdot y_t\mathrm{d}t + \sigma \cdot y_t\mathrm{d}W_t \quad (21)$$

(二)冲击前后稳态的财富分布

对于以上系统,我们依旧可以计算出均衡状态下的稳态财富分布。我们将冲击发生前后的社会财富分布图放在图 9-7 进行对比。左侧为冲击发生前($\mu=0.85$)的图像,右侧为冲击发生后($\mu=1$)的图像,a 轴代表个人财富持有量,z 轴代表生产效率,即个体的收入水平,纵轴为不同群体占比的密度函数。生产效率高的个体,则对应离散模型中的高收入群体,即有工作的群体 y_1。生产效率低的个体,则对应离散模型中的低收入群体,即无工作的群体 y_2。对比两幅图可以看出,对于相对低收入群体而言,冲击发生后,同样也有财富数量大大改善。因而当就业市场情况改善抑或者经济增长势头向好时,受益最大的群体仍然是财富储备量最少的群体,这与之前的模型相吻合。对于高收入群体而言,冲击发生之后同样有中等收入群体的数量明显增多,也与之前的简约模型相吻合。这说明我们上文模型的简化是具有代表性的模型,其内蕴了复杂模型的基本经济学性质。

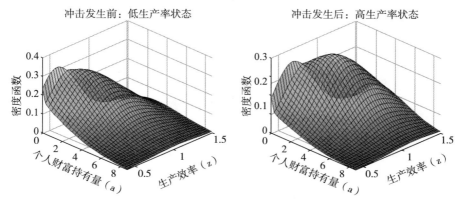

图 9-7 劳动力生产率提高后财富分布演化情况

六、结 论

共同富裕是我国经济建设和发展的重要政策,是中国共产党带领全国人民谋幸福的初心。随着我国全面建成小康社会目标的达成,如何进一步推进共同富裕,使得社会各阶层人民共享经济增长带来的红利就成了我国下一步推进经济建设的重中之重。

有鉴于此,我们从经济增长带来劳动力就业市场改善出发,研究了劳动力就业如何能够起到平衡好经济增长和不同群体受益的作用。传统的代表性宏观模型忽略了个体的异质性,无法得到有关财富在个体之间分布的有效结论。因此,我们构建了一个包含 HJB 方程与 KF 方程的耦合偏微分方程组,用以研究劳动力市场的改善(具体地,劳动力工作搜寻成功率的上升),如何影响财富在不同群体之间的分配。我们得到了以下结论。

(1)从静态的角度来看,低收入群体的财富分布将更为集中在左侧,表明低收入群体的借款限制存在聚集现象。也就是说,低收入群体参与到金融环节的过程受到限制,可获得的贷款数量有限,因而较难以实现个人效用的最大化。(2)从动态的角度来看,劳动力市场工作搜寻成功率上升,有助于降低低收入群体的融资条件,使得更多的个体实现财富净积累,同时推动财富向中等收入群体聚集,促进橄榄型社会财富分配的形成。即减少劳动力市场的摩擦,促进劳动力就业的健康发展能够有效促进财富分配公平的实现,使得中低收入群体受益特征显现。(3)与此同时,本文模型使用的数学方法也给构建异质性个体模型分析我国经济问题提供了启示。我们分别使用了离散状态的收入情况与连续状态的收入情况发现,本文的离散状态基准模型具有较强的经济学一般性,具有复杂模型包含的经济学特征。

由此,我们得出了以下建议。其一,在经济增长的过程中,一定要注重对于劳动力就业市场的治理。通过政府引导,国有企业、大型企业带头等方式,推动经济增长过程中的就业改善,使得劳动力市场摩擦下降,工作搜寻的成功率提升。这将有效促进中低收入群体的生活水平与财富积累改善,避免财富积累的极端化。其二,对于学术研究而言,应当注重异质性代理人模型在我国经济环境下的应用。与传统的代表性个体建模相比,异质性代理人模型能够更好地拟合现实中的财富分布,可以用于研究宏观政策对财富分布、不同群体的影响,能够更好地得出与共同富裕等相关的政策建议,重视总量式政策对不同群体的影响。这将使得经济学研究更好地助力我国的经济建设,提供相应的政策建议。

参考文献

曹璐,谭静,魏来等.我国村镇未来发展的若干趋势判断[J].中国工程科学,2019,21(02):6—13.

陈立中.收入增长和分配对我国农村减贫的影响——方法、特征与证据[J].经济学(季刊),2009,8(02):711—726.

黎蔺娴,边恕.经济增长、收入分配与贫困:包容性增长的识别与分解[J].经济研究,2021,56(02):54—70.

刘培林,钱滔,黄先海等.共同富裕的内涵、实现路径与测度方法[J].管理世界,2021,37(08):117—129.

卢洪友,杜亦譞.中国财政再分配与减贫效应的数量测度[J].经济研究,2019,54(02):4—20.

罗楚亮.经济增长、收入差距与农村贫困[J].经济研究,2012,47(02):15—27.

罗良清,平卫英.中国贫困动态变化分解:1991—2015年[J].管理世界,2020,36(02):27—40+216.

宁光杰,雒蕾,齐伟.我国转型期居民财产性收入不平等成因分析[J].经济研究,2016,51(04):116—128+187.

秦中春.乡村振兴背景下乡村治理的目标与实现途径[J].管理世界,2020,36(02):1—6+16+213.

王胜,余娜,付锐.数字乡村建设:作用机理、现实挑战与实施策略[J].改革,2021(04):45—59.

王禹澔.中国特色对口支援机制:成就、经验与价值[J].管理世界,2022,38(06):71—85.

温涛,朱炯,王小华.中国农贷的"精英俘获"机制:贫困县与非贫困县的分层比较[J].经济研究,2016,51(02):111—125.

文秋良.经济增长与缓解贫困:趋势、差异与作用[J].农业技术经济,2006(03):8—13.

叶兴庆.迈向2035年的中国乡村:愿景、挑战与策略[J].管理世界,2021,37(04):98—112.

张来明,李建伟.促进共同富裕的内涵、战略目标与政策措施[J].改革,2021(09):16—33.

Achdou Y, Camilli F, Capuzzo-Dolcetta I. Mean Field Games: Convergence of a Finite Difference Method[J]. SIAM Journal on Numerical Analysis, 2013, 51(5): 2585-2612.

Achdou Y, Capuzzo-Dolcetta I. Mean Field Games: Numerical Methods[J]. SIAM Journal on Numerical Analysis, 2010, 48(3): 1136-1162.

Achdou Y, Han J, Lasry J M. Income and Wealth Distribution in Macroeconomics: A Continuous-time Approach[J]. The Review of Economic Studies, 2022, 89(1): 45-86.

Aiyagari S R. Uninsured Idiosyncratic Risk and Aggregate Saving[J]. The Quarterly Journal of Economics, 1994, 109(3): 659-684.

Auclert A. Monetary Policy and the Redistribution Channel[J]. American Economic Review, 2019, 109(6): 2333-2367.

Barles G, Souganidis P E. Convergence of Approximation Schemes for Fully Nonlinear Second Order Equations[J]. Asymptotic Analysis, 1991, 4(3): 271-283.

Cardaliaguet P, Lasry J M, Lions P L. Long Time Average of Mean Field Games with a Nonlocal Coupling[J]. SIAM Journal on Control and Optimization, 2013, 51(5): 3558-3591.

Chang Y, Kim S B, Schorfheide F. Labor-market Heterogeneity, Aggregation, and Policy (in)Variance of DSGE Model Parameters[J]. Journal of the European Economic Association, 2013, 11: 193-220.

Crandall M G, Lions P L. Viscosity Solutions of Hamilton-Jacobi Equations[J]. Transactions of the American Mathematical Society, 1983, 277(1): 1-42.

Dollar D, Kraay A. Growth is Good for the Poor[J]. Journal of Economic Growth, 2002, 7(3): 195-225.

Guéant O, Lasry J M, Lions P L. Mean Field Games and Applications[J]. Paris-Princeton Lectures on Mathematical Finance, 2010.

Huggett M. The Risk-free Rate in Heterogeneous-agent Incomplete-insurance Economies[J]. Journal of Economic Dynamics and Control, 1993, 17(5-6): 953-969.

Kakwani N, Pernia E. What is Pro-poor Growth? [J] Asian Development Review, 2000, 18(1): 1-16.

Kaplan G, Moll B, Violante G L. Monetary Policy According to HANK[J]. American Economic Review, 2018, 108(3): 697-743.

Ravallion M, Chen S. Measuring Pro-poor Growth[J]. Economics Letters, 2003, 78(1): 93-99.

Ravn M O, Sterk V. Macroeconomic Fluctuations with HANK & SAM: An Analytical Approach[J]. Journal of the European Economic Association, 2021, 19(2): 1162-1202.

Son H H. A Note on Pro-poor Growth[J]. Economics Letters, 2004, 82(3): 307-314.

Son H H, Kakwani N. Global Estimates of Pro-poor Growth[J]. World Development, 2008, 36(6): 1048-1066.

经济增长、城乡收入差距与共同富裕*

程名望　韩佳峻　杨未然

一、引　言

十八大以来,党中央高度注重公平正义问题,一再强调"促进公平正义、增进人民福祉"是社会改革和发展的落脚点,把逐步实现全体人民共同富裕摆在更加重要的位置。习近平总书记在中央财经委员会第十次会议上指出,"共同富裕是社会主义的本质要求,是中国式现代化的重要特征,要坚持以人民为中心的发展思想,在高质量发展中促进共同富裕"。在高质量发展中促进共同富裕,既要重视效率问题,即经济持续增长;也要重视公平问题,即收入差距与不平等(高培勇,2021)。现阶段,尤其要关注城乡收入差距与不平等问题(龚六堂,2020)。在二元经济背景下,中国家庭收入不平等主要来自城乡间的不平等(钞小静和沈坤荣,2014;Luo 等,2020)。有效提升农村居民收入水平,缩小城乡收入差距是实现共同富裕的主攻方向和坚中之坚(谢伏瞻,2021)。而实际上,1978 年以来,始于农村的改革给农村经济乃至整个中国经济带来了翻天覆地的变化,农户收入水平持续稳定增长。但和城镇居民相比,农户收入增速相对滞缓,城乡收入差距仍然较大(图 10-1)。截至 2021 年,城镇居民人均可支

---

* 作者简介:程名望,管理学博士,同济大学经济与管理学院教授,博士研究生导师,主要研究方向为城乡融合发展,公共政策分析。韩佳峻,同济大学博士研究生,主要研究方向为劳动经济学,应用微观计量。杨未然,同济大学博士研究生,主要研究方向为城市经济,企业重组与运营。

本文得到国家社会科学基金重点项目"城乡融合视角下推进以人为核心的新型城镇化研究"(22AZD048),以及国家自然科学基金面上项目"中国农户贫困根源及其内在机理研究"(71873095)支持。

配收入为 47 412 元,农村居民人均可支配收入为 18 931 元,前者为后者的 2.5 倍。由此可见,中国快速的经济增长,并没有伴随着显著的城乡收入差距改善,反而呈现效率和公平难以兼具的事实性特征。但从结构性视角分析省级数据发现,经济较为发达的省份呈现更低的城乡收入差距,而经济较为落后的省份则普遍有着更高的城乡收入差距,又呈现效率和公平兼具的显著特征。例如,根据 2020 年国家统计局公布的数据,浙江省人均 GDP 为 100 738 元,城乡居民人均可支配收入比为 1.96;甘肃省人均 GDP 为 35 848 元,但城乡居民人均可支配收入比却高达 3.27。面对上述两个表面上看似冲突的现象,我们需要回答两个问题:改革开放以来,快速的经济增长到底是抑制还是扩大了城乡收入差距?其影响机制是什么? 正确回答这两个问题,对于促进劳动者在共建共享中实现共同富裕,乃至中国经济持续增长和实现社会公平正义具有重要意义。

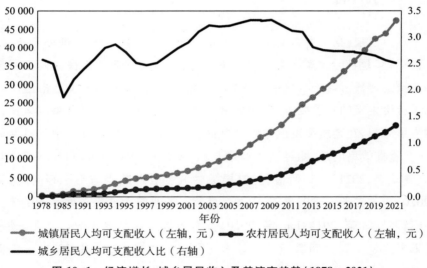

图 10-1　经济增长、城乡居民收入及其演变趋势(1978—2021)

学者们高度关注中国城乡收入差距问题,相关研究主要聚焦于城乡收入差距的事实与成因、城乡收入差距的影响因素、城乡收入差距的经济社会影响和抑制城乡收入差距扩大的政策等四个方面。本文重点关注中国城乡收入差距的成因及其影响因素。一是中国城乡收入差距的成因。改革开放之前,为快速实现工业化,中国推行工农业"剪刀差"发展模式,城市居民收入水平远高于农村居民,城乡收入差距悬殊(Lu 和 Xia,2016)。改革开放之后,中国实施沿海地区优先发展、一部分人先富起来等战略,在实现快速经济增长的同时,并没有伴随着显著的城乡收入差距缩小(陆铭和陈钊,2004;Luo 等,2020),甚至出现不断扩大的趋势。二是中国城乡收入差距的影响因素。在新古典经济学框架下,新兴经济体经济增长与收入不平等之间的关系,主要采用库兹涅茨倒 U 型曲线进行解释(Ravallion 和 Chen,2021)。然而,库兹涅茨曲线在中国二元经济背景下并不适用(陆铭和陈钊,2004;曹裕等,2010)。在中国,农村内部的收入差距要大于城市内部,同时户籍制度阻碍了人口的自由流动(罗知等,2018)。基于此,学者们尊重中国二元经济的事实,在存在户籍制度并逐步松动的背景下,重点研究了城乡劳动力流动对城乡收入差距的影响。首先,学者们认识到,随着经济增长,城市中不断涌现出新的就业机会,吸引农村劳动力进城务工以寻求更好的收入回报(程名望等,2016;孙婧芳,2017)。即使外来务工人员集中于城市相对低技能工作岗位,但进城务工仍然能够有效提升其收入,有利于缩小城乡收入差距(Yang,2004;陆铭等,2005;陈钊等,2012)。梁文泉和陆铭(2016)证明了城市规模扩大对服务业行业间以及行业内企业间人力资本外部性的放大作用,有利于缩小城乡收入差距。张延群和万海远(2019)指出随着城市化推进,农村从事第一产业劳动力比例的下降有效缓和了城乡收入差距。程名望等(2014)、Foltza 等(2020)研究发现对于农村中比较贫困的居民来说,迁移对其收入的促进效应以及对农村内部的收入不平等的平抑效应都要明显大于转移支付。周国富和陈菡彬(2021)发现产业结构升级对城乡收入差距的影响依赖于城市化,当城市化水平较高时,第三产业占比增加会有效缩小城乡收入差距。张可云和王洋志(2021)发现,虽然被动市民化的群体因被征地等原因使其收入落后于主动城市化的群体,而且未预期到的冲击也使他们在劳动市场上处于劣势地位,但与保留农业户籍的人相比,被动城市化的人仍表现出明显的收入优势。其次,学者们讨论了户籍制度对进城务工者收入以及城乡收入差距缩小存在的制约。户籍制度使进城务工者被屏蔽于城市公共服务体制之外,集中在非正式就业部门,导致其更低的就业稳定性(章莉等,2016),以及更低的定居意愿(Ning 和 Qi,2017)。同时,由于户籍的制约,进城务工的农村劳动力往往面临着职业分割(occupation segregation),使得其收入水平普遍落后于城市居民(Démurger 等,2009;章莉等,2016)。也就是说,经济增长带来的"蛋糕"增大并未公平地被农村居民所享有(程名望等,2016;Zhang 等,2016)。而政府人为的干预政策,如偏向增加中西部的土地供应,限制了人口流动,间接固化了城市户籍者的内部优势,抬升了内部工资水平,加剧了城乡收入不平等(陆铭等,2015)。即使如此,部分学者依旧认为,在户籍制度约束下,城乡劳动力流动有利于缩小城乡收入差距。陈钊等(2012)发现由于存在户籍歧视,受教育水平较低的农村外来务工人员往往聚集在低技能的劳动力市场工作,这使得他们与高收入群体之间形成互补效应,能够有效促进其收入增长。陆铭等(2012)同样认为,虽然高技能和低技能的就业者都能受益于城市化带来的规模经济,但低技能劳动力所享受到的收入效应更大。Ning 和 Qi(2017)发现,虽然大多从事自雇行业的农民工无法享受到城市社保等公共服务,而且会感知到户籍歧视,但是自雇就业依旧显著提升了其收入水平和生活条件,降低了城乡收入差距。最后,学者们还论证了伴随经济增长和社会发展而带来的农村人力资本提升(程名望等,2014;程名望等,2016)、互联网普及率提升(程名望和张家平,2019;贺娅萍和徐康宁,2019)、金融业发展(张应良和徐亚东,2020;温涛和王永仓,2020)、高铁开通(余泳泽和潘妍,2019)等因素对城乡收入差距的平抑作用。这些弥合城乡收入差距的因素能促进经济增长和城市化加速发展、农村居民人力资本提升、搜寻信息成本下降、流动性增强与就业机会的增加等。

本文基于共同富裕视角,采用2005—2019年宏观层面的省级面板数据,构建动态面板与面板门限回归模型,尝试回答户籍制约下经济增长对城乡收入差距的影响及其作用机理,并采用2017年中国综合社会调查数据(CGSS 2017)进行微观层面的检验。贡献和创新有以下几方面。第一,基于二元经济和户籍制度的中国事实特征,构建更接近中国情景和事实的"内部人—外部人"理论模型,发现只要经济增长和城市化发展提供的城市就业岗位是充裕的,进城务工者和城市户籍者就会存在工资差距的收敛,这有利于缩小城乡居民收入差距,实现共同富裕。第二,采用宏观层面的省级数据与微观层面的住户数据,从城市化与就业机会视角检验了经济增长对城乡收入差距的平抑效应及其机制,既搭建了宏微观间的桥梁,也使得结论更加稳健。第三,对于"1978年以来的快速经济增长,并没有伴随着城乡收入差距的缩小"(效率和公平没有兼得)和"经济较为发达的省份呈现出更低的城乡收入差距,而经济较为落后的省份则普遍有着更高的城乡收入差距"(效率和公平兼得)这一表面上冲突的事实与现象,建立较完备的计量模型,论证并有创新性的发现:经济增长既带来了效率提升和财富增加,也缩小了城乡收入差距,实现了效率和公平的共赢。该研究从城乡差距视角论证了经济增长和共同富裕的兼容性,为兼具效率与公平的共同富裕道路选择提供了新的思考。

二、理论模型建立

经济快速增长带动了城市规模扩大和就业岗位增加,户籍制度松动给大规模农村劳动力进城务工提供了可能(程名望等,2016;程玲莎和章合杰,2021)。然而由于户籍制度和人力资本等因素制约,进城务工者往往聚集在相对低技能的工作岗位(陆铭等,2012;孙婧芳,2017)。基于该事实特征,假设作为外部人的进城务工者进入的代表性行业为低技能行业,在低技能行业与作为内部人的城市户籍劳动者对产出的贡献是完全替代的,即他们以线性相加的形式作为生产要素进入产出方程。

设 π 为代表性行业的利润,L_I 和 L_X 分别代表被雇用的内部人和外部人数量,w_I 和 w_X 分别是内部人和外部人的工资,对应状态 i 的内部人效用是 $u_{Ii} = U(w_{Ii})$,并符合稻田条件,即 $U'(.)>0$,$U''(.)<0$。设 $w_{Xi} = Rw_{Ii}$,$0<R\leq 1$,即对外来务工者存在工资歧视,外部人的工资低于内部人。式(1)是代表性行业的利润函数;式(2)表示内部人数量不变,即假设经济增长和城市化发展提供的城市就业岗位是充裕的,作为内部人的城市户籍者既不会迁出到农村工作,也不会因为外部人的进入而退出工作岗位;式(3)表示期望利润。

$$\pi = AF(L_I + L_X) - w_I L_I - w_X L_X \quad (1)$$

$$L_I = \overline{L}_I \quad (2)$$

$$E(\pi) = \sum_{i=1}^{K} p_i [A_i F(\overline{L}_I + L_{Xi}) - w_{Ii}\overline{L}_I - Rw_{Ii}L_{Xi}] \quad (3)$$

厂商至少需要满足内部人的保留期望效用 u_0。已知代表性内部人处于状态 i 的期望效用为 $u_I = U(w_I)$,厂商约束条件如式(4)所示:

$$E(u) = \left[\sum_{i=1}^{K} p_i U(w_{Ii})\right] - V(\overline{L}_I) \quad (4)$$

根据以上假设,构建拉格朗日函数如式(5)所示:

$$L = \sum_{i=1}^{K} p_i [A_i F(\overline{L}_I + L_{Xi}) - w_{Ii}\overline{L}_I - Rw_{Ii}L_{Xi}] + \lambda\left\{\left[\sum_{i=1}^{K} p_i U(w_{Ii})\right] - V(\overline{L}_I) - u_0\right\} \quad (5)$$

式(6)给出了对 L_{Xi} 的一阶条件:

$$p_i [A_i F'(\overline{L}_I + L_{Xi}) - Rw_{Ii}] = 0 \quad (6)$$

由此,在式(7)中可得支付给内部人的实际工资:

$$w_{Ii} = \frac{A_i F'(\overline{L}_I + L_{Xi})}{R} \tag{7}$$

因为 $R<1$,所以厂商支付给内部人的实际工资超过了其劳动边际产量,外部人获得了等于其劳动边际产量的实际工资,即 $w_{Xi} = Rw_{Ii}$。

式(8)给出了对 L_{Oi} 的一阶条件:

$$p_i(-\overline{L}_I - RL_{Xi}) + \lambda p_i U'(w_{Ii}) = 0 \tag{8}$$

整理可得:

$$U'(w_{Ii}) = \frac{\overline{L}_i + RL_{Xi}}{\lambda} \tag{9}$$

因为 $U''(.)<0$,由式(9)可知,外部人越多,即 L_{Xi} 越大,付给内部人的实际工资就越低。也就是说,随着外来务工人员不断进入城市劳动市场,内部人的固有优势会被逐渐消除,二者的工资差距会逐渐趋同,收敛于劳动边际产量。正如 Charles 等(2021)研究发现,当外部人的劳动供给可以进入一个新的领域后,会有效削弱内部人的固有优势,使二者之间的回报差异逐渐收敛。该理论模型的含义是:只要经济增长和城市化发展提供的城市就业岗位是充裕的,在户籍制度和人力资本等制约下,即便进城务工者被限制在低技能行业工作,仍能打破内部人的固有优势,通过工资差距的收敛,缩小自身和城市居民的收入差距,实现共同富裕。

三、实证策略与变量设置

(一)数据来源

基准回归采用各省份的宏观数据,均来源于历年《中国统计年鉴》。鉴于国家统计局于 2005 年及以后采用常住人口作为各省、自治区、直辖市的人口统计指标,与 2005 年之前统计口径有所不同。为保持一致性,选取中国 31 个省、自治区、直辖市(不含港澳台)2005—2019 年的面板数据。稳健性检验中的住户微观数据,来源于中国综合社会调查(CGSS 2017)。CGSS 由中国人民大学与香港科技大学联合主持,是我国最早的全国性、综合性、连续性学术调查项目。

CGSS 2017 共包含一万多个样本,覆盖 31 个省、自治区、直辖市,具有良好的代表性。同时,CGSS 包含了受访者收入水平、户口类型、迁移状况等本文所需要的核心变量,非常适合本文的研究。

(二)基准模型建立与变量设置

建立基准模型如式(10)所示:

$$\text{theil}_{it} = c + \eta \text{theil}_{it-1} + \alpha \ln\text{per\_gdp}_{it} + \text{controls}_{it}\beta + \lambda_p + \lambda_t + u_{it} \quad (10)$$

其中,被解释变量 theil_{it} 表示省份 i 在 t 年的泰尔指数;核心解释变量 $\ln\text{per\_gdp}_{it}$ 表示省份 i 在 t 年的人均 GDP 的自然对数;controls_{it} 为系列控制变量;λ_p 和 λ_t 分别代表省份固定效应和年份固定效应;u_{it} 和 c 分别为随机扰动项和常数项。具体解释和说明如下。

被解释变量为城乡收入差距。既有研究在度量城乡收入差距时,主要采用城乡居民人均可支配收入比、基尼系数和泰尔指数三种方法。当收入存在重叠时,使用基尼系数衡量收入差距可能会存在偏差(乔榛,2019)。采用城乡居民人均可支配收入比衡量城乡收入差距较为直观,然而该指标未考虑城乡人口结构(温涛和王永仓,2020;周心怡等,2021)。与之相比,泰尔指数同时考虑了人口结构和城乡收入分布,近年来成为学者们广泛使用的指标(程名望和张家平,2019;周国富和陈菡彬,2021)。据此,本文以泰尔指数[①]作为城乡收入差距的替代变量,同时使用城乡居民人均可支配收入比作稳健性分析。核心解释变量为经济增长。与既有文献保持一致,使用人均 GDP 的自然对数来衡量(曹裕等,2010;程名望和张家平,2019;周国富和陈菡彬,2021)。为尽可能减少遗漏变量带来的内生性问题,共选取七个控制变量。(1)产业结构。经济增长与收入差距的变化通常与产业结构相关,经济增长会促进某些产业进一步扩大,提升其所占经济总量的比重;同时,不同产业间雇用工人比例的调整也会影响到收入差距(周国富和陈菡彬,2021)。以第三产业增加值与地区生产总值的比例来度量不同地区间的产业结构差异。(2)教育资源。一般情况下,经济发展较好的地区会有更充裕的资源投入教育上,而公民的受教育程度也决定着其工作机会

---

① 限于篇幅,泰尔指数的计算公式、方法与结果不做汇报,可向作者索要,作者联系方式:walkercheng@163.com。

和收入水平(陈钊等,2012)。以普通高中专任教师数与普通高中在校学生数的比值度量各省份的教育资源,师生比越高的地方代表教育资源更为充裕,学生更有可能接受到相对高质量的教育。(3)科技创新水平。科技创新水平较高的省份,既可能促进城市企业使用自动化设施取代人工,从而减少外来务工人员的就业机会,拉大城乡收入差距;也可能改进农业生产方式、提升农业生产效率从而缩小城乡收入差距(程名望和张家平,2019)。使用国内实用新型专利申请授权量与国内实用新型专利申请受理量的比值度量各省份的科技创新水平。(4)金融业发展水平。金融业的蓬勃发展,既可能短期内显著提升城市中金融从业人员的收入水平进而加剧城乡收入不平等(张应良和徐亚东,2020),也可能随着时间的推移产生滴涓效应,为农村居民提供更安全便捷的理财方式,有利于农村居民收入的提升(温涛和王永仓,2020)。使用各省份金融业增加值与地区生产总值的比例度量各省份金融业的发展水平。(5)地方政府干预程度。地方政府为获得较快的 GDP 增长,可能会投入较多的财政支出进行政府购买和基础设施的建设,也可能会增加转移支付以补贴农民,为降低城乡收入差距带来新的契机(Jia 等,2021)。使用地方财政一般预算支出与地区生产总值的比例度量各省份的政府干预程度。(6)对外开放程度。经济条件较优越地区的群众更有能力购买进口产品,丰富的进口产品也能提升居民的生活质量和主观福祉,同时经营跨国产品贸易的企业多位于城市,可能为城镇居民提供更好的就业机会进而影响到城乡收入差距(陆铭和陈钊,2004)。以经营单位所在地进口总额与地区生产总值的比值度量各省份的对外开放程度。(7)基础交通设施。完善的基础交通设施有利于农产品及时流出,增进各地间生产要素流动,对平衡城乡收入会产生显著影响(余泳泽和潘妍,2019)。使用行政区内公路里程数度量各省份的基础交通设施。主要变量的描述性统计结果见表 10-1。

表 10-1 主要变量的描述性统计

变量名	观测值	平均值	标准差	最小值	中位数	最大值
泰尔指数	465	0.11	0.055	0.02	0.11	0.28
城乡收入比	465	2.84	0.550	1.85	2.73	4.59
ln 人均 GDP	465	10.40	0.649	8.56	10.45	12.01
第三产业占比	465	0.46	0.092	0.30	0.45	0.84

（续表）

变量名	观测值	平均值	标准差	最小值	中位数	最大值
高中师生比	465	0.07	0.015	0.04	0.07	0.13
专利授权比	465	0.70	0.124	0.33	0.70	1.48
金融占比	465	0.06	0.031	0.01	0.06	0.18
政府支出占比	465	0.27	0.194	0.09	0.22	1.35
进口占比	465	0.14	0.203	0.00	0.06	1.25
公路里程(万公里)	465	13.28	7.527	0.81	13.70	33.71

（三）实证策略与方法

由于使用的是省级面板数据，为增强模型的动态完备性，在方程右边引入被解释变量的一阶滞后项构建动态面板，建立分别使用稳健标准误和面板偏差校正标准误的双因素误差成分模型。动态面板包含差分 GMM 估计和系统 GMM 估计两种方法。在进行差分 GMM 估计时，如果被解释变量滞后项的系数绝对值较大或者个体效应在混合误差中占比较大，则差分方程的被解释变量滞后项很可能出现弱工具变量问题。与之相比，系统 GMM 在差分 GMM 的基础上，在水平方程中引入新的矩条件，除了使用差分方程的工具变量，还使用被解释变量滞后项的差分作为水平方程的工具变量，有效缓解了弱工具变量问题。

在进行系统 GMM 估计时，为避免工具变量中因包含多期滞后被解释变量可能引致的工具变量之间的多重共线性以及弱工具变量问题，选取被解释变量的二阶和三阶滞后项作为差分方程中其一阶滞后项的工具变量，以被解释变量一阶和二阶滞后项的差作为水平方程中其滞后一阶项的工具变量。关于核心解释变量，选取人均 GDP 自然对数的二阶滞后项[1]作为差分方程中的工具变量。出于稳健性，在现有工具变量的基础上，将夜间灯光数据中各省份内各像素点(像元)上均值的二阶滞后项作为差分方程中人均 GDP 自然对数的工具变

---

[1] 如果 x 是弱外生的，即 $E(x_{i,t} u_{i,t-1}) \neq 0$，则会导致差分项内生 $E[(x_{i,t}-x_{i,t-1})(u_{i,t}-u_{i,t-1})] \neq 0$，可以用 x 的一阶或者高阶滞后($x_{i,t-1}$, $x_{i,t-2}$,…)做工具变量；如果 x 是内生的，则有 $E(x_{i,t} u_{i,t}) \neq 0$，此时可以用 x 的二阶或者更高阶滞后($x_{i,t-2}$, $x_{i,t-3}$,…)做工具变量。为充分考虑 x 的潜在内生性，且同时兼顾工具变量与 x 的强相关性，本文选择核心解释变量的二阶滞后项作为其差分方程的工具变量。

量纳入系统 GMM 估计①。系统 GMM 估计采用了较多工具变量,属于过度识别,使用稳健标准误无法进行过度识别约束的 Sargan 检验,采用了广义矩估计方法的常规衍生标准误,并在随后的双因素误差成分模型中分别使用稳健标准误和面板校正标准误。同时,考虑到如果水平方程中扰动项不是白噪声,存在序列自相关,则被解释变量的一阶滞后项会存在内生性问题,使矩条件不存在,需要通过对差分方程的误差项进行 Arellano-Bond 检验以确保矩条件的成立。

四、回归结果及分析

(一)基准回归结果及分析

基准回归结果如表 10-2 所示。(1)—(2)列是系统 GMM 动态面板估计结果,(3)—(6)列是静态面板双因素误差成分估计结果。在(1)(2)列中,汇报了考察工具变量有效性的过度识别约束的 Sargan 检验和考察差分方程扰动项序列相关的 Arellano-Bond 检验。Sargan 检验结果显示,p 值均高达 0.99 以上,无法拒绝"所有工具变量均有效"的原假设,证明了本文所选工具变量的合理性。Arellano-Bond 检验结果表明,差分方程扰动项一阶项的 p 值较低,而二阶项的 p 值分别在 0.75 和 0.90 以上,说明差分方程的扰动项存在一阶自相关而不存在二阶自相关,表明水平方程的扰动项不存在自相关,满足了矩条件成立的前提条件,再次证明本文所构建系统 GMM 估计方程的合理性。在(3)—(6)列中,同时控制了省份和年份固定效应,考虑到不同省份之间的经济活动可能会通过投资或贸易往来互相影响,扰动项可能存在组间异方差或同期相关。因此,除了在第(3)(4)列中使用稳健标准误,还在第(5)(6)列中汇报了面板校正标准误。

分析可见,在第(1)—(6)列中,不论使用动态面板的系统 GMM 估计还是使用静态面板双因素误差成分模型,不论是采用泰尔指数还是采用直观的城乡居民可支配收入比度量城乡收入差距,核心解释变量人均 GDP 自然对数的系数均在 1% 的水平上显著为负,说明经济增长有效缩小了城乡收入差距,有利于

---

① 灯光数据来源:An extended time-series (2000–2020) of global NPP-VIIRS-like nighttime light data-Harvard Dataverse。

实现共同富裕。上文图 10-1 表明,1978 年以来城乡收入差距没有缩小。由此可见,影响中国城乡收入差距的因素是复杂和多元的,虽然快速的经济增长缩小了城乡收入差距,但依旧难以"抵消"或"弥补"别的因素导致的城乡收入差距扩大。也就是说,经济增长并不是中国城乡收入差距扩大的原因。相反,经济增长既带来了效率提升和财富增加,也缩小了城乡收入差距,实现了效率和公平的共赢。

表 10-2 经济增长对城乡收入差距的影响

变量	系统 GMM 估计		双因素误差成分—稳健标准误		双因素误差成分—面板校正标准误	
	泰尔指数	城乡收入比	泰尔指数	城乡收入比	泰尔指数	城乡收入比
	(1)	(2)	(3)	(4)	(5)	(6)
ln 人均 GDP	-0.028***	-0.329***	-0.078***	-0.797***	-0.078***	-0.797***
	(0.005)	(0.083)	(0.007)	(0.100)	(0.006)	(0.083)
第三产业占比	0.045	1.810***	-0.022	-0.182	-0.022	-0.182
	(0.033)	(0.601)	(0.029)	(0.348)	(0.020)	(0.242)
高中师生比	0.088	0.465	0.376***	4.869***	0.376***	4.869***
	(0.193)	(3.156)	(0.128)	(1.643)	(0.120)	(1.564)
专利授权比	0.005**	0.034	-0.004	-0.043	-0.004	-0.043
	(0.002)	(0.026)	(0.007)	(0.093)	(0.008)	(0.100)
金融占比	0.144*	-1.094	0.137*	1.040	0.137**	1.040
	(0.077)	(1.263)	(0.073)	(0.876)	(0.057)	(0.772)
政府支出占比	-0.005	-0.206**	-0.062**	-0.913***	-0.062***	-0.913***
	(0.013)	(0.087)	(0.025)	(0.304)	(0.015)	(0.176)
进口占比	-0.020***	-0.352***	-0.056***	-0.770***	-0.056***	-0.770***
	(0.004)	(0.081)	(0.009)	(0.156)	(0.013)	(0.195)
公路里程	0.000	0.001	0.000	0.006	0.000**	0.006**
	(0.000)	(0.006)	(0.000)	(0.006)	(0.000)	(0.002)
L.泰尔指数	0.694***					
	(0.029)					
L.城乡收入比		0.603***				
		(0.061)				

（续表）

变量	系统 GMM 估计		双因素误差成分—稳健标准误		双因素误差成分—面板校正标准误	
	泰尔指数(1)	城乡收入比(2)	泰尔指数(3)	城乡收入比(4)	泰尔指数(5)	城乡收入比(6)
常数项	0.280***	3.729***	0.928***	11.118***	0.910***	11.471***
	(0.039)	(0.748)	(0.086)	(1.158)	(0.073)	(0.950)
Sargan（Prob>chi2）	0.9985	0.9999				
Arellano-Bond AR(1)	0.0012	0.0034				
（Prob>z） AR(2)	0.7885	0.9236				
年份固定效应	是	是	是	是	是	是
省份固定效应			是	是	是	是
样本量	403	403	465	465	465	465
R^2			0.969	0.947	0.969	0.947

注：第(1)(2)列使用广义矩估计方法的常规衍生标准误，第(3)(4)列使用稳健标准误，第(5)(6)列使用面板校正标准误，***$p<0.01$，**$p<0.05$，*$p<0.1$，+$p<0.15$。

（二）区域异质性分析

中国是典型的大国经济，区域经济发展不平衡是其基本特征。基于此，按照东中西三大经济带①，构建区域变量与人均 GDP 自然对数的交互项，考察经济增长对城乡收入差距抑制效应的区域异质性。如果只构建核心解释变量与地区变量的交互项，则默认方程中其他解释变量对被解释变量的影响在东中西部地区都相同，即仅允许人均 GDP 对城乡收入差距的影响随地区变化。当在方程中纳入区域变量与所有变量的交互项时，允许包括控制变量在内的所有变量对城乡收入差距的影响随地区的变化而变化。表 10-3 奇数列，汇报了只构建人均 GDP 自然对数与区域变量交互项的回归结果；表 10-3 偶数列，汇报了构建区域变量与所有变量交互项的回归结果。分析可见，在仅引入核心解释变量与区域变量交互项时，以东部地区作为参照组，人均 GDP 自然对数与中部和

---

① 东部经济带：北京、天津、河北、辽宁、上海、江苏、浙江、福建、山东、广东、海南；中部经济带：山西、吉林、黑龙江、安徽、江西、河南、湖北、湖南；西部经济带：内蒙古、广西、重庆、四川、贵州、云南、西藏、陕西、甘肃、青海、宁夏、新疆。

西部交互项的系数均在1%的水平上显著为负,且与西部交互项的系数绝对值更大。说明相对东部地区,经济增长对缩小中西部地区尤其是西部地区城乡居民收入差距起到的作用更大。当同时引入区域变量与所有控制变量的交互项后,人均GDP自然对数与中部交互项的系数不再显著,但与西部交互项的系数依然显著为负,表明经济增长对抑制西部地区城乡收入差距最为有效。在后文的门限回归部分,本文发现在城市化跃过第二个门限值后,经济增长对城乡收入差距的平衡作用明显减弱,而西部地区城市化率远低于东部地区,尚未达到第二个门限值,经济增长抑制城乡收入差距的边际作用较强。该结论也表明,一方面,对于欠发达地区,在经济增长能更为有效的抑制其城乡收入差距的情况下,城乡收入差距依旧比发达地区大,表明欠发达地区城乡收入差距的成因更为复杂,缩小欠发达地区城乡收入差距更具挑战性。另一方面,欠发达地区更应该重视经济增长,以经济增长为抓手,不但能促进区域发展,也能更有效地缩小收入差距,实现兼顾效率与公平的共同富裕。

表10-3 经济增长对城乡收入差距影响的区域异质性分析

变量	泰尔指数				城乡收入比			
	稳健标准误		面板校正标准误		稳健标准误		面板校正标准误	
	(1)	(2)	(3)	(4)	(5)	(6)	(7)	(8)
ln人均GDP×中部	−0.009***	0.001	−0.009***	0.001	−0.088***	0.015	−0.088***	0.015
	(0.002)	(0.005)	(0.001)	(0.003)	(0.030)	(0.065)	(0.021)	(0.047)
ln人均GDP×西部	−0.028***	−0.030***	−0.028***	−0.030***	−0.291***	−0.381***	−0.291***	−0.381***
	(0.003)	(0.007)	(0.002)	(0.004)	(0.041)	(0.093)	(0.021)	(0.053)
控制变量	是	是	是	是	是	是	是	是
控制变量×东部		是		是		是		是
控制变量×中部		是		是		是		是
控制变量×西部		是		是		是		是
省份固定效应	是	是	是	是	是	是	是	是
年份固定效应	是	是	是	是	是	是	是	是
样本量	465	465	465	465	465	465	465	465
R^2	0.976	0.981	0.976	0.981	0.955	0.963	0.955	0.963

注:在回归方程中,本文同时引入了主要项和交互项,为行文简洁,只汇报了交互项的系数。第(1)(2)(5)(6)列使用稳健标准误,第(3)(4)(7)(8)列使用面板校正标准误,***$p<0.01$,**$p<0.05$,*$p<0.1$,+$p<0.15$。

（三）机制分析

正如文献综述所述，改革开放以来，一方面，经济增长导致中国城镇充满活力并快速发展，城市中就业机会不断增加（陆铭和陈钊，2004）。另一方面，户籍制度的松动导致大批农村劳动力进城务工，迅速形成了"民工潮"（程名望等，2016）。学者们认为，城市化推进是影响城乡居民收入差距的核心因素（陆铭和陈钊，2004；曹裕等，2010；周心怡等，2021）。基于此，采取机制检验[①]的分析思路，首先以城市化作为解释变量，考察经济增长对城市化的影响，然后利用面板门限回归，以城市化作为门限变量，将核心解释变量经济增长视为区制变量，即假定经济增长对城乡收入差距的影响状态是依赖于城市化的，所以进行机制性分析。与既有研究一致，在使用省级面板数据进行估计时，以城镇人口占总人口的比重衡量城市化（程名望和张家平，2019；周国富和陈菡彬，2021）。

表10-4汇报了人均GDP自然对数对城市化的影响，使用了与前文一致的系统GMM估计，以及同时控制省份和年份固定效应的双因素误差成分模型，标准误的选取也与表10-2保持一致。第（1）列为使用动态面板模型的系统GMM估计结果，通过了Sargan检验和Arellano-Bond检验，证明了所选工具变量的有效性以及扰动项的平稳性。第（2）（3）列为静态面板估计结果，分别使用稳健标准误与面板校正标准误的双因素误差成分模型。分析可见，在第（1）—（3）列中，人均GDP自然对数的系数均在1%的水平上显著为正，表明经济增长对城市化有显著的促进作用。

表10-4 经济增长对城市化的影响

变量	系统GMM估计	双因素误差成分—稳健标准误	双因素误差成分—面板校正标准误
	城市化	城市化	城市化
	（1）	（2）	（3）
ln 人均GDP	0.016***	0.098***	0.098***
	(0.006)	(0.010)	(0.006)

---

① 机制检验没有统一范式，常用的中介效应模型存在较大争议（Dippel等，2022）。在基准模型基础上，检验变量X对机制变量M的影响，然后检验M对Y的影响，该处理方式被认为是一种"稳妥"的机制检验方式（陈登科，2020；戴鹏毅等，2021），本文采用该方式。

(续表)

变量	系统 GMM 估计 城市化 （1）	双因素误差成分— 稳健标准误 城市化 （2）	双因素误差成分— 面板校正标准误 城市化 （3）
L.城市化	0.913***		
	(0.046)		
控制变量	是	是	是
Sargan（Prob>chi2）	0.9998		
Arellano-Bond AR(1)	0.0003		
（Prob>z） AR(2)	0.9499		
年份固定效应	是	是	是
省份固定效应		是	是
样本量	403	465	465
R^2		0.991	0.991

注：第（1）列使用广义矩估计方法的常规衍生标准误，第（2）列使用稳健标准误，第（3）列使用面板校正标准误，***$p<0.01$，**$p<0.05$，*$p<0.1$，+$p<0.15$。

接下来，借助面板门限回归，考察经济增长对城乡收入差距的降低状态是否依赖于城市化。在构建门限回归模型之前，首先要利用格点搜索寻找门限值，然后再利用自举法检验门限效应①。表10-5给出了分别使用泰尔指数和城乡居民可支配收入比作为被解释变量时，以城市化作为门限变量的检验结果，自举次数为500次。当被解释变量为泰尔指数和城乡居民人均可支配收入比时，单门限检验对应的p值分别小于0.01和0.05，说明分别可以在1%和5%的水平上拒绝"不存在门限效应"的原假设，即本文假设经济增长对城乡收入差距的影响状态依赖于城市化是合理的。进一步地，检验双门限效应，对应的p值均小于0.01，说明可以在1%的水平上拒绝"只存在单门限"的原假设。也就是说，不论选取泰尔指数还是城乡居民人均可支配收入比作为被解释变量，均存

---

① 门限效应的检验流程：首先检验单门限模型，原假设是线性模型，备择假设是单门限模型，如果不能拒绝原假设，则说明不存在门限效应；如果拒绝原假设，则继续估计双门限模型，以及检验双门限效应。此时，原假设是单门限模型，备择假设是双门限模型，如果拒绝原假设，则继续估计三门限模型和检验三门限效应。门限回归的上限为三门限。

在显著的双门限效应。而最后的三门限效应检验的 p 值均大于 0.1,说明即使在 10% 的水平上也不能拒绝"存在双门限"的原假设,说明使用双门限估计是合理的。

表 10-5　以城市化作为门限变量的经济增长对城乡收入差距影响门限效应检验

被解释变量	门限数	F 值	p 值	10%	5%	1%
泰尔指数	单门限	28.52	0.000	11.153	12.961	16.955
	双门限	26.47	0.002	10.137	12.161	15.363
	三门限	18.84	0.368	40.795	48.781	58.283
城乡收入比	单门限	15.60	0.012	10.364	11.807	15.708
	双门限	17.88	0.002	9.485	10.965	13.959
	三门限	10.18	0.592	20.022	22.761	28.888

根据表 10-5 的门限效应检验结果,构建双门限回归(周国富和陈菡彬,2021;Huang 等,2019),以泰尔指数作为被解释变量,回归模型如式(11)所示。

$$theil_{it} = c + controls_{it}\theta + \ln per\_gdp_{it} \times 1(urbanization_{it} < \gamma_1)\alpha_1$$
$$+ \ln per\_gdp_{it} \times 1(\gamma_1 \leqslant urbanization_{it} < \gamma_2)\alpha_2$$
$$+ \ln per\_gdp_{it} \times 1(urbanization_{it} \geqslant \gamma_2)\alpha_3 + \lambda_p + e_{it} \quad (11)$$

其中 γ 代表门限值,$1(.)$ 为指示函数,$urbanization_{it}$ 是省份 i 在年份 t 的城市化率,e_{it} 为随机扰动项,其余变量含义与式(10)相同。

面板门限回归的结果见表 10-6。第(1)列中,在城市化率门限值达到 γ_2 之前,人均 GDP 自然对数的系数保持在 1% 的水平上显著为负,说明伴随着城市化推进并在一定的门限值前,经济增长对城乡收入差距有显著的抑制作用。结合表 10-4 中经济增长对城市化存在显著促进作用的结论,分析可见随着经济增长,城市中就业机会增加,不断吸引农村劳动力进城务工,抬升城市化率,为城市注入新的经济活力,并为经济增长进一步促进城乡收入平衡提供空间。而在城市化跃过第二个门限(城市化率 71.4%)后,人均 GDP 对泰尔指数的负效应不再显著。说明经济增长对平衡城乡收入差距的作用存在边际递减规律。作为稳健性检验,第(2)列被解释变量为城乡居民可支配收入比,其结果和第(1)列采取泰尔指数为被解释变量的回归结果相一致。

表 10-6　经济增长对城乡收入差距影响：以城市化为门限变量的面板门限回归

变量		(1)泰尔指数	(2)城乡收入比
$1($城市化$<\gamma_1)\times\ln$ 人均 GDP		−0.052***	−0.557***
		(0.009)	(0.099)
$1(\gamma_1\leqslant$城市化$<\gamma_2)\times\ln$ 人均 GDP		−0.054***	−0.574***
		(0.009)	(0.096)
$1($城市化$\geqslant\gamma_2)\times\ln$ 人均 GDP		−0.015	−0.541***
		(0.019)	(0.098)
门限值	γ_1	0.4210	0.3680
	γ_2	0.7140	0.8598
控制变量		是	是
省份固定效应		是	是
样本量		465	465
R^2		0.834	0.753

注：括号中为稳健标准误，***$p<0.01$，**$p<0.05$，*$p<0.1$，+$p<0.15$。

根据估计出的门限区间值，计算出各区间内门限变量、被解释变量以及核心解释变量的区间内平均值，结果如表 10-7 所示。分析可见，在城市化率跃过第二个门限值后，即城市化率超过 71.4% 时，泰尔指数的均值已降至 0.028。此时，泰尔指数可下降的空间已经很小，经济增长对城乡收入差距的抑制效应变得很弱。泰尔指数同时考虑了城乡收入分布与人口结构，而城乡居民可支配收入比并未考虑人口结构，在城市化率处于第二个门限值右侧时，其区间内均值依然高达 2.357，人均 GDP 对城乡居民人均可支配收入比的负效应依旧显著。表明如果不考虑人口结构，经济增长对城乡收入差距的抑制效应依旧存在。而实际上，在人口老龄化，特别是城镇人口老龄化显著高于农村人口老龄化的背景下（程名望和张家平，2019），基于泰尔指数的实证结果更能解释中国事实。

表 10-7　各门限区间内关键变量的均值

变量	被解释变量:泰尔指数				被解释变量:城乡收入比			
门限区间	[0, 0.421)	[0.421, 0.714)	[0.714, 1)	总体	[0, 0.368]	[0.368, 0.860)	[0.860, 1)	总体
泰尔指数	0.187	0.104	0.028	0.11				
城乡收入比					3.714	2.762	2.357	2.835
城市化	0.352	0.542	0.849	0.532	0.303	0.538	0.878	0.532
ln 人均 GDP	9.643	10.509	11.274	10.403	9.534	10.436	11.519	10.403
样本量	97	323	45	465	46	395	24	465

在门限回归的最后部分,在图 10-2 中提供了似然比函数图,以便更直观地展示门限效应。如图 10-2 所示,左侧是被解释变量为泰尔指数时的似然比函数图,右侧是被解释变量为城乡居民人均可支配收入比的似然比函数图。横轴为门限变量城市化率,虚线为固定值 7.35,代表 95% 置信水平下的临界值。不难发现,不论是泰尔指数还是城乡居民人均可支配收入比,城市化率的门限值对应的似然比估计值均低于临界值(在虚线下方),既证明了采用门限估计的有效性,也证明了上文门限估计结果的稳健性。

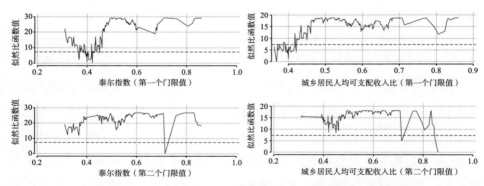

图 10-2　城市化率双门限似然比函数图(左:被解释变量为泰尔指数;
右:被解释变量为城乡收入比)

出于稳健性,采用相同的 GMM 模型与估计策略,在模型中引入灯光数据的二阶滞后项作为差分方程中核心解释变量的工具变量,回归结果见表 10-8 和表 10-9。分析可见,结果和上文一致,证明了上文的结论具有较强的稳健性。

表 10-8　加入灯光数据二阶滞后做工具变量的系统 GMM 估计

变量		城乡收入差距		城市化
		泰尔指数	城乡收入比	城市化
		（1）	（2）	（3）
ln 人均 GDP		−0.022***	−0.325***	0.025***
		（0.007）	（0.072）	（0.005）
L.泰尔指数		0.750***		
		（0.070）		
L.城乡收入比			0.600***	
			（0.071）	
L.城市化				0.829***
				（0.035）
控制变量		是	是	是
Sargan（Prob>chi2）		0.9986	0.9999	1.0000
Arellano-Bond	AR（1）	0.0003	0.0032	0.0006
（Prob>z）	AR（2）	0.9963	0.9185	0.9102
省份固定效应		是	是	是
样本量		403	403	403

注：在既有控制变量的基础上，添加各省份内各像素点（像元）上均值的二阶滞后项作为差分方程中人均 GDP 自然对数工具变量纳入系统 GMM 估计。括号中为广义矩估计方法的常规衍生标准误，***$p<0.01$，**$p<0.05$，*$p<0.1$，+$p<0.15$。

表 10-9　城市化与城乡收入差距的关系

变量	系统 GMM 估计		双因素误差成分—稳健标准误		双因素误差成分—面板校正标准误	
	泰尔指数	城乡收入比	泰尔指数	城乡收入比	泰尔指数	城乡收入比
	（1）	（2）	（3）	（4）	（5）	（6）
城市化	−0.242***	−1.673***	−0.357***	−2.704***	−0.357***	−2.704***
	（0.072）	（0.293）	（0.032）	（0.431）	（0.039）	（0.544）
L.泰尔指数	0.602***					
	（0.126）					
L.城乡收入比		0.622***				
		（0.065）				
Sargan（Prob>chi2）	0.9820	0.9999				

（续表）

变量	系统 GMM 估计		双因素误差成分—稳健标准误		双因素误差成分—面板校正标准误	
	泰尔指数 (1)	城乡收入比 (2)	泰尔指数 (3)	城乡收入比 (4)	泰尔指数 (5)	城乡收入比 (6)
Arellano-Bond AR（1） （Prob>z） AR（2）	0.0010 0.8094	0.0006 0.7586				
控制变量	是	是	是	是	是	是
年份固定效应	是	是	是	是	是	是
省份固定效应			是	是	是	是
样本量	403	403	465	465	465	465
R^2			0.969	0.943	0.969	0.943

注：第（1）（2）列使用广义矩估计方法的常规衍生标准误，第（3）（4）列使用稳健标准误，第（5）（6）列使用面板校正标准误，$^{***}p<0.01$，$^{**}p<0.05$，$^{*}p<0.1$，$^{+}p<0.15$。

五、微观机制分析

上文采用的是省份层面的宏观数据，本部分采用 CGSS 2017 微观住户数据，从个体劳动者收入和就业视角进行微观机理的补充性探讨。

（一）经济增长对个人收入影响的城乡差异

CGSS 2017 在度量个体收入时，提供了 2016 年个人总收入、个人工资性收入和家庭总收入三个变量。以这三个变量的自然对数作为被解释变量，以省人均 GDP 自然对数与个人户口类别的交互项作为核心解释变量，使用 OLS 回归观察经济增长对个人收入影响的城乡差异。与前文相同，交互项的引入，分别提供只引入户籍与人均 GDP 的交互项，以及所有变量与户籍交互项的结果，后者允许所有控制变量对个人收入的影响可因户籍不同而不同。除了上文提到的省份层面的控制变量，结合 CGSS 2017 数据特点，在个人和家庭层面选取了 12 个控制变量，分别为性别、年龄及其平方、民族、是否为党员、婚姻状况、受教育年限、健康状况，以及父母的受教育年限和党员身份。相关变量的描述性统计如表 10-10 所示。

表 10-10 CGSS 2017 中所使用的主要控制变量的描述性统计

变量名	定义	观测值	平均值	标准差	最小值	中位数	最大值
个人收入	个人 2016 年总收入的自然对数	11 899	8.35	3.848	0.00	9.90	16.12
工资性收入	个人 2016 年工资性收入的自然对数	11 690	6.60	4.860	0.00	9.21	16.12
家庭人均收入	个人 2016 年家庭收入除以家庭成员数后取自然对数	11 379	9.47	1.984	0.00	9.80	16.12
农业户口	农业户口 = 1, 非农户口 = 0	12 537	0.63	0.484	0.00	1.00	1.00
农转非	是否经历农业户口转非农户口, 是 = 1, 否 = 0	11 846	0.08	0.279	0.00	0.00	1.00
农民工	现在拥有农业户口、所处地在城市, 而且户口登记地在本区/县/县级市以外 = 1, 其他 = 0	12 550	0.07	0.260	0.00	0.00	1.00
女性	性别, 女性 = 1, 男性 = 0	12 582	0.53	0.499	0.00	1.00	1.00
年龄	受访者 2017 年的年龄	12 582	51.01	16.864	18.00	52.00	103.00
单身	婚姻状况, 单身(未婚/分居/离婚/丧偶) = 1, 有伴侣(同居/初婚/再婚) = 0	12 582	0.23	0.423	0.00	0.00	1.00
汉族	民族, 汉族 = 1, 少数民族 = 0	12 582	0.92	0.264	0.00	1.00	1.00
教育	受教育年限	12 575	9.08	4.786	0.00	9.00	19.00
党员	是否为中共党员	12 582	0.11	0.315	0.00	0.00	1.00
健康	目前的健康状况, 很不健康 = 1,…, 很健康 = 5	12 577	3.46	1.103	1.00	4.00	5.00
父亲_教育	父亲的受教育年限	11 683	4.84	4.693	0.00	6.00	19.00
母亲_教育	母亲的受教育年限	12 059	3.24	4.322	0.00	0.00	19.00
父亲_党员	父亲是否是党员, 是 = 1, 否 = 0	12 252	0.12	0.323	0.00	0.00	1.00
母亲_党员	母亲是否是党员, 是 = 1, 否 = 0	12 367	0.03	0.159	0.00	0.00	1.00

（续表）

变量名	定义	观测值	平均值	标准差	最小值	中位数	最大值
非农工作	是否目前从事非农工作，是＝1，否＝0	12 582	0.38	0.486	0.00	0.00	1.00
自雇	目前从事的非农工作是否是无单位/自雇（包括个体户），是＝1，否＝0	4 725	0.34	0.474	0.00	0.00	1.00
私有部门	目前工作单位或公司是私有/民营或私有/民营控股＝1，否＝0	4 734	0.32	0.468	0.00	0.00	1.00
公共部门	目前工作单位或公司是党政机关、军队或者国有或国有控股、集体所有或集体控股＝1，否＝0	4 729	0.27	0.446	0.00	0.00	1.00

回归结果如表10-11所示。在(1)—(6)列中，所有农业户口与人均GDP自然对数交互项的系数均在1%或5%的水平上显著为正，说明经济增长能更有效地改善农业户籍者的收入水平，这为缩小城乡收入差距带来了微观证据。在第(3)和(4)列中，当被解释变量为工资性收入的自然对数时，农业户口与人均GDP自然对数交互项的系数的绝对值和统计显著性最高，表明经济增长更有可能通过影响农业户籍者所从事的职业而提升其收入水平。而农业户籍者的职业改变，主要是进城务工，身份从农民变成农民工，其收入也从农业经营收入为主转变到工资性收入为主（程名望等，2016）。

表10-11 经济增长对个人收入的影响

变量	OLS					
	个人收入		工资性收入		家庭人均收入	
	(1)	(2)	(3)	(4)	(5)	(6)
农业户口×ln人均GDP	0.440***	0.453**	0.765***	2.151***	0.415***	0.460**
	(0.161)	(0.487)	(0.211)	(0.610)	(0.070)	(0.220)
个人/家庭层面控制变量	是	是	是	是	是	是
省份层面控制变量	是	是	是	是	是	是

（续表）

变量	OLS					
	个人收入		工资性收入		家庭人均收入	
	（1）	（2）	（3）	（4）	（5）	（6）
农业户口×个人/家庭层面控制变量		是		是		是
农业户口×省份层面控制变量		是		是		是
样本量	10 783	10 783	10 609	10 609	10 367	10 367
R^2	0.192	0.208	0.237	0.244	0.265	0.278

注：在回归方程中，同时引入了主要项和交互项，为行文简洁，只汇报了交互项的系数。个人/家庭层面控制变量有性别、年龄及其平方、民族、是否为党员、婚姻状况、受教育年限、健康状况、父母的受教育年限和党员身份。省份层面控制变量有第三产业占比、高中师生比、专利授权比、金融占比、政府支出占比、进口占比、公路里程，下同。括号中为稳健标准误，$^{***}p<0.01$，$^{**}p<0.05$，$^{*}p<0.1$，$^{+}p<0.15$。

常规的 OLS 回归以相同的斜率来刻画所有省份的特征，具有明显的局限性。出于稳健性考虑，使用混合效应回归，引入随机斜率，允许人均 GDP 自然对数与农业户口交互项的系数随样本所在省份变动而变动，即允许每个省份都有各自的随机斜率。混合效应回归捕捉的是总趋势和每一子群在此趋势上变异的组合。回归结果见表 10-12。分析可见，相对非农户籍者，农业户籍者更能得益于经济增长带来的收入提升，而这一收入效应更明显地反映在工资性收入的提升上。该结论和上文的回归结果完全一致。

表 10-12　经济增长对个人收入影响的混合效应回归

变量	Mixed-effect regression					
	个人收入		工资性收入		家庭人均收入	
	（1）	（2）	（3）	（4）	（5）	（6）
农业户口×ln 人均 GDP	0.446*	0.556	0.815**	2.202**	0.445***	0.439*
	（0.241）	（0.676）	（0.343）	（1.003）	（0.118）	（0.254）
个人/家庭层面控制变量	是	是	是	是	是	是
省份层面控制变量	是	是	是	是	是	是

（续表）

变量	Mixed-effect regression					
	个人收入		工资性收入		家庭人均收入	
	（1）	（2）	（3）	（4）	（5）	（6）
农业户口×个人/家庭层面控制变量		是		是		是
农业户口×省份层面控制变量		是		是		是
样本量	10 783	10 783	10 609	10 609	10 367	10 367

注：在回归方程中，本文同时引入了主要项和交互项，为行文简洁，只汇报了交互项的系数。括号中为稳健标准误，***$p<0.01$，**$p<0.05$，*$p<0.1$，+$p<0.15$。

（二）经济增长对外来务工人员的就业影响

从前文的宏观机制性分析表明，由经济增长引致的城市中工作岗位和就业机会的增加会吸引农村居民进城务工，城市化的推进是经济增长有效缩小城乡收入差距的重要渠道。微观机制性分析表明，相对非农户籍者而言，经济增长对农业户籍者工资性收入效应最为明显。基于此，聚焦于进城务工者的就业情况做出进一步分析。进城务工者一般分为两类：一类经历了"农转非"，顺利跨越户籍障碍，拿到了城市户籍；另一类为"农民工"，虽然进城务工但依然保留农村户籍。CGSS 2017 问卷中，向所有目前户口是非农户口的受访者调查了其获得非农户口的时间。其中，共有 3 518 位受访者表明他们自出生起就是非农户口，1 006 位受访者回答了具体得到非农户籍的年份。将这 1 006 位受访者定义为"农转非"样本。"农民工"的界定，考虑三个维度，如果该受访者同时拥有农业户籍、现在所在地是城市，而且目前的户口登记地在本区/县/县级市以外，则定义为"农民工"样本（程名望等，2006），共有 915 位受访者属于此范畴。

采用双变量 Probit 模型（以下简称 Biprobit 模型），核心解释变量为各省人均 GDP 的自然对数，被解释变量为个人是否为"农转非"或"农民工"（是 = 1，否 = 0）。Biprobit 模型虽然为非线性模型，但无法汇报平均边际效应，因此同时汇报了采用 Probit 和 Logit 模型所得到的平均边际效应。回归结果如表 10-13 所示。分析可见，经济增长并未对各省份"农转非"人数产生显著影响。但当"农民工"为被解释变量时，人均 GDP 自然对数的系数和平均边际效应均在 1% 的水平上显著为正，说明在经济增长越快的省份中，没有拿到城市户口的农民工越多。由此可见,经济增长促进了农村劳动力进城务工,形成了庞大的农民工群体,为提升农村居民收入、缩小城乡收入差距带来了契机。

表 10-13 经济增长对进城人员就业影响的微观分析

变量	Biprobit		Probit		Logit	
	农转非 (1)	农民工 (2)	农转非 (3)	农民工 (4)	农转非 (5)	农民工 (6)
ln 人均 GDP	−0.001	1.338***	0.000	0.160***	−0.003	0.183***
	(0.135)	(0.167)	(0.019)	(0.020)	(0.019)	(0.021)
个人/家庭层面控制变量	是	是	是	是	是	是
省份层面控制变量	是	是	是	是	是	是
样本量	10 711	10 711	10 733	11 362	10 733	11 362

注:第(1)(2)列直接汇报了回归系数,第(3)—(6)列汇报的是平均边际效应。括号中为稳健标准误,***$p<0.01$,**$p<0.05$,*$p<0.1$,+$p<0.15$。

进一步考察"农民工"群体的就业情况。根据 CGSS 2017 对受访者就业状况的调查,分别考察外来务工人员是否为自雇就业、在私有部门就业和在公共部门就业的情况。相关变量的具体定义方式见表 10-10。鉴于 CGSS 2017 中对个人就业的提问都限定在目前从事非农工作的群体中,因此采用 Probit 样本选择模型(以下简称 Heckprobit 模型),如式(12)和式(13)所示:

$$\text{Job\_category}_i = 1(\beta_0 + \beta_1 \text{migrant\_worker}_i + X_i \beta_2 + u_i > 0) \quad (12)$$

$$\text{Non\_agriwork}_i = 1(\alpha_0 + \alpha_1 \text{migrant\_worker}_i + Z_i \alpha_2 + v_i > 0) \quad (13)$$

式(12)为均值方程,又称结果方程,被解释变量 Job_category_i 表示个人 i 的工作类型,令自雇就业、在私有部门就业、在公共部门就业赋值为 1,其余赋值为 0;核心解释变量 migrant_worker_i 指个人 i 是否是"农民工"(是 = 1,否 = 0)。式(13)为选择方程,被解释变量 Non_agriwork_i 表示个人 i 目前是否从事非农工作(是 = 1,否 = 0),核心解释变量同式(12)。u_i 和 v_i 为服从二元正态分布的扰动项①,X_i 和 Z_i 表示控制变量。虽然 Heckprobit 模型并未强制规定均值方程与选择方程的控制变量必须不一样,但是在实际操作中,为避免 Heckprobit 模型的第二阶段估计时出现共线性问题,要求 Z_i 中至少包含一个与 X_i 不同的变量(邱嘉平,2020)。基于此,在进行 Heckprobit 模型估计时,令 X_i 仅包含个人和家庭

---

① 设 $u_i = \rho v_i + e$,$e \sim \text{Normal}(0, 1-\rho^2)$,在进行 Heckman 估计后,Stata 会自动提供对"H_0:$\rho = 0$"的似然比检验,若拒绝原假设,则应该使用样本选择模型。

层面的控制变量,令 Z_i 同时包含个人、家庭和省份层面的控制变量。

估计结果见表10-14。首先,Heckprobit 模型估计似然比检验 p 值均小于0.05,说明可以在5%的水平上拒绝原假设,证实了该部分采用 Heckprobit 模型的合理性。其次,表10-14中,汇报了平均边际效应而非系数。奇数列是均值方程的估计结果,第(1)列被解释变量为个体自雇就业,农民工的平均边际效应在1%的水平上显著为正,说明农民工有更高的概率选择自雇就业。第(3)列被解释变量为在私有部门就业,平均边际效应不显著,说明相较其他群体,农民工并未表现出明显的更高或更低的进入私有部门就业的概率。该结果的含义是,农民工既进入了民营企业、外资企业等私有部门,也进入了国有企业等国有部门,为中国实现"增长奇迹"做出了重要贡献(程名望等,2018)。第(5)列被解释变量为在公共部门就业,农民工的平均边际效应在1%的水平上显著为负,暗示了户籍歧视的存在,因无法获取城市户籍等限制,农民工很难进入城市公共部门就业。偶数列是选择方程的估计结果,在三个方程中,农民工的平均边际效应均在1%的水平上显著为正,说明农民工以更高的概率选择"离土又离乡"的非农行业工作。总的来看,均值方程和选择方程的结果表明,随着经济增长,农村劳动力以更高的概率选择"离土又离乡"的模式进城务工于非农行业,并以更高的概率就业于非公共部门或自雇就业。Yang(2004)、陆铭等(2005)、陈钊等(2012)研究发现,受益于城市规模扩大和经济增长,即使工作于低技能岗位或被排斥在公共部门之外就业,农村劳动力非农就业仍然能够有效提升其收入,缩小了城乡收入差距,有利于实现共同富裕。

表10-14 "农民工"群体的就业情况

变量	Heckprobit					
	自雇	非农工作	私有部门	非农工作	公共部门	非农工作
	(1)	(2)	(3)	(4)	(5)	(6)
农民工	0.084***	0.135***	-0.026	0.130***	-0.069***	0.140***
	(0.018)	(0.015)	(0.024)	(0.015)	(0.021)	(0.015)
个人/家庭层面控制变量	是	是	是	是	是	是
省份层面控制变量		是		是		是
Prob>chi2	0.0003		0.0000		0.0311	
样本量	11 301	11 301	10 310	11 310	10 305	11 305

注:汇报的是平均边际效应而非系数,括号中为稳健标准误,***$p<0.01$,**$p<0.05$,*$p<0.1$,+$p<0.15$。

六、结论与评述

在国家实施共同富裕重大战略背景下,本文通过探析经济增长对城乡收入差距的影响,从城乡差距缩小视角论证了经济增长和共同富裕的兼容性,为兼具效率与公平的共同富裕道路选择提供了新的思考。具体来说,对于"1978年以来的快速经济增长,并没有伴随着城乡收入差距的缩小"(效率和公平没有兼得)和"经济较为发达的省份呈现出更低的城乡收入差距,而经济较为落后的省份则普遍有着更高的城乡收入差距"(效率和公平兼得)这一表面上冲突的事实与现象,从宏观和微观视角,理论分析和实证检验了经济增长对城乡收入差距的影响及其机理。研究发现(1)人均GDP的提升显著缩小了城乡收入差距,且在西部等欠发达地区更为有效。即经济增长既带来了效率提升和财富增加,也缩小了城乡收入差距,实现了效率和公平的共赢。由此可见,影响中国城乡收入差距的因素是复杂和多元的,虽然快速的经济增长缩小了城乡收入差距,但依旧难以"抵消"或"弥补"别的因素导致的城乡收入差距扩大,尤其是在西部等欠发达地区。(2)城市化推进是经济增长缩小城乡收入差距的重要机制。面板门限回归结果表明经济增长对城乡收入差距的影响状态依赖于城市化,城市化水平越高的省份城乡收入差距越低。经济增长对城乡收入差距的平抑作用存在边际递减规律。在城市化率跃过第二个门限值(城市化率71.4%)后,泰尔指数的均值降至0.028,下降的空间已经很小,经济增长对城乡收入差距的抑制效应很弱且不再显著。但在第二个门限值前,经济增长在不同的城市化区间内均可显著且有效平抑城乡收入差距。(3)微观机理分析发现:就个体收入看,相较城市户籍者,经济增长对农村户籍者的个人总收入、工资性收入以及家庭人均收入均有着提升效应,特别是对其工资性收入提升效应最大。就就业情况看,城市中更多的就业机会吸引着更多的农村劳动力进城务工,农村劳动力以更高的概率选择"离土又离乡"的模式工作于非农行业,并以更高的概率就业于非公共部门或选择自雇就业。只要经济增长和城市化发展提供的城市就业岗位是充裕的,在户籍制度和人力资本等制约下,即便进城务工者被限制在低技能行业、非公共部门或选择自雇就业,仍能打破内部人的固有优势,通过工资差距的收敛,缩小自身和城市居民的收入差距。

基于上述研究结论,本文的政策价值在于,从城乡差距缩小视角论证了经济增长和共同富裕的兼容性,为兼具效率与公平的共同富裕道路选择提供了新的思考。对应的政策建议包括首先,要在高质量发展中促进共同富裕,既要重视效率问题,也要重视公平问题。经济增长既能带来效率提升和财富增加,也能缩小城乡收入差距,实现了效率和公平的共赢。因此,以经济建设为中心,重视经济增长,保持稳增长甚至保持中高速增长,依旧是中国同时解决效率和公平问题的重要途径。其次,在城乡融合发展框架下,认识到乡村振兴和城市化的协同性,继续推进城市化。城市化是经济增长平抑城乡收入差距的重要机制,既有利于中国产业升级和资源优化配置,也有利于打破中国二元经济城乡鸿沟。目前,中国的城市化率依旧偏低,仍有较大的提升空间。最后,进一步改革户籍制度,消除户籍歧视,特别是弱化户籍对社会经济资源的分配作用,减少职业分割,为外来务工人员进入更多行业就业提供公平的制度环境。如果户籍制约不断放松,在城市中由户籍壁垒引致的职业分割得到弱化,则经济增长有望更有效地平衡城乡收入差距,有利于实现共同富裕。

参考文献

曹裕,陈晓红,马跃如.城市化、城乡收入差距与经济增长——基于我国省级面板数据的实证研究[J].统计研究,2010,27(03):29—36.

钞小静,沈坤荣.城乡收入差距、劳动力质量与中国经济增长[J].经济研究,2014,49(06):30—43.

陈登科.贸易壁垒下降与环境污染改善——来自中国企业污染数据的新证据[J].经济研究,2020,55(12):98—114.

陈钊,徐彤,刘晓峰.户籍身份、示范效应与居民幸福感:来自上海和深圳社区的证据[J].世界经济,2012,35(04):79—101.

程玲莎,章合杰.脱贫有助于提高城市化水平吗[J].农业经济问题,2021(04):99—109.

程名望,Jin Yanhong,盖庆恩等.农村减贫:应该更关注教育还是健康?——基于收入增长和差距缩小双重视角的实证[J].经济研究,2014,49(11):130—144.

程名望,盖庆恩,Jin Yanhong等.人力资本积累与农户收入增长[J].经济研究,2016,51(01):168—181+192.

程名望,贾晓佳,俞宁.农村劳动力转移对中国经济增长的贡献(1978—2015年):模型与实证[J].管理世界,2018,34(10):161—172.

程名望,张家平.互联网普及与城乡收入差距:理论与实证[J].中国农村经济,2019(02):19—41.

戴鹏毅,杨胜刚,袁礼.资本市场开放与企业全要素生产率[J].世界经济,2021,44(08):154—178.

邓翔,朱海华,路征.户口身份与工资收入差距:理论和实证分析[J].人口与发展,2018,24(05):53—62.

高培勇.为什么说促进共同富裕要正确处理效率和公平的关系[J].理论导报,2021(10):58—60.

龚六堂.缩小居民收入差距推进共同富裕的若干政策建议[J].国家治理,2020:33—38.

贺娅萍,徐康宁.互联网对城乡收入差距的影响:基于中国事实的检验[J].经济纬,2019,36(02):25—32.

梁文泉,陆铭.后工业化时代的城市:城市规模影响服务业人力资本外部性的微观证据[J].经济研究,2016,51(12):90—103.

陆铭,陈钊.城市化、城市倾向的经济政策与城乡收入差距[J].经济研究,2004(06):50—58.

陆铭,陈钊,万广华.因患寡,而患不均——中国的收入差距、投资、教育和增长的相互影响[J].经济研究,2005(12):4—14+101.

陆铭,高虹,佐藤宏.城市规模与包容性就业[J].中国社会科学,2012(10):47—66+206.

陆铭,张航,梁文泉.偏向中西部的土地供应如何推升了东部的工资[J].中国社会科学,2015(05):59—83+204—205.

罗知,万广华,张勋等.兼顾效率与公平的城镇化:理论模型与中国实证[J].经济研究,2018,53(07):89—105.

乔榛.资本收益率、经济增长率与居民收入差距——基于中国1978—2013年数据的分析[J].求是学刊,2019,46(02):111—119+181.

邱嘉平.因果推断实用计量方法[M].上海:上海财经大学出版社,2020.

孙婧芳.城市劳动力市场中户籍歧视的变化:农民工的就业与工资[J].经济研究,2017,52(08):171—186.

温涛,王永仓.中国的金融化对城乡收入差距施加了怎样的影响[J].农业技术经济,2020(04):4—24.

谢伏瞻.把解决地区、城乡差距作为推动共同富裕的坚中之坚[R].中国发展高层论坛2021年会,2021.

余春苗,任常青.金融包容与城乡收入差距——基于中国省级面板数据的实证检验[J].农村经济,2020(03):54—60.

余泳泽,潘妍.高铁开通缩小了城乡收入差距吗?——基于异质性劳动力转移视角的解释[J].中国农村经济,2019(01):79—95.

张可云,王洋志.农业转移人口市民化方式及其对收入分化的影响——基于CGSS数据的观察[J].中国农村经济,2021(08):43—62.

张延群,万海远.我国城乡居民收入差距的决定因素和趋势预测[J].数量经济技术经济研究,2019,36(03):59—75.

张应良,徐亚东.金融发展、劳动收入分配与城乡收入差距——基于省级面板数据的实证分析[J].改革,2020(11):135—146.

章莉,吴彬彬,李实等.部门进入的户籍壁垒对收入户籍歧视的影响——基于微观模拟方法的收入差距分解[J].中国农村经济,2016(02):36—51.

周国富,陈菡彬.产业结构升级对城乡收入差距的门槛效应分析[J].统计研究,2021,38(02):15—28.

周心怡,李南,龚锋.新型城镇化、公共服务受益均等与城乡收入差距[J].经济评论,2021(02):61—82.

Charles K K, Johnson M S, Tadjfar N. Trade Competition and The Decline in Union Organizing: Evidence from Certification Elections[J]. NBER Working Paper, 2021. DOI 10.3386/w29464.

Dippel C, Gold R, Heblich S, et al. The Effect of Trade on Workers and Voters[J]. The Economic Journal, 2022, 132: 199-217.

Démurger S, Gurgand M, Li S, et al. Migrants as Second-Class Workers in Urban China? A Decomposition Analysis[J]. Journal of Comparative Economics, 2009, 37(04): 610-628.

Foltza J, Guo Y, Yao Y. Lineage Networks, Urban Migration and Income Inequality: Evidence from Rural China[J]. Journal of Comparative Economics, 2020, 48: 465-482.

Huang J,. Cai X, Huang S, et al. Technological Factors and Total Factor Productivity in China: Evidence Based on A Panel Threshold Model[J]. China Economic Review, 2019, 54: 271-285.

Jia R, Lan X, Miquel G P. Doing Business in China: Parental Background and Government Intervention Determine Who Owns Business[J]. NBER Working Paper, 2021. DOI 10.3386/w28547.

Lu, D. Rural-Urban Income Disparity: Impact of Growth, Allocative Efficiency, and Local Growth Welfare[J]. China Economic Review, 2002, 13: 419-429.

Lu M, Xia Y. Migration in The People's Republic of China[R]. ADBI Working Paper, 2016.

Luo C, Li S, Sicular T. The Long-Term Evolution of National Income Inequality and Rural Poverty in China[J]. China Economic Review, 2020.

Ning G, Qi W. Can Self-employment Activity Contribute to Ascension to Urban Citizenship? Evidence from Rural-to-Urban Migrant Workers in China[J]. China Economic Review, 2017, 45: 219-231.

Ravallion M, Chen S. Is That Really a Kuznets Curve? Turning Points for Income Inequality in China[J]. NBER Working Paper, 2021. DOI 10.3386/w29199.

Yang D T. Education and Allocative Efficiency: Household Income Growth during Rural Reformsin China[J]. Journal of Development Economics, 2004, 74: 137-162.

Zhang L, Sharpe R V, Li S, et al. Wage Differentials between Urban and Rural-Urban Migrant Workers in China[J]. China Economic Review, 2016, 41: 222-233.

互联网使用能有效防范脱贫户返贫吗?
基于多维相对贫困脆弱性视角*

裴 馨 高远东

一、引 言

消除贫困、缩小差距、实现共同富裕,是社会主义的根本目标。党的十八大召开以来,中国举全党全社会之力稳步推进脱贫攻坚工作,经过八年的不懈努力,于2020年年底完成了脱贫攻坚的历史性任务,这是对党和人民事业具有重大现实意义和深远历史意义的一件大事。然而,脱贫人口仍然存在自身发展动力、防范风险能力不足的问题,极有可能再度陷入贫困。为此,《中华人民共和国国民经济和社会发展第十四个五年规划和2035年远景目标纲要》提出"健全防止返贫动态监测和精准帮扶机制,对易返贫致贫人口实施常态化监测,建立健全快速发现和响应机制,分层分类及时纳入帮扶政策范围"。党的二十大报告中也明确提出了"巩固拓展脱贫攻坚成果"的新任务。在此背景下,如何有效防范返贫成为中国"后扶贫时代"最为紧迫的任务之一。

随着数字经济的快速发展,以互联网为代表的信息技术推动技术革新,成为经济高质量发展的重要引擎(赵涛等,2020)。从宏观层面看,互联网与实体经济深度融合,催生新的生产方式,从而带动经济增长,并最终惠及全体人民(Czernich等,2011)。从微观层面看,互联网对个体的就业创业、人力资本、社

---
* 裴馨,西南大学经济管理学院博士研究生,邮政编码:400715,电子信箱:PPeixin@163.com。高远东(通讯作者),西南大学经济管理学院教授、博士生导师,邮政编码:400715,电子信箱:gaoyuandong_2003@163.com。

会资本积累等方面都有明显的促进作用,进而提升个体收入(DiMaggio 和 Bonikowski,2008;丁琳和王会娟,2020)。国家也高度重视互联网在助推脱贫攻坚中的重要作用,于 2016 年印发《网络扶贫行动计划》,2017—2020 年连续四年印发网络扶贫年度工作要点,扎实推进网络扶贫工程。截至 2020 年年底,全国贫困村光纤覆盖率超过 98%,中小学(含教学点)互联网接入率接近 99%,贫困县电子商务进农村和远程医疗服务实现全覆盖。

那么,互联网对于减缓贫困是否有显著作用呢?众多学者对此进行了考察。温锐松(2020)从现实经验出发,提出互联网使用有利于拓宽贫困群众搜寻信息渠道、促进贫困群众增收,并推动贫困地区优势产业转型升级。但是,国内外学者基于不同的数据和模型,得出了一些不尽相同的研究结论。在互联网使用减贫方面,Mora-Rivera 和 García-Mora(2021)利用墨西哥 2016 年全国家庭收入和支出调查数据,基于倾向得分匹配方法研究,发现互联网接入有助于降低墨西哥的收入贫困和多维相对贫困水平,这与部分学者的观点相一致(Yang 等,2021)。然而,Galperin 和 Fernanda(2017)通过回顾互联网普及与减贫关系的证据,发现由于缺乏技能、人力资本和组织变革方面的互补性投资,互联网的减贫效应微乎其微。此外,对于贫困户来说,互联网接入的月费会影响互联网的采用(Chaudhuri 等,2005)。在互联网金融减贫方面,Li 和 Wang(2017)利用中国龙头企业数据,借助信贷资本化模型与一种面向未来的估计方法研究发现,互联网金融有助于降低贫困发生率;但何宗樾等(2020)利用中国数字普惠金融发展指数和家庭追踪调查(CFPS)的匹配数据,采用工具变量法分析结果却与之相反,即数字金融发展加剧了贫困发生率。在信息化减贫方面,臧雷振和张冰倩(2022)基于 124 个国家(地区)面板数据,实证分析发现信息赋权能力能显著降低贫困发生率;但也有学者基于中国省份面板数据,采用空间杜宾模型分析发现信息化不利于减缓本地贫困(张聪颖,2021)。

既有关于互联网能否减贫的研究结果并未达成统一,而且相关文献大多只关注了互联网对个体、家庭和区域致贫、脱贫的影响,或者对返贫的其他影响因素做了大量的探讨,譬如一些学者基于微观调查数据分析发现人口统计学特征中金融素养、婚姻状况、学习能力等对个人返贫存在负向影响(Li 等,2017;吕光明等,2021);家庭特征中家庭劳动力结构、人力资本、物质资本等对返贫产生负向影响(和立道等,2018);还有学者发现地区资源禀赋、经济发展水平影响区域返贫(严小燕等,2022)。鲜少学者考察互联网使用对返贫的影响。但是,在中国脱贫攻坚战取得全面胜利的大背景下,探究互联网使用对巩固拓展脱贫攻坚成果和推进乡村振兴具有重要现实意义。

此外,返贫对象识别是防范返贫的重要前提,诸多学者就返贫对象识别问题开展研究。部分学者基于贫困动态演化特征,采用统计分类和转移矩阵的方法,考察个体或家庭重返贫困的概率(王朝阳和姚毅,2010)。例如,吕光明等(2021)通过测算贫困脆弱性从货币层面来反映家庭未来贫困状态的动态转换;张鹏等(2022)基于 A-F 多维贫困测度方法识别家庭多维贫困动态转换情况。也有学者基于改进的 A-F 多维贫困指数分析方法,提出多维返贫的识别和测度方法并测算出中国农民工返贫指数(蒋南平和郑万军,2017)。还有学者基于调研数据,从资源、福利和适应能力等维度构建返贫脆弱性评价体系,分析区域返贫可能性(严小燕等,2022)。但是,鲜有学者从多维相对贫困脆弱性角度动态识别个体返贫对象。

既有互联网减贫效应和返贫问题的相关研究,为本文分析互联网使用的防范返贫效应提供了良好的逻辑起点和研究基础,但仍然存在以下不足。第一,大多数文献在返贫对象识别时缺少对未来的综合考虑,除了从货币层面体现未来返贫概率,还应从多维视角出发动态反映个体未来的返贫可能性。第二,在研究视角上,既有文献主要关注互联网使用对致贫、脱贫的影响或探究学习能力、人力资本和社会资本等如何防范返贫,鲜少关注互联网使用对返贫的影响和作用机制。第三,现有文献对互联网使用的减贫效应存在较大争议,可能的原因是传统、简单的线性回归方法在估计处理效应时鲜少考虑到个体差异性。基于此,近期健全防止返贫动态监测和精准帮扶机制需要结合下文的理论分析,本文试图在我国实现共同富裕的大背景下,利用 2014—2018 年中国家庭追踪调查(CFPS)数据,通过 A-F 双界线和 VEP 相结合的方法从多维相对贫困脆弱性这一动态指标视角识别返贫对象,借助二元 Logit 模型,定量分析脱贫户的互联网使用行为对返贫的影响效用及作用机制。

本文的边际贡献主要有以下两个方面。第一,为满足中国防止返贫动态监测的现实需要,尝试采用 A-F 双界线和 VEP 相结合的方法,从收入、健康、教育和生活水平四个维度出发测算个体多维相对贫困脆弱性,并动态甄别返贫对象。第二,重在研究互联网使用防范返贫的机理和路径问题,选取个体就业、人力资本和工作收入机制检验互联网使用防范返贫的作用渠道,并对多维相对贫困脆弱性进行分解,估计互联网使用的单维防范返贫效应,为找到防止返贫精准帮扶着力点提供参考。

二、 理论分析与研究假说

互联网作为一种信息通信技术,其"联结经济效应"能够使复数主体相互连接、降低交易费用并实现"外部效果"内部化(纪玉山,1998)。第一,在投入方面,互联网作为信息中介,居民可以通过互联网对所需要的商品和岗位信息进行精准定位,减少商品交易和岗位搜寻过程中的信息搜寻成本,同时通过网络平台节约交通、沟通和比较成本,从而降低脱贫户交易费用。第二,在产出方面,首先,互联网使用能够实现跨时间和跨区域的联结与沟通,促进生产生活信息与知识共享,通过信息"累积效应"与"互补效应"将分散信息联结起来,削弱由于信息不对称带来的风险冲击,降低脱贫户未来再次陷入贫困的可能性。其次,互联网加速了信息报废率,使居民能够获取多样化、个性化的最新知识与技术,提升生产生活技能水平。最后,主体间的"信赖效应"为互联网建立弱连接提供可能。自我满意感低和自尊心弱的人更愿意通过互联网社交平台建立社会关系,即他们比起面对面沟通更愿意借助互联网完成产品交易、信息沟通和知识学习等,进而有利于激发脱贫户内生动力以防范返贫。因此,我们提出研究假设 H1。

H1:互联网对防范返贫具有直接效应,即加强互联网使用能够显著降低脱贫户返贫的可能性。

随着移动互联网不断发展,基于网络信息的"传递效应"进行海量信息搜寻已然成为一种基础的信息获取手段。一方面,由信息搜寻理论可知,居民依据信息搜寻成本来确定搜寻程度,当搜寻成本过高时,居民会选择利用既有信息作出决策;但当信息搜寻成本偏低时,居民更愿意进行充分的信息搜寻以确保资源配置最优化(Tack 和 Aker,2014)。而利用互联网进行信息搜集不仅能够降低个体在求职过程中所需的交通、邮寄和沟通等方面成本,日益丰富的求职网站也能提高求职者岗位信息浏览、简历投递与信息咨询的效率,进而精准匹配供求信息并提升录用概率。换言之,对于脱贫户中部分"隐蔽性失业"者或求职者,在通过互联网实现"零边际成本"工作搜寻的同时,还能够找到与自身教育水平或能力更为相符的工作,减少摩擦性失业。另一方面,随着越来越多的人将互联网作为基础信息获取手段,网店、微商和直播等新行业随之兴起,创造了众多就业岗位,提供了更多个体就业机会,使部分脱贫户实现就业。因此,我们提出了研究假设 H2。

H2:互联网通过促进个体就业从而有效防范返贫。

生存状况反映的是个人的"能力"水平,Sen(1981)提出,贫困发生的根本原因在于个人改善其生存现状、防范化解风险的能力"被剥夺"了。而人力资本作为抵御风险的一种"活资本",其水平的高低对于防范返贫至关重要。互联网作为一种信息技术,基于"技术效应"对居民人力资本产生积极影响。"技术效应"主要指互联网使用能提升个人专业技能、劳动生产率。具体来说,一方面,随着互联网在经济社会全方位的渗透,迫使各年龄段、各行业必须熟练掌握并运用互联网这一专业技能,使其成为人力资本提升的一部分。另一方面,互联网作为信息技术拓宽了学习渠道,居民能够通过互联网获取专业知识,提升专业技能和劳动生产率,使互联网成为提升人力资本水平进而提升个人"能力"水平的有效途径。因此,我们提出了研究假设 H3。

H3:互联网通过提升人力资本水平进而防范返贫。

在数字化时代,互联网逐渐成为人们获取知识、搜寻工作和日常办公的重要工具,也是影响个体收入的关键因素,而个体收入水平与贫困状态紧密相关。因此,促进个体收入增长俨然是互联网防范返贫的又一重要途径。互联网使用具有显著的工资溢价效应(Krueger,1993)。首先,互联网的信息"传递效应"能够加快信息流动,减少生产工作中的信息不对称,提高产品全产业链生产和个体劳动生产效率,进而对个体工作收入的增加产生积极效用。其次,互联网模仿学习的"示范效应"能够帮助个体更加便捷地进行知识共享、信息获取,有助于提高劳动者工作技能和知识水平,通过提升人力资本水平的方式来获取更高工作收入。最后,互联网使用的"乘数效应"一方面能够促进在线社交活动的开展,提升居民社会资本;另一方面,商家能够借助互联网销售平台、媒体平台和社交平台等拓宽产品宣传渠道,降低产品推介成本,获取更高的工作收入。因此,提出了研究假设 H4。

H4:互联网使用将通过增加工作收入而间接防范返贫。

三、 研究设计和数据说明

(一) 返贫对象识别

本文所研究的返贫是指个体从贫困状态进入非贫状态但又重返贫困状态的一个动态转换过程(蒋南平和郑万军,2017),选择相对贫困视角,在测度多维相对贫困脆弱性的基础上进行返贫识别。由于既有研究发现,以消费作为贫困唯一标准的静态衡量忽视了个体未来陷入多维相对贫困的可能性(Laderchi 等,2003)。故借鉴 Azeem 等(2018)提出的 A-F 双界线和 VEP 相结合的测度方法,测算个体多维相对贫困脆弱性,并进行返贫状态动态识别。具体过程如下。

第一步:确定多维相对贫困的维度和指标。既有研究尚未形成统一的多维相对贫困指标体系。但归纳 Alkire 和 Foster(2011)、Alkire 和 Santos(2014)、Aguilar 和 Sumner(2020)等研究发现,以"收入""教育""健康"和"生活水平"为主要维度的多维相对贫困指标体系被广泛采用。其中,收入维度是衡量贫困状态的关键指标,本文采用 2015 年世界银行提出的贫困标准,即家庭人均日消费 1.9 美元来度量①;健康维度选取营养水平、慢性疾病和心理健康三个指标,其中营养水平指标采用身体质量指数(Body Mass Index,BMI)来衡量(张全红和周强,2014);用学历水平和适龄入学率两个指标度量教育;生活水平维度则采用四个指标来衡量,分别包括清洁饮用水、生活燃料、住房状况和通电照明(郭建宇和吴国宝,2012)。具体见表 11-1。

表 11-1 多维相对贫困指标及权重

维度	指标	权重	临界值
收入	家庭人均日消费	1/4	家庭人均消费低于 1.9 美元/天,赋值为 1,反之为 0

---

① 根据世界银行公布的数据,2014 年、2016 年和 2018 年的购买力平价分别是 1 美元等于 3.8 元、4 元和 4.2 元人民币,2014—2018 年的 CPI 数据来源于国家统计局。经购买力平价和 CPI 调整之后,家庭人均日消费 1.9 美元对应 2014 年人均年消费额 2 635 元、2016 年人均年消费额 2 774 元、2018 年人均年消费额 2 913 元。

（续表）

维度	指标	权重	临界值
健康	营养水平	1/12	成人 BMI 值,用体重公斤数除以身高米数的平方得出,BMI 值低于 18.5kg/m², 赋值为 1,反之为 0
	慢性疾病	1/12	家庭中任一成年人患有慢性疾病,赋值为 1,反之为 0
	心理健康	1/12	家庭中任一成员对自身前途进行评价小于 3 分,赋值为 1,反之为 0
教育	学历水平	1/8	家庭中 60 岁及以下成年人最高学历水平为小学及以下,赋值为 1,反之为 0
	适龄入学率	1/8	家庭中有 6—16 周岁儿童失学或辍学,赋值为 1,反之为 0
生活水平	清洁饮用水	1/16	无清洁饮用水(如自来水、矿泉水、纯净水等),赋值为 1,反之为 0
	生活燃料	1/16	使用粪、木头或木炭做饭,赋值为 1,反之为 0
	住房状况	1/16	家庭成员完全拥有住房所有权时赋值为 0,反之为 1
	通电照明	1/16	家中没有通电或家庭月电费小于 10 元,赋值为 1,反之为 0

第二步:确定样本观测矩阵。设样本总数为 n,维度个数为 d,用 M_{nd}^i 表示第 t 期的 $n \times d$ 矩阵,其中矩阵中任意元素 y_{ij}^t 代表个体 i 在第 t 期维度 d 的取值,$i = 1, 2, \cdots, n; j = 1, 2, \cdots, d$。

第三步:贫困状态权重设定。借鉴沈扬扬等(2018)、周强(2021)和 Alkire 等(2021)多维相对贫困权重设定方法,设定权重矩阵为 $w = (w_1, w_2, \cdots, w_d)$,$w_j$ 表示为指标 j 在多维相对贫困中的细分权重。本文使用嵌套权重结构,即设置 d 个维度权重相等,此时每个维度 w_j 的权重为 $1/d$。若 d 个维度中有 c 个指标,每个指标可用 a 来表示,其权重为 $1/(d \times c)$。具体指标权重见表 11-1。

第四步:多维相对贫困指数测度。通过对各个维度内各指标体系贫困状态的识别,确定权重后并对各维度的指标进行加总,求得个体的综合多维相对贫困指数。设多维相对贫困指数为 MPI_i^t,则个体 i 在 t 时期多维相对贫困指数为:

$$MPI_i^t = \sum_{a=1}^{m} y_{ia}^t \times w_a \tag{1}$$

其中,假设 m 为指标的总个数,y_{ia}^t 表示 y_i 在 t 时期 a 指标的贫困状态。

第五步:多维相对贫困脆弱性测度。借鉴 Feeny 和 McDonald(2016)估计方法,在估算多维相对贫困的水平和均值后直接带入式(2),设 $\widehat{V}_{MPI_i^t}$ 为个体 i 在未来多维相对贫困指数超过 k 的概率,k 为多维相对贫困的临界值($k = 0.22$),φ 是累计密度函数，$X_i^t \hat{\beta}_{FGLS}$ 和 $X_i^t \hat{\theta}_{FGLS}$ 是个体多维相对贫困的均值和方差 FGLS 估计。具体表达式如下：

$$\hat{V}_{MPI_i^t} = \hat{Pr}(MPI_i^t > k | X_i^t) = \varphi\left[\frac{X_i^t \hat{\beta}_{FGLS} - k}{\sqrt{X_i^t \hat{\theta}_{FGLS}}}\right] \quad (2)$$

$\hat{V}_{MPI_i^t}$ 的值介于 0 和 1 之间，该值越高，未来陷入多维相对贫困的可能性越高。因此，需要定义一个阈值脆弱性分数。阈值的选择是随意的，一般认为，个体 i 在未来发生多维相对贫困的概率超过 0.5，则可视为脆弱（张栋浩和尹志超，2018）。具体的表达式如下：

$$q_i^t = \begin{cases} 1, \text{当 } \hat{V}_{MPI_i^t} > 0.5 \text{ 时} \\ 0, \text{当 } \hat{V}_{MPI_i^t} \leq 0.5 \text{ 时} \end{cases} \quad (3)$$

第六步：返贫状态识别。返贫问题要关注贫困状态的变化，即个体前期贫困，脱贫后又重返至贫困状态。为揭示个体多维相对贫困状态动态转换的互联网效应，本文以 t 期为基期，考虑 $t+2$ 期个体贫困状态，将个体从 t 期至 $t+2$ 期的返贫状态设定为：

$$P_i = \begin{cases} 1, \text{当 } q_i^t = 1 \text{、} q_i^{t+1} = 0 \text{、} q_i^{t+2} = 1 \text{ 时} \\ 0, \text{当 } q_i^t = 1 \text{、} q_i^{t+1} = 0 \text{、} q_i^{t+2} = 0 \text{ 时} \end{cases} \quad (4)$$

其中，$P_i = 1$ 表示脱贫户处于返贫状态，即脱贫户 i 在 t 期处于贫困状态，$t+1$ 期脱离贫困，但 $t+2$ 期时又重返贫困的一个动态转换状态；$P_i = 0$ 表示脱贫户最终处于脱贫状态，即脱贫户 i 在 t 期处于贫困状态，$t+1$ 期脱离贫困，$t+2$ 期未陷入贫困状态。

（二）数据来源及变量选取

1. 数据来源

微观层面的数据来源于中国家庭追踪调查（CFPS）。CFPS 样本覆盖 25 个省（市、区），调查问卷包含成人问卷、少儿问卷、家庭经济问卷、家庭成员问卷以及村/居问卷等。CFPS 于 2010 年开始，此后每隔两年进行一次追踪调查，截至本研究开始已发布 2010—2018 年 5 期完整数据。

本文主要使用了 CFPS 中成人问卷和家庭问卷两个层面的数据分析互联网使用的防范返贫效应。在样本筛选上，考虑到至少 3 期才能观测到脱贫户是否返贫,同时由于2013年习近平总书记提出"精准扶贫"思想,故选取2014年、2016年和2018年三轮追踪调查数据,并构建了3期的面板数据,从"贫困—脱贫—贫困"的狭义返贫定义出发识别返贫对象。考虑到动态转换最终返贫状态处于2018年,故选取2018年的数据进行实证分析,剔除关键变量异常值和缺失值,最终确定的样本总量为2 462个。此外,由于CFPS数据中只公布了省份代码,本文也选取了省份相关变量,其数据来源于《中国统计年鉴》。

2. 变量选取

被解释变量为脱贫户的返贫状况,根据上文返贫识别方法,用脱贫户是否返贫来衡量,当脱贫户返贫时,赋值为1,反之为0。

本文主要的核心解释变量是脱贫户的互联网使用情况。用脱贫户是否使用互联网来衡量。根据问卷中的"是否使用移动互联网上网"和"是否使用电脑上网"衡量,如果二者回答均为"否",记作0,反之为1。

此外,还控制了可能影响脱贫户返贫的其他因素,主要包括人口统计学特征层面,如年龄、性别、婚姻状况、智力水平、相对收入水平;家庭特征层面,如家庭规模、家庭负债、是否收到政府补助、是否发生重大事件等,以及省份经济发展水平,该变量用省份GDP与总人口的比重来表示。

表11-2给出了各变量的描述性统计。

表 11-2 描述性统计

变量	样本数	均值	标准差	最小值	最大值
脱贫户是否返贫	2 462	0.158	0.365	0	1
互联网使用	2 462	0.550	0.498	0	1
年龄	2 462	43.671	15.120	20	87
年龄的平方	2 462	2 135.640	1 420.177	400	7 569
性别	2 462	0.444	0.497	0	1
智力水平	2 462	5.034	1.414	1	7
是否已婚	2 462	0.825	0.380	0	1
相对收入水平	2 462	2.918	1.065	1	5
家庭规模	2 462	4.384	2	1	15

（续表）

变量	样本数	均值	标准差	最小值	最大值
家庭负债	2 462	3.018	4.545	0	13.747
是否收到政府补助	2 462	0.449	0.497	0	1
是否发生重大事件	2 462	0.171	0.376	0	1
少儿抚养比	2 462	0.124	0.187	0	2
老年抚养比	2 462	0.114	0.255	0	2
省级人均GDP	2 462	61 073.617	30 001.011	31 336	140 211

（三）实证方法

1. 基准回归

由于被解释变量为二值离散变量，本文使用二值选择回归的 Logit 模型进行实证研究。在回归中，除互联网使用这一核心解释变量外，还选取了包括人口统计学特征、家庭特征、省份特征层面的控制变量。具体的模型表达式如下：

$$\Pr(P_i = 1 | \text{Internet}_i, X) = \alpha_1 + \alpha_2 \text{Internet}_i + \alpha_3 X + \varepsilon_i \tag{5}$$

其中，P_i 为脱贫户 i 是否返贫的二值离散变量。Internet_i 表示脱贫户 i 是否使用互联网的二值离散变量，X 为个体、家庭和省份层面的控制变量，ε_i 为随机扰动项。

2. 内生性处理

脱贫户的互联网使用行为属于个人决策，若脱贫户受到返贫风险冲击，其互联网使用的行为决策也可能会受到影响，即二者存在互为因果关系的内生性问题。为解决以上问题，本文选取 Roodman（2011）提出的条件混合估计方法（CMP）对基准模型进行再次估计。CMP 是通过构建递归方程组进行两阶段的回归，以检验并修正虚拟变量导致的内生性问题。具体估计可以分为两个部分：第一部分估计工具变量与内生变量是否相关，第二部分将上部分估计结果带入模型进行再回归，可依据内生性检验参数 atanhrho_2 验证工具变量的外生性，若 atanhrho_2 为显著非 0，则代表模型有内生性问题，CMP 估计结果更准确；反之，则基准模型的估计结果更准确。目前这一方法已得到了学术界的认可和广泛应用(祝仲坤和冷晨昕,2018)。

此外,为进一步揭示脱贫户使用互联网与未使用互联网带来的返贫状况的异质性影响。本文运用倾向评分匹配(Propensity Score Matching,PSM)法来降低可能由于样本选择偏误带来的内生性问题,即对每个不使用互联网的脱贫户匹配一个使用互联网的脱贫户,两者仅有是否使用互联网这一变量不一致,其他变量基本相同,通过以上处理得出的结果变量表示为脱贫户使用互联网的防范返贫净效应。对于全样本而言,这一净效应被称为平均处理效应(Average Treatment Effect on the Treated,ATT),表达式如下:

$$ATT = E(g_{1i}|D_i = 1) - E(g_{0i}|D_i = 0) = E(g_{1i} - g_{0i}|D_i = 1) \quad (6)$$

其中,g_{1i} 为使用互联网后的返贫状况,g_{0i} 是未使用互联网的返贫状况。式(6)能够观测 $E(g_{1i}|D_i=1)$ 的估计结果,但观测不到 $E(g_{0i}|D_i=0)$ 的估计结果,故称其为反事实结果。

四、实证结果分析

(一)基准回归

表11-3汇报了脱贫户的互联网使用行为对其返贫状况的影响。可以看出,在逐步加入个体特征、家庭特征和省份特征的控制变量后,互联网使用均在1%的统计水平上显著为负,即互联网使用能显著抑制脱贫户返贫,分步回归提高了上述结果的可靠性。具体地,依据第(4)列估计结果可知,互联网使用每增加1个单位,脱贫户返贫的发生概率将降低2.12个百分点。因此,脱贫户的互联网使用行为能够显著降低其返贫的可能性,假说H1得到验证。

通过观察第(4)列控制变量估计系数可以发现以下规律:从个体层面看,首先,随着年龄的增加,脱贫户返贫的可能性增加,但跨过拐点后,年龄的增加会降低脱贫户返贫的可能性,这是由于脱贫户到达一定年龄后物质资本和人力资本均有一定程度的积累,抵御风险的能力增强,所以返贫的可能性下降;其次,男性比女性、已婚比未婚、智力水平高比水平低的脱贫户更容易降低返贫风险。从家庭层面看,脱贫户家庭规模越大、负债越多、家庭65岁以上人口和16岁以下人口越多,以及家中发生重大事件,所需要支出费用的增加会导致其再次陷入贫困的概率提高;而接受了政府补助的脱贫户返贫风险会有所降低。从省级层面看,经济发展水平的提升在一定程度上能够抑制脱贫户返贫。

表 11-3 互联网使用与返贫:二元 Logit 基准回归

	(1)	(2)	(3)	(4)
互联网使用	-2.1306***	-1.2907***	-2.1046***	-2.1214***
	(-14.79)	(-7.43)	(-9.22)	(-9.35)
年龄		0.1249***	0.2419***	0.2432***
		(4.28)	(4.93)	(4.82)
年龄的平方		-0.0009***	-0.0015***	-0.0015***
		(-3.33)	(-3.33)	(-3.15)
性别		-0.5209***	-1.0615***	-1.0963***
		(-4.07)	(-6.29)	(-6.46)
智力水平		-0.4458***	-0.7990***	-0.8053***
		(-9.75)	(-13.21)	(-13.22)
婚姻状况		-0.8000***	-1.3059***	-1.2665***
		(-3.89)	(-4.23)	(-4.11)
相对收入水平		-0.0009	0.0011	0.0006
		(-0.17)	(0.15)	(0.08)
家庭规模			0.2225***	0.2218***
			(5.10)	(5.04)
家庭负债			0.0437**	0.0421**
			(2.27)	(2.19)
政府补助			-0.4930***	-0.4708***
			(-11.10)	(-10.45)
重大事件			0.5397***	0.5441***
			(2.59)	(2.61)
老人抚养比			10.1634***	10.3075***
			(15.85)	(16.39)
少儿抚养比			1.3768***	1.4976***
			(4.28)	(4.56)
省级人均GDP				-0.0001***
				(-3.03)

(续表)

	(1)	(2)	(3)	(4)
常数项	-0.8737***	-1.9491**	-5.1800***	-4.9332***
	(-13.25)	(-2.56)	(-3.90)	(-3.54)
R^2	0.137	0.225	0.484	0.488
样本量	2 462	2 462	2 462	2 462

注：括号内数字为 t 统计量，*、**、***分别表示在 10%、5%、1%的水平上显著，下同。

（二）内生性讨论

上述基准回归逐步控制了个体、家庭和省级层面控制变量，但仍存在互联网使用与脱贫户返贫的内生性问题。一是互为因果关系，部分因受到突发风险冲击而返贫的脱贫户，为保障基础生活而反过来影响其互联网使用行为。二是仍存在影响脱贫户返贫状况改变的遗漏变量。三是样本选择性偏误所导致的内生性问题。为此，本文采用 CMP 方法和 PSM 方法来尝试解决以上问题。

1. 互为因果关系：CMP 方法

进行 CMP 估计首先要选取一个工具变量，工具变量应该与互联网使用相关但与误差项不相关。本文将互联网作为信息渠道的重要性视为工具变量，根据问卷中的"互联网对您获取信息的重要性"衡量，有 1—5 五种选项：1 表示非常不重要，5 表示非常重要，依次排序。本文选择将互联网作为信息渠道的重要性视为工具变量的原因在于，一方面，随着互联网普及率和移动手机覆盖率的提高，居民对于互联网作为信息渠道的认可度逐渐增高，这意味着互联网重要性与其使用行为紧密相关；另一方面，互联网作为信息渠道的重要性很难与脱贫户返贫状况直接挂钩，即其与误差项不相关。

表 11-4 汇报了 CMP 的回归结果。由回归结果可知，在逐步加入个体、家庭和省份特征的控制变量后，互联网作为信息渠道的重要性对互联网使用的影响显著为正，即互联网作为信息渠道的重要性越高，互联网使用居民越多。并且，F 统计量在 1%的统计水平上显著大于经验的临界值，表明不存在弱工具变量的问题，而内生性参数 atanhrho_12 始终显著异于 0，即拒绝了互联网作为信

息渠道的重要性是外生变量的原假设,表明 CMP 方法估计结果相较于基准回归的二元 Logit 估计结果更准确。对于核心解释变量,脱贫户的互联网使用行为估计系数也都显著为负,与二元 Logit 估计结果保持一致,进一步验证了研究假设 H1。

表 11-4　互联网使用与返贫:CMP 估计结果

	(1) 互联网使用 第一阶段	(2) 返贫 第二阶段	(3) 互联网使用 第一阶段	(4) 返贫 第二阶段
互联网使用		−0.2163***		−0.2381***
		(−5.59)		(−6.83)
互联网作为信息渠道的重要性	0.4255***		0.1223***	
	(7.67)		(18.70)	
atanhrho_12	0.6291***		0.6591***	
	(7.67)		(7.56)	
个体特征变量	YES		YES	
家庭特征变量	NO		YES	
省份特征变量	NO		YES	
常数项	0.4778***		1.7669	
	(5.95)		(0.80)	
F 统计量	63.37		61.27	
Wald 检验	1 588.78***		6 443.26***	
观测值	2 462		2 462	

2. 样本选择偏误:PSM 方法

表 11-5 汇报了运用 PSM 方法纠正样本选择偏误后得到的平均处理效应(ATT)。为确保互联网使用防范返贫效应结果的可靠性,本文分别选取了近邻匹配、半径匹配和核匹配方法对基准模型进行平衡性检验。结果显示,不同匹配方法下的 ATT 均在 1% 的水平上显著,估计值约在 −0.1491—−0.1200,低于表 11-3 的基准回归结果 −2.1214,说明可能由于样本选择偏误所引致的内生性问题高估了互联网使用的防范返贫效应。但是,表 11-5 与表 11-3 的估计

结果基本一致,表明使用 PSM 方法处理样本选择偏误问题后,互联网使用的防范返贫效应依然成立。

表 11-5　互联网使用与返贫:PSM 估计结果

	ATT	标准误	t 值
近邻匹配($n=1$)	-0.1491***	0.032	-4.25
近邻匹配($n=4$)	-0.1200***	0.035	-3.81
半径匹配(半径=0.03)	-0.1254***	0.031	-4.02
核匹配(带宽=0.06)	-0.1279***	0.031	-4.16

(三)稳健性检验

为进一步检验脱贫户互联网使用行为对其返贫状况影响结果的稳健性。第一,替换解释变量,分别用问卷中的"是否使用移动互联网上网"和"是否使用电脑上网"衡量,如果二者回答都为"是",则赋值为 1,反之为 0。第二,更换样本。由于上文主要采用 2018 年数据进行实证检验,而我国于 2015 年首次提出了"互联网+"行动计划,2016 年提出《网络扶贫行动计划》,积极推动各领域的互联网发展,故使用 2016 年 CFPS 数据再次进行检验。第三,更改模型设定。本文依据多维相对返贫测度方法,考虑非贫、返贫和致贫 3 种情况[①],将模型更改为多元 Logit 模型,以非贫状态 1 为参照组,以返贫 2 和致贫 3 为实验组进行估计,本文只报告了居民互联网使用行为对其返贫状态的影响结果。

估计结果如表 11-6 所示,在替换解释变量为手机上网、电脑上网后,对脱贫户返贫的估计系数仍显著为负,且使用电脑上网的防范返贫效应大于使用手机上网;采用 2016 年数据进行实证检验,其结果也表明脱贫户的互联网使用行为显著抑制其返贫,但估计系数减小,可能的原因是 2016 年我国仍处于互联网发展初期,居民互联网使用强度还相对较低,因此脱贫户的互联网使用行为对其返贫影响相对较小;更改模型后互联网使用对返贫的估计系数大小和显著性与表 11-3 估计结果表现一致。综上可知,稳健性估计结果与基准回归结果

[①] 非贫状态指样本期内受访者均不处于贫困状态;返贫状态与本文研究相一致;致贫状态指样本期内受访者始终处于贫困状态或首次致贫,即将受访者 t 期非贫,$t+1$、$t+2$ 处于贫困状态定义为始终处于贫困,以及将 t、$t+1$ 期非贫,$t+2$ 期陷入贫困定义为首次致贫。

基本保持一致,进一步证实了脱贫户的互联网使用行为能有效降低返贫风险,假设 H1 再次得以验证。

表 11-6 互联网使用与返贫:稳健性检验估计结果

	(1)	(2)	(3)	(4)
	更换核心解释变量		2016 年样本	多元 Logit
互联网使用			-0.3176**	-2.1348***
			(-2.03)	(-11.39)
手机上网	-0.7197***			
	(-2.75)			
电脑上网		-2.3617***		
		(-3.61)		
控制变量	YES	YES	YES	YES
常数项	-7.5917***	-7.3591***	-5.8597***	-4.4429***
	(-5.35)	(-5.32)	(-6.63)	(-4.45)
R^2	0.451	0.451	0.150	0.428
样本量	2 462	2 462	2 462	9 113

(四) 机制分析

本文基准回归结果显示互联网使用能够显著降低脱贫户返贫的可能性,说明互联网使用能够防范返贫。进一步,对互联网使用防范返贫效应的作用机制进行检验,这不仅有助于提升基准回归结果的稳健性,更有助于探究互联网使用防范返贫的内在机理。因此,本文构建中介效应模型:

$$M_i = \gamma_1 + \gamma_2 \text{Internet}_i + \gamma_3 X + \varepsilon_i \tag{7}$$

$$\Pr(P_i = 1 | \text{Internet}_i, X_i) = \beta_1 + \beta_2 \text{Internet}_i + \beta_3 M_i + \beta_4 X + \varepsilon_i \tag{8}$$

其中,式(7)检验的是互联网使用与中介变量之间的关系,中介变量分别是个体就业、人力资本和工作收入。式(8)则检验中介变量和解释变量对返贫可能性的影响。此外,所有控制变量与式(5)完全一致。具体的检验思路为:依照式(5)进行回归,如果系数不显著即可停止检验,否则进行式(7)、式(8)的检验;依次检验 γ_2 和 β_3,如果二者均显著,则检验 β_2。此时,如果 β_2 也显著,则表明存在部分中介效应,否则说明存在完全中介效应。此外,本文选取了

Bootstrap 检验方法再次验证互联网使用防范返贫的中介效应。表 11-7 汇报了 Bootstrap 中介效应检验置信区间，置信区间内均不包含 0，表明中介效应存在，即互联网使用能够通过促进个体就业、提高人力资本水平和增加工作收入降低脱贫户返贫的可能性。

作用机制的回归结果见表 11-7。其中，第（1）列中，互联网使用的回归系数为 0.1045，在 1% 的水平上显著，表明增加脱贫户互联网使用行为能够显著促进就业。在第（2）列中，互联网使用的回归系数为 -2.1172，个体就业的回归系数为 -0.5083，均在 1% 的水平上显著为负，表明存在较为显著的部分中介效应，脱贫户互联网使用行为可以通过促进就业降低返贫的可能性。同样地，人力资本的作用机制结果如表 11-7 第（3）和（4）列所示。在第（3）列中，核心解释变量互联网使用的回归系数为 0.3764，在 1% 的水平上显著为正，表明增加脱贫户互联网使用行为能够显著提升人力资本水平。在第（4）列中，互联网使用的回归系数为 -2.0294，人力资本水平的回归系数为 -0.5880，均在 1% 的水平上显著为负，说明引导更多的脱贫户使用互联网有助于提高人力资本水平，从而降低返贫风险。工作收入的作用机制结果见表 11-7 的第（5）和（6）列。在第（5）列中，互联网使用的回归系数为 1.3403，在 1% 的水平上显著为正，表明增加脱贫户互联网使用行为能够显著提升工作收入。在第（6）列中，互联网使用的回归系数为 -2.0734，收入水平的系数为 -0.0756，均在 1% 的水平上显著为负，表明存在较为显著的部分中介效应，脱贫户互联网使用行为可以通过提升工作收入降低返贫的可能性。综上所述，脱贫户的互联网使用行为之所以具有防范返贫效应，在于其可以促进个体就业、提升人力资本水平和增加工作收入。

表 11-7 互联网使用与返贫：作用机制分析结果

	（1）个体就业 OLS	（2）返贫 Logit	（3）人力资本 OLS	（4）返贫 Logit	（5）工作收入 OLS	（6）返贫 Logit
互联网使用	0.1045*** (4.52)	-2.1172*** (-9.22)	0.3764*** (7.91)	-2.0294*** (-8.97)	1.3403*** (5.23)	-2.0734*** (-9.06)
个体就业		-0.5083*** (-2.82)				

（续表）

	（1） 个体就业 OLS	（2） 返贫 Logit	（3） 人力资本 OLS	（4） 返贫 Logit	（5） 工作收入 OLS	（6） 返贫 Logit
人力资本				−0.5880***		
				(−5.27)		
收入水平						−0.0756***
						(−4.31)
控制变量	YES	YES	YES	YES	YES	YES
常数项	0.2519**	−4.6611***	2.2172***	−4.1020***	5.9096***	−4.4462***
	(2.44)	(−3.39)	(9.95)	(−2.78)	(5.09)	(−3.27)
R^2	0.223	0.492	0.097	0.509	0.126	0.497
样本量	2 462	2 462	2 462	2 462	2 462	2 462

Bootstrap 检验	置信区间		置信区间		置信区间	
	上限	下限	上限	下限	上限	下限
间接效应	−0.0049	−0.0004	−0.0166	−0.0043	−0.0100	−0.0023
直接效应	−0.1855	−0.1261	−0.1733	−0.1105	−0.1814	−0.1239

五、进一步讨论

前文实证结果整体表现为脱贫户的互联网使用行为降低返贫的可能性。本部分先将选取脱贫户的受教育年限、户籍和年龄进行分组回归，实证检验不同群体互联网使用的防范返贫影响效果是否存在差异。然后，为进一步验证脱贫户的互联网使用行为能否在单个维度发挥防范返贫作用，测度单维贫困脆弱性与识别返贫对象，估计互联网使用的单维防范返贫效用，以期为防范返贫精准帮扶机制的构建提供参考。

（一）异质性分析

为进一步考察不同群体互联网使用行为对防范返贫的异质性影响，分别依照脱贫户的受教育年限、户籍和年龄进行分组讨论，估计结果如表11-8所示。

第一,受教育年限差异方面。本文根据受访者的受教育年限将样本划分为小学及以下学历、初中及以上学历两组①,由估计结果可知,脱贫户的受教育程度越高,互联网使用行为越能发挥防范返贫作用。这一结论也表明,中国政府在巩固脱贫攻坚成果与乡村振兴衔接过程中仍然要重视实现脱贫户的教育公平与质量提升。第二,从户籍差异来看,根据受访者户籍将样本分为农业户籍和非农业户籍两个层次。回归结果表明,不论是农业还是非农业脱贫户使用互联网的返贫影响均在1%的水平上显著为负,且针对非农业样本的估计系数为-2.3890,略高于农业样本的-2.0788,这意味着非农脱贫户使用互联网具有更明显的防范返贫效应,而对农业脱贫户这一效应较弱。究其原因在于,相较于农村地区,城市地区互联网基础设施相对完善,能更好地支持脱贫户使用互联网并发挥防范返贫作用。第三,从年龄差异方面来看。根据联合国世界卫生组织(World Health Organization,WHO)提出的年龄分段,将受访者年龄分为44岁及以下(青年组)、45—59岁(中年组)和60岁及以上(老年组)三组。结果发现,脱贫户的互联网使用估计系数在不同年龄阶段均显著为负,但相较于青年组和老年组脱贫户,明显对中年组的防范返贫效用更高,这与中年组脱贫户已经积累一定物质和人力资本,能更好使用互联网来达到防范返贫作用有关。

表11-8 互联网使用与返贫:受教育年限、户籍和年龄分组

	受教育年限		户籍		年龄		
	小学及以下	初中及以上	农业	非农业	青年	中年	老年
	(1)	(2)	(3)	(4)	(5)	(6)	(7)
互联网使用	-2.5439***	-5.5380**	-2.0788***	-2.3890***	-2.5434***	-2.7007***	-1.4212***
	(-8.77)	(-2.39)	(-8.48)	(-2.81)	(-7.87)	(-6.95)	(-2.60)
控制变量	YES	YES	YES	YES	YES	YES	YES
常数项	-0.4361	-5.6838	-4.7446***	-17.4884***	1.5083	4.9229***	4.3322***
	(-0.26)	(-1.36)	(-3.31)	(-2.75)	(1.54)	(4.36)	(5.66)
R^2	0.532	0.856	0.484	0.582	0.495	0.492	0.329
样本量	1 241	1 221	2 001	459	1 307	720	435

---

① 高中及以上学历脱贫户不存在返贫状况,因此将样本分为小学及以下学历、初中及以上学历两组。

（二）多维相对贫困脆弱性的分解

依据多维相对贫困脆弱性测度的聚焦性公理，某一维度状况的改善不会对另一维度产生影响，即对各维度的贫困识别是相互独立的。因此，本文分别进行了收入、健康、教育和生活水平四个维度的相对贫困脆弱性测度与返贫对象识别。其中，收入维度以家庭人均日消费 1.9 美元为贫困标准，利用 VEP 方法，阈值设为 0.5 来测度居民贫困脆弱性，而后通过返贫对象识别获得脱贫户的返贫状态结果。健康、教育和生活水平维度使用 A-F 双界线和 VEP 相结合的方法进行相对贫困脆弱性测度与返贫对象识别。

表 11-9 为互联网使用对不同维度相对贫困脆弱性的回归结果。由回归结果可知，互联网使用对收入、教育和生活水平三个维度均有显著的防范返贫作用，其中，脱贫户的互联网使用行为对生活水平维度的返贫负向作用最大，即互联网使用每增加 1 单位，脱贫户生活水平维度的返贫可能性会降低 5.45 个百分点；对收入维度防范返贫效用次之，教育维度的互联网使用防范返贫效用最小。究其原因在于随着互联网普及率的提升，政府能够准确获取基层信息，人民生活质量得到明显提升，收入也不断增加，因此显著降低了脱贫户生活水平和收入维度返贫的可能性，而教育情况的改善更多受益于学校，互联网在其中发挥的作用较小。此外，脱贫户的互联网使用行为对健康维度防范返贫效用不显著，可能的原因是因病致贫、因病返贫的居民面临医疗费用高、劳动能力弱、基层医疗水平有限等问题，政府主要通过现金补贴、医疗保险和医疗救助等"输血"方式应对，而互联网作为一种信息通信技术难以直接解决以上问题，因此发挥其防范返贫作用不显著。

表 11-9 多维相对贫困脆弱性分解

	收入	健康	教育	生活水平
	（1）	（2）	（3）	（4）
互联网使用	-5.2796***	-0.0246	-0.7785***	-5.4497***
	(-4.70)	(-0.02)	(-3.12)	(-10.77)
控制变量	YES	YES	YES	YES
常数项	-8.5715***	-232.0859***	-6.7617***	15.3895***
	(-2.66)	(-3.18)	(-5.75)	(9.32)

（续表）

	收入	健康	教育	生活水平
	(1)	(2)	(3)	(4)
R^2	0.643	0.918	0.517	0.633
样本量	381	326	1 845	2 944

注：括号内数字为 t 统计量，*、**、***分别表示在 10%、5%、1%水平上显著。

六、结论与政策建议

本文基于中国家庭追踪调查（CFPS）2014 年、2016 年与 2018 年数据，通过 A-F 双界线和 VEP 相结合的方法测算多维相对贫困脆弱性来动态识别确定脱贫户中的返贫对象，在此基础上依托二元 Logit 模型探讨了互联网使用对脱贫户返贫状态的影响，得到如下主要结论：

第一，在多维相对贫困脆弱性动态指标衡量下，脱贫户的互联网使用行为可以显著降低其返贫概率，在使用工具变量的 CMP 和 PSM 方法处理内生性问题后，此结论依然成立。

第二，通过验证互联网使用防范返贫效应的传导渠道，本文发现脱贫户的互联网使用行为可以通过促进个体就业、提升人力资本水平和提高工作收入来防范返贫。

第三，异质性分析表明，对高人力资本水平脱贫户，互联网使用的防范返贫效应要比低人力资本水平脱贫户更充分。同时，对非农户籍脱贫户的防范返贫效应要高于农业户籍脱贫户；对于不同年龄阶段的脱贫户，中年组的互联网使用防范返贫效应最大，青年组次之，对老年组脱贫户的防范返贫效应最小。

第四，通过分解多维相对贫困脆弱性发现，脱贫户的互联网使用行为能够显著降低收入、教育和生活水平三个维度的返贫可能性，且对生活水平维度的防范返贫效应最突出，对健康维度的防范返贫效应不显著。

基于以上研究结论，本文从以下几个方面提出相关政策建议：

第一，完善防止返贫动态监测和精准帮扶工作。借鉴本文返贫对象识别思路，转变单一追求收入的贫困标准，构建包括收入、生活水平、健康和教育在内的多维指标进行综合考察，确保脱贫不稳定户的精准识别；依据多维相对返贫对象识别结果对脱贫不稳定户迅速开展有针对性的帮扶工作,避免其再次陷入贫困。

第二,建立互联网使用防范返贫长效机制。首先,扎实推进互联网基础设施建设,加快信息化服务普及,提升互联网防范返贫效用。特别地,针对存在返贫风险的脱贫户,为其提供用得上、用得起、用得好的互联网信息服务,逐步提高互联网普及率。其次,加强脱贫户互联网使用培训工作,提升数字素养和技能,以更好发挥互联网助力脱贫户实现就业、人力资本积累与工作收入提升等作用,进而防范返贫。最后,积极引导脱贫户在学习、生产生活中使用互联网,以发挥好互联网使用对存在收入、教育和生活水平返贫风险的脱贫户的精准帮扶作用。此外,政府要对存在因病返贫风险的脱贫户开展其他形式有益帮扶,以防范返贫。

第三,要进一步深化互联网使用对受教育水平低、农村和老年脱贫户的防范返贫作用。首先,引导、宣传和帮助受教育水平低、农村和老年脱贫户使用互联网,弥合互联网的"接入沟"。其次,要加强对以上群体的互联网知识和技术的培训力度,使其接受并正确使用互联网用于知识获取、亲友沟通或生产增收等,从互联网使用中切实感受到脱贫致富的效用。最后,要依托互联网将以上群体与市场有机连接起来,使受教育水平低、农村和老年脱贫户能够通过信息资源获得更多经济机会,缩小与其他群体之间的贫富差距。

参考文献

丁琳,王会娟.互联网技术进步对中国就业的影响及国别比较研究[J].经济科学,2020(01):72—85.

郭建宇,吴国宝.基于不同指标及权重选择的多维贫困测量——以山西省贫困县为例[J].中国农村经济,2012(02):12—20.

何宗樾,张勋,万广华.数字金融、数字鸿沟与多维贫困[J].统计研究,2020,37(10):79—89.

和立道,王英杰,路春城.人力资本公共投资视角下的农村减贫与返贫预防[J].财政研究,2018(05):15—24.

纪玉山.网络经济学引论[M].吉林:吉林教育出版社,1998.

蒋南平,郑万军.中国农民工多维返贫测度问题[J].中国农村经济,2017(06):58—69.

吕光明,崔新新,孙伯驰.防止返贫动态监测和精准帮扶的着力点——基于 CFPS 数据的实证分析[J].财政研究,2021(08):16—30.

沈扬扬,Sabina Alkire,詹鹏.中国多维贫困的测度与分解[J].南开经济研究,2018(05):3—18.

王朝明,姚毅.中国城乡贫困动态演化的实证研究:1990—2005 年[J].数量经济技术经济研究,2010,27(03):3—15.

温锐松.互联网助力解决相对贫困的路径研究[J].电子政务,2020(02):86—91.

严小燕,祁新华,潘颖等.贫困退出背景下返贫脆弱性评价——融合区域与个体的新视角[J].自然资源学报,2022,37(02):440—458.

臧雷振,张冰倩.信息赋权能力提升如何促进减贫——基于宏观面板数据的实证分析[J].中国软科学,2022(02):138—150.

张聪颖,畅倩,霍学喜.信息化对区域贫困治理的影响[J].中国人口·资源与环境,2021,31(06):124—134.

张栋浩,尹志超.金融普惠、风险应对与农村家庭贫困脆弱性[J].中国农村经济,2018(04):54—73.

张鹏,吴明朗,张翔.家庭财政转移支付如何有效阻止脱贫家庭重返贫困——基于多维返贫测量视角[J].农业技术经济,2022(06):61—76.

张全红,周强.中国多维贫困的测度及分解:1989—2009 年[J].数量经济技术经济研究,2014,31(06):88—101.

赵涛,张智,梁上坤.数字经济、创业活跃度与高质量发展——来自中国城市的经验证据[J].管理世界,2020,36(10):65—76.

周强.我国农村贫困的动态转化、持续时间与状态依赖研究——基于收入贫困与多维贫困的双重视角[J].统计研究,2021,38(10):90—104.

祝仲坤,冷晨昕.互联网使用对居民幸福感的影响——来自 CSS2013 的经验证据[J].经济评论,2018(01):78—90.

Aguilar G R, Sumner A. Who are the World's Poor? A New Profile of Global Multidimensional Poverty[J]. World Development, 2020.

Alkire S, Foster J. Counting and Multidimensional Poverty Measurement[J]. Journal of Public Economics, 2011, 95(7-8): 476-487.

Alkire S, Oldiges C, Kanagaratnam U. Examining Multidimensional Poverty Reduction in India 2005/6-2015/16: Insights and Oversights of the Headcount Ratio[J]. World Development, 2021.

Alkire S, Santos ME. Measuring Acute Poverty in the Developing World: Robustness and Scope of the Multidimensional Poverty Index[J]. World Development, 2014, 59: 251-274.

Azeem M M, Mugera A W, Schilizzi S. Vulnerability to Multi-dimensional Poverty: An Empirical Comparison of Alternative Measurement Approaches[J]. The Journal of Development Studies, 2018, 54(9): 1612-1636.

Chaudhuri A, Flamm K S, Horrigan J. An Analysis of the Determinants of Internet Access[J]. Telecommunications Policy, 2005, 29(9-10): 731-755.

Czernich N, Falck O, Kretschmer T, et al. Broadband Infrastructure and Economic Growth[J]. Economic Journal, 2011, 121(552): 505-532.

DiMaggio P, Bonikowski B. Make Money Surfing the Web? The Impact of Internet Use on the Earnings of U. S. Workers[J]. American Sociological Review, 2008, 73(2): 227-250.

Feeny S, McDonald L. Vulnerability to Multidimensional Poverty: Findings from Households in Melanesia[J]. The Journal of Development Studies, 2016, 52(3): 447-464.

Galperin H, Fernanda V M. Connected for Development? Theory and Evidence about the Impact of Internet Technologies on Poverty Alleviation[J]. Development Policy Review, 2017, 35(3): 315-336.

Krueger A B. How Computers Have Changed the Wage Structure: Evidence from Microdata, 1984-1989[J]. NBER Working Paper, 1993. DOI 10. 3386/w3858

Laderchi C R, Saith R, Stewart F. Does it Matter that We do not Agree on the Definition of Poverty? A Comparison of Four Approaches[J]. Oxford Development Studies, 2003, 31(3): 243-274.

Li Y, Wang C. Risk Identification, Future Value and Credit Capitalization: Research on the Theory and Policy of Poverty Alleviation by Internet Finance[J]. China Finance and Economic Review, 2017, 5(1): 1-12.

Mora-Rivera J, García-Mora F. Internet Access and Poverty Reduction: Evidence from Rural and Urban Mexico[J]. Telecommunications Policy, 2021.

Roodman D. Fitting Fully Observed Recursive Mixed-process Models with CMP[J]. The Stata Journal, 2011(2): 159-206.

Sen A. Poverty and Famines: An Essay on Entitlements and Deprivation[M]. New York: Oxford University Press, 1981.

Tack J, Aker JC. Information, Mobile Telephony, and Traders' Search Behavior inNiger[J]. American Journal of Agricultural Economics, 2014, 96(5): 1439-1454.

Yang L, Lu H, Wang S, et al. Mobile Internet Use and Multidimensional Poverty: Evidence from A Household Survey in Rural China[J]. Social Indicators Research, 2021, 158 (3): 1065-1086.

农民工就业质量：互联网使用与社会资本孰重孰轻？

基于信息获取的视角*

张一凡　杨志海　辜香群　隆　兰　牛佳美

一、引　言

党的十九大报告指出，"就业是最大的民生"。当前，农民工群体作为我国经济发展的重要力量，截至 2022 年年底，该群体规模高达 2.9 亿人，但就业质量整体偏低。据中国家庭追踪调查（CFPS）数据，2018 年农民工月均收入为 3 649 元，是同期城镇职工（居民）收入的 84%，而无劳动合同的农民工占比高达 68.63%。农民工就业质量的高低不仅关乎这一群体自身福利状况的好坏，也是实现农民工市民化，推动我国城镇化进程以及实现共同富裕的关键。因此，如何进一步提升农民工就业质量，是当前社会各界关注的热点问题。随着数字经济时代的到来，以互联网为代表的通信技术正在改变着人们传统的行为模式，在个体、家庭、社会的各个层面上，对就业选择、社会关系、经济贸易等一系列活动带来了变革性的影响（安同良和杨晨，2020；鞠雪楠等，2020）。2020 年我国互联网普及率已经达到 70.4%[①]，不仅催生了众多新型就业形态，也改变

---

* 张一凡，天津大学管理与经济学部硕士，研究方向为人口与劳动经济、教育经济，E-mail: yifan_zhang991026@163.com。杨志海（通讯作者），博士，华中农业大学副教授，研究方向为粮食安全与农村经济社会转型、人口与劳动经济。本研究受到教育部哲学社会科学重大课题攻关项目（编号：20JZD015）、国家社会科学基金项目（编号：16CGL038）、中央高校基本科研业务费专项资金资助项目（编号：2662020JGPY006）以及高等学校学科创新引智计划资助项目（B21040）的资助。

① CNNIC 第 47 次《中国互联网络发展状况统计报告》，2021 年 2 月。

了劳动力就业结构与就业质量(戚聿东等,2020)。而在这种环境下,互联网在农民工群体中的广泛应用是否会改变农民工群体就业信息获取,影响其就业质量对这一重要问题的研究有助于更好地理解信息化社会中农民工就业的演变,有助于完善农民工福祉相关政策。

研究发现,作为信息获取渠道,互联网的使用能够降低就业的搜寻成本,为农民工提供丰富的就业信息和就业机会(张思阳等,2020)。尽管学者们较少全面地研究互联网使用对就业质量的影响,但近年来已有学者从工作收入、稳定性和保障性等维度证明了互联网使用的积极作用(卜茂亮等,2011;李雅楠、谢倩芸,2017;谭燕芝等,2017;Dettling,2017)。而传统观点认为,社会资本是农民工获取就业信息并实现就业的重要渠道。中国是典型的熟人社会,一直以来,借助亲戚朋友或老乡熟人等社会资本介绍工作是农民工获取就业信息的重要途径(田北海等,2013)。关于社会资本对农民工就业产生的影响,已有部分学者展开研究并发现,包含亲戚、朋友与老乡熟人等关系网络在内的社会资本对农民工的职业搜寻和工作收入具有积极影响,且在一定程度上有助于农民工在城市实现稳定就业(李练军,2015;赵蒙成,2016;任义科等,2015)。然而,农村人口的大量流失以及异地就业等因素导致农民工社会资本存量整体偏低(赵蒙成,2016)。此外,社会资本往往提供的是同质性资源和重叠性信息,往往仅有助于农民工实现低端就业,可能制约农民工向更高层级劳动力市场的流动,限制农民工的就业层次(朱志胜,2015)。

整体而言,无论是社会资本还是互联网使用,从信息获取渠道的角度来看,二者在促进就业方面均发挥着重要作用。但在数字经济快速发展的时代背景下,互联网作为新型信息获取渠道,所承担的功能势必会愈加重要。那么,互联网使用和社会资本对农民工就业质量的影响是否存在差异?互联网使用是否可以弥补传统社会资本的不足,在提高农民工就业质量方面承担更多功能?倘若互联网使用的确能够对农民工就业质量提升发挥重要作用,那么在未来农民工就业帮扶政策制定过程中,则需要重新评估互联网和社会资本两种信息获取渠道所应承担的功能。在当前第三产业就业份额大幅增加、就业结构趋于服务业化的背景下,农民工在二、三产业之间转换工作的频率也越来越高(戚聿东等,2020)。而熟练使用互联网的新生代已逐渐成为农民工就业主体,利用互联网或社会资本获取有效的就业信息则是新生代农民工实现高质量就业、择业的重要基础。在此背景下,分析互联网使用与社会资本的就业质量效应及其差异,并比较这种就业质量效应在不同代际农民工群体和不同行业就业群体之间的差异,对于农民工实现更高质量就业而言意义重大。但遗憾的是,相关研究较为缺乏。

综上所述,已有文献为本文的研究奠定了良好的基础,具有重要的借鉴价值,但仍存在以下不足之处:一是在信息化背景下,较少文献同时分析互联网使用和社会资本两类不同的信息获取渠道对劳动力就业质量产生的影响,并阐明二者之间存在的关系;二是大多文献仅关注农民工收入或者工作待遇等单一指标,从多个维度分析互联网使用和社会资本对农民工就业质量影响的相关研究较为鲜见;三是缺乏对农民工这一特殊群体及其异质性问题的关注。由于农民工群体受教育程度和技能水平普遍偏低,在就业市场中处于相对劣势地位,因此信息获取渠道对其就业质量的作用尤为重要。而互联网使用与社会资本对不同类别的农民工以及不同行业就业的影响也可能存在差异,但较少文献关注这些问题。鉴于此,本文将利用中国家庭追踪调查数据(CFPS),分析互联网使用与社会资本对农民工就业质量的影响,并比较两种影响在就业质量各个维度的不同作用与相互关系,在此基础上考察二者对农民工就业质量影响的代际差异、教育水平差异以及行业差异,以期为新形势下提高农民工就业质量的政策制定提供参考。

二、文献综述

(一)互联网使用对农民工就业质量的影响

一般而言,人力资本是影响劳动者就业质量的重要因素,人力资本越高,生产率越高,相应地,就业机会越多,越有可能实现高质量就业。与此同时,学界普遍认为互联网使用至少在信息传播与知识更新两个方面具有重要作用(卜茂亮等,2011;李雅楠、谢倩芸,2017;谭燕芝等,2017),从这个角度来看,互联网使用对农民工的就业质量具有积极影响。具体而言,其一,互联网作为一种信息渠道,可以减少劳动力市场的信息不对称,提高信息传播效率,扩大信息传播范围(张思阳等,2020)。在信息技术飞速发展的今天,互联网创造了巨大的信息交流平台,丰富了农民工就业信息获取渠道。一方面有利于农民工及时获得就业信息,提高了实现高质量就业的可能(Dettling,2017);另一方面有利于降低雇主与农民工之间的搜寻成本,提高就业效率,打破常见的"熟人社会"介绍工作的局限性。其二,互联网有助于农民工更新知识。农民工可以利用互联网学习知识、技术,缩短学习时间,降低学习成本,进而提升自身的劳动生产率,在一定程度上弥补其因受教育程度和技术水平较低而对就业带来的不利影响(毛宇飞等,2019)。其三,互联网作为信息传播媒介,还将现代的生活理念传播给农民工,网络的价值观和舆论在一定程度上会改变农民工传统的就业观念,提升农民工就业主观能动性和选择性的同时,也会促进农民工创业,对就业质量的提升有积极影响。除此之外,农民工通过互联网可以接触到更多的劳动法知识,可以提高信息甄别能力,丰富择业经验,提高就业保障和稳定性。基于此,可以认为互联网使用对农民工就业质量具有积极影响。

(二)社会资本对农民工就业质量的影响

社会学家布迪厄最早提出社会资本是一种通过"体制外关系网络"而获取实际或潜在资源的集合体,是个人和团体有意识投资的产物。在十分注重人情关系的中国,社会资本主要基于亲缘和人缘关系等形成,在农民工就业中扮演着重要角色(田北海等,2013)。具体而言,其一,借助社会资本获取就业信息,并在就业过程中及时沟通与互助,一直是农民工实现就业甚至高质量就业的重要途径(朱志胜,2015;赵蒙成,2016)。一般情况下,农民工通过亲友、老乡等途径获取就业信息,甚至直接运用这种社会资本而实现就业。充分利用社会资本,农民工往往更有可能获得准确、可靠的就业机会和就业信息,在降低搜寻成本的同时,能够提高实现高质量就业的概率。同时,对于雇主来说,信息不对称导致雇主很难了解农民工真实的工作能力,在这种情况下雇主偏向于信任熟人、企业员工等社会资本渠道的推荐,并将这种信任迁移到推荐来的农民工身上,而且还会给予较高的薪酬(任义科等,2015)。其二,社会资本作为一种信息渠道,在帮助农民工实现就业信息互通的同时,强化了人情往来关系,有助于农民工与雇主形成良好的非正式契约关系,而这种关系型契约对农民工存在一定程度上的约束和激励作用。也就是说,通过社会资本获取工作,不仅可以调动劳动者的工作积极性,提高工作效率(张昱、杨彩云,2011),而且出于人情关系的顾虑,工作的稳定性也在一定程度上得到保障(李练军,2015),进而对就业质量的提高产生积极影响。基于此,可以认为社会资本对农民工就业质量具有积极影响。

(三)互联网使用与社会资本对农民工就业质量影响的差异和交互效应

正如上文分析,社会资本作为传统的信息获取渠道,主要是通过工作搜寻的途径,解决农民工在就业市场中的信息不对称问题,促进信息流动,帮助农民工获得就业信息和就业机会(宗成峰,2010),进而提高农民工的就业质量。而互联网作为一种新型的信息获取渠道,除了可以提高工作搜寻的效率、降低搜寻成本,还可以通过知识、观念的传播带来一定的技术效应,提高农民工自身的劳动生产率。与此同时,互联网还可以打破社会资本这一传统信息获取渠道存在的同质、重叠的局限性,对提高农民工的就业质量有更广泛的促进作用。

不仅如此,社会资本与互联网这两种渠道在对农民工就业质量的影响中还存在交互效应。一方面,有学者研究表明,跨越日常核心关系网络获取的信息价值更大、资源含量更丰富、选择的机会更多(边燕杰等,2012),而互联网在一定程度上可以突破社会资本创造的"熟人社会"中信息趋同性较高而带来的就业质量较低的影响。因此,互联网使用和社会资本对农民工就业质量产生的积极影响可能存在此消彼长的关系。也就是说,当农民工由于互联网使用程度高而得到更多的就业质量红利时,社会资本对其就业质量产生的边际效应可能会被削弱,即互联网使用会降低社会资本对提高农民工就业质量的边际贡献,两种信息渠道在对就业质量的影响中存在替代效应。另一方面,互联网的使用可能会拓宽社会资本的维度,并在一定程度上提高社会资本的强度(朱志胜,2015)。譬如,借助互联网,农民工能够扩大并维护社交网络,掌握更丰富的社会资源,进而有助于强化社会资本作为信息渠道对就业质量产生积极作用。即互联网的使用也可能会强化社会资本对农民工就业质量产生的影响,两种信息渠道可能存在互补效应。因此,互联网使用与社会资本对农民工就业质量影响的交互效应可能是正向,也可能是负向。

三、研究设计和数据说明

(一) 数据来源

本文所使用的数据来自中国家庭追踪调查(CFPS)2018年的全国调查数据。CFPS是由北京大学中国社会科学调查中心负责实施的追踪调查数据,全国基线调查覆盖25个省份,采用三阶段不等概率整群抽样的方法,可以视为一个有全国代表性样本。CFPS中关于个人互联网使用的变量非常丰富,且在以往相关研究中也经常被使用,具有一定的权威性和代表性。本文以"是否从事非农工作"和"是否是农业户口"作为农民工样本的筛选依据,在剔除部分指标缺失的样本后,最终获得2 372个有效样本。

(二) 样本农民工特征

表12-1总结了样本农民工的基本特征,可见,受访者男性较多,占61.72%。1980年以后出生的新一代农民工占55.99%,接受过初中及以上义务教育的占70.40%。从行业分布来看,农民工在第二产业和第三产业就业比重基本持平,其中第二产业占比49.96%,第三产业占比48.65%。总体来看,样本农民工表现出整体收入水平偏低、就业稳定性较差且工作保障较少的特点。

表12-1 样本农民工基本情况

变量	定义及赋值	样本量	比例(%)
性别	男	1 464	61.72
	女	908	38.28
年龄	老一代农民工(40岁及以上)	1 044	44.01
	新一代农民工(40岁以下)	1 328	55.99
受教育年限	小学及以下	702	29.60
	初中	941	39.67
	高中及以上	729	30.73
从事行业	第一产业	33	1.39
	第二产业	1 185	49.96
	第三产业	1 154	48.65

(续表)

变量	定义及赋值	样本量	比例(%)
工作收入	高于平均收入(3 649元及以上)	898	37.86
	低于平均收入(3 649元以下)	1 474	62.14
就业稳定性	稳定就业	744	31.37
	非稳定就业	1 628	68.63
工作保障	有工作保障	834	35.16
	无工作保障	1 538	64.84

(三) 变量设置及描述性统计分析

1. 就业质量

就业质量是反映具体就业状况优劣程度的综合性概念,学者们普遍采用多维法对就业质量进行测量。一般而言,获得稳定的收入是农民工进城务工的首要目标(卢海阳等,2017)。同时,由于劳动市场上针对农民工群体存在"同工不同酬"的问题,更需要对农民工的工作时间、劳动关系和工作保障等权益进行保护,因此学界普遍从工作收入与工作保障等维度测量农民工就业质量。本文基于数据的可得性,借鉴毛宇飞等(2019)的研究,从工作收入、工作稳定性和工作保障三个维度来衡量就业质量。其中,工作收入的衡量指标为农民工平均月收入;工作稳定性根据是否签订劳动合同、工作时间、工作单位共同衡量,若签订了劳动合同或者工作单位为政府部门、事业单位、党政机关、国有企业且每周工作时长超过30个小时,则定义为稳定就业,取值为"1",否则取值为"0";工作保障则根据是否享有各种就业保险来衡量,若享有工伤保险、养老保险、失业保险、生育保险中的一种及以上,则定义为有工作保障,取值为"1",否则取值为"0"。

2. 互联网使用

互联网使用是本文的核心解释变量。当前研究大多采用"是否上网"来衡量互联网使用(周广肃、梁琪,2018),但本文认为,随着互联网的快速普及,简单地使用"是否上网"来衡量,无法体现互联网丰富的内涵以及互联网使用程度的不同对农民工就业质量影响的差异。与此同时,由于当前使用互联网的农民工比例越来越大,使用"是否上网"作为互联网使用的衡量指标,可能会导致结果出现偏误。因此,本文采用通过互联网学习、工作、娱乐、社交以及进行商业活动的频率作为衡量指标,来表示农民工的互联网使用程度并将"是否使用互联网"作为稳健性检验的替代变量指标。

3. 社会资本

由于社会资本是无法直接观测得到的潜变量,部分学者从社会网络规模、社交紧密度和社会网络成员差异度等维度来衡量(张昱、杨彩云,2011),也有很多学者采用单一指标对社会资本进行测度。中国是典型的熟人社会,在家庭人情礼金的支出是中国人重要的社交活动,是建立、维持和拓展社会网络的途径和机会(叶静怡、武玲蔚,2014)。因此本文借鉴杨汝岱等(2011)的做法,并结合社会资本的定义,采用家庭人情礼金的支出来测量农民工的社会资本。

4. 控制变量

借鉴国内相关研究成果(譬如李中建、袁璐璐,2017;肖小勇等,2019;毛晶晶等,2020),本文将从农民工自身因素和外在环境两个层面考虑农民工就业质量的影响因素。具体来说,本文引入以下四类控制变量。

其一,农民工人力资本特征,包括性别、年龄、年龄平方、婚姻状况、政治面貌、受教育年限、健康状况。一般认为,男性比女性更有可能实现高质量就业;年龄增长对农民工就业质量可能产生非线性影响,因此加入了年龄平方项变量;政治面貌为党员和受教育年限较长的农民工,更有可能在政府部门、事业单位或者国有企业等从事较为稳定的高收入工作,其就业质量更高;良好的健康状况可以提高工作效率,有利于农民工在就业市场获得更好的工作,进而实现高质量就业。

其二,农民工职业特征,具体包括务工地点离家的远近程度、是否有工作经验以及从事的行业。务工距离增加可能会提高农民工的就业质量,因为长距离流动的目的地往往是经济发展水平更高的城市,因此工作待遇可能会更好;有工作经验的农民工对就业环境更熟悉,效率也更高,这些都对农民工谋求更高的工作收入、签订正式的劳动合同有一定帮助,对农民工就业质量有积极影响;从事行业对就业质量的影响不确定,原因在于随着数字经济的发展,就业结构中第三产业的份额持续提升,这为农民工带来了更多的就业机会,有助于提高工作收入(戚聿东等,2020)。不过,由于第三产业中较多新型工作岗位的相关保障尚未完善,可能会不利于农民工的工作稳定性。

其三,农民工家庭特征,包括家庭规模、家庭人均收入和家庭拥有的房产价值。家庭规模对就业质量的影响不确定,家庭规模较大可能造成农民工的家庭负担更重,工作效率较低,不利于其充分就业,进而导致就业质量偏低。但也可能会促使农民工因为较重的家庭责任而更加努力工作,获得一份高收入的稳定工作来分担繁重的家庭负担。家庭人均收入和拥有的房产价值在一定程度上代表了农民工家庭的财产性资源,而较好的家庭资源环境可能会促使农民工对自己的就业有更高的要求,同时也有实现高质量就业的资本。

其四,就业地区特征,包括就业地区和务工地点以及2018年的人均GDP。大量研究显示地区因素对农民工就业具有重要影响,东部地区经济更发达,相应的工作机会也更多,收入更高,农民工就业质量也更高。

最后,对变量进行描述性统计分析,结果见表12-2。

表12-2 变量的定义与描述统计

变量	赋值及含义	均值	标准差
工作收入	农民工平均月收入(元/月)	3 649.07	5 174.49
工作稳定性	签订了劳动合同或者工作单位为政府部门、党政机关、事业单位、国有企业且每周工作时长超过30个小时=1;否=0	0.31	0.46
工作保障	享有工伤、养老、失业、生育保险=1;否=0	0.35	0.49
互联网使用	使用互联网学习、工作、娱乐、社交及商业活动的频率(1—8)	4.30	2.36
社会资本	家庭人情礼金的支出(元/年)	5 036.48	6 415.86
性别	男=1;女=0	0.62	0.49
年龄	年龄(岁)	38.52	12.40
年龄平方	年龄的平方	1 637.43	1 043.12
婚否	已婚=1;未婚、丧偶或离异=0	0.79	0.41
党员	党员=1;否=0	0.02	0.14
工会成员	工会成员=1;否=0	0.06	0.23

(续表)

变量	赋值及含义	均值	标准差
健康	自评健康程度(1—5)	3.28	1.13
受教育年限	受教育年限(年)	8.75	4.20
迁移距离	村内=1;乡镇内他村=2;县内他镇=3;市内他县=4;省内他市=5;境内省外=6;境外=7	2.81	1.65
第二产业	从事行业为第二产业=1;否=0	0.50	0.50
第三产业	从事行业为第三产业=1;否=0	0.49	0.50
工作经验	取得这份工作之前的工作经历(次)	0.64	0.48
家庭规模	家庭人口数(人)	4.63	2.12
家庭人均收入	家庭每年的人均收入(元)	22 959.17	32 217.86
房产价值	当前房产总价值(万元)	41.47	93.18
东部	务工地点属于东部地区=1;否=0	0.43	0.50
中部	务工地点属于中部地区=1;否=0	0.28	0.45
人均GDP	务工地点所在省份2018年的人均GDP(元)	8 622.04	3 398.78

（四）模型设定

在就业质量的三个衡量指标中，由于工作收入为连续性变量，本文采用普通最小二乘法（OLS）分析互联网使用和社会资本对农民工工作收入的影响。回归模型设定如下：

$$y_i = \beta_0 + \beta_1 \text{Internet}_i + \beta_2 \text{RSC}_i + \sum_{n=1}^{N} \alpha_n x_{in} + \varepsilon_i \quad (1)$$

由于工作稳定性和工作保障为二值虚拟变量，因此本文将采用Probit模型分析互联网使用与社会资本对工作稳定性与工作保障的影响。回归模型设定如下：

$$P(y = 1 \mid x) = \beta_0 + \beta_1 \text{Internet}_i + \beta_2 \text{RSC}_i + \sum_{n=1}^{N} \alpha_n x_{in} + \varepsilon_i \quad (2)$$

式（1）和式（2）中，Internet_i 为农民工的互联网使用程度，RSC为社会资本，x_{in} 为其他控制变量，包括农民工人力资本特征、职业特征、家庭特征以及就业地区特征等。β_0 为常数项，β_1、β_2 为核心解释变量的待估计系数，α_n 为其他控制变量的估计系数,ε_i 为随机扰动项。

不过,需要注意的是,互联网使用是农民工个体的决策,直接估计互联网使用对农民工就业质量的影响可能会存在由于反向因果或者遗漏变量而带来的内生性问题。譬如,就业质量较高的农民工可能会由于工作需要而增加对互联网的使用,一些难以识别的学习能力因素也可能会同时提高农民工互联网使用程度与高质量就业概率。而社会资本在解释农民工就业质量时一般被认为不存在内生性问题,这是因为中国农村社会的社会网络格局主要体现为血缘关系和地缘关系,当控制了家庭因素和地区效应之后,农民工社会资本的内生性风险是比较小的(叶静怡等,2014)。现有解决内生性问题的做法通常是采用普通的工具变量法,例如二阶段最小二乘法,但由于内生变量——互联网使用是一个离散变量,基于连续变量的两阶段最小二乘法可能会失效。因此,本文采用条件混合估计法(CMP)以解决内生性问题。该方法由 David Roodman(2011)提出,具体而言,首先需要寻找工具变量并估计其与内生变量的相关性,再把结果带入基准模型进行回归,并参考内生性检验参数以判别变量的外生性。如果内生检验参数显著,则说明模型存在内生性问题,使用 CMP 方法结果更优,反之,则基准模型估计结果更为准确。由此,本文借鉴马俊龙、宁光杰(2017)的做法,选取 2018 年农民工所在村庄其他农户互联网使用率作为农民工互联网使用的工具变量。由于工具变量既要保障与内生变量相关,又要满足外生性条件,而农民工对互联网的使用行为在很大程度上受到本村其他村民相关行为的影响,且村庄内其他村民互联网使用行为在理论上并不会直接影响农民工个人的就业质量。因此,采用村庄层面的互联网使用率作为农民工互联网使用变量的工具变量有一定合理性。

四、 估计结果与分析

(一) 互联网使用与社会资本对农民工就业质量的影响

1. 互联网使用与社会资本对农民工工作收入的影响

在进行回归分析之前,本文首先对模型(1)的内生性问题进行检验。Hausman 检验结果显示,应在 1% 的统计水平上拒绝所有变量都为外生的原假设,说明模型存在内生性问题。进一步地,检验工具变量的有效性。首先检验工具变量的相关性,在表12-3显示的一阶段回归中,工具变量在1%的统计水平上与内生变量存在强相关性。除此之外,根据Staiger和Stock(1997)总结的经验法则,当只有一个工具变量时,经验切割点为一阶段回归的F值等于10。模型(1)一阶段回归的F值为101.48,大于经验切割点,故统计上不存在弱工具变量的风险。然后检验工具变量的外生性,由于无法从统计上检验工具变量的外生性,本文借鉴段志民(2016)的做法,采用一种替代方法,将被解释变量分别回归于内生解释变量和工具变量,两者都显著,而将被解释变量同时回归于内生解释变量和工具变量,工具变量对被解释变量的影响变得不显著,表明工具变量通过内生解释变量对被解释变量产生影响,是外生有效的。综上,可以认为本文所选择的工具变量符合要求。为了解决互联网使用变量存在的内生性问题,本文使用CMP估计方法。表12-3中方程1报告了模型(1)的CMP估计结果,atanhrho_12参数显著,表明CMP估计结果更加准确。

结果显示,互联网使用对农民工工作收入有正向影响,且在5%的统计水平上显著,即互联网使用的程度越高,农民工的工作收入越高。样本的统计结果也显示,使用互联网的农民工平均月收入为3 868.13元,而不使用互联网的农民工平均月收入为3 083.20元。其中,互联网使用程度得分为1—4分、5—6分、7—8分的农民工群体,平均月收入分别为3 159.08、3 795.25和4 670.52元,呈现出随着互联网使用程度的增加,农民工工作收入逐渐上升的趋势。由此可见,互联使用的确对提高农民工收入水平有积极影响。社会资本变量在1%的统计水平上显著,且估计系数为正,这表明社会资本的拓展可以显著提高农民工的工作收入。由此可知,无论是作为传统信息获取渠道的社会资本,还是新型信息获取渠道的互联网,都可以为农民工就业提供有效的信息,降低农民工就业的搜寻成本,进而提高他们获得高收入工作的可能性。这与王春超(2013),马俊龙、宁光杰(2017)等人的研究结论较为接近,证明了互联网使用和社会资本对农民工工作收入的提高具有重要作用。

2. 互联网使用与社会资本对农民工工作稳定性的影响

类似地,首先使用CMP估计方法对模型(2)进行内生性检验,结果显示,内生性检验参数atanhrho_12并未通过显著性检验,这表明不存在内生性问题,直接使用Probit模型估计互联网使用和社会资本对农民工工作稳定性的影响结果更为准确。由表 12-3 中方程 2 的结果可知,互联网使用对农民工工作稳定性有正向影响,在 1% 的统计水平上显著。即农民工使用互联网的程度越高,越有利于农民工找到一份稳定的工作。而社会资本对农民工就业的稳定性不存在显著影响。这说明,在农民工求职的过程中,相较于社会资本,互联网可以为农民工的就业选择提供更加及时、多元的信息,一定程度上可以扩大农民工的就业范围,增加就业机会,有助于农民工寻找到匹配度更高的工作,进而提高农民工的工作稳定性。而作为传统信息获取渠道的社会资本可能由于提供的信息趋同性较高,不能有效地发挥这种作用。

表 12-3 互联网使用与社会资本对农民工就业质量的影响

变量	方程 1 工作收入	方程 2 工作稳定性	方程 3 工作保障
互联网使用	0.150**	0.207***	0.255***
	(2.44)	(3.03)	(3.94)
社会资本	0.032***	0.068	0.213***
	(2.56)	(1.28)	(4.13)
性别	0.401***	−0.205*	0.099
	(15.93)	(−1.90)	(0.97)
年龄	0.055***	0.019	0.117***
	(8.56)	(0.63)	(3.94)
年龄平方	<−0.001***	<−0.001	−0.001***
	(−10.21)	(−0.66)	(−3.66)
婚否	0.0281	−0.238	−0.176
	(0.79)	(−1.61)	(−1.22)
党员	−0.079	0.367	0.514
	(−0.91)	(1.04)	(1.47)
工会成员	0.024	1.821***	1.912***
	(0.47)	(7.87)	(7.59)
健康状况	0.043***	−0.011	0.013
	(4.09)	(−0.24)	(0.29)
受教育年限	−0.004	0.108***	0.109***
	(−0.74)	(6.70)	(7.09)

（续表）

变量	方程 1 工作收入	方程 2 工作稳定性	方程 3 工作保障
迁移距离	0.067***	0.172***	0.052*
	(9.06)	(5.50)	(1.72)
第二产业	0.357***	0.073	−0.583
	(3.53)	(0.16)	(−1.40)
第三产业	0.190*	−0.503	−1.070***
	(1.95)	(−1.06)	(−2.56)
工作经验	0.103***	1.128***	0.531***
	(3.85)	(9.33)	(4.97)
家庭规模	0.013**	0.012	−0.003
	(2.05)	(0.46)	(−0.12)
家庭人均收入	0.118***	0.168**	0.252***
	(7.89)	(2.39)	(3.66)
房产价值	0.023***	−0.012	0.078**
	(2.70)	(−0.32)	(2.10)
东部	0.002	−0.125	0.055
	(0.04)	(−0.71)	(0.33)
中部	0.007	−0.368**	−0.112
	(0.20)	(−2.54)	(−0.81)
省人均GDP	0.104**	0.153	0.041
	(2.20)	(0.76)	(0.21)
IV-相关性检验	1.142***	—	—
	(12.69)		
IV-外生性检验	0.126	—	—
	(1.64)		
常数项	3.736***	−5.828***	−7.569***
	(7.99)	(−2.89)	(−3.90)
N	2 372	2 372	2 372

注：*、**、***分别表示在10%、5%、1%的水平上显著。括号中为 t 值。

3. 互联网使用与社会资本对农民工工作保障的影响

同样地,在使用 CMP 方法进行内生性检验后,结果显示工作保障回归模型并不存在显著的内生性问题,此时使用 Probit 估计结果更为准确。由表 12-3 中方程 3 的结果可知,农民工使用互联网的程度越高,越有利于其找到一份有工作保障的工作。农民工通过互联网能够获取到更多的工作信息,进而提高其找到有保障的工作的可能性。与此同时,社会资本变量的估计系数在 1% 的统计水平上显著,且为正向,这表明亲友、熟人介绍等传统的就业信息获取方式,依然有助于农民工提高工作保障。通过社会资本渠道,农民工在就业之前可以通过亲友、熟人等中间人更加了解工作情况,从而能够更加有选择性地委托中间人介绍工作,提高其就业的工作保障(李中建、袁璐璐,2017),实现高质量就业。综合以上研究结论可以发现,互联网使用对农民工就业质量具有显著的正向影响,而社会资本对农民工的工作收入和工作保障也存在显著的正向影响。这说明互联网作为新型信息获取渠道,对农民工就业质量的提升产生了重要影响,与此同时,社会资本作为传统信息获取渠道对于提高农民工就业质量也依旧具有不可忽视的作用,这一研究结果基本验证了前文的推论。

(二)互联网使用与社会资本对农民工就业质量影响的交互效应分析

基于上文分析,为了进一步探究互联网使用与社会资本对农民工就业质量影响过程中可能存在的相互作用,本文构建了互联网使用与社会资本变量的交互项,在加入模型后进行估计,估计结果见表 12-4。

表 12-4 估计结果显示,互联网使用与社会资本的交互项在 5% 的统计水平上对农民工工作收入和工作稳定性存在显著影响,但估计系数为负数。这表明互联网使用程度越高,社会资本对农民工工作收入和工作稳定性的影响越小。或者说社会资本积累越高,互联网使用对农民工工作收入和工作稳定性的影响越小。由此可以得出,对农民工就业质量而言,互联网与社会资本这两种信息获取渠道在一定程度上存在相互替代、此消彼长的关系。这意味着,对于农民工而言,尽管互联网与社会资本均有助于提升就业质量,但农民工更可能会侧重于依赖某一类信息获取渠道,而且两类信息获取渠道之间并未产生叠加的正向强化效应。对于互联网使用程度较高的农民工而言,他们已经通过互联网获

得了较多的就业红利,那么此时传统的信息获取渠道社会资本对其就业质量的影响就显得无足轻重了,甚至会产生不利影响。这也反映出,在互联网日益发展的当今社会,人情关系等社会资本带来的就业效应会被互联网带来的就业红利所替代。这结论与李练军(2015)研究得出的社会资本对新生代农民工就业的积极效应逐步减弱的结论不谋而合。

表12-4 互联网使用与社会资本对农民工就业质量影响的交互效应估计结果

变量	工作收入	工作稳定性	工作保障
互联网使用×社会资本	−0.035**	−0.120**	0.017
	(−2.15)	(−2.19)	(0.33)
互联网使用	0.153**	0.209***	0.254***
	(2.50)	(3.06)	(3.91)
社会资本	0.037***	0.111*	0.208***
	(2.96)	(1.94)	(3.87)
性别	0.402***	−0.208*	0.100
	(16.05)	(−1.92)	(0.97)
年龄	0.054***	0.022	0.117***
	(8.55)	(0.72)	(3.92)
年龄平方	<−0.001***	<−0.001	−0.001***
	(−10.18)	(−0.77)	(−3.65)
婚否	0.034	−0.235	−0.176
	(0.97)	(−1.59)	(−1.23)
党员	−0.080	0.345	0.518
	(−0.93)	(0.99)	(1.47)
工会成员	0.021	1.847***	1.908***
	(0.43)	(7.94)	(7.58)
健康状况	0.042***	−0.016	0.013
	(4.01)	(−0.34)	(0.30)
受教育年限	−0.004	0.109***	0.109***
	(−0.80)	(6.73)	(7.09)
迁移距离	0.065***	0.174***	0.052*
	(8.98)	(5.56)	(1.71)

(续表)

变量	工作收入	工作稳定性	工作保障
第二产业	0.341***	0.090	−0.584
	(3.40)	(0.19)	(−1.40)
第三产业	0.185*	−0.486	−1.071**
	(1.86)	(−1.02)	(−2.56)
工作经验	0.091***	1.129***	0.531***
	(3.56)	(9.33)	(4.97)
家庭规模	0.013**	0.012	−0.003
	(2.09)	(0.43)	(−0.12)
家庭人均收入	0.117***	0.164**	0.253***
	(7.84)	(2.33)	(3.67)
房产价值	0.024***	−0.011	0.078**
	(2.79)	(−0.31)	(2.10)
东部	−0.001	−0.126	0.056
	(−0.02)	(−0.72)	(0.33)
中部	0.008	−0.368**	−0.112
	(0.26)	(−2.53)	(−0.81)
省人均GDP	0.107**	0.154	0.040
	(2.28)	(0.76)	(0.21)
常数项	3.738***	−5.850***	−7.567***
	(8.04)	(−2.89)	(−3.90)
N	2 372	2 372	2 372

注：*、**、***分别表示在10%、5%、1%的水平上显著。括号中为 t 值。

（三）控制变量对农民工就业质量的影响

由表12-3可知，男性农民工比女性农民工更有可能获得高收入的工作，说明在当前的农民工就业市场中，男性劳动力的就业优势依然较为突出。年龄对农民工就业质量存在"倒U型"影响，主要体现在工作收入和工作保障两个方面。这与肖小勇等（2019）的研究结论相同。成为工会成员能有效提高农民工就业质量,体现为工作稳定性增强和工作保障增多。这是因为工会成员拥有与雇主谈判的权力,有助于其获得更多的工作保障,提高稳定就业的可能性。健康对农民工工作收入的正向影响较为显著,而对工作稳定性和工作保障不存在显著影响。"多劳多得"是就业市场工资获取的基本原则,而身体健康有助于农民工提高工作效率,承担更多的工作任务,进而获得更高的收入,这与赵建国、周德水(2019)的研究结果相近。受教育程度能有效提高农民工的工作稳定性和工作保障,这与受教育程度高的农民工更有可能进入政府部门等企事业单位工作有关。迁移距离也是影响农民工就业质量的重要因素,随着迁移距离的增加,农民工的工作收入增加,工作稳定性增强。这说明,经济发展水平较高的城市就业机会多、就业待遇优,农民工离开农村实现跨县、跨市甚至跨省务工,有助于提高其就业质量,这与李中建、袁璐璐(2017)的部分研究结论较为接近。工作经验变量对农民工工作收入、工作稳定性和工作保障均具有显著的正向影响,即工作经验越丰富,农民工就业质量越高。这是因为随着工作年限的增多、工作经验的积累,农民工不仅工作效率可能会更高,而且权利意识往往也会增强,这将有助于他们谋求福利待遇更好的工作,实现稳定就业。家庭人均收入是农民工重要的家庭禀赋,对农民工就业质量的提升存在显著影响。良好的家庭禀赋有助于农民工获得更好的就业资源和更多的选择机会,有助于其实现高质量就业。

(四)稳健性检验

为了检验估计结果的稳健性,本文采用替换核心解释变量的测量方式,再次估计互联网使用与社会资本对农民工就业质量的影响。具体而言,借鉴学者们经常采用的"是否使用移动互联网上网"或"是否使用电脑上网"的单一指标来衡量互联网使用变量,本文将两个问题进行合并处理,作为互联网使用的代理指标。社会资本采用问卷中农民工社会资本的自评"您人缘好吗"来定义。表12-5中汇报了估计结果。结果显示,无论是作用方向还是显著性水平,估计结果与表12-3中的结果都较为一致。这说明,互联网使用和社会资本对农民工就业质量影响的前述研究结果较为稳健。

表 12-5　稳健性检验结果

变量	工作收入	工作稳定性	工作保障
互联网使用	0.133**	0.154**	0.144**
	(2.39)	(2.40)	(2.43)
社会资本	0.0154**	−0.002	0.048*
	(2.33)	(−0.06)	(1.75)
性别	0.400***	−0.206*	0.098
	(15.72)	(−1.91)	(0.95)
年龄	0.052***	0.016	0.112***
	(8.09)	(0.53)	(3.77)
年龄平方	−0.001***	<−0.001	−0.001***
	(−9.12)	(−0.60)	(−3.60)
婚否	0.024	−0.241	−0.171
	(0.67)	(−1.64)	(−1.20)
党员	−0.085	0.356	0.468
	(−0.98)	(1.02)	(1.36)
工会成员	0.029	1.832***	1.887***
	(0.57)	(7.93)	(7.59)
健康状况	0.041***	−0.011	0.002
	(3.76)	(−0.23)	(0.05)
受教育年限	<0.001	0.116***	0.120***
	(0.00)	(7.41)	(8.05)
迁移距离	0.065***	0.171***	0.045
	(8.78)	(5.48)	(1.52)
第二产业	0.354***	0.077	−0.578
	(3.48)	(0.16)	(−1.38)
第三产业	0.213**	−0.462	−1.000**
	(2.12)	(−0.97)	(−2.38)
工作经验	0.101***	1.134***	0.535***
	(3.96)	(9.39)	(5.04)
家庭规模	0.014**	0.015	0.005
	(2.22)	(0.56)	(0.19)

(续表)

变量	工作收入	工作稳定性	工作保障
家庭人均收入	0.126***	0.185***	0.301***
	(8.44)	(2.64)	(4.36)
房产价值	0.029***	−0.001	0.103***
	(3.52)	(−0.02)	(2.80)
东部	−0.017	−0.152	−0.009
	(−0.43)	(−0.87)	(−0.05)
中部	−0.003	−0.380***	−0.125
	(−0.08)	(−2.61)	(−0.91)
省人均GDP	0.121***	0.188	0.138
	(2.57)	(0.94)	(0.72)
常数项	3.400***	−6.405***	−9.430***
	(7.39)	(−3.24)	(−4.97)
N	2 372	2 372	2 372

注：*、**、***分别表示在10%、5%、1%的水平上显著。括号中为t值。

（五）异质性分析

为了进一步分析互联网与社会资本对不同农民工群体就业质量的影响的差异，本文从代际、受教育水平和工作行业三个维度，对互联网使用和社会资本的就业质量效应进行异质性分析。

1. 代际差异

新生代农民工在人力资本、家庭负担、行业偏好以及生活方式等方面与老一代农民工相比均存在明显差异（赵建国、周德水，2019），而且与老一代农民工不同，新生代农民工更渴望融入城市，对就业质量有更高的要求。由表12-6的估计结果得知，与老一代农民工相比，互联网使用对新生代农民工的工作收入、工作稳定性以及工作保障的积极影响均更为显著，且互联网使用仅对老一代农民工的工作保障存在显著的正向影响。不同的是，社会资本对老一代农民工工作收入的积极影响较新生代农民工而言更为显著。这说明，老一代农民工由于年龄、受教育水平、认知能力等因素的限制，对互联网这种新型信息获取渠道的使用和掌握能力较差,因此社会资本作为传统的就业信息获取渠道,对老一代农民工而言就显得尤为重要,对其就业质量的影响作用也更大。

表 12-6　代际差异估计结果

变量	老一代			新生代		
	工作收入	工作稳定性	工作保障	工作收入	工作稳定性	工作保障
互联网使用	0.145	0.123	0.240***	0.146**	0.288***	0.286***
	(1.25)	(1.24)	(2.71)	(2.07)	(2.92)	(2.91)
社会资本	0.052**	0.123	0.196**	0.011	0.033	0.240***
	(2.47)	(1.37)	(2.47)	(0.72)	(0.48)	(3.47)
人力资本	已控制	已控制	已控制	已控制	已控制	已控制
职业特征	已控制	已控制	已控制	已控制	已控制	已控制
家庭特征	已控制	已控制	已控制	已控制	已控制	已控制
常数项	2.512**	−7.552	−3.244	3.946***	−4.812	−8.485***
	(2.40)	(−1.59)	(−0.76)	(5.71)	(−1.51)	(−2.59)
N	1 044	1 044	1 044	1 328	1 328	1 328

注:*、**、***分别表示在10%、5%、1%的水平上显著。括号中为 t 值。

2. 教育水平差异

由于受不同教育水平的个体对新技术新知识的接受与应用能力存在差异,而互联网作为一种技术进步,其对不同受教育水平个体所带来的回报也可能因此存在差异(Aker 等,2016)。本文根据农民工受教育水平将样本分为较低教育水平(6 年及以下)、中等教育水平(6 年以上 9 年及以下)、较高教育水平(9 年以上)三个层次,采用与基础回归相同的方法进行估计,估计结果见表 12-7。

由表 12-7 可知,对于受中等教育水平与受较高教育水平的农民工而言,互联网使用对工作收入的影响较为显著,但相对而言,对受较高教育水平的农民工工作收入影响的作用更大。此外,互联网使用仅对受较高教育水平的农民工的工作稳定性有显著正向影响。这说明受较高教育水平的农民工能更好地利用互联网提高工作收入和获得较为稳定的工作,而受低教育水平的农民工可能无法有效利用互联网等,因而难以借助互联网实现高质量就业。不同的是,社会资本对受中等或较低教育水平的农民工的就业质量影响更为显著,对受较高教育水平的农民工就业质量的影响不显著。这说明互联网作为新型的信息获取渠道,为受高教育程度的农民工带来的就业红利更大,而对受较低教育程度的农民工而言,由于外界条件和自身能力的限制,社会资本则发挥着更大的效用。

表12-7 教育水平差异估计结果

变量	工作收入			工作稳定性			工作保障		
	较低	中等	较高	较低	中等	较高	较低	中等	较高
互联网使用	<0.001	0.069***	0.094***	0.203	0.140	0.356***	0.419***	0.388*	0.371***
	(0.01)	(3.08)	(3.58)	(1.47)	(1.36)	(2.77)	(3.35)	(1.89)	(2.99)
社会资本	0.045*	0.047**	0.009	0.248**	0.042	0.016	0.235**	0.336***	0.100
	(2.43)	(2.52)	(0.49)	(2.24)	(0.49)	(0.17)	(2.26)	(4.02)	(1.11)
人力资本	已控制	已控制	已控制	已控制	已控制	已控制	已控制	已控制	已控制
职业特征	已控制	已控制	已控制	已控制	已控制	已控制	已控制	已控制	已控制
家庭特征	已控制	已控制	已控制	已控制	已控制	已控制	已控制	已控制	已控制
常数项	2.098**	4.802***	3.455***	-3.623	-5.907*	-5.858	-10.67**	-7.183**	-6.612*
	(2.01)	(6.90)	(4.69)	(-0.79)	(-1.85)	(-1.65)	(-2.45)	(-2.36)	(-1.88)
N	702	941	729	702	941	729	702	941	729

注:*、**、***分别表示在10%、5%、1%的水平上显著。括号中为 t 值。

3. 行业差异

在互联网经济加速发展的背景下,就业市场产生了众多新兴的就业岗位,吸纳了大量第三产业就业人员(杨伟国、王琦,2018)。考虑到不同行业就业信息的传递渠道可能存在差异,而不同工作岗位对互联网的依赖程度也存在差别,因此对于不同行业就业的农民工而言,互联网使用与社会资本的就业质量效应可能存在差别。

表12-8 互联网使用与社会资本对就业质量影响的行业差异

变量	第二产业			第三产业		
	收入水平	工作稳定性	工作保障	收入水平	工作稳定性	工作保障
互联网使用	0.039*	0.256***	0.383***	0.064***	0.145	0.073
	(1.89)	(2.79)	(4.33)	(2.74)	(1.38)	(0.73)

（续表）

变量	第二产业			第三产业		
	收入水平	工作稳定性	工作保障	收入水平	工作稳定性	工作保障
社会资本	0.038**	0.067	0.249***	0.042**	0.083	0.213***
	(2.31)	(0.90)	(3.46)	(2.33)	(1.04)	(2.75)
人力资本	已控制	已控制	已控制	已控制	已控制	已控制
职业特征	已控制	已控制	已控制	已控制	已控制	已控制
家庭特征	已控制	已控制	已控制	已控制	已控制	已控制
常数项	0.038**	0.067	0.249***	0.042**	0.083	0.213***
	(2.31)	(0.90)	(3.46)	(2.33)	(1.04)	(2.75)
N	1 185	1 185	1 185	1 154	1 154	1 154

注：*、**、***分别表示在10%、5%、1%的水平上显著。括号中为 t 值。

表12-8汇报了互联网使用与社会资本对第二产业和第三产业农民工就业质量影响的估计结果。结果显示，互联网使用对第二产业农民工收入水平在10%的统计水平上显著为正，对工作稳定性与工作保障的影响在1%的统计水平上显著为正；对第三产业农民工而言，互联网使用仅对收入水平的影响在1%的统计水平上显著为正，对工作稳定性和工作保障的影响不显著。通过对比可知，相较于第二产业，互联网使用对于从事第三产业的农民工收入水平的影响更大且更显著。随着信息化时代的到来，快递员、网络配送员等新型第三产业职业快速增多，而此类工作大多需要依托互联网作为信息渠道。因此，从事此类工作的农民工，互联网使用程度越高，越有利于其提高工作效率，增加在劳动市场上的竞争力，进而获得更高的收入。然而，互联网使用对农民工在第三产业获得稳定、有保障的工作并无显著影响，主要原因可能在于第三产业进行自雇就业的成本较低，而受雇的农民工往往流动性较高，再加上新兴的服务业岗位劳动保障体系尚未完善，从而使得互联网使用也难以提高第三产业农民工工作稳定性与工作保障。此外，由表12-8还发现，社会资本对两个不同产业农民工的收入水平和工作保障都有显著的正向影响，对工作稳定性无显著影响，这与全样本的回归结果保持一致，表明社会资本作为传统的信息获取渠道，对农民工就业质量的影响几乎不存在行业差异。

五、结论与启示

本文创新地将互联网使用和社会资本结合,分析了二者对农民工就业质量的影响。研究基于2018年CFPS的2 372个农民工样本,利用OLS和Probit两种模型,通过CMP估计方法解决模型中存在的内生性问题后发现,互联网使用对农民工就业质量各个维度的影响是正向显著的,社会资本对农民工的工作收入和工作保障有显著正向影响。将核心解释变量用不同的代理变量替换后,前后结果基本一致,证明本研究结果具有较好的稳健性。此结论也印证了部分学者提出互联网使用、社会资本有助于提高劳动者工作收入和福利待遇的结论。通过交互项分析发现,互联网使用与社会资本对农民工就业质量的积极影响是此消彼长的替代关系。最后,与以往研究相比,本文在农民工的异质性讨论上有较大的突破。异质性分析表明,互联网使用对新生代农民工群体、受教育水平较高的农民工群体以及从事第三产业的农民工群体就业质量的影响更大,而社会资本对老一代农民工群体和受教育处于中低水平的农民工群体影响更加显著。换言之,尽管互联网使用与社会资本对农民工就业质量的影响在一定程度上存在替代关系,但对于不同农民工群体而言,两者的影响又存在着群体互补的关系。

当前,数字经济时代下互联网的广泛使用,不仅为城乡居民日常生活带来便利,还为提高农民工就业质量发挥着重要作用,关乎更高质量和更充分就业目标的实现。因此,应进一步向纵向深发展网络扶贫,加强对农民工互联网使用的培训工作,帮助更多农民工熟练、有效使用互联网,在提高农民工自身就业质量的同时,推动我国互联网规模经济的扩大。与此同时,社会资本作为传统的信息获取渠道,对提高农民工就业质量依旧发挥着稳定的积极作用。因此,应积极为农民工创办就业服务组织或城市工作生活交流平台,在提供就业信息的同时,为农民工提供社交资源,进一步拓展和强化农民工的社会资本。此外,以县、乡为单位成立农民工就业帮扶组织或农民工就业协会,在搭建农民工就业市场供需双方的信息对接平台的同时,努力保障每一名农民工的就业权益,不断提升农民工就业质量。最后,考虑到不同年龄、受教育水平农民工以及不同行业就业农民工群体的差异,相关就业帮扶政策的制定应充分考虑到农民工群体的异质性，充分发挥互联网使用与社会资本在提升农民工就业质量中的群体互补性作用，为不同群体制定更具针对性的帮扶政策。

参考文献

安同良,杨晨.互联网重塑中国经济地理格局:微观机制与宏观效应[J].经济研究,2020,55(02):4—19.

边燕杰,王文彬,张磊,等.跨体制社会资本及其收入回报[J].中国社会科学,2012(02):110—126+207.

卜茂亮,罗华江,周耿.Internet对劳动力市场的影响——基于中国家庭动态跟踪调查(CFPS)数据的实证研究[J].南方人口,2011,26(05):1—10.

陈成文,周静雅.论高质量就业的评价指标体系[J].山东社会科学,2014(07):37—43.

段志民.子女数量对家庭收入的影响[J].统计研究,2016,33(10):83—92.

蒋琪,王标悦,张辉,等.互联网使用对中国居民个人收入的影响——基于CFPS面板数据的经验研究[J].劳动经济研究,2018,6(05):121—143.

鞠雪楠,赵宣凯,孙宝文.跨境电商平台克服了哪些贸易成本?——来自"敦煌网"数据的经验证据[J].经济研究,2020,55(02):181—196.

李练军.新生代农民工融入中小城镇的市民化能力研究——基于人力资本、社会资本与制度因素的考察[J].农业经济问题,2015,36(09):46—53+110—111.

李雅楠,谢倩芸.互联网使用与工资收入差距——基于CHNS数据的经验分析[J].经济理论与经济管理,2017(07):87—100.

李阳阳,肖容.互联网能提高工资水平吗?[J].科技管理研究,2014,34(05):166—170.

李芸.适应与超越:"互联网+"时代的工会改革[J].南京社会科学,2017(09):73—77.

李中建,袁璐璐.务工距离对农民工就业质量的影响分析[J].中国农村经济,2017(06):70—83.

刘畅,易福金,徐志刚.父母健康:金钱和时间孰轻孰重?——农村子女外出务工影响的再审视[J].管理世界,2017(07):74—87.

刘晓倩,韩青.农村居民互联网使用对收入的影响及其机理——基于中国家庭追踪调查(CFPS)数据[J].农业技术经济,2018(09):123—134.

卢海阳,杨龙,李宝值.就业质量、社会认知与农民工幸福感[J].中国农村观察,2017(03):57—71.

马继迁.农民工就业质量的省际差异:江苏与浙江的比较[J].华东经济管理,2013,27(12):135—139.

马俊龙,宁光杰.互联网与中国农村劳动力非农就业[J].财经科学,2017(07):50—63.

毛晶晶,路琳,史清华.上海农民工就业质量影响因素研究——基于代际差异视角[J].中国软科学,2020(12):65—74.

毛宇飞,曾湘泉,祝慧琳.互联网使用、就业决策与就业质量——基于 CGSS 数据的经验证据[J].经济理论与经济管理,2019(01):72—85.

聂伟,风笑天.就业质量、社会交往与农民工入户意愿——基于珠三角和长三角的农民工调查[J].农业经济问题,2016,37(06):34—42+111.

庞子渊.农民工就业质量及其社会与法律因素探析——基于珠三角的实证分析[J].社会科学研究,2013(06):100—105.

戚聿东,刘翠花,丁述磊.数字经济发展、就业结构优化与就业质量提升[J].经济学动态,2020(11):17—35.

邱泽奇,张口沁,刘世定等.从数字鸿沟到红利差异——互联网资本的视角[J].中国社会科学,2016(10):93—115+203—204.

任义科,王林,杜海峰.人力资本、社会资本对农民工就业质量的影响——基于性别视角的分析[J].经济经纬,2015,32(02):25—30.

石红梅,丁煜.人力资本、社会资本与高校毕业生就业质量[J].人口与经济,2017(03):90—97.

谭燕芝,李云仲,胡万俊.数字鸿沟还是信息红利:信息化对城乡收入回报率的差异研究[J].现代经济探讨,2017(10):88—95.

田北海,雷华,佘洪毅等.人力资本与社会资本孰重孰轻:对农民工职业流动影响因素的再探讨——基于地位结构观与网络结构观的综合视角[J].中国农村观察,2013(01):34—47+91.

王春超,周先波.社会资本能影响农民工收入吗?——基于有序响应收入模型的估计和检验[J].管理世界,2013(09):55—68+101+187.

肖小勇,黄静,郭慧颖.教育能够提高农民工就业质量吗?——基于 CHIP 外来务工住户调查数据的实证分析[J].华中农业大学学报(社会科学版),2019(02):135—143+169.

谢勇.基于人力资本和社会资本视角的农民工就业境况研究——以南京市为例[J].中国农村观察,2009(05):49—55+96.

杨蕙馨,李春梅.中国信息产业技术进步对劳动力就业及工资差距的影响[J].中国工业经济,2013(01):51—63.

杨汝岱,陈斌开,朱诗娥.基于社会网络视角的农户民间借贷需求行为研究[J].经济研究,2011,46(11):116—129.

杨伟国,王琦.数字平台工作参与群体:劳动供给及影响因素——基于 U 平台网约车司机的证据[J].人口研究,2018,42(04):78—90.

叶静怡,薄诗雨,刘丛,等.社会网络层次与农民工工资水平——基于身份定位模型的分析[J].经济评论,2012(04):31—42.

叶静怡,武玲蔚.社会资本与进城务工人员工资水平——资源测量与因果识别[J].经济学(季刊),2014,13(04):1303—1322.

袁方,史清华.从返乡到创业——互联网接入对农民工决策影响的实证分析[J].南方经济,2019(10):61—77.

曾福生,周化明.农民工职业发展影响因素的实证分析——基于25个省(区、市)1141个农民工的调查数据[J].中国农村观察,2013(01):78—89+93.

张思阳,赵敏娟,应新安等.社会资本对农民工返乡创业意愿的影响效应分析——基于互联网嵌入视角[J].农业现代化研究,2020,41(05):783—792.

张昱,杨彩云.社会资本对新生代农民工就业质量的影响分析——基于上海市的调查数据[J].华东理工大学学报(社会科学版),2011,26(05):9—20.

章元,E M Mouhoud,范英.异质的社会网络与民工工资:来自中国的证据[J].南方经济,2012(02):3—14.

章元,陆铭.社会网络是否有助于提高农民工的工资水平?[J].管理世界,2009(03):45—54.

赵建国,周德水.教育人力资本、互联网使用与新生代农民工职业选择[J].农业经济问题,2019(06):117—127.

赵蒙成.社会资本对新生代农民工就业质量影响的调查研究——SZ市新生代农民工的案例研究[J].人口与发展,2016,22(02):48—55.

周冬.互联网覆盖驱动农村就业的效果研究[J].世界经济文汇,2016(03):76—90.

周广肃,樊纲,申广军.收入差距、社会资本与健康水平——基于中国家庭追踪调查(CFPS)的实证分析[J].管理世界,2014(07):12—21+51+187.

周广肃,梁琪.互联网使用、市场摩擦与家庭风险金融资产投资[J].金融研究,2018(01):84—101.

朱志胜.社会资本的作用到底有多大?——基于农民工就业过程推进视角的实证检验[J].人口与经济,2015(05):82—90.

宗成峰.社会资本与农民工就业及工资决定的研究述评[J].首都经济贸易大学学报,2010,12(05):110—113+123.

Aker J C, Ghosh I, Burrell J. The Pomise (and pitfalls) of ICT for Agriculture Initiatives[J]. Agricultural Economics, 2016, 47(S1):35-48.

Bonnet F, Figueiredo J B, Standing G. A family of decent work indexes[J]. International Labour Review, 2003, 142(2):213-238.

Davoine L, Erhe C, Guergoat-Lariviere M. Monitoring Quality in Work: European Employment Strategy Indicators and Beyond[J]. International Labour Review, 2008, 147(2-3): 163-198.

Dettling L J. Broadband in the Labor Market[J]. ILR Revoew, 2017, 70(2): 451-482.

Forman C, Goldfarb A, Greenstein S. The Internet and Local Wages: A Puzzle[J]. The American Economic Review, 2012, 102(1): 556-575.

Hooley T. How the Internet Changed Career: Framing the Relationship between Career Development and Online Technologies[J]. Journal of the National Institute for Career Education and Counselling, 2012, 29(1): 3-12.

Kalleberg A L, Reskin B F, Hudson K. Bad Jobs in America: Standard and Nonstandard Employment Relations and Job Quality in the United States[J]. American Sociological Review, 2000, 65(2): 256-278.

Lee S, Kim J. Has the Internet Changed the Wage Structure Too? [J]. Labour Economics, 2004, 11(1): 119-127.

Lotriet H, Matthee M, Alexander P. Internet Access as a Structural Factor in Career Choice: a Comparison between Computing and Non-computing Major Students[J]. African Journal of Research in Mathematics, Science and Technology Education, 2011, 15(2): 138-153.

Roodman D. Fitting Fully Observed Recursive Mixed-process Models with CMP[J]. The Stata Journal, 2011, 11(2): 159-206.

Staiger D, Stock J H. Instrumental Variables Regression with Weak Istruments[J]. Econometrica, 1997, 65(3): 557-586.

Williams D. On and Off the Net: Scales for Social Capital in an Online Era[J]. Journal of Computer-Mediated Communication, 2006, 11(2): 593-628.

居民收入分布与需求引致创新[*]

孙 巍 夏海利

一、引 言

需求引致创新的观点可溯至熊彼特对资本主义生产过程的论述,"商人为了追逐利润,经常将新奇的技术应用到实践中。发明创造活动本身……是资本主义过程的一个产物"。Schmookler(1966)通过对四个行业近1 000种技术创新进行考察,发现"技术创新是由经济利润决定的",正式提出了创新是由需求引致或拉动的。然而,采用代表性消费者与位似偏好假设的经典创新驱动增长模型对需求引致创新的分析是不充分的:在代表性消费者假设下无法引入居民收入分布;在位似偏好假设下居民的产品需求取决于收入水平而与收入分布无关,难以说明收入差距与消费结构的关系(Romer,1990;Grossman 和 Helpman,1992)。收入差距对消费结构的影响伴随着产品潜在利润的动态调整:创新产品由奢侈品转变为必需品的过程中潜在利润曲线是倒 U 型的。收入差距以及收入消费关系不仅直接决定了技术创新的激励程度,也折射出不断引入新产品才是保持高利润的必要条件。Zweimüller(2000)、Hatipoglu(2012)以及 Foellmi 和 Zweimüller(2006,2017)在内生增长模型框架下分析了收入差距通过需求引致创新机制对经济增长的影响。然而这些文献普遍采用收入二分法,对居民收入分配的刻画过于简化、与现实相差甚远(安同良和千慧雄,2014)。与上述文献不同,本文不仅引入了连续型的帕累托分布,而且基于创新厂商优化行为将

---

[*] 孙巍、夏海利(通讯作者),吉林大学数量经济研究中心、吉林大学商学与管理学院,邮政编码:130012,电子信箱:sunwei@jlu.edu.cn,xhledf@163.com。本文受教育部人文社会科学重点研究基地重大项目"新常态下促进经济稳定增长的要素配置与产业升级政策研究"(16JJD790015)支持。

创新产品价格内生化,这种定价机制不同于收入二分法采用的无利润套利条件。

居民收入差距以及由此决定的支付意愿和购买力是充分发挥需求引致创新的必要条件:一方面,收入差距扩大有利于创新厂商向高收入居民索取一个更高的产品价格,即价格效应对技术创新存在正向激励作用;另一方面,收入或财富更加集中也缩小了具有实际购买力的人口比重,从而市场规模效应抑制了创新活动(Foellmi 和 Zweimüller,2006,2017)。市场规模效应和价格效应都是通过消费需求对技术创新发挥激励作用,即需求引致创新(Matsuyama,2002)。需求引致创新作为技术创新的激励机制不仅直观地揭示"需求牵引供给",而且包含创新产品自动地创造消费热点或新需求等内容。如果创新产品能够被非创新产品或者已有产品无限地替代,那么创新产品的垄断利润将难以保证,需求引致创新也将难以发挥作用。因此,需求引致创新还应以"供给创造需求"为前提。本文基于最终产品创新增长模型分析了居民收入差距通过需求引致创新内生决定经济增长的机制。特别是,本文为构建"需求牵引供给、供给创造需求的更高水平动态平衡"提供了理论借鉴。

本文不仅完善和拓展了需求引致创新理论,同时也对当前中国面临的许多现实问题具有指导和借鉴意义。第一,近年来中国居民收入差距处于高位徘徊的相对稳定期(罗楚亮等,2021),又恰逢"脱贫攻坚全面建成小康社会"的决胜时期。中国迈向共同富裕的进程中能否确保社会经济预期目标顺利实现?实现机制又是什么?本文刻画的需求引致创新机制是减少收入差距与促进创新驱动经济增长的重要渠道。第二,本文为构建"需求牵引供给、供给创造需求的更高水平动态平衡"提供理论解释。需求引致创新将需求侧的消费升级与供给侧的产品创新纳入一个统一的分析框架:满足居民对创新产品的潜在需求是激励厂商进行研发创新的动力,同时创新驱动的高速增长又进一步扩大和提高了创新产品的市场规模和消费者的支付意愿。第三,如何发挥消费在国民经济中的基础性作用。考察消费对经济增长的贡献往往依据国民经济核算,这种总量关系使得消费拉动经济增长的内部机制难以厘清。需求引致创新拓展了消费基础性地位的作用渠道,它更加强调居民收入差距产生的消费结构和创新激励对经济增长的引致作用,进而为总量核算关系提供微观理论基础。

二、文献综述

将技术进步引入内生增长模型需要正视的一个基本问题是技术创新是如何驱动的。经济学家大都认为创新成功后的潜在利润是创新活动的主要动力,创新需求形成的利润激励是理解技术进步的关键(Schmookler,1966;Acemoglu,2009)。未来潜在的市场需求不仅是企业从事研发创新的"纯激励机制",还可以通过降低预期利润的不确定性和经营风险间接地促进技术创新(欧阳峣等,2016)。张同斌和陈婷玉(2020)发现最终需求是技术创新的主要驱动力,"面向市场、贴近现实"的有效供给可以显著地提高创新效率。当居民收入存在差距时,技术创新的事后垄断权必然使创新厂商面临价格与市场规模的两难抉择,两者的权衡决定了收入分布对技术创新的激励程度(Foellmi 和 Zweimüller,2006,2017;孙巍和夏海利,2022)。价格效应和市场规模效应都从需求端对技术创新发挥激励作用,即需求引致创新(Matsuyama,2002)。安同良和千慧雄(2014)将需求引致创新视为影响经济增长的中介。然而,在代表性消费者和位似偏好假设下,经典内生增长模型(Romer,1990;Grossman 和 Helpman,1992)对需求引致创新的分析是不充分的。

技术进步要求研发创新是一个连续不断的过程,需求引致创新需要消费者具有等级偏好与之适应:随着收入水平的提高,消费者应不断扩大消费品的种类(即消费者偏好产品多样性)而不是购买更多的已有产品(Murphy 等,1989)。从市场规模效应看,等级偏好意味着市场规模并不是受经济体总收入影响的,而是由经济体中支付意愿高于产品价格的居民数量构成的;从价格效应看,消费品之间是互补的,高优先级商品(如必需品)价格的相对下降会诱导居民转向次优先级商品(如奢侈品)(Matsuyama,2002)。在实证研究中,等级偏好对应的是恩格尔定律(Zweimüller,2000;Foellmi 和 Zweimüller,2008)。当消费者具有等级偏好时,创新产品的市场规模和产品价格都与居民收入分布密切相关(Hatipoglu,2012):随着居民收入增长,产品的收入弹性不断降低,创新产品由奢侈品转化为必需品,从而收入分布决定了创新产品的需求结构和消费动态(Zweimüller,2000;Boppart 和 Weiss,2013)。Foellmi 等(2014)认为当产品按消费优先级进行排序时,消费等级决定了技术创新的顺序,因此收入分布决定了研发创新的水平和结构。正是由于居民收入差距能够通过市场规模效应和价格效应对技术创新产生激励作用,收入分布状况才由此对经济增长产生影响。值得注意的是,技术创新也可能是导致收入差距扩大的重要因素,文献还强调创造性破坏(Jones 和 Kim,2018)、有偏技术进步(郭凯明和罗敏,2021;Buera 等,2022)、自动化和人工智能(Acemoglu 和 Restrepo,2018;郭凯明,2019)等机制也能导致收入差距扩大。

Zweimüller(2000)在动态背景下分析了收入分布通过需求引致创新影响经济增长的机制,但只考虑了市场规模效应。Foellmi 和 Zweimüller(2006)将等级偏好引入创新驱动增长模型中研究收入分布与经济增长的关系,发现缩小收入差距的再分配政策属于帕累托改进,该文献除了忽略市场规模效应还存在下述缺陷:(1)由于无限期限的专利权以及缺少与创新技术相互竞争的生产技术或产品,导致创新厂商具有无限的垄断定价能力,后果是创新产品的价格随时间趋于发散状态;(2)创新产品受众由高收入群体转向低收入群体时,市场价格会出现跳跃式下降。为克服上述模型中创新产品的价格发散问题,Hatipoglu(2012)引入专利期限来约束创新厂商的垄断能力,发现收入差距对经济增长的影响存在一个门限值,当收入差距过高或过低时收入差距对经济增长会产生截然相反的影响。然而,Hatipoglu(2012)提出的模型仍不完善,该模型只考察了市场规模效应,更为严重的是研究结论表明最优专利期限是无限的。以上文献均将居民收入划分为高低不等的两类群体,这种收入二分法无法刻画居民收入的连续变化,对现实的解释能力有限。安同良和千慧雄(2014)将帕累托收入分布引入创新竞赛模型,论证了收入差距与技术创新之间的非线性关系,但属于局部均衡分析。Foellmi 和 Zweimüller(2017)在创新驱动增长模型中引入连续型收入分布,并采用相互竞争的两种生产技术(创新技术与传统技术)来限制创新厂商的垄断定价能力,但因未明确收入分布的具体形式而无法直接刻画收入差距,也无法研究收入再分配的政策效应。

本文进一步拓展和完善了 Foellmi 和 Zweimüller(2006,2017)提出的模型,具体是将等级偏好、帕累托收入分布以及同质产品引入创新驱动增长模型,在理论上完整地刻画了需求引致创新机制。本文引入帕累托收入分布,创新厂商优化行为的一阶必要条件在于选择某一临界收入,临界收入以上的居民数量构成了创新产品的市场规模而临界收入居民的支付意愿确定了创新产品的价格,从而本文完整地刻画了市场规模效应和价格效应;但在收入二分法下,由于收入不连续,创新厂商只能采用无利润套利条件定价,后果是排除了市场规模效应,所以 Foellmi 和 Zweimüller(2006)只研究了价格效应。本文引入与创新产品在效用上不可分的同质产品,通过消费需求来约束垄断定价,创新产品价格仍被创新厂商利润最大化行为内生化;Foellmi 和 Zweimüller(2017)采用两种竞争性技术生产同一种产品的思路来限制创新产品的价格,结果是传统技术通过竞争边界外生决定了创新产品的价格,因而该文献仅考察了市场规模效应而未能刻画价格效应。本文的创新之处和边际贡献主要体现在以下几点:(1)在理论上,本文完整地刻画了需求引致创新的价格效应和市场规模效应,弥补了现有文献分析需求引致创新机制的不完整性。(2)引入连续型的帕累托收入分布,不仅可以反映居民收入的连续变化,还克服了收入二分法产生的创新产品价格间断式跳跃问题。(3)引入与创新产品竞争的同质产品来限制创新厂商的垄断定价能力,解决了现有文献采用有限专利权和竞争性生产技术等限价方式导致的创新产品价格被外生的弊端。

三、 理论模型

本节将等级偏好、帕累托收入分布和与创新产品效用不可分的同质产品引入创新驱动增长模型,通过需求引致创新机制分析收入差距对经济增长的影响。在理论上,本文完整地刻画了需求引致创新的价格效应和市场规模效应,这一理论目标依赖于偏好、收入分布以及垄断产品限价的具体设定。(1)居民对创新产品存在等级偏好,此时居民收入决定了创新产品的支付意愿,收入分布决定了创新产品的需求结构与创新激励。从而,创新产品的不断引入不仅是经济增长的源泉,也是供给侧技术创新维持高利润的前提。(2)在连续型的帕累托收入分布下,创新厂商的优化行为可通过一阶必要条件选择某一临界收入表达,临界收入以上的居民构成了购买创新产品的市场规模,临界收入居民的支付意愿设定为创新产品的价格。在此设定下,创新产品的价格是其边际成本的加成,成数依赖于帕累托收入分布的形状参数。(3)引入与创新产品效用不可分的同质产品。一方面,通过消费需求来限制创新厂商的垄断定价能力;另一方面,可根据同质产品总需求间接地测算创新产品总需求和生产所需的劳动投入。因为不同收入居民的消费结构存在差异,尤其是对创新产品的消费先后不同,所以直接计算创新产品的市场出清条件和劳动需求存在较大困难。

（一）居民收入分布

居民收入分布的相关研究指出经济体的收入分布具有明显的右尾特性并遵循幂律定律，表明收入分布函数服从帕累托分布而不是正态分布（Blanchet 等，2022），帕累托分布也是国内研究收入分布的主要形式（孙巍和苏鹏，2013）。假设经济体中居民收入水平 $y(t)$ 为随机变量，$\hat{y}(t)$ 代表某临界收入，则收入分配状况服从如式（1）所示的帕累托分布（Jones，2015；Jones 和 Kim，2018）。按照大数定律，频率会收敛到概率，此时超过临界收入的人口比重与超过临界收入的概率相等。外生参数 ζ 直接与高收入群体的收入份额相关，ζ 值越大表明收入分布不平等程度越严重。

$$\Pr\{y(t) > \hat{y}(t)\} = \hat{y}(t)^{\frac{-1}{\zeta}} \tag{1}$$

居民收入来源于劳动收入和资本租赁收入。在完全竞争的要素市场上，所有居民面临相同的工资与资本租赁价格，全部居民的工资收入与资本租赁收入之和组成了经济体总收入。此时，刻画居民收入不平等的简便方式是居民对经济体总收入拥有不同的索取权，将索取权记为变量 $\theta \in (0,1)$，θ 也就是个体收入占经济体总收入的份额。由于居民间差异只在于收入水平不同，θ 的值与居民收入一一对应。[①] 为叙述方便，用"居民 θ"代表个体收入占经济体总收入比重为 θ 的居民类型。

（二）居民

将经济体中居民数量记为 L，由于不考虑人口增长，所以居民数量 L 在任一时刻都固定不变。居民通过消费同质产品 X 和创新产品 $j(j=1、2……N(t))$ 获得效用，其中 $N(t)$ 为市场在 t 时刻能够提供的创新产品种类的最大数目。居民效用函数的关键特征是居民对创新产品存在等级偏好，即居民对比较迫切的创新产品给予较大的优先级或者等级权重。当居民具有等级偏好时，收入分布与经济增长才产生紧密联系，此时收入分布决定了创新产品的价格和市场规模，进而决定了技术创新的激励程度。自然数 j 取值越大表明创新产品 j 被较晚纳

[①] 本质上，θ 也是随机变量。因为居民收入等于 θ 与经济体总收入的乘积，而居民收入为随机变量，经济体总收入为确定变量，变量 θ 与居民收入具有一一对应关系，同为随机变量。

入居民消费序列,在居民偏好中排序比较靠后,居民给予的等级权重也越小。由于收入水平决定了消费支出,将居民 θ 购买同质产品的数量记为 $\chi_\theta(t)$ 以及能够负担的最大创新产品种类记为 $N_\theta(t)$。居民 θ 的瞬时效用函数如下式所示:

$$U_\theta(t) = \frac{\left\{ [\chi_\theta(t)]^\nu \times \left[\int_0^{N_\theta(t)} j^{-\gamma} c(j,t) \mathrm{d}j \right] \right\}^{1-\sigma}}{1-\sigma} \quad (2)$$

式(2)表明技术进步源自最终消费品种类的不断扩张。$c(j,t)$ 为 t 时刻居民 θ 对第 j 种创新产品的消费量,其对应的等级权重为 $j^{-\gamma}$,常数 $\gamma \in (0,1)$ 代表等级参数。易知若 j 取值越小,则等级权重越大,等极权重越大说明该产品为必需品,而 j 取值较大时可理解为该产品是奢侈品。σ 为跨期替代弹性的倒数,ν 为份额参数。假设 $c(j,t)$ 取值为 0 或者 1,分别对应居民能否购买产品 j,这便于处理收入差距如何影响创新厂商的创新激励。一单位的创新产品可带给居民一定需求,居民效用取决于有多少种需求被满足,即效用取决于创新产品的种类。

由于存在收入约束,居民 θ 只允许消费 $N(t)$ 的一个子集,即居民 θ 对创新产品的消费集为 $\{j \in [1,2,\cdots N_\theta(t)], N_\theta(t) \leq N(t)\}$,消费集中每种创新产品的消费量 $c(j,t) = 1$,因此居民效用函数可等价变形为:

$$U_\theta(t) = \frac{\{[\chi_\theta(t)]^\nu \times [N_\theta(t)]^{1-\gamma}\}^{1-\sigma}}{(1-\sigma) \times (1-\gamma)^{1-\sigma}} \quad (3)$$

居民 θ 的预算约束是消费支出与资本投资不能超过其收入。为简便起见,假设资本不存在折旧。既然居民按索取权对经济体总收入进行分配,那么居民也理应按资本收益进行投资,即居民 θ 的投资占经济体总投资 $\dot{K}(t)$ 的份额也为 θ。居民 θ 的预算约束如下所示:

$$P_\chi(t)\chi_\theta(t) + \int_0^{N_\theta(t)} [P(j,t)c(j,t)]\mathrm{d}j + \theta\dot{K}(t) \leq \theta[w(t)L + r(t)K(t)] \quad (4)$$

其中,$P_\chi(t)$ 和 $P(j,t)$ 分别为同质产品和创新产品 j 在 t 时的产品价格,$w(t)$ 和 $r(t)$ 分别为工资水平和资本收益率。将同质产品作为计价物,其价格标准化为 1。居民 θ 的消费支出满足 $E_\theta(t) = \chi_\theta(t) + \int_0^{N_\theta(t)} Z_\theta(j,t)\mathrm{d}j$,其中 $Z_\theta(j,t)$ 为居民 θ 对创新产品 j 的支付意愿。居民 θ 的需求函数为:

$$\chi_\theta(t) = \frac{\nu E_\theta(t)}{\nu + (1-\gamma)}; \quad N_\theta(t) = \frac{(1-\gamma)E_\theta(t)}{[\nu + (1-\gamma)] \times \widehat{P}(t)} \quad (5)$$

将技术进步率定义为 $\dot{N}_\theta(t)/N_\theta(t)=g(t)$，由下文可知任一创新产品的价格都相同且保持不变，将其记为 $\hat{P}(t)$，同时居民 θ 对创新产品的选择会使其支付意愿 $Z_\theta(j,t)$ 恰好等于 $\hat{P}(t)$。将式（5）中两式相除，易得 $\dot{X}_\theta(t)/X_\theta(t)=g(t)$，即同质产品的消费增速与技术进步率相同。

居民 θ 的跨期问题是在预算约束下通过选择消费和投资路径来实现终生效用最大化，其中最优消费（同质产品和创新产品）和最优投资满足现值汉密尔顿函数的一阶必要条件（推导见附录 A）。将同质产品和创新产品的一阶必要条件相除，可得创新产品与同质产品的价格关系，即

$$\frac{Z_\theta(j,t)}{P_\chi(t)}=\frac{(1-\gamma)j^{-\gamma}\times X_\theta(t)}{\nu\times[N_\theta(t)]^{1-\gamma}} \quad (6)$$

式（6）取自然对数并对时间求导：

$$\frac{\dot{Z}_\theta(j,t)}{Z_\theta(j,t)}=\frac{\dot{X}_\theta(t)}{X_\theta(t)}-(1-\gamma)\times g(t)=\gamma\times g(t) \quad (7)$$

上式表明：随着经济增长，居民 θ 对创新产品 j 支付意愿的增长率为 $\gamma\times g(t)$，因此在将来时刻该居民的支付意愿会超过产品价格 $\hat{P}(t)$ 进而购买该产品。居民支付意愿按 $\gamma\times g(t)$ 增长率增长与 Foellmi 和 Zweimüller（2006）的结论相同，但本文中居民 θ 对创新产品支付固定的价格 $\hat{P}(t)$（此时居民 θ 对创新产品 j 的支付意愿不再变动，从而 $\dot{Z}_\theta(j,t)=0$），这解决了上述文献中存在的价格发散问题。根据现值汉密尔顿函数的一阶必要条件还可以推出消费欧拉方程：

$$\frac{\dot{Z}_\theta(j,t)}{Z_\theta(j,t)}=r(t)-\rho+\nu\frac{\dot{X}_\theta(t)}{X_\theta(t)}-\frac{\sigma}{1-\sigma}\frac{\dot{U}_\theta(t)}{U_\theta(t)} \quad (8)$$

其中，ρ 为时间折现率。在经济增长模型中由欧拉方程推出资本收益率，这对求解居民收入增速和确定创新价值至关重要。式（3）通过简单计算可求得居民效用增长率[①]，然后带入式（8）可得资本收益率：

$$r(t)=\rho+[(1-\sigma)\times(\gamma-\nu)+\sigma]\times g(t) \quad (9)$$

为看清价格效应与收入分布的关系（下文的式（16）），可通过创新产品价

---

① 式（3）取对数并对时间求导，可得 $\dot{U}_\theta(t)/U_\theta(t)=(1-\sigma)\times[\nu\dot{X}_\theta(t)/X_\theta(t)+(1-\gamma)\times\dot{N}_\theta(t)/N_\theta(t)]$。

格对收入分布的形状参数求导来反映。然而依据下文的参数校准值、模型均衡值以及收入分布形状参数与基尼系数的关系,通过对数值模拟可更加直观地将价格效应表达出来。如图 13-1 所示,随着收入差距的扩大,创新厂商索取的垄断价格会相应提高,所以价格效应对技术创新具有正向激励作用。某种创新产品的市场规模由支付意愿超过产品价格的居民数量构成,所以产品价格越高会导致市场规模越小。比如起初时,中高收入群体可以消费某种创新产品,但收入差距扩大后可能只有高收入群体才能购买该产品。市场规模效应因收入差距扩大而缩小了购买群体的范围进而对技术创新产生负向激励作用,市场规模效应可表示为 $L \times \mathrm{Pr}\{y(t) > \hat{y}(t)\} = L\,\hat{y}(t)^{-\frac{1}{\varepsilon}}$,其中 L 为经济体中居民数量,它在任一时刻均为固定常数;$\hat{y}(t)$ 为购买某创新产品所需要的最低收入,即临界收入,可知临界收入与创新产品的市场规模存在负向关系,如图 13-2 所示。

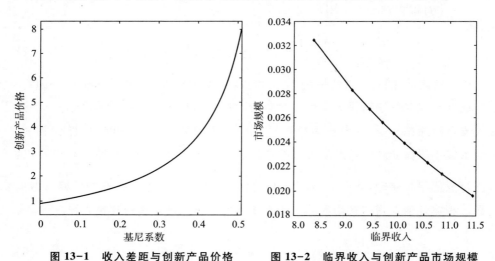

图 13-1　收入差距与创新产品价格　　图 13-2　临界收入与创新产品市场规模

(三) 生产部门

1. 同质产品生产技术与单位生产成本

生产部门包括两类厂商:生产同质产品的完全竞争厂商和生产创新产品的垄断厂商。假设生产同质产品需使用物质资本和劳动作为生产投入,由规模报酬不变的生产技术进行生产,生产函数设定如下:

$$Y_X(t) = A(t)\,[K(t)]^\beta\,[L_X(t)]^{1-\beta} \tag{10}$$

其中，$Y_x(t)$、$K(t)$、$L_x(t)$ 和 $A(t)$ 分别为同质产品在 t 时刻的产出、资本投入、劳动投入和技术水平，β 代表资本产出弹性。由同质产品厂商利润最大化一阶的必要条件可得：①

$$K(t) = \frac{\beta L_x(t) \times w(t)}{(1-\beta) \times r(t)} \quad (11)$$

由完全竞争厂商的零利润条件可得同质产品的价格在任何时刻恒为 1，即

$$1 = P_x(t) = \frac{1}{A(t)} \left[\frac{w(t)}{1-\beta}\right]^{1-\beta} \left[\frac{r(t)}{\beta}\right]^{\beta} \quad (12)$$

在规模报酬不变的完全竞争市场中同质产品的价格与其平均成本相等，所以同质产品的平均生产成本也为 1。②

2. 创新产品的生产技术与单位生产成本

每一种创新产品由垄断厂商提供，生产创新产品的生产要素仅需劳动投入。创新厂商必须通过研发活动取得该产品的"生产专利"才能进行生产。"生产专利"的排他性以及永久使用权确保了创新厂商的垄断地位。创新产品 j 的生产函数为：

$$Y_j(t) = A(t)L_j(t) \quad (13)$$

根据式 (13)，可知创新产品的平均生产成本为常数 ω，且 ω 与创新产品指标 j 无关。③

3. 研发自由进入条件

创新产品包括研发和生产两个阶段，假定只有研发成功后才从事生产。④

---

① 同质产品厂商利润最大化的一阶必要条件为 $w(t) = (1-\beta)A(t)P_x(t)[K(t)/L_x(t)]^{\beta}$ 和 $r(t) = \beta A(t)P_x(t)[K(t)/L_x(t)]^{\beta-1}$，将 ζ 除以 $\Pr\{y(t) > \hat{y}(t)\} = \hat{y}(t)^{\frac{-1}{\zeta}}$ 即可得到式 (11)。

② 同质产品的平均生产成本也可以通过利润最大化一阶必要条件计算，即将式 (11) 和式 (12) 代入式 (10) 可得 $Y_x(t) = w(t)L_x(t)/(1-\beta)$。由此可知生产 $Y_x(t)$ 单位的同质产品需支付的劳动成本为 $(1-\beta)Y_x(t)$，需支付的资本成本为 $\beta Y_x(t)$（由完全竞争厂商的零利润条件得出），将总成本（劳动成本和资本成本之和）除以产出 $Y_x(t)$ 可得同质产品的平均成本为 1。

③ 由创新产品 j 的生产函数可知其平均生产成本为 $AC_j(t) = w(t) \times L_j(t)/Y_j(t) = w(t)/A(t)$。由于工资水平 $w(t)$ 与技术水平 $A(t)$ 具有相同的增长率 $g(t)$，所以在任一时刻 $w(t)/A(t)$ 恒为常数，将该常数记为 ω，它满足 $\omega = w(t)/A(t)$（Foellmi 和 Zweimüller (2006, 2017), Foellmi 等 (2014)）。

④ 假定创新产品的研发与生产都由同一个厂商完成主要是为了避免设定单独的研发部门，这样便于模型叙述，这意味着不存在创新技术专利权的交易市场。但这与单独设置研发部门并且购买专利权的结果是无差异的。

在研发阶段,厂商的决策包含两方面:厂商决定是否进行研发;研发成功后,创新产品应如何定价。因此,只要存在某个价格使得创新价值能够弥补研发成本,那么创新厂商将从事研发并生产该产品。

创新厂商 j 的定价策略是实现创新产品在无限期限内折现利润的最大化。由于居民收入存在差异,高收入居民具有更高的支付意愿,从而创新厂商可以向其索取更高的市场价格。然而,较高的市场价格将产品需求限定在具有较高支付意愿居民的范围内,所以市场规模也将较小。因此,创新厂商面临以下权衡:高价格、小市场规模与低价格、大市场规模,即创新厂商需要权衡价格效应和市场规模效应给垄断利润以及创新价值带来的综合影响。对此,创新厂商的决策问题是按照利润最大化原则选择将市场价格定为临界收入居民的支付意愿。

考虑创新厂商如何对创新产品定价。创新厂商 j 的目标是制定实现 t 时刻利润最大化的价格 $\widehat{P}_j(t)$,该价格与临界收入居民的支付意愿相等。由于居民收入以 $g(t)$ 速率增加,第 j 种创新产品的市场规模也将以速率 $g(t)$ 扩张,它独立于垄断厂商 j 的最优行为。因此,创新厂商在 t 时刻制定的利润最大化的价格在未来的无限期限内仍然是最优的。创新厂商 j 在 t 时刻的利润为:

$$\pi_j(t) = \Pr\{y(t) \geq \widehat{y}(t)\} \times L \times [\widehat{P}_j(t) - \omega] \qquad (14)$$

其中,$\Pr\{y(t) \geq \widehat{y}(t)\} \times L$ 为 t 时刻的市场规模,即能够支付得起该产品的居民数目(每个居民只消费 1 单位创新产品),$\widehat{P}_j(t) - \omega$ 为每单位创新产品产生的收益,将投资率记为 $s(t)$。① 将式(14)对 $\widehat{y}(t)$ 求导,可得创新产品的最优价格:②

$$\widehat{P}(t) = \widehat{P}_j(t) = \frac{1 - s(t)}{1 - s(t) - \zeta}\omega \qquad (15)$$

式(15)中的 $\widehat{P}(t)$ 与创新产品指标 j 无关,表明所有创新产品均具有相同价格。同时,式(15)反映了垄断竞争市场定价的基本结论,即创新产品的最优价格是其边际成本的加成,其中加成成数依赖于形状参数 ζ。

---

① $\widehat{\theta K}(t)$ 和 $\widehat{y}(t) - \widehat{\theta K}(t)$ 分别为临界收入家庭的投资和消费支出,所以投资率为 $s(t) = \widehat{\theta K}(t)/\widehat{y}(t) = \dot{K}(t)/[w(t) \times L + r(t) \times K(t)]$,表明全体居民拥有相同的投资率。

② 式(14)对 $\widehat{y}(t)$ 求导可得 $\widehat{y}(t) = \widehat{\theta K}(t)/(1-\zeta) + (1+\nu) \times N_{\widehat{\theta}}(t) \times \omega/[(1-\gamma) \times (1-\zeta)]$,即存在临界收入。将前式两边同除以 $\widehat{y}(t)$,并代入临界收入家庭的投资率和消费支出即可得式(15)。

计算创新产品 j 全部由居民购买所需要的时间。每期单个居民对每种创新产品只消费 1 单位,考虑从不低于临界收入 $\hat{y}(t)$ 的居民在 t 时刻开始购买直到最低收入 $y_L(t)$ 的居民也能够购买该创新产品所经历的时间段,将这段时间记为 Δ,它满足 $y_L(t) \times e^{g(t) \times \Delta} = \hat{y}(t)$,定义 $n = \hat{y}(t)/y_L(t)$,①则 $\Delta = \ln n/g(t)$。

创新厂商是否从事新产品的研发取决于创新价值是否能够弥补研发成本。新产品的研发属于自由进入领域,结果是在均衡时创新价值恰好等于研发成本。创新价值等于创新产品在无限期限内所产生的折现利润之和。创新产品的利润来源于两类群体的市场需求:其一为在 t 时刻收入不低于临界收入 $\hat{y}(t)$ 的居民需求,其二为在 Δ 期内收入能够超过 $\hat{y}(t)$ 的居民所形成的市场规模。在均衡时资本收益率为常数(式(9)),记为 $\bar{r}$,则创新价值 $V(j,t)$ 为(推导见附录 B):

$$V(j,t) = \frac{\zeta \omega L}{\bar{r}[1 - s(t) - \zeta][\hat{y}(t)]^{1/\zeta}} \left[\frac{\zeta}{g(t) - \bar{r}\zeta}(n^{1/\zeta - \bar{r}/g(t)} - 1) + 1 \right] \quad (16)$$

从事研发新产品只需要劳动投入,不区分生产劳动与研发劳动的差异,这意味着所有劳动是同质的并获得相同的工资率。研发具有知识外溢特征,即已发明的创新产品能够提高新产品的产出,创新产品的研发生产函数为:

$$\dot{N}(t) = \eta N(t) \times L_R(t) \quad (17)$$

其中,$\dot{N}(t)$ 为创新产品种类数目,$N(t)$ 为在 t 时刻的瞬时增量,$L_R(t)$ 为研发劳动力的数量,η 为研发创新的成本参数。式(17)表明 1 单位研发劳动力能够生产 $\eta N(t)$ 单位的创新产品,进而创造的创新价值为 $\eta N(t) \times V(j,t)$ 而付出的研发成本是 1 单位劳动的工资 $w(t)$。研发自由进入条件要求创新价值恰好等于研发成本,即 $\eta N(t) \times V(j,t) = w(t)$。由于生产部门的技术水平 $A(t)$ 与创新产品的种类数量 $N(t)$ 相等(Foellmi 和 Zweimüller,2006;Foellmi 等,2014)。将式(16)带入研发自由进入条件,并利用 $N(t) = A(t)$ 和 $\omega = w(t)/A(t)$,可将研发自由进入条件进一步整理为:

$$\eta \zeta L \left[\frac{\zeta}{g(t) - \bar{r}\zeta}(n^{1/\zeta - \bar{r}/g(t)} - 1) + 1 \right] = \bar{r}[1 - s(t) - \zeta][\hat{y}(t)]^{1/\zeta} \quad (18)$$

---

① 由于所有居民的收入都具有相同增长率,所以 t 为常数。

4. 劳动力市场出清条件

整个经济体的劳动力是同质的。在 t 时刻劳动力配置在三个领域:同质产品的生产 $L_x(t)$、创新产品的研发 $L_R(t)$ 和创新产品的生产 $L_I(t)$。

经济体对同质产品的总需求为所有个体需求的总和,由此可得 t 时刻经济体对同质产品的总需求为(推导见附录 C):

$$X(t) = \frac{\nu[1-s(t)]}{1+\nu-\gamma}[L \times w(t) + K(t) \times r(t)] \qquad (19)$$

在式(19)基础上,使用同质产品市场出清条件、同质产品资本劳动比以及零利润条件等关系式,可得同质产品部门的劳动力需求 $L_x(t)$(推导见附录 C):

$$L_x(t) = \frac{\nu(1-\beta)[1-s(t)]}{(1+\nu-\gamma)-\nu\beta[1-s(t)]}L \qquad (20)$$

由式(5)知同质产品与创新产品的消费支出存在一个比例关系,即常数 $\nu/(1-\gamma)$,结合式(19)可得经济体对创新产品的总需求 $D_I(t)$:

$$D_I(t) = \frac{(1-\gamma)[1-s(t)-\zeta]}{(1+\nu-\gamma)\omega}[L \times w(t) + K(t) \times r(t)] \qquad (21)$$

创新产品的市场出清条件要求供需平衡,因此生产创新产品所需的劳动投入 $L_I(t)$ 满足:$L_I(t) = D_I(t)/A(t)$,利用同质产品的资本劳动比消除式(21)中的 $K(t) \times r(t)$,可得生产创新产品所需的劳动力 $L_I(t)$:

$$L_I(t) = \frac{(1-\gamma) \times [1-s(t)-\zeta]}{(1+\nu-\gamma)-\nu\beta[1-s(t)]}L \qquad (22)$$

从事研发创新产品的劳动力 $L_R(t)$ 可根据研发生产函数(式(17))计算得出,即 $L_R(t) = \dot{N}(t)/[\eta N(t)] = g(t)/\eta$。整个经济系统的劳动总供给为 L,劳动力市场出清的条件要求满足 $L_x(t)+L_I(t)+L_R(t) = L$,进一步可整理为下式:

$$\frac{\nu \times s(t) + (1-\gamma) \times [s(t)+\zeta]}{(1+\nu-\gamma)-\nu\beta[1-s(t)]}L = \frac{g(t)}{\eta} \qquad (23)$$

四、数值模拟

(一) 参数校准

模型中需校准的参数大体可分为以下三种情况:一是现有文献中对某些参

数的校准值具有高度一致性,如效用函数中的时间折现率 ρ 取 0.02(刘乐淋和杨毅柏,2021)和跨期替代弹性的倒数 σ 取 2(严成樑和龚六堂,2009)、同质产品生产函数中资本产出弹性 β 取 0.33(董直庆等,2014)、将居民(或劳动力)总数 L 标准化为 1(Foellmi 和 Zweimüller,2006)等。二是对不常见的参数,我们参考了具体研究中相应参数的校准值。如效用函数中等级参数 γ 取值为 0.3 以及份额参数 ν 取值为 0.8(Foellmi 和 Zweimüller,2006)。三是除以上两种情况外,还有一部分参数的校准值需要借鉴对微观主体的实证或统计研究。(1)关于收入分布中的参数,我们参考了罗楚亮等(2021)对中国近几年收入差距的研究。具体做法是 2018 年中国实际人均收入十分组统计数据中第六组与最低组人均收入比为 5.77,我们取该值作为临界收入与最低收入比值 n 的校准值;将第六组实际人均收入的对数值(为 10.12)作为临界收入 $\hat{y}(t)$ 的校准值;人均收入经地区加权测算的基尼系数为 0.45,由帕累托收入分布的形状参数与基尼系数的关系(Kleiber 和 Kotz,2003)①,将形状参数 ζ 设定为 0.62。(2)在中国工业行业间研发产出溢出效应研究中,朱平芳等(2016)发现人力资本投入对专利申请数量的弹性在 0.14—0.16,我们取中间值 0.15 作为研发创新成本参数 η 的校准值。上述参数的校准值如表 13-1 所示。

表 13-1 参数校准值

参数	含义	校准值
ρ	效用函数中的时间折现率	0.02
σ	跨期替代弹性的倒数	2
γ	效用函数中的等级参数	0.3
ν	效用函数中的份额参数	0.8
ζ	收入分布的形状参数	0.62
β	同质产品生产函数中资本产出弹性	0.33
η	研发创新的成本参数	0.15
L	系统中居民(或劳动力)总数	1
n	临界收入与最低收入之比	5.77
$\hat{y}(t)$	临界收入	10.12

① 基尼系数 Gini 与帕累托形状参数 ζ 存在如下关系:Gini=$\zeta/(2-\zeta)$。

（二）模型均衡分析与社会福利分析

1. 模型均衡分析

在参数校准的基础上，由式（18）和式（23）组成的二元方程组可通过数值模拟方法求解。如图 13-3 所示，实曲线代表研发自由进入条件，点线代表劳动力市场出清条件，交点 E_0 为模型的均衡解。均衡条件确定了经济增长率为 0.066 而投资率为 0.238，这与中国经济有 6% 的增长下限和 29.99%—35.83% 投资率存在较好的吻合（朱天等，2017）。

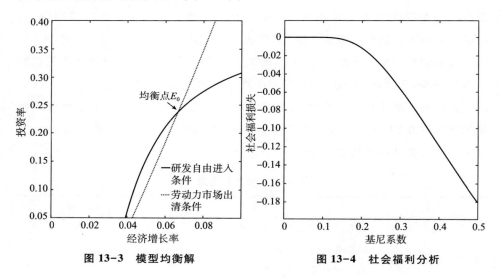

图 13-3　模型均衡解　　　　图 13-4　社会福利分析

2. 社会福利分析

收入分配更加均等是否属于帕累托改进？分析角度需要从分散经济转向社会计划者经济。社会计划者经济的目标是实现全体居民效用最大化，记社会福利函数为 $\mathrm{SW}(t)$，其表达式如下（推导见附录 D）：

$$\mathrm{SW}(t) = \frac{\lambda L}{1-\zeta(\nu-\gamma+1)}[y_H(t)^{\nu-\gamma+1-\frac{1}{\zeta}} - y_L(t)^{\nu-\gamma+1-\frac{1}{\zeta}}] \quad (24)$$

其中，λ 为常数，$y_H(t)$ 和 $y_L(t)$ 分别为经济体的最高收入和最低收入。式（24）反映了居民收入差距与社会福利函数的关系，其数值模拟如图 13-4 所示。可以清晰地发现收入差距与社会福利存在非线性关系：当基尼系数小于 0.15

时,过小的收入差距不会造成社会福利损失;当基尼系数位于 0.15—0.3 时,较为平等的收入会引起社会福利损失,但两者呈较缓的凹函数关系;当基尼系数位于 0.3—0.5 时,收入差距会造成严重的社会福利损失,两者几乎呈现出陡峭的负向线性关系。因此,从社会福利最大化角度看,缩小收入差距属于帕累托改进。

(三) 基准结果

本节考察收入分布通过需求引致创新机制实现内生经济增长的含义,从收入分配更加均等和收入差距扩大两种情况进行讨论。(1) 如果经济体更加关注居民收入分配均等化,例如通过转移支付或实施更为激进的收入税缩小收入差距,将居民收入的基尼系数从当前的 0.45 下降到国际警戒线 0.4 水平(这对应于收入分布的形状参数 ζ 从 0.62 减少到 0.57),那么改善收入分配状况能否助力经济体跨入更高增速的快车道?图 13-5 显示收入分配更加均等会引起模型均衡条件左移,模型均衡点从 E_0 转移到 E_1,表明收入分布更加均等会促使经济体跨入更高的增长路径。(2) 相反,如果居民收入分配状况恶化,是否对经济增长产生抑制作用?比如基尼系数从当前 0.45 上升到 0.5(这对应 ζ 从当前 0.62 提高到 0.67),图 13-6 揭示了此种情景下数值模拟的结果。图 13-6 表明收入差距扩大导致均衡条件右移,模型均衡点由 E_0 转移到 E_2,经济体处于更低的经济增长路径上,因此收入差距扩大阻碍了经济快速增长。

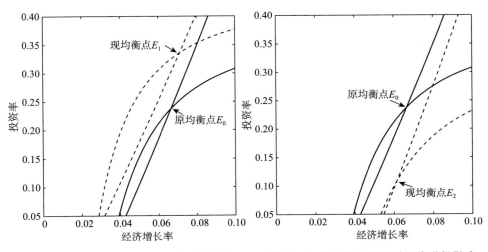

图 13-5 缩小收入差距对经济增长影响　　**图 13-6 扩大收入差距对经济增长影响**

收入分布影响经济增长的渠道是需求引致创新机制。经济增长的动力源于创新产品种类的不断扩张,收入分布决定了居民对创新产品的支付意愿以及市场规模,进而决定了创新厂商从需求侧可得潜在利润的大小。虽然收入分配更加均等会因价格效应降低技术创新的价格(式(15))进而抑制了创新激励,但也通过市场规模效应对产品创新产生正向激励作用(同理,收入差距扩大则恰好相反)。在价格效应和市场规模效应的权衡中后者起支配作用,此时改善收入分配状况对创新激励产生更大的促进作用,从而加速经济增长。

(四)敏感性分析

1. 帕累托形状参数与产品消费

收入分布可从两个方面影响经济体总消费:在消费水平上,不同收入居民的边际(或平均)消费倾向存在差异,消费对收入变动的反应程度不同,结果是(在每期)每一收入分布状态下存在特定的总消费水平;在消费结构上,由于居民具有非位似偏好,不同收入居民随收入变动不断地调整消费支出的配置,所以收入分布塑造了消费结构。比如,收入分配从相对合理(基尼系数处于 0.3 至 0.4 区间)转移到收入差距较大(基尼系数处于 0.4 至 0.5 区间)时,消费水平和消费结构如何随收入差距做出相应调整。第一,根据帕累托形状参数 ζ 与基尼系数的一一对应关系,将基尼系数(区间为 0.3—0.5)转化为帕累托形状参数(区间为 0.57—0.67)。第二,同质产品和创新产品的实际消费分别由式(19)和式(21)表示,但投资率和经济体总收入是内生变量并随 ζ 变动。为此将两个均衡条件转化为投资率与 ζ 的隐函数,根据资本收益率方程(式(9))和同质产品的劳动资本比(式(11))将总收入 $T(t)$ 转化为投资率的函数,最终可得到同质产品和创新产品的实际消费为(推导见附录 E):

$$X(t) = \nu[1 - s(t)] \times T(t)/(1 + \nu - \gamma) \tag{25}$$

$$D_I(t) = (1 - \gamma)[1 - s(t) - \zeta] \times T(t)/[(1 - \beta)(1 + \nu - \gamma)(\beta \bar{r})^{\beta/(1-\beta)}] \tag{26}$$

图 13-7 展示了居民收入差距与实际消费的关系,可以发现两类产品的实际消费均与收入差距呈正相关。其中,缘由是随着收入差距不断扩大,居民投资率 $s(t)$ 逐渐下降、消费率 $1-s(t)$ 不断升高,结果提高了对两类产品的实际消

费。根据理论模型,对于每期给定的总收入,收入差距扩大(ζ提高)导致临界收入以上的居民获得更多的收入、而临界收入以下的居民收入减少,由于假定每期所有居民具有相同的消费率,这实际上是提高了整个经济体的消费率,[①]故$1-s(t)$与ζ正相关,最终导致两类产品的实际消费随收入差距扩大而提高。此时,根据创新产品定价方程(式(15)),随着收入差距的扩大,创新产品的定价会变高,引致供给侧研发和生产更多的创新产品,表现为图13-7中随着收入差距的扩大同质产品消费曲线平缓而创新产品消费曲线愈发陡峭。

图13-8展示了两类产品名义消费的结果,它揭示了消费支出与收入差距的关系:一方面,随着收入差距的扩大,经济体总消费支出增加,所以两类产品消费支出也随基尼系数不断增加;另一方面,在柯布-道格拉斯效用下,两类产品消费支出之比是固定常数(式(5)),从而图13-8中两条名义消费曲线呈平行关系。

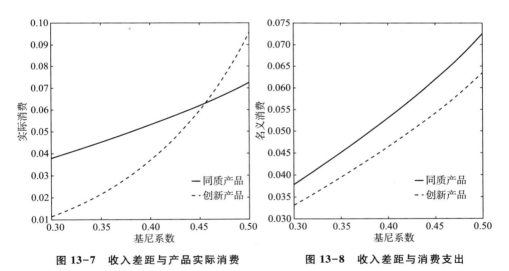

图13-7 收入差距与产品实际消费　　　图13-8 收入差距与消费支出

2. 消费结构参数与经济增长

居民消费结构调整或消费升级可通过调整效用函数外生参数实现,比如居民对创新产品更加偏好或者创新产品的边际效用提高。(1)分析居民对创新产

[①] 凯恩斯理论认为高收入居民比低收入居民拥有更高的储蓄率、更低的消费倾向,而本文假设所有居民具有相同的消费率,所以实际上是提高了整体的消费率。

品更加偏好(份额参数 ν 减少)的经济效应。居民消费支出的配置由式(5)决定,其中同质产品与创新产品的消费支出的比值为 $\nu/(1-\gamma)$。因此较小的 ν 反映了相对于同质产品,居民更加偏好于创新产品。例如,ν 从起初的 0.8 减少到 0.6,图 13-9 展现了此种情形下数值模拟的结果。模型由起初均衡点 E_0 转移到新均衡点 E_3,新均衡点表明经济增长率略微降低而投资率大幅减少,这些结果源自需求引致创新。一方面,对于给定的收入分布,居民的消费结构更加倾向于创新产品实际上是提高了居民对创新产品的支付意愿(式(6)),创新厂商可以对居民索取更高的价格,进而对创新厂商产生更大的利润激励。另一方面,份额参数 ν 减少也提高了资本收益率(式(9)),进而降低了创新价值(式(16))。正负作用的相互权衡最终使得创新激励稍微减少以及经济增长略微下降。而投资率大幅减少是因为产品需求牵引自身供给。当居民对同质产品消费支出减少时,如果投资率没有相应减少,那么同质产品将会出现资本过剩和供过于求的情景,这有悖于经济主体的最优行为。

需求引致创新还会因效用函数中等级参数 γ 的变化而对创新激励产生影响。如份额参数一样,等级参数变化也反映了居民消费结构的调整。等级参数变大表明居民消费一单位创新产品所获得效用水平更低(等级权重为 $j^{-\gamma}$),进而降低了创新产品的购买吸引力。从图 13-10 看出,当等级参数 γ 从初始的 0.3 提高到 0.4 时,模型均衡点将从 E_0 转移到 E_4,新均衡点 E_4 显示经济增长率和投资率均提高。无论从居民消费支出配置还是资本收益率上分析,等级参数 γ

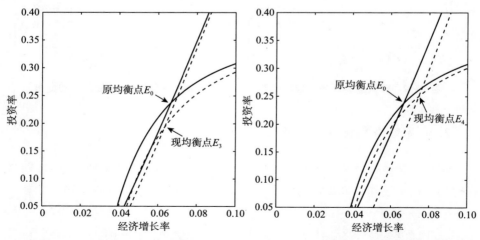

图 13-9　效用份额参数对经济增长的影响　　图 13-10　效用等级参数对经济增长的影响

与份额参数 ν 都具有相反的作用机制,从而两种情境下的最终稳态会截然相反。但相比份额参数 ν,等级参数 γ 额外的作用机制是能够直接提高居民对创新产品的支付意愿(式(7)),临界收入以下的居民购买创新产品的时间间隔 Δ 必将缩短。市场规模的迅速扩张导致由临界收入以下的居民产生的折现利润会增加,最终提高了技术创新的正向激励。实际上,由于居民收入分布未变,则 n 保持不变,结果是 Δ 的减幅完全由 $g(t)$ 的提高来抵消。

五、 主要结论与政策启示

(一) 主要结论

本文基于需求引致创新这一视角,将帕累托收入分布和等级偏好引入创新驱动增长模型,考察收入分布对经济增长的作用机制。由于居民对创新产品具有等级偏好,居民收入对需求结构存在非线性恩格尔效应,此时只有不断引入新产品才能实现消费需求随收入的同步增长(Foellmi 和 Zweimüller,2017),进而保证了需求引致创新得以实现。在理论上,本文较为完整地刻画了需求引致创新机制,实现了创新产品价格和市场规模内生化。其中,帕累托分布的形状参数直接决定了市场规模效应,进而也决定了价格效应。此外,引入与创新产品效用不可分的同质产品有效解决了创新厂商无限的垄断定价能力。在参数校准基础上,模型均衡确定的经济增长率和投资率与已有研究较为吻合。通过数值模拟,本文得到如下结论:(1)通过更加完善的收入分配政策塑造更加均等的收入分布,有助于经济跨入更高的增长轨道;(2)在居民具有相同投资率(或消费率)假设下,收入差距扩大低估了高收入居民的投资率,进而提高了整个经济体的消费率,对消费产生较大的刺激作用;(3)在收入分布给定的情况下,居民消费结构的调整(如份额参数变小或等级参数变大)也会通过需求引致创新对经济增长产生影响;(4)基尼系数与社会福利函数呈非线性的递减关系,这意味着跨过收入差距的门限值,扩大收入差距会造成严重的福利损失。

(二) 政策启示

本文可以为构建"需求牵引供给、供给创造需求的高水平动态平衡"提供理论指导和借鉴价值,本文强调"实现消费与产业协同升级"的内在机制,同时还涉及许多重要的现实问题,如深化供给侧结构性改革、加强消费在经济社会中基础性地位以及妥善处理共同富裕进程中"公平与效率"问题。根据本文主要结论,相关的政策启示如下:第一,深化供给侧结构性改革、加快产业升级应充分关注居民收入因素,否则供给侧技术创新难免沦为无源之水、无本之木。缩小收入差距、稳步收入增长、完善收入保障不仅是有效消费的基本前提,更是生产供给和研发创新的根本动力。第二,确保居民收入稳步增长、完善社会保障制度,通过需求侧"能消费、想消费和敢消费"为供给侧的生产和创新提供强大后盾和动力支撑是发挥消费基础性作用的关键,也是扩大内需和构建"双循环"的基础。第三,共同富裕进程中更加完善的居民收入分配格局有利于扩大总消费,但也要警惕对高收入群体产生的消极影响(如弱化消费引领作用、抑制创新活力)。在共同富裕过程中要权衡"公平"与"效率"的关系,分配政策的制定和评价应充分考虑对各类群体的行为扭曲。

参考文献

安同良,千慧雄.中国居民收入差距变化对企业产品创新的影响机制研究[J].经济研究,2014,49(09):62—76.

蔡跃洲,付一夫.全要素生产率增长中的技术效应与结构效应——基于中国宏观和产业数据的测算及分解[J].经济研究,2017,52(01):72—88.

董直庆,蔡啸,王林辉.技能溢价:基于技术进步方向的解释[J].中国社会科学,2014(10):22—40+205—206.

范红忠.有效需求规模假说、研发投入与国家自主创新能力[J].经济研究,2007(03):33—44.

郭凯明,罗敏.有偏技术进步、产业结构转型与工资收入差距[J].中国工业经济,2021(03):24—41.

郭凯明.人工智能发展、产业结构转型升级与劳动收入份额变动[J].管理世界,2019,35(07):60—77+202—203.

郭凯明,颜色,杭静.生产要素禀赋变化对产业结构转型的影响[J].经济学(季刊),2020,19(04):1213—1236.

康志勇,张杰.有效需求与自主创新能力影响机制研究——来自中国1980—2004年的经验证据[J].财贸研究,2008,19(05):1—8.

刘乐淋,杨毅柏.宏观税负、研发补贴与创新驱动的长期经济增长[J].经济研究,2021,56(05):40—57.

罗楚亮,李实,岳希明.中国居民收入差距变动分析(2013—2018)[J].中国社会科学,2021(01):33—54+204—205.

欧阳峣,傅元海,王松.居民消费的规模效应及其演变机制[J].经济研究,2016,51(02):56—68.

孙巍,苏鹏.中国城镇居民收入分布的变迁研究[J].吉林大学社会科学学报,2013,53(03):23—31+175.

孙巍,夏海利.居民收入分布与产品技术创新——需求引致创新理论与实证检验[J].经济科学,2022(03):50—64.

严成樑,龚六堂.财政支出、税收与长期经济增长[J].经济研究,2009,44(06):4—15+51.

张同斌,陈婷玉.中国制造业需求驱动研发模式及创新效应研究[J].系统工程理论与实践,2020,40(06):1596—1612.

朱平芳,项歌德,王永水.中国工业行业间R&D溢出效应研究[J].经济研究,2016,51(11):44—55.

朱天,张军,刘芳.中国的投资数据有多准确?[J].经济学(季刊),2017,16(03):1199—1218.

Acemoglu D. Introduction to Modern Economic Growth. New Jersey: Princeton University Press, 2009.

Acemoglu D, Restrepo P. The Race between Man and Machine: Implications of Technology for Growth, Factor Shares, and Employment[J]. American Economic Review, 2018, 108(6): 1488-1542.

Aghion P, Howitt P. Capital, Innovation and Growth Accounting[J]. Oxford Review of Economic Policy, 2007, 23(1): 79-93.

Aoki M, Yoshikawa H. Demand Saturation-creation and Economic Growth[J]. Journal of Economic Behavior & Organization, 2002, 48(2): 127-154.

Blanchet T, Fournier J, Piketty T. Generalized Pareto Curves: Theory and Applications[J]. Review of Income and Wealth, 2022, 68(1): 263-288.

Boppart T, Weiss F. Non-Homothetic Preferences and Industry Directed Technical Change[J]. SSRN Electronic Journal, 2013.

Buera F J, Kaboski J P, Rogerson R, et al. Skill-biased Structural Change[J]. Review of Economic Studies, 2022, 89(2): 592-625.

Foellmi R, Wuergler T, Zweimüller J. The Macroeconomics of Model T[J]. Journal of Economic Theory, 2014, 153: 617-647.

Foellmi R, Zweimüller J. Income Distribution and Demand-Induced Innovations[J]. Review of Economic Studies, 2006, 73(4): 941-960.

Foellmi R, Zweimüller J. Is Inequality Harmful for Innovation and Growth? Price versus Market Size Effects[J]. Journal of Evolutionary Economics, 2017, 27(2): 359-378.

Foellmi R, Zweimüller J. Structural Change, Engel's Consumption Cycles and Kaldor's Facts of Economic Growth[J]. Journal of Monetary Economics, 2008, 55(7): 1317-1328.

Grossman M, Helpman E. Innovation and Growth in the Global Economy[M]. London: The MIT Press, 1992.

Hatipoglu O. The Relationship between Inequality and Innovative Activity: A Schumpeterian Theory and Evidence from Cross-Country Data[J]. Scottish Journal of Political Economy, 2012, 59(2): 224-248.

Jones C I. Pareto and Piketty: The Macroeconomics of Top Income and Wealth Inequality[J]. The Journal of Economic Perspectives, 2015, 29(1): 29-46.

Jones I, Kim J. A Schumpeterian Model of Top Income Inequality[J]. Journal of Political Economy, 2018, 126(5): 1785-1826.

Kleiber C, Kotz S. Statistical Size Distributions in Economics and Actuarial Sciences[M]. New Jersey: John Wiley & Sons, 2003.

Matsuyama K. The Rise of Mass Consumption Societies[J]. Journal of Political Economy, 2002, 110(5): 1035-1070.

Murphy K M, Shleifer A, Vishay R. Income Distribution, Market size, and Industrialization[J]. The Quarterly Journal of Economics, 1989, 104(3): 537-564.

Romer P M. Endogenous Technological Change[J]. The Journal of Political Economy, 1990, 98(5): 71-102.

Schmookler J. Invention and Economic Growth[M]. Cambridge: Harvard University Press, 1966.

Zweimüller J. Schumpeterian Entrepreneurs Meet Engel's Law: The Impact of Inequality on Innovation-driven Growth[J]. Journal of Economic Growth, 2000, 5(2): 185-206.

附 录

A：现值汉密尔顿方程的一阶必要条件以及欧拉方程

居民 θ 的现值汉密尔顿方程为：

$$H(\chi_\theta(t), c(j,t), \theta\dot{K}(t), t) = \frac{\left[(\chi_\theta(t))^\nu \times \int_0^{N_\theta(t)} j^{-\gamma} c(j,t) dj\right]^{1-\sigma}}{1-\sigma} + q(t) \times$$

$$\left\{ \begin{array}{l} \theta[w(t)L + r(t)K(t)] \\ -\left[P_\chi(t)\chi_\theta(t) + \int_0^{N_\theta(t)} P(j,t) c(j,t) dj + \theta\dot{K}(t)\right] \end{array} \right\}$$

(A1)

其中，$q(t)$ 为现值汉密尔顿乘子。为找出家庭 θ 的最优消费和投资路径，需要对现值汉密尔顿函数求解一阶必要条件：

$$\frac{\partial H(\cdot)}{\partial c(j,t)} = 0 \Rightarrow [\chi_\theta(t)]^\nu j^{-\gamma} \times [(1-\sigma) \times U_\theta(t)]^{\frac{-\sigma}{1-\sigma}} = q(t) \times Z_\theta(j,t)$$

(A2)

$$\frac{\partial H(\cdot)}{\partial \chi_\theta(t)} = 0 \Rightarrow \nu [\chi_\theta(t)]^{\nu-1} j^{-\gamma} \times [(1-\sigma) \times U_\theta(t)]^{\frac{-\sigma}{1-\sigma}} \times \left(\int_0^{N_\theta(t)} j^{-\gamma} dj\right) = q(t) \times P_\chi(t)$$

(A3)

$$\frac{\partial H(\cdot)}{\partial (\theta\dot{K}(t))} = 0 \Rightarrow q(t) \times r(t) = -\dot{q}(t) + \rho q(t) \quad \text{(A4)}$$

以及横截条件：

$$\lim_{t \to \infty} q(t) \times e^{-\rho t} \times (\theta K(t)) = 0 \quad \text{(A5)}$$

其中，$Z_\theta(j,t)$ 为居民 θ 对创新产品 j 的支付意愿，因为只有 $Z_\theta(j,t)$ 不小于 $P(j,t)$ 时，居民才购买 1 单位创新产品 j，在均衡时 $Z_\theta(j,t)$ 与 $P(j,t)$ 相等。

将式(A2)除以式(A3)可以得到创新产品与同质产品的价格关系，即：

$$\frac{Z_\theta(j,t)}{P_\chi(t)} = \frac{\chi_\theta(t) \times j^{-\gamma}}{\nu \left[\int_0^{N_\theta(t)} j^{-\gamma} c(j,t) dj\right]} = \frac{(1-\gamma) j^{-\gamma} \times \chi_\theta(t)}{\nu [N_\theta(t)]^{1-\gamma}} \quad \text{(A6)}$$

对式(A6)取自然对数，然后对时间求导：

$$\frac{\dot{Z}_\theta(j,t)}{Z_\theta(j,t)} = \frac{\dot{\chi}_\theta(t)}{\chi_\theta(t)} - (1-\gamma) \times g(t) = \gamma \times g(t) \qquad (A7)$$

对式(A2)取自然对数并对时间求导,然后将式(A4)代入,可得欧拉方程,即正文中式(8):

$$\frac{\dot{Z}(j,t)}{Z(j,t)} = r(t) - \rho + \nu \frac{\dot{\chi}_\theta(t)}{\chi_\theta(t)} - \frac{\sigma}{1-\sigma} \frac{\dot{U}_\theta(t)}{U_\theta(t)} \qquad (A8)$$

B:创新价值

将帕累托收入分布和创新产品价格带入垄断利润表达式(式(14))可得创新产品 j 的垄断利润为:

$$\pi_j(t) = \Pr[y(t) \geq \hat{y}(t)] \times L \times [\hat{P}_j(t) - \omega] = [\hat{y}(t)]^{-1/\zeta} \times L \times$$

$$\left[\frac{(1-\gamma) \times (\hat{y}(t) - \hat{\theta}\dot{K}(t))}{(1+\nu) \times N_{\hat{\theta}}(t)} - \omega\right] \qquad (B1)$$

第 j 种创新产品的创新价值定义为该产品在无穷时间区间上垄断利润的折现和,即

$$V(j,t) = \int_t^\infty \left\{ \Pr[y(t) \geq \hat{y}(t)] \times L \times (\hat{P}_j(t) - \omega) + \int_t^{t+\Delta} [e^{-\bar{r} \times (s-t)} \times \right.$$

$$\Pr[y(t) \times e^{g(t) \times (s-t)} \geq \hat{y}(t)] \times L \times (\hat{P}_j(t) - \omega)] ds \right\} \times e^{-\bar{r} \times (\tau-t)} d\tau$$

$$= \frac{\zeta \omega L}{\bar{r} \times [1-s(t)-\zeta] \times [\hat{y}(t)]^{1/\zeta}} \times \left[\frac{\zeta}{g(t)-\bar{r}\zeta}(n^{(1/\zeta-\bar{r}/g(t))}-1)+1\right]$$

$$(B2)$$

其中,大括号内第一项为创新产品在 t 时刻刚出现时,由临界收入以上的居民立即购买创新产品产生的利润;大括号内第二项为在 $t+\Delta$ 内由临界收入以下的居民购买创新产品产生的并折现到 t 时刻的利润;大括号外一项将无穷时间区间上利润折现到 t 时刻。

C:同质产品的总需求与同质产品部门的劳动力需求

1. 同质产品的总需求 $X(t)$。同质产品的总消费支出(也为同质产品总需求,因为同质产品价格已标准化为1)为经济体中个体消费支出 $\chi_\theta(t)$ 的加总,其表达式为:

$$X(t) = \int_0^1 X_\theta(t) \, d\theta \tag{C1}$$

利用式(5),将居民θ对同质产品的消费支出$X_\theta(t)$转化为居民θ的消费支出$E_\theta(t)$,然后利用投资率$s(t)$将$E_\theta(t)$转化为居民θ的收入$\theta \times [w(t) \times L + r(t) \times K(t)]$,则式(C1)可变形为:

$$X(t) = \frac{\nu[1-s(t)]}{1+\nu-\gamma} \int_0^1 d\{\theta[w(t) \times L + r(t) \times K(t)]\}$$

$$= \frac{\nu[1-s(t)]}{1+\nu-\gamma}[w(t) \times L + r(t) \times K(t)] \tag{C2}$$

式(C2)即为正文中式(19)。

2. 同质产品部门的劳动力需求$L_x(t)$。同质产品市场出清要求满足供需平衡,即$Y_x(t) = X(t)$,同时将正文中式(11)和式(12)代入式(10)可得$Y_x(t) = [w(t) \times L_x(t)]/(1-\beta)$(详见同质产品平均生产成本的推导),从而同质产品总需求可整理为:

$$X(t) = \frac{w(t) \times L_x(t)}{1-\beta} \tag{C3}$$

根据同质产品资本劳动比关系(式(11))可知资本收入:

$$r(t) \times K(t) = \frac{\beta w(t) \times L_x(t)}{(1-\beta)} \tag{C4}$$

将式(C3)和式(C4)代入式(C2)即可得同质产品部门的劳动需求$L_x(t)$,即正文中式(20)。

D:社会福利函数

将消费支出(式(5))代入居民效用函数(式(2)),并利用投资率$s(t)$将消费支出转化为居民收入,最终将居民θ的效用函数整理为:

$$U_\theta(t) = \frac{\nu^\nu \times (1-\gamma)^\gamma}{(1-\sigma) \times (1-\gamma)} \left[\frac{1-s(t)}{1+\nu-\gamma}\right]^{1+\nu-\gamma} \times [y_\theta(t)]^{1+\nu-\gamma} \tag{D1}$$

用$y_H(t)$、$y_L(t)$代表经济体中的最高收入和最低收入,$F(y)$代表帕累托收入分布,则$L \times dF(y)$表示微小收入区间dy内居民的数量,社会福利函数可以对居民收入进行Riemann-Stieltjes积分:

$$SW(t) = L \times \int_{y_L(t)}^{y_H(t)} U_\theta(t) \times dF(y)$$

$$= \frac{\lambda L}{1 - \zeta \times (\nu - \gamma + 1)} [y_H(t)^{\nu - \gamma + 1 - \frac{1}{\zeta}} - y_L(t)^{\nu - \gamma + 1 - \frac{1}{\zeta}}] \quad (D2)$$

E：同质产品和创新产品的实际消费

根据同质产品生产函数(式(10))，由利润最大化对资本的一阶必要条件(正文脚注)，可得资本收入：

$$r(t) \times K(t) = r(t)^{\beta/(1-\beta)} [\beta A(t)]^{1/(1-\beta)} L_x(t) \quad (E1)$$

通过同质产品资本劳动比(式(11))消除式(E1)中的 $r(t) \times K(t)$，则由式(E1)可得工资水平：

$$w(t) = (1 - \beta) [\beta \times r(t)]^{\beta/(1-\beta)} A(t)^{1/(1-\beta)} \quad (E2)$$

经济体总收入 $T(t)$ 为资本收入 $r(t) \times K(t)$ 和劳动收入 $w(t) \times L$ 之和，结合式(20)、式(E1)和式(E2)可得经济体总收入：

$$T(t) = r(t)K(t) + w(t)L = [(1 - \gamma) - \beta(1 + \nu) + \nu\beta(1 - s)(1 - 2\beta)]$$
$$(\beta\bar{r})^{\beta/(1-\beta)} A(t)^{1/(1-\beta)} L \quad (E3)$$

通过式(E3)替换掉式(19)和式(21)中的经济体总收入，即可得正文中式(25)和式(26)。